出版研究的多学科视域

主编 张毓强　　副主编 高蝴蝶

中国传媒大学出版社
·北 京·

目 录

弘道崇德　守正创新
全方位培养新时代卓越新闻传播人才*

◎ 廖祥忠**

当前,随着媒体融合向纵深发展,舆论生态、媒体格局、传播方式正在发生深刻变化。面对新挑战,习近平总书记高度重视新闻传播人才培养工作,强调“媒体竞争关键是人才竞争,媒体优势核心是人才优势”。高等新闻传播教育要主动适应全媒体时代的新需要,积极推进信息技术与教育教学深度融合,引领文科创新发展。中国传媒大学作为“中国广播电视及传媒人才摇篮”,坚持以培养“弘道崇德、经世致用”的传媒人为己任,致力于培养党和国家所需要的、能够应对未来媒体挑战、驰骋于国际舞台的卓越新闻传播人才。

一是找准“四个一批”发力点,优化一流本科专业布局。中国传媒大学积极服务国家战略发展和经济社会发展“大逻辑”,主动应对媒体行业发生的巨大变化给传媒教育带来的全新挑战,立足学校发展特色和专业优势,创造性落实本科专业“四个一批”建设,即“关停并转一批、升级改造一批、重点建设一批、规划设计一批”,全面推进专业结构调整,优化“小逻辑”。2018 年,中国传媒大学关停并转了 8 个专业,注销了 15 个专业,升级改造了数字媒体技术等 45 个专业,重点建设了新闻学等 24 个专业,规划了大数据与智能媒体等新兴专业及方向,切实把强化专业建设作为提高人才培养质量的基础性、全局性、战略性工作抓实抓好。

二是扭住“五个一”工程总抓手,打造一流本科教育。中国传媒大学牢牢抓住提高人才培养能力这个核心点,启动“一流生源、一流师资、一流课程、一流教材、一流毕业生”建设工程。改进招考方式,纠正重“中段”、忽略“上段”的选拔弊端,推动一流生源遴选。实施名师培育工程,以精品课程、优质示范课程、双语课程等塑造一流师资队伍,打造“院级—校级—市级—国家级”四级教学名师梯队。实施“名课计划”,引入

* 本文原载于《现代出版》2019 年第 3 期,收入本书时有改动。

** 廖祥忠,中国传媒大学党委副书记、校长,教授、博士生导师。

智慧教学工具，推进混合式教学改革，淘汰“水课”、打造一流“金课”。出台精品教材建设项目实施办法，完善一流教材建设机制。创新内设机构，在教务处下专门成立专业建设与拔尖人才培养科，实施拔尖人才培养计划，培养一流毕业生。

三是聚焦“六个维度”着力点，培养卓越新闻传播人才。一用马克思主义铸魂，率先构建“实践中的马克思主义新闻观”教学体系，将专业教育与思政教育有机融合。二用爱国情怀强基，赴延安、阿坝等地开展国情教育，创建百家“网上爱国主义教育基地”，培养学生爱国情怀。三用人文素养修身，建设阳明书院，引导学生从中华优秀传统文化中汲取养分，提升传媒教育厚度。四用国际视野拓界，建设“全媒体+国际+多语种”课程体系，拓宽学生国际视野，拓展传媒教育广度。五用特色项目托举，依托北京文化公益短视频、服务视障人士释读电影的“光明影院”等项目，强化学生使命教育。六用未来媒体创新，以建设“智能融媒体重点实验室”为契机，全面布局智能传媒教育，主动应对全媒体时代新挑战。

新时代、新要求、新使命！中国传媒大学将牢牢把握时代发展大势、高等教育发展大势、新闻传播教育发展大势，因势而谋、应势而动、顺势而为，全力打造新闻传播“金专”“金课”，引领推动“新文科”建设，培养堪当民族复兴大任的时代新人！

"新文科"语境下的新闻传播学科建设路径探析*

——以"中国新闻传播大讲堂"为案例

◎ 高晓虹　王晓红　冷　爽**

摘要：在中宣部、教育部的指导下，由中国传媒大学、教育部高等学校新闻传播学类专业教学指导委员会主办的中国新闻传播大讲堂是"新文科"建设的一个重要抓手。本文通过中国新闻传播大讲堂建设的缘起、基础与基本探索，思考"新文科"语境下理论与实践相结合、学科交叉融合的新闻传播学科建设新路径。中国新闻传播大讲堂之于高等教育的多重意义在于：精准实现立德树人、拓展"好记者讲好故事"实践总结模式、探索"新文科"的具体建设范式，最终助力中国高等教育普及化。

关键词：中国新闻传播大讲堂；新闻传播教育；新文科；媒体融合；新冠疫情

2020年11月5日，中国新闻传播大讲堂（以下简称"大讲堂"）启动仪式在中国传媒大学举办，大讲堂课程"来自抗疫一线的报道"正式向全国新闻院校发放。中国新闻传播大讲堂在我国新闻传播教育中是第一次尝试，具有开创性。它是部校共建的新成果、"新文科"建设的新探索、理论与实践融合的新拓展、媒体融合传播的新尝试、立德树人的新课堂。在未来发展中，大讲堂将利用现代视听技术与通信网络，力争推动优质教学资源覆盖全国727所高校的1 391个新闻传播学类专业点，适应我国高等教育从精英式转向大众化的趋势，进而走向普及化的发展之路。

---

*　本文原载于《现代出版》2021年第1期，收入本书时有改动。

**　高晓虹，中国传媒大学新闻传播学部学部长，教授、博士生导师；王晓红，中国传媒大学教务处处长，教授、博士生导师；冷爽，中国传媒大学电视学院副研究员。

一、时代所趋，大讲堂的缘起与价值

中国新闻传播大讲堂以新冠疫情下的媒体担当、记者作为和优质报道为抓手，打通实践、课堂与理论，贯穿“新文科”融合创新理念。一方面，大讲堂以新内容、新方法、新模式，推动新闻传播教育与业务实践更加紧密地结合，探索建设具有中国特色的教材体系，为理论创新奠定基础；另一方面，大讲堂将新冠疫情下鲜活的中国新闻实践作为教学案例，涵盖新闻策划、报道话语和方法、记者责任多方面内容，通过邀请一线记者讲述一线故事、分享一线感受，把马克思主义新闻观的实践融入新闻传播教学中，帮助学子深刻理解中国国情、坚定理想信念、增强政治认同，培养具有自信心、自豪感、自主性的全媒体人才，为传承中国文化、传播中国声音、创新中国理论、形成中国表达确立有效的人才培养机制。

（一）大疫之下，国内外错综复杂的抗疫情势

2020 年年初，我国暴发了新冠疫情。这是中华人民共和国成立以来在我国发生的传播速度最快、感染范围最广、防控难度最大的一次重大突发公共卫生事件。

新冠疫情既是一次危机，也是一次大考。在这个看不见硝烟的战场上，中国面临的国内外环境尤为复杂，疫情、舆情、社情、敌情“四情”深度交织叠加，其防控是对中国治理体系和治理能力的一次巨大挑战。①

在这场大考中，中国交出了成绩优异的答卷。面对突如其来的疫情，党中央统揽全局、果断决策，以非常之举应对非常之事，用一个多月的时间初步遏制住疫情蔓延的势头，用两个月左右的时间将本土每日新增病例控制在个位数，用三个月左右的时间取得武汉保卫战、湖北保卫战的决定性胜利，进而又接连打了几场局部地区聚集性疫情歼灭战，夺取了全国抗疫斗争重大战略成果。参与这场大考的全国人民，风雨同舟、众志成城，为疫情防控构筑起了坚固的防线。

以疫情为现实背景演化出的舆情、社情、敌情此起彼伏、深度交织，这“四情”都与新闻传播有着密切的联系。尤其在国际上，与中国针锋相对的报道达到了高潮，疫情发展越严重，相关的舆论斗争环境就越复杂。这场疫情不仅是与病毒的抗击之战，更是舆论引导之战、国家形象维护之战、国际话语权竞争之战。

疫情暴发之初，一些西方媒体将武汉视为病毒源头，用“武汉病毒”的隐喻对中国进行污名化，引导西方民众歧视和排挤中国人；更有西方媒体竭尽抹黑之能事，将武汉

① 胡钰.疫情之下：在全社会涵养舆情理性[J].人民论坛，2020(Z1)：113-115.

封城、中国人戴口罩等一系列科学有效的疫情防控措施,抹黑为侵犯人权和自由,用意识形态偏见主导新闻报道。直到中国抗疫取得了战略性成果,西方无力控制疫情蔓延,一些西方政客仍在不断“甩锅”。其目的一方面是想要通过政治话语转移其国内民众的视线,找到替罪羊,从而纾解民众对本国政府抗疫不力的负面情绪;另一方面,是要消解中国抗疫的巨大努力和成果,消解中国通过支援其他国家抗疫而进一步提升的国际形象,进而消解中国持续增长的国际影响力。

(二)抗疫之中,中国媒体和新闻记者的使命担当

在这场疫情防控阻击战中,我国媒体担负着通报疫情、回应舆情、联动社情、应对敌情的重要任务。在国内,一批主流媒体记者在疫情暴发初期,逆行到湖北省乃至武汉市采访报道。在大讲堂录制过程中,赴武汉的许多媒体负责人向我们介绍,在紧急组建武汉采访组时,许多媒体同志主动请缨。到武汉之后,还不断有记者向媒体负责人请求加入前方报道组。从 2020 年 1 月 26 日零时到 4 月 8 日武汉“解封”,许多新闻记者日夜奋战,没有人要求休假,三个月左右的时间始终在一线采访,及时发布权威信息,准确公开报道疫情,全方位参与抗疫实际工作。在前方报道组中,仅中央三大媒体就派出 360 多人赴疫区,其中人民日报社前方报道团队 62 人,新华社派出 100 多人,中央广播电视总台派出 200 多人。

抗疫一线报道团队遵照习近平总书记关于疫情防控工作重要讲话和指示批示精神,为报道立纲铸魂;用全面、客观、真实、权威的报道,积极回应国际上的虚假信息和似是而非的观点,以正视听;用抗击疫情的动人故事,彰显战疫一线勇于牺牲、敢于奉献、舍小家为大家的大爱精神,为坚决打赢疫情防控的人民战争、总体战、阻击战凝聚强大的力量;通过向中央指导组上报求助信息和问题线索、搭建物资捐赠平台、为湖北直播带货等方式,营造浓厚的万众一心、同舟共济的舆论氛围。

(三)面向未来,大讲堂的价值意义

在外部环境错综复杂,疫情、舆情、社情、敌情相互交织、此起彼伏的背景下,中国新闻传播大讲堂的酝酿、制作和发行,具有十分深刻的意义。

一是珍贵的历史资料价值。新闻是明天的历史,记者是历史的见证者。奔赴武汉的记者作为抗疫一线的亲历者,将自己在疫区的所见、所闻、所感、所想,通过口述的方式记录下来,在公开发布的新闻报道之外,为人民抗疫绘就了一幅专业报道的图谱,从而为抗击疫情留下珍贵的历史影像底稿。

二是优质的新闻教育资源。新闻传播学是一门实践性很强的学科。疫情形势下,我国主流媒体的记者作为和案例报道,无疑为中国新闻教育提供了宝贵素材和典型案例。在媒体融合的时代背景下,新闻业加速迭代升级,大讲堂将这些全媒体传播的最新案例加以编排整理,形成系统化的媒介前沿课程。同时,围绕疫情这一特殊主题,大讲堂将抗疫一线的媒体记者汇聚起来,这成为“新文科”背景下建设具有中国特色的马克思主义新闻观教材体系的重要探索。

三是义无反顾的媒体责任担当。大难之前见担当,危难时刻筑本色。在疫情防控最危急的时刻,大讲堂让人直观感受到媒体记者临危受命、迎难而上的真实作为。他们与医护人员并肩作战,他们“铁肩担道义,妙手著文章”,他们通过全媒体手段生产、记录与传播新闻事件,他们的行动是马克思主义新闻观的最好诠释,体现了新时代新闻人的责任与担当。通过融入教学的方式,大讲堂使主流媒体记者在疫情下集中展现的家国情怀和专业素养得以总结出来、传播开来、传承下去。

二、使命所在,大讲堂的建设基础

经过缜密的策划,2020 年暑假,来自 14 家媒体单位的 39 位参与一线报道的媒体负责同志及记者,走进了中国传媒大学电视学院的演播室,在镜头前分享了抗疫期间的感人故事和报道中的创作体会。

表 1　中国新闻传播大讲堂主要内容一览

媒体	姓名	主题
人民日报	汪晓东	新闻评论
	鲜敢	新闻采访
	吴姗	新闻采访
	李舸	新闻摄影
新华社	刘刚	新华精神
	钱彤	新闻写作
	费茂华	新闻摄影
	乐文婉	国际新闻传播
经济日报	瞿长福	新闻策划
	陈学慧	新闻人的使命担当
	高兴贵	新闻摄影
	常理	媒体与社会舆论
中国青年报	雷宇	全媒体一体化机制
	李强	新闻采访与写作
	谢宛霏	新闻采访与写作
	孙庆玲	新闻采访与写作

续表

媒体	姓名	主题
中央广播电视总台	肖振生	融媒体实践与理论创新
	郑连凯	新闻采访与纪录片创作
	王春潇	新闻访谈的关系搭建
中国日报	雷蕾	国际新闻传播
	李馨	国际新闻传播
	王晓东	国际新闻传播
湖北广播电视台	王彬媒	媒体融合转型
	朱力军	纪录片内容建构
	谭海燕	新闻摄影
现代快报	孙兰兰	媒体组织机制
	是钟寅	全媒体记者的能力与思维
	熊平平	调查性新闻
湖北日报	柯皓	新闻影像建构
	李墨	新闻采访与写作
	张晓峰	媒体组织机制
长江日报	刘洪波	媒体与社会舆论
	孙笑天	新闻采访与写作
澎湃新闻	李云芳	全媒体新闻
	史含伟	新闻采访与写作
中国新闻社	夏春平	媒体组织机制
	马芙蓉	新闻采访与写作
南方都市报	刘军	新闻的建设性
光明日报	卢璐	新闻采访与写作

在大讲堂中，记者们从自己的亲身经历和切身感受出发，观照微、中、宏三个层面：通过记者的个人经历，向学习者传授采、写、编、评的知识；通过记者所在部门的合作情况，帮助学习者了解媒体内部的运行机制；通过记者在危难时刻和紧急状况下的选择，让学习者感知新闻记者的使命和价值所在。

（一）以“点”授业，总结新闻报道的专业技巧

这次疫情无疑为锤炼记者的报道能力，尤其是突发事件下的快反意识和采编能力，锻炼倚马可待的本领，提供了集中的“训练场”。传统的新闻实务能力可分为采、写、编、评四个板块，而在突发事件中，记者承受时间紧张、环境危险、任务集中、使命艰巨等多重压力，这也正是考验记者诸多硬本领的时刻。

大讲堂中,许多记者以亲身参与的新闻作品为案例,围绕新闻采写的角度、影像素材的捕捉、纪录片内容的建构、新闻访谈的关系搭建等新闻报道的专业技巧铺陈开来,内容丰富、角度多元。例如,新华社全媒体编辑中心副主任钱彤讲述了疫情期间如何用笔和镜头,记录普通人的生活、刻画真挚的情感;《中国青年报》全媒体记者谢宛霏细致剖析了特殊情境下选题及报道切口的抓取方法,以及人物报道、群像报道的撰写技巧;《湖北日报》的摄影记者柯皓讲解了如何在一线捕捉真实感人的影像素材,以及新闻报道的建构技巧。

也有记者以高度凝练的方式,将自己的报道经验总结为三个词语、"六字真言"等,接地气的符号表达方便了传播和记忆,其中无不蕴含着新闻报道的原则和新闻专业的价值,带有某种哲学思考的意味。例如,《现代快报》编委、武汉战疫队队长孙兰兰,将抗疫报道的关键提炼为"六字真言":真、快、近、轻、暖、深。她从大年初五开始,带领团队在武汉一线连续采访报道 88 天,深入最危险的"红区",在武汉肺科医院对话"离死神最近的病房";在全媒体的报道环境下,她指出"快"的背后要做足前期准备工作。

在欧美,新闻传播院校通常实行"双师制",即同时聘请学术型教师与实践型教师,以兼顾新闻传播人才的学术培养和职业训练。中国新闻传播大讲堂在大学的研究型课堂之外,为新时代的新闻传播学教育提供了独特的资源宝库,有待教育者和学子们去充分挖掘。

(二)以"线"理机,分析媒体的采编运作机制

在疫情造成的"战时状态"下,大讲堂的许多记者分享了所在媒体单位的团队分工和部门合作情况。实际上,将其放置于媒体融合的国家战略背景下,我们可以看到中央级、省级媒体在疫情中的高度配合与协同生产机制,以及不同定位的媒体如何调整差异化报道的战略与策略。例如,新华社在新媒体报道上,采用了"前方采集,后方编辑"的模式,坚持移动端优先原则,建立起 24 小时响应机制,鼓励一线记者尽快将素材入库,后方在线编辑,遇重大新闻时以海报等形式播发快讯。对涉及中央指导组活动、国新办发布会、湖北武汉疫情防控举措成效等权威信息,第一时间编发新媒体报道,以适应疫情期间的传播需要。

再如,《现代快报》记者是钟寅在大讲堂中讲述他印象最深的报道《最高礼遇送别!江苏援湖北医疗队首批 710 名战士启程返苏》。2020 年 3 月 17 日,江苏省有 6 支医疗队从武汉返回。"这条稿子有多快呢?医疗队还在去机场的路上,队员刷刷手机,就看到这条新闻了。记者就坐在队员身边,几分钟前还在跟拍。不仅是医疗队员吃惊,就连媒体同行也很惊讶,他们还在争分夺秒用手机打字,或者剪辑视频,这条稿

子已经发出来了。"是钟寅总结出了三条秘诀:前方合理分工、高效执行,后方制作人员通力配合,机制上实行扁平化审校。

采编背后的媒体运作机制非常重要,这是准确报道、快速生产的制度保障。大讲堂能让我们了解到主流媒体在突发状况下所采取的高效应急机制。抗疫的紧张情势下,记者、团队乃至部门间的高度配合,其背后是线性的、流程化的、操作性的机制。这种机制在何种状况下得以形成?如何改进?如何将机制塑造为团队的共识并落实执行?这些更加抽象的、需要进一步思考的问题,对新闻教育者和学子们具有十分重要的价值,对主流媒体机构的发展也具有重要意义。

(三)以"面"传道,思考媒体的职责与使命

这场疫情促使新闻工作者在性命攸关、舆情变幻的风口浪尖上,集中思考新闻媒体在国家抗疫工作中的职责与担当,以及新闻媒体在国际舆论中的站位与使命。新华社总编室副主任、高级记者刘刚在大讲堂中提到:"去武汉和留下来最重要的理由就是职责。"《经济日报》国际部主任陈学慧在大讲堂中直言:"报道抗疫,新闻人不能缺席;保卫抗疫成果的舆论斗争,新闻人更不能缺席。"如果说主流媒体的所有抗疫报道有一条共性,那就是"以人民为中心",这也是我国媒体独特而神圣的职责与使命。这次疫情中,许多媒体负责同志和记者的优秀作品都反映了人民至上、生命至上的原则,展现出新闻媒体的人文关怀。无论是为4.2万医护人员拍摄肖像,把医护工作者的形象在城市空间"点亮";还是生动讲述广大医务工作者、基层干部、普通市民、志愿者等群体的感人事迹,塑造金银潭医院院长张定宇、武昌医院院长刘智明等重大典型;又或者是患者经过救治逐渐康复、出院与亲人团聚的真实记录,都是催人泪下、感人至深的好故事。《人民日报》副总编辑汪晓东在大讲堂上说:"如果你写得不够好,是因为你离人民不够近。换言之,如果你要写得足够好,就要离人民足够近。只有这样,你才能真正与人民共情。"

三、转型所向,大讲堂之于高等教育的意义

在中宣部、教育部的指导下,中国传媒大学、教育部高等学校新闻传播学类专业教学指导委员会主办了中国新闻传播大讲堂。2020年11月5日,中国新闻传播大讲堂启动仪式在中国传媒大学举办,"来自抗疫一线的报道"课程正式向全国新闻院校发放。教育部在相关文件中明确指出:支持各高校新闻传播院系把大讲堂课程作为新闻传播类专业必修课,并纳入学分管理,同时鼓励其他专业学生选修。

大讲堂的意义和价值在于切实地让这些经验扩散开来、传承下去。在教学和教育

层面，要有效使用大讲堂，应把握两种方法，提升一个价值和内涵。

（一）课程教学：需要把握的两种使用方法

一是独立课程，系统化学习。将大讲堂作为一门独立的32课时课程，组织学生线上或者线下学习收看。每一集的大讲堂视频片尾都附有二维码，链接着大讲堂和主讲记者推荐给学生拓展学习的抗疫报道新闻作品：有的是主讲记者在大讲堂提到而在主体内容中没有具体展示的优秀作品案例；有的是作为案例在大讲堂课程里嵌入了一段文字或者一段视频，没有展示全部。这些内容都值得拿来精读和进行案例分析。老师也可以有针对性地组织和引导学生对课程内容以及拓展学习的案例进行分析和讨论。

主讲记者有着多元的背景，有媒体单位负责人、抗疫一线记者；有来自中央和地方的媒体记者，包括湖北武汉的媒体记者；既有传统媒体的文字记者、摄影记者、电视新闻记者，也有新媒体中心的全媒体记者。将大讲堂作为一门完整独立的课程，能更大程度地让学生领会系列课程的脉络，了解抗疫报道全貌。

二是融合课程，交叉式授课。大讲堂讲述的视角非常多元，内容也非常丰富，为了尽快在教学工作中用上、用好大讲堂，也可以把大讲堂和现有的课程体系进行融合。教学实践中，老师可以根据课程内容和范围的差异，选取相应几讲的大讲堂内容来使用；或挑选大讲堂中跟自身课程相关联的知识点和记者的观点，以抗疫记者的报道作品和讲解为案例，用生动鲜活的材料来充实和丰富课程。

这两种方法对推进抗疫精神进校园、进课堂、进头脑，在新闻传播教育教学中加强马克思主义新闻观教育，都大有裨益。

（二）高等教育：提升和充分开发的价值与内涵

大讲堂是“司、局、校”协同推进新闻传播教育创新发展的重要举措，契合了新媒体环境下校、媒融合平台建设的专门化、精细化趋向。① 对大讲堂的充分开发，对于高等教育发展而言具有多方面的价值。

一是精准实现立德树人。立德树人作为我们高等教育的一项根本任务，其目的就是要引导学生树立远大的理想信念、形成正确的价值观念、提高道德修养。互联网是今天新闻舆论工作的主阵地、主战场，我们培养掌握网络传播规律的后备新闻人才，核心要义其实是要引导学生树立正确的国家观、人民观、传播观，要培养学生牢牢坚持马克思主义新闻观、具备家国情怀和责任担当意识，要引导学生坚定地成为党和人民放心的新闻工作者。就像新华社记者刘刚在大讲堂中所说：“对我们来说，不去武汉或

---

① 刘明洋，袁晓川.融通之道：解读新媒体环境下新闻传播教育的两大趋势[J].国际新闻界，2018(9)：128-148.

是离开武汉，可以有许多理由，但去武汉和留下来，有一个理由就可以了，那就是‘职责’！”

二是拓展“好记者讲好故事”模式。“好记者讲好故事”活动是中国记协每年在全国新闻战线开展的重要活动。来自一线记者生动鲜活的案例梳理和总结、优秀记者的理想信念和专业品质，都在这一活动中淋漓尽致地呈现出来。更重要的是，活动为全国新闻界树立了良好的榜样，提供了鲜活的案例。与之相比，大讲堂具有类似的基因，通过一线记者的生动讲述，用紧密结合抗击新冠疫情的鲜活案例、鲜活故事、鲜活课堂，为高校新闻传播学子提供专业典范。这是一堂鲜活的专业大课，也是最切合实际的马克思主义新闻观大课、最生动的国情大课、最有温度的思政大课。

三是探索“新文科”的建设范式。大讲堂也是高校新闻传播教育战线落实“新文科”建设工作会议精神的迅速行动、关键抓手、生动实践。“新文科”概念诞生于新技术、新需求、新国情等诸多现实背景之下。① 大学之功能被学界普遍认为有三大块，即人才培养、科学研究和社会服务。新闻传播学教育的一项重要任务是培养学生的专业性。这种专业性体现在技能、机制、伦理、价值等多个层面。② 在“新文科”建设的征程中，大讲堂将在现代视听技术与通信网络的加持下，面向全国高校新闻院系同步推广，探索人才培养的新模式，为我国新闻传播事业壮大人才后备军。

四是推动高等教育普及化。大讲堂是推动国家高等教育从精英式转向大众化，进而向普及化转型的重要举措。在教育部高教司的指导和支持下，该课程即将走进大学校园，成为全国高校师生学习的“云上专业课”。利用现代视听技术与通信网络，这些来自一线的优质资源将被直接分发至全部新闻院系，力争推动优质教学资源覆盖全国727 所高校的 1 391 个新闻传播学类专业点。

这是新闻传播学科的高等教育迈向普及化的开创性一步。通过新闻传播院系、通过教育者、通过大讲堂、通过网络，这门课程将感染和激励更多的新闻学子，帮助他们坚定理想信念，提升专业素养，积极投身党和国家的新闻事业，在传播实践中坚守家国情怀、主流价值，成为党和人民的代言人、意识形态斗争的主力军、积极向上舆论氛围的引导者。

四、结语

青年是国家和民族的希望。赴武汉的媒体记者中有半数以上是“90 后”，还有不少“95 后”。单新华社在武汉的前指人员中，35 岁以下的有 33 人，占 40%。在中央和

① 黄启兵，田晓明.“新文科”的来源、特性及建设路径[J].苏州大学学报(教育科学版)，2020(2)：75-83.

② 陈昌凤.21 世纪的新闻教育：如何培养创新型人才？[J].新闻大学，2020(9)：10-21，119.

国家机关抗击新冠疫情国家级表彰名单上，15 名新闻工作者中有 3 人是中国传媒大学电视学院的“90 后”校友，分别就职于中央广播电视总台、新华社、中国日报社。另外，还有很多毕业于中国传媒大学和全国各新闻传播院系的青年媒体人，奋战在抗击新冠疫情的前沿阵地。他们是新时代的好记者，也是新时代的好公民。

为党育人，为国育才，培养担当民族复兴大任的时代新人，是教育者的责任与使命。中国新闻传播大讲堂是一门专业大课，也是一门国情大课，更是一门思政大课，对其进行充分的开发和利用，是“新文科”语境下探索交叉融合的新闻传播学科建设的重要探索，因而具有丰富而深刻的价值和意义。

扎根中国大地，面向数字未来：探索出版学科自主建设的中国之路*

◎ 张树庭**

摘要：近年来，数字化媒介正处于高速发展的阶段，国家战略对出版学科、出版行业也给予了高度的重视，这为中国出版专业的自主建设、创新发展和协同共建提出了新的要求。通过中国出版学科建设的文化自主观和传播生态观，从学科共建、知识共建和生态共建三个维度，推动中国出版学科自主建设“扎根中国大地，面向数字未来”，开创多元协作新模式、构筑自主知识新体系、打造产学研联动新版图，最终建设出符合中国式现代化发展理念、满足中华优秀文化传承需求、有利于世界文明交流互鉴目标的中国特色出版学。

关键词：出版学科；自主知识体系；学科建设；文化传承

中国出版学科的自主建设在中华文脉的演进承继和中国式现代化建设的发展中不断探索自己的道路，并体现出独特而鲜明的中国新时代特色。出版印刻历史，铭刻当下，中国出版学科的自主建设，源于我国绵延数千年而仍然生生不息的出版实践史。自夏商以来，对图书典籍的编撰、修缮及版行，成为延续中华文脉与传播知识的重要手段与方式。先秦时期，孔子“述而不作、信而好古”，《六经》得以传天下；汉刘向广集众本，校雠篇章，完成了我国历史上第一次由政府组织的古籍编撰工作。“四大发明”之“造纸”与“印刷”为中国出版的历史实践提供了坚实的物质基础。唐宋元明清以降，官刻、私刻、坊刻多种出版形态并存，使中华文明在出版实践中得以传承。

在革命战争年代，革命先辈通过书刊、报纸和进步文章的出版传递着革命真理和理想信念，引领更多的人走上革命道路，投身于救亡图存的社会行动之中，为当时的中国引入了启蒙之光。新中国成立后，出版事业在党和国家的领导下走向繁荣发展，并

---

* 本文原载于《现代出版》2023 年第 5 期，收入本书时有改动。

** 张树庭，中国传媒大学校长，教授、博士生导师。

在长期的出版实践中逐渐形成了有中国特色的出版方针、出版理念与实践话语："我国的出版事业，与资本主义国家的出版事业根本不同，是党领导的社会主义事业的一个组成部分，必须坚持为人民服务、为社会主义服务的根本方针。"①进入新时代以来，出版事业在以习近平同志为核心的党中央坚强领导下，"与党和国家各项事业同向同步，在正本清源、守正创新中取得历史性成就、发生历史性变革，为社会主义文化强国建设提供了重要支撑"②。

卷帙浩繁，书写天下，继往开来。今天，中国出版秉承着赓续中华文明共同体意识的文化使命并肩负着当好新时代宣传思想文化战线排头兵、先遣军、阵地军的重要任务。习近平总书记指出："宣传思想文化战线肩负着为全面建设社会主义现代化国家、全面推进中华民族伟大复兴提供坚强思想保证、强大精神力量、有利文化条件的重要职责。"中国出版学科应该"在新的历史起点上继续推动文化繁荣、建设文化强国、建设中华民族现代文明"③。

在我国全面建成小康社会、实现第一个百年奋斗目标之后，向第二个百年奋斗目标进军的全面建设社会主义中国式现代化国家新征程已经开启。作为党的宣传思想文化工作的重要组成部分，扎根中国大地的出版学科建设是新征程中促进文化繁荣兴盛、建设社会主义文化强国的重要力量。新的发展阶段也为当下中国出版学科自主建设和实践创新提出了新的要求。在微观层面，出版工作需要迫切提升出版内容水平和出版服务质量，为广大人民带来更好的出版作品和出版服务；在中观层面，出版工作需要积极适应全球出版业变革的趋势，将改革和创新转化为增长和进步的动能，抢占数字时代出版业发展的先机；在宏观层面，出版工作需要更好地发挥服务大局、统一思想、凝聚力量的重要作用，助力主流思想舆论的巩固和壮大，同时也要注意出版工作与国际传播工作相结合，增强出版作品"走出去"的能力，借由立足本土的出版实践讲好中国故事、传播好中国声音。

中国出版学科的自主建设正处于以数字化技术为基础的媒介环境演变之中。对于人类传播史和出版发展史而言，数字网络与智能技术的出现与高速发展，推动着出版内容、出版载体、出版模式和出版全流程的自我革新，也对中国出版学的自主发展与学科共建提出了新时代的要求，出版业已然置身于"信息无处不在、无所不及、无人不用"④的全媒体传播场景之中。

---

① 中共中央，国务院. 中共中央、国务院关于加强出版工作的决定［J］. 出版工作，1983(6)：3-13.

② 中华人民共和国中央人民政府.中华人民共和国国民经济和社会发展第十四个五年规划和2035年远景目标纲要[EB/OL].(2021-03-13)[2023-09-08].https://www.12371.cn/2021/03/13/ARTI1615598751923816.shtml.

③ 习近平. 全国宣传思想文化工作会议上的讲话[N]. 新华每日电讯，2023-10-08(001).

④ 习近平.加快推动媒体融合发展 构建全媒体传播格局[J].求是,2019(6):48.

具有新时代中国特色的出版学科，是服务中国特色社会主义建设的创新型学科，是服务数字文化消费新场景建设的应用型学科，是构筑“全程”“全息”媒体深度融合转型的自主性学科；也是在新“产众”（prosumer）和新阅读文化的多重互动中，实现“全员”“全效”文化传播效能的实践性学科。具有新时代中国特色的出版学科自主建设与“数字中国”的大国理想与社会发展同频共振，是践行习近平总书记在文化传承发展座谈会上提到的“新时代新的文化使命”，也是“在新的起点上继续推动文化繁荣、建设文化强国、建设中华民族现代文明”的重要方式。①

一、出版学科建设的文化自主观

中国式现代化的新征程对中国出版学科自主建设提出了新的需求，也指明了面向未来的发展方向和扎根中国大地的时代立场。本文认为，中国出版学科的自主建设与实践创新，是中国式现代化征程、中华文明传承和世界文明互鉴的重要组成部分。

（一）中国式现代化发展的时代之需

中国出版学科的实践创新与自主建设，是中国式现代化征程的重要组成部分，完美契合了物质文明与精神文明相互协调、彼此共鉴的时代特征。中国式现代化是中国共产党领导的社会主义现代化，“是人口规模巨大的现代化，是全体人民共同富裕的现代化，是物质文明和精神文明相协调的现代化，是人与自然和谐共生的现代化，是走和平发展道路的现代化”②。出版是将精神文明凝结为作品再搭载于各种物质载体之上进而实现传播的过程，彰显出物质文明和精神文明的协调与共鉴。

中国出版学科的实践创新与自主建设，是中华文明传承与发展之文化旅程的重要组成部分，以文化刻印的方式与理念传承的记述代代相传。尽管不同学者对“出版”的定义在诸多方面存在进一步学术探讨的空间，但基本存在一种共识，即出版使文化得以保存和传播，是文化的源头和依托。中国出版学科既在历史演进中为中华优秀传统文化的繁荣与延续提供基础载体，也在当代实践中为马克思主义出版观与中华优秀传统文化的现代性实践的结合开拓媒介创新的进路。

在历史演进方面，出版驱动着社会文化的繁荣发展与普惠普及，是中华文明的传承载体，也在一定程度上介入了文化生成的过程，成为中华文明的形塑力量。出版活动并不是不加选择的传播过程，其中还包含着复杂的编辑选择、人民选择和时代选择

① 习近平.在文化传承发展座谈会上的讲话［N］.新华每日电讯，2023-09-01(001).

② 新华社.(二十大受权发布)中国共产党第二十次全国代表大会关于十九届中央委员会报告的决议［EB/OL］.(2022-10-22)［2023-09-08］.http://www.xinhuanet.com/2022-10/22/c_1129075483.htm.

的过程，并在选择中形成了稳定、有保障的出版机制和运作体系。因此，真正代表时代价值观念的社会文化、代表时代精神的思想内涵，以及得到一个时代的人们广泛认可的文化气质，都将经由出版脱颖而出。在德布雷媒介学理论的想象中，出版不仅仅关乎承载信息与文化的 MO（组织化的物质，即媒介载体、组织材料、技术设备），更是与对历史共享与传承非常重要的 OM（物质化的组织，如博物馆、图书馆、学校等）息息相关。换言之，出版延长了优秀文化乃至一整套文明系统的生命周期，使优秀传统文化不仅能够跨越空间的阈限而实现“传播”，而且能够跨越时间的阈限，形成代代相传、历久弥新的时间性的“传承”。

在当代实践方面，迈进数字中国新时代的出版实践推进了中华优秀传统文化的创新性转化和创造性发展，也使马克思主义的出版观在数字出版时代得到了理论发展。如中国传媒大学师生共创的《红色文物青年说》《百年先锋》《解码中华文化基因》等融合出版佳作，得到了多家主流媒体的刊播，多部作品也入选了中宣部主题出版重点出版物选题、教育部主题出版选题。这些作品通过红色文化、当代社会主义文化与当下数字传播技术的结合，以及对数字出版的深刻理解和深度践行，不断创新优秀文化传承的方式和媒介记忆的形式，对社会文化的当代实践和话语体系都进行了重要探索。

（二）世界文明互鉴的重要基石

中国出版学科的自主建设与实践创新，是世界现代社会科学与自然科学体系的重要组成部分，更是中华文明走出去，以“图书—影音—数字”出版物承载世界文明互鉴之历史意义的重要基石。《出版业“十四五”时期发展规划》将“出版走出去取得成效”列为重要目标之一，这既是我国国际传播政策的内在要求，也是增强中华文明影响力、促进人类文明交流互鉴和构建人类命运共同体的必由之路。

在我国国际传播工作的视域下，中国出版学科自主建设是国际传播能力建设的重要组成部分，担负着中华文明和优秀社会主义文化“走出去”的重任。2021 年 5 月，习近平总书记在中央政治局第三十次集体学习时强调，“要下大气力加强我国国际传播能力建设，讲好中国故事，传播好中国声音，展示真实、立体、全面的中国，形成同我国综合国力和国际地位相匹配的国际话语权”①。作为文化传播和文明交流的重要途径，出版自然成为国际传播能力提升的关键阵地。包括图书、影像、融媒体作品乃至游戏在内的不同媒介形式的出版物，在推动中国优秀传统文化的海外传播的同时，也向世界阐述和展现了中华文化的精神内涵。高水平、高质量的译制出版为铸牢中华民族

① 新华社.习近平主持中共中央政治局第三十次集体学习并讲话[EB/OL].（2021-06-01）[2023-09-08].http://www.gov.cn/xinwen/2021106/01/content_5614684.htm.

共同体意识、提升中华文明的传播力和影响力作出了重要的贡献。

在人类文明交流互鉴的视域下，中国出版学科自主建设是文明交流、思想互通、知识流动和意义共享的实践体现。2015 年，习近平总书记在第七十届联合国大会一般性辩论的讲话中，从五个方面具体阐释了构建人类命运共同体的进路，明确提出“我们要促进和而不同、兼收并蓄的文明交流”[①]。世界文明具有绚烂的多样性，世界文明史因出版而得以铭刻和记录。传统图书出版和视听、多媒体、融合出版等，都是文明间跨越文化阻隔、产生平等对话、形成意义共振的重要途径。第二十九届北京图书博览会共达成中外版权贸易协议（含意向）2 000 项，参展的中外出版人普遍认为，中外出版界之间合作空间广阔，唯有通过国际出版界的深度合作，才能继往开来，深化文明交流互鉴。

二、出版学科共建的传播生态观

中国出版学科与中国式现代化的伟大征程、中华文明的历时性传承、世界文明的共时性共鉴都深度勾连在一起，决定了中国出版学科的自主建设和创新发展注定是一项系统性工程，需要坚持守正创新和系统思维，搭建起学界、业界的协同共建模式。

出版学科共建仍面临新的问题和挑战。其一，中国理论与中国实践的现代化融合。如何秉持两个“结合”，守正创新，构建科学规范，探索扎根中国大地的出版理论与实践的共建发展模式，是首要问题。其二，知识共建的自主性与开拓性。如何立足中国出版史学的深厚土壤，借鉴参照国际出版学实践形态，发展现代化的中国出版学知识体系的自主性和开拓性，是关键问题。其三，生态共建的开放性与融合性。如何跟进迅猛发展的信息化浪潮，将“互联网这个变量变成事业发展的增量”，通过数字出版、融合出版多种新型出版模态，打造出版生态的线上线下的同心圆模式，是策略问题。

面对这些问题和挑战，中国出版学科的协同共建显得尤为迫切。本文试从学科共建、知识共建和生态共建的三维向度，寻求中国出版学科自主发展的破局进路。

（一）学科共建：开创多元协作新模式

学科共建，指在新文科建设的观照下实现跨学科的研究互通，扎根中国大地，面向数字未来，进一步融合传统出版和数字出版，结合出版学术研究与出版业界实践，构建出多元协作的新型出版学科模式。本文认为，学科共建可从以下三个方面着力进行：

---

① 习近平. 携手构建合作共赢新伙伴 同心打造人类命运共同体［N］. 人民日报，2015-09-29(002).

第一，加强出版学科相关研究的跨学科性和交叉性。早在1998年，编辑出版学专业就出现在了本科教育阶段，并随着中国出版行业的繁荣发展而不断壮大。直到2022年，出版学博士专业学位获批，标志着我国出版学高层次人才培养学位体系基本形成。在学位培养体系和学术科研体系日渐成熟的基础上，出版学领域更具跨学科和交叉属性的研究与人才培养成了出版学科建设的新需求。高等院校与科研机构应吸纳更多具有跨学科背景的学者、学生进入出版研究的学术场域，通过共建科研基地、科研实验室、博士后工作站，以及联合申请国家重点攻坚项目等方式，加快建设具有中国特色的出版学学科体系、学术体系、话语体系，并以跨学科的研究成果解决中国出版实践的实际问题。

第二，合作开发优质教学资源，共同培养卓越出版人才。在课程思政方面，各高校应立足学校，深入推进马克思主义出版观进校园、进课堂、进头脑，同时面向业界，着力打造教育出版界的“国家队”“主力军”。在高校合作方面，各高校在加强出版学课程思政与自主理论的共研共建的同时，可善用巧用数字化平台在线开放的知识生产新空间，以平台化的知识空间建设打破传统课堂、商业平台、慕课平台和校内SPOC课程平台之间的壁垒；在校企合作方面，高校与出版业应共同策划主题出版，共同推出重点出版物，构建校企人才互聘、联合培养、定向培养的长效机制。

第三，以实践创新成果为目标，全面服务文化强国建设、出版强国建设。各高校应根据自身的资源优势、人才优势，打造符合本校特色的项目制动态教学方式，以“融合媒体+新闻出版+文化传播”的思路整合教学内容，稳步推进“课程学习+自主学习+课外实践”协同的立体化教学模式。在此教学模式下，学生通过课程学习掌握基础理论及技能，通过自主学习巩固知识、发展能力，再以师生共创和教师工作组的方式开展课外实践，切实提高出版与传播应用能力。团队既注重培养学生的动手能力和内容创意能力，又注重对实践经验进行理论提升，引导学生“在做中学、在学中做”，鼓励师生以理论指导实践，从实践中总结经验，紧跟业界前沿动态，让最新的行业理念与发展趋势贯穿教学过程的始终，培养出真正满足文化强国建设和出版强国建设需求的复合型数字出版与文化传播人才。

（二）知识共建：构筑自主知识新体系

知识共建，指整合多方资源，从实际问题出发建构中国出版学自主知识体系，推动形成有中国特色的出版学科。习近平总书记指出：“加快构建中国特色哲学社会科学，归根结底是建构中国自主的知识体系。”①出版作为宣传思想文化的重要阵地，在

① 习近平. 坚持党的领导 传承红色基因 扎根中国大地 走出一条建设中国特色世界一流大学新路［N］. 人民日报，2022-04-26(001).

文化强国建设过程中扮演着独特角色、发挥着显著作用。作为研究出版现象、阐释出版规律、培养出版人才的专门性学科，出版学是哲学社会科学的重要组成部分。基于此，本文认为，建构中国出版学自主知识体系，需要在以下三个方面持续发力。

第一，要扎根中国实践、中国经验，形成具有中国特色的出版学理论体系。中国问题是中国出版学理论和知识体系建构的出发点和落脚点，中国现象、中国事实、中国经验，也始终应当是中国出版理论创新的基础和养料源泉。事实上，长期以来中国出版领域积累了大量本土经验，中国独特的出版实践也蕴含着大量的特殊规律，对这些本土经验和特殊规律的总结、研究，既是中国出版学天然的使命任务，也必然形成大量本土的知识和理论。中国出版学界应当坚定不移地立足本土，以中国共产党百年的出版实践为主要依据，坚持把理论研究和知识创新写在中国大地上，在真正意义上摆脱西方学术话语的束缚，建构出具有中国特色、中国风格、中国气派的出版学知识体系、理论体系和话语体系，使中国出版学屹立于世界学术之林。

第二，要顺应数字信息技术变革，推动中国出版学理论发展与范式创新。随着信息技术的迅猛发展，数字技术、网络技术逐渐嵌入出版领域的方方面面，我国出版业态发生了结构性变革，数字出版成为出版行业转型与发展的重要方向。在这样的时代和行业发展背景下，对出版实践具有指导作用的出版学知识体系也应该随之更新和重构。在建构中国出版学自主知识体系的过程中，必须坚持以时代为观照，加强数字出版领域的研究，重视数字出版理论的发展，建构出与时代同频共振的出版学知识体系，推动数字时代中国出版学理论的范式转换与时代发展。

第三，要面向党和国家重大战略，使出版学知识与理论更好地指导实践。实践是出版理论创新的根本目的和最终归宿。出版学理论研究、知识创新要坚持一切从实际出发，面向党和国家重大战略，着眼解决文化强国建设以及出版领域高质量发展过程中的实际问题。因此，学界需要聚焦出版学发展的前沿性问题、关键性问题和根本性问题，在顺应中国特色出版实践发展节奏的同时不断拓展出版学知识体系的广度和深度，实现出版学知识体系在内容、结构上的面相更新，使自主知识体系的建构真正有效地服务于社会主义现代化建设和中华民族伟大复兴的历史使命，也更好地回答“中国之问”“世界之问”“人民之问”和“时代之问”。

（三）生态共建：打造产学研联动新版图

生态共建，指打破出版产业、高等院校和研究机构之间的壁垒，打造中国出版学科产学研联动的新生态和新版图。出版产业、高等院校和研究机构有着各自的优势，而生态共建将重新整合这些资源优势，形成出版强国建设的合力。

第一，出版产业应发挥长期以来形成的资源积累与实践经验优势。无论是传统出版社，还是新兴的融合出版机构，它们的优势主要在于长期以来发展形成的雄厚基础，包括知识产权、文化IP、专家网络等。同时，出版产业有完善、规范的出版流程、传播途径和运营体系。对于中国出版学科的发展而言，来自出版产业宝贵的经验和成熟的机制能够为实践教学提供贴近一线的工作指南，为学术研究提供充满生命力和想象力的研究田野，为出版学专业的学生提供直接的实习实操机会。

第二，各教育与研究机构应发挥出独特的智力支持作用。首先，来自高校的研究者可以从理论的高度和客观的视角对出版行业进行研究性的观察和学理性的反思，及时地发现和修正出版行业可能因为过度追求商业利益而出现的错误。其次，来自高校的师生团队能够以出版产业的发展成果为研究对象，对其中的实践经验和学理脉络进行归纳总结和理论提炼，促进实践探索与理论研究在循环往复中实现螺旋式的上升。最后，高校是出版产业最为直接的人才宝库，只有借助高等院校在人才培养上的强大力量，才能真正完成人才培养体系和产教研协同体的生态构建。

第三，以新兴互联网平台为主的科研机构应提供更前沿的研究视野与更先进的方法支持。在移动互联技术高速发展的背景下，各大互联网平台也纷纷加入融合出版的实践与研究，并凭借强大的科技水平与雄厚的资金优势获得了对数字出版前沿的洞察能力和对社会热点的预测能力。科研机构应加强与各高校、出版产业的研究合作，以大数据、人工智能等更先进的方法辅助高校的出版研究与出版产业的出版实践，帮助其从更前沿的角度思考出版产品的呈现方式与制作方向，切实提高出版实践与出版物的质量。

三、结语

中国出版学科的自主建设是建设文化强国、出版强国的大事，是立足出版领域构建中国自主知识体系的好事，也是服务出版学科建设、专业建设和高校人才培养的实事。习近平总书记在文化传承发展座谈会上强调，“担负起新的文化使命，努力建设中华民族现代文明”。出版正是文化生产和文明传承的重要手段，是党的宣传思想文化工作的重要部分，是促进文化繁荣兴盛、建设社会主义文化强国的重要力量。迈入新时代，出版行业的创新力得到充分激发，以出版服务国家和人民的能力显著增强，出版业实力、影响力、国际竞争力不断提高，出版在增强国家文化软实力和国际传播能力方面的作用更加明显。

作为出版学科的建设者、出版专业的研究者、出版人才的培育者，我们有责任、有义务加入出版强国、文化强国的建设行列，以扎根中国大地、面向数字未来为主线，以高等教育之力助推出版工作服务大局、统一思想、凝聚力量，助力出版业提升内容建设水平和服务供给能力，汇聚社会各界力量，合力推进出版学科建设、专业建设，培养高水平出版人才，打造集学术研究、实践创新、人才培养、政策咨询、国际交流对话等多功能于一体的新型智库，扎实推动中国特色出版学科建设，不断提升出版专业的教学科研能力和人才培养水平，为助力新时代出版工作、推动文化自信自强、建设中华民族现代文明贡献强大力量。

中国出版学科的知识生产、理论贡献与学科制度结构*

◎ 巢乃鹏　李梦雨**

摘要：从知识生产的维度来看，中国出版学的知识生产数量一直在稳步增长，关注议题在多样化的同时也在不断聚焦，逐步形成了一些具有中国出版研究特色的核心议题，但迄今为止似乎还未能挖掘出自身独特的理论。中国出版学的学科制度结构已经逐步形成，无论是专业化的研究者和学术交流网络、规范的学科培养计划、学术成果的公开流通和社会评价，还是稳定的基金资助来源等，都已形成了一定的规模，这也为中国出版学科的进一步发展奠定了良好的基础。基于基金项目和论文发文量的拟合比较分析，验证了知识生产和学科制度结构之间的相关性。

关键词：出版学；知识图谱；学科制度；知识生产

一、问题的提出

人类社会的进步离不开科学知识的生产和传播，在这个过程中，出版扮演着十分重要的角色。15 世纪中叶兴起于德国的机器印刷，使得西欧从手抄出版向印刷出版阶段过渡，并对欧洲人文主义、文艺复兴、宗教改革、近代科学、启蒙思想和工业革命产生了巨大影响。① 工业社会后期，出版产业的迅速发展使得英、法、美、日等国较早萌发了现代意义上的出版研究。自 20 世纪 30 年代开始，欧美出版界在各国出版行业协

---

* 本文原载于《现代出版》2021 年第 4 期，收入本书时有改动。
课题：国家社会科学基金重大项目"大数据时代计算传播学的理论、方法与应用研究"（19ZDA324）。

** 巢乃鹏，深圳大学传播学院院长、教授；李梦雨，深圳大学传播学院 2020 级新闻传播学博士研究生。

① 爱森斯坦.作为变革动因的印刷机：早期近代欧洲的传播与文化变革[M].何道宽，译.北京：北京大学出版社，2010.

会支持下先后成立了一批出版科研机构,如美国书业研究集团、加拿大出版研究中心、日本出版科学研究所等,出现了如斯坦利·昂温《出版概论》、清水英夫《现代出版学》等众多研究成果。

在中国,1998 年编辑出版学被纳入教育部学科体系范畴,编辑出版学的学科制度逐步形成。所谓学科制度是规范特定学科科学研究的行为准则体系和支撑学科发展和完善的基础结构体系,前者被称为学科制度精神(the ethos of disciplinary institution),后者被称为学科制度结构(the infrastructure of disciplinary institution)。学科精神被认为是:"(1)全部人类智慧活动史所蕴含的人文理念或人文精神;(2)界定作为规范科学活动过程普遍原则的科学阶层或学者阶层独具品质的精神气质。"①学科精神反映的是人类知识生产文明创造中所蕴含的追求真理的永在精神,具有恒定性;而学科制度结构则反映的是支撑学科研究的物质基础,"它至少包括四类基本范畴:职业化和专业化的研究者及他们赖以栖身的研究机构和学术交流网络;规范的学科培养计划;学术成果的公开流通和社会评价;稳定的基金资助来源"②。相对而言,学科制度结构是一种动态的结构,会随着学科的发展、经济社会的变革而不断变动。

与其他人文社会学科相比,出版学应该说还是一门非常年轻的学科。但值得注意的是,恰恰在中国出版学成长的这 30 余年中,一方面,伴随着改革开放的不断深入,整个中国高等教育与科学研究的体系和制度也在发生剧烈的变化,带来了学科制度结构的不断突破和发展;另一方面,从出版学本身来看,伴随着数字信息技术的发展,传统出版环境也发生了翻天覆地的变化,这也要求出版学在知识生产、理论贡献等方面要能有效回应这样的重大现实变革。而这两种力量,即出版学的学科制度结构与知识生产之间是否存在互相促进的作用,显然也是值得关注和思考的问题。有鉴于此,本研究提出四个具体研究问题:(1)中国出版学的知识生产状况如何?(2)中国出版学有哪些重要的理论或知识贡献?(3)中国出版学的学科制度结构是怎样的?(4)中国出版学的知识生产与学科制度结构之间的关系是怎样的?

考虑到学科发展和科研工作与整个科学研究体系和高等教育体系的发展变化息息相关,本研究根据中国出版学科发展的重要时间节点,分四个时间段来观察其发展脉络。第一个时间段是 1984 年之前。之所以选择 1984 年,是因为 1983 年中共中央、国务院发布《关于加强出版工作的决定》,同年武汉大学设立图书发行专业,1984 年胡乔木同志倡议在高校设立编辑出版专业,中国的出版研究才开始有了快速发展。第二个时间段是 1985—1998 年。选择 1998 年作为分期时间节点,是因为在 1998 年,教育部本科专业目录正式设立编辑出版学,置于新闻学与传播学一级 500 学科之下,由此编辑出版学才正

① 方文.社会心理学的演化:一种学科制度视角[J].中国社会科学,2001(6):126-136,207.

② 方文.社会心理学的演化:一种学科制度视角[J].中国社会科学,2001(6):126-136,207.

式进入学科体系。第三个阶段是 1999—2010 年。选择 2010 年作为分期时间节点,是因为 2010 年出版专业硕士获准设立,学科建制体系中的研究生教育不仅可以培养更高层次的编辑出版专业人才,而且必然带来科学研究的大发展。第四个阶段是 2011 年至今。由此,本研究的第一个研究问题也将细分成以上四个时段来分别呈现和回答。

二、研究方法与数据获取

本研究以知识图谱的方法来对中国出版学知识生产的总体情况进行呈现和分析,选取 CNKI 中国学术期刊网络出版总库的中文核心期刊和 CSSCI 来源期刊,以“出版研究”为检索词,检索时间范围为 1915 年至 2021 年(事实上,在 CNKI 中,中华人民共和国成立前的相关文献极少,但高级检索设定最初的检索时间为 1915 年,所以本文还是将检索时间范围限定在 1915—2021 年),在剔除“卷首语”“书评”“后记”“作品赏析”“会议”“论坛”“征文”“征稿”“设计”及其他不相关条目等无效数据后,共检索文章 36 220 篇。此外,因为 1992 年北京大学图书馆推出《中文核心期刊目录总览》,1997 年南京大学提出研制开发电子版《中文社会科学引文索引》(CSSCI)的设想,1992 年之前并无北大核心期刊分类,1997 年之前并无 CSSCI 来源期刊分类,所以在第一个时间段(1984 年之前),本文选取此期间全部期刊进行检索,共获得 3 691 篇论文;在第二个时间段(1985—1998 年),1985—1991 年选取“全部期刊”论文 6 427 篇,1992—1996 年选取“北大核心”论文 2 741 篇,1997—1998 年选取“北大核心”“CSSCI”论文 947 篇进行检索,共获得 10 115 篇论文。

图 1 呈现了 CNKI 中以“出版研究”作为主题词检索到的 46 337 篇论文的总体发

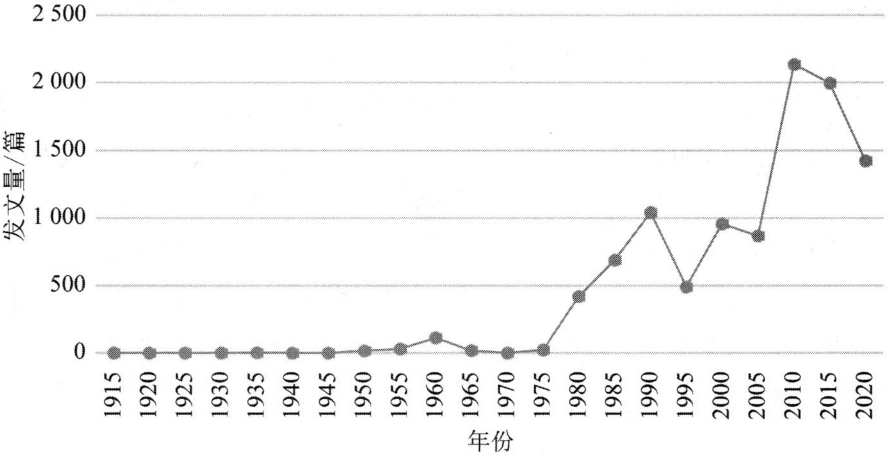

图 1　总体文献情况

表情况。可以看到2000年和2010年显现出明显的峰值,经过文献检索发现,2000年“因特网”“网络出版”等名词出现频率较高,显示出研究者对互联网出版的关注;2010年研究者的关注点聚焦到“数字出版”这个更宽泛的研究主题上,这同样是由数字技术对出版行业的影响所导致的。由此可以看出出版研究与实践的紧密联系,当然这也在一定程度上导致出版研究的应用性特色。

三、中国出版学科知识生产的知识图谱分析

从图2可以看出,1985年以前的出版研究有着明显的时代特征,总体上围绕着对共产党经典著作和主题性的出版发行工作进行探讨。同时也可以看出,随着时间的推移,从20世纪70年代中后期开始(右侧的关键词),出版研究关注的议题逐步多元化,围绕着编辑出版、出版工作、出版社等的讨论日趋增多。与此同时,在这一个阶段的后期,将出版工作从实践上升到学理层面的讨论也开始出现,比较有代表性的如巢峰的《出版物的特殊性——出版经济学绪论》、王益的《我国出版事业的管理体制》等。

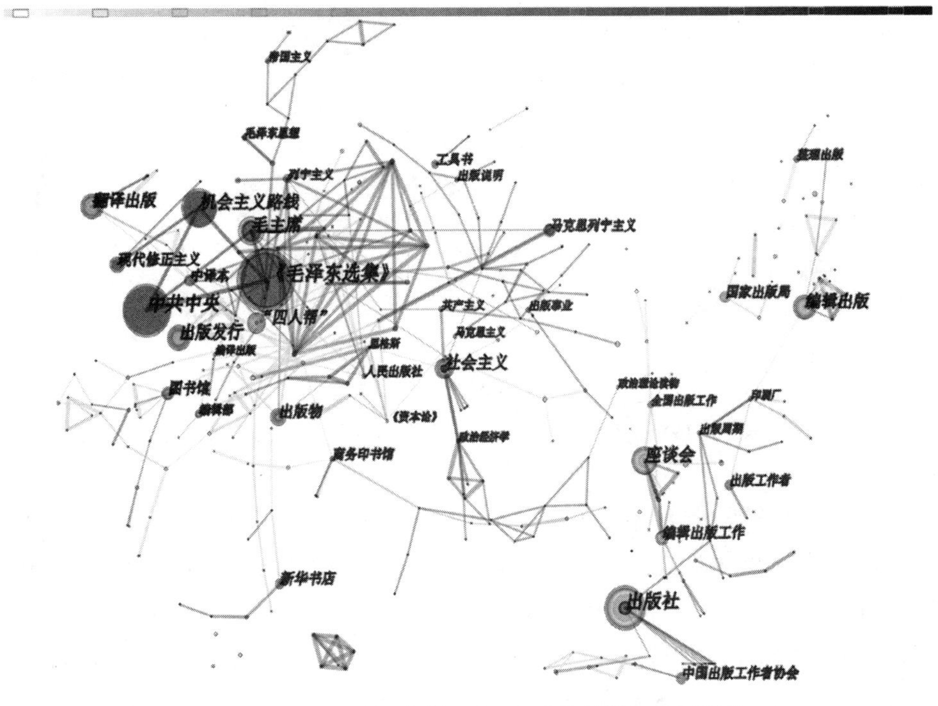

图2　1985年之前“出版研究”文献的关键词共现网络

图3显示的是1985—1998年“出版研究”文献中的重要研究主题,从中同样可以看到明显的时代特色,社会主义、市场经济这些社会背景被融入了研究之中,同时也可

以看到研究议题已然脱离了上一阶段的单一化趋向，而转向了多元化与多线程。这一阶段的研究主题主要围绕着以下几个方面展开：第一，注重探讨出版发行体制问题，同时也强调社会效益与经济效益的并举。从图 3 可以看出，诸如“社会效益”“出版体制改革”“市场经济”等关键词都是这一时期的重点。第二，电子出版乃至于互联网出版开始被研究者关注。第三，期刊出版同样是这一时期研究者关注的重点。图 3 虽然只呈现了“期刊出版”这一直接关联的关键词，但“编辑出版工作”“电子出版”这些关键词都与期刊出版相关。

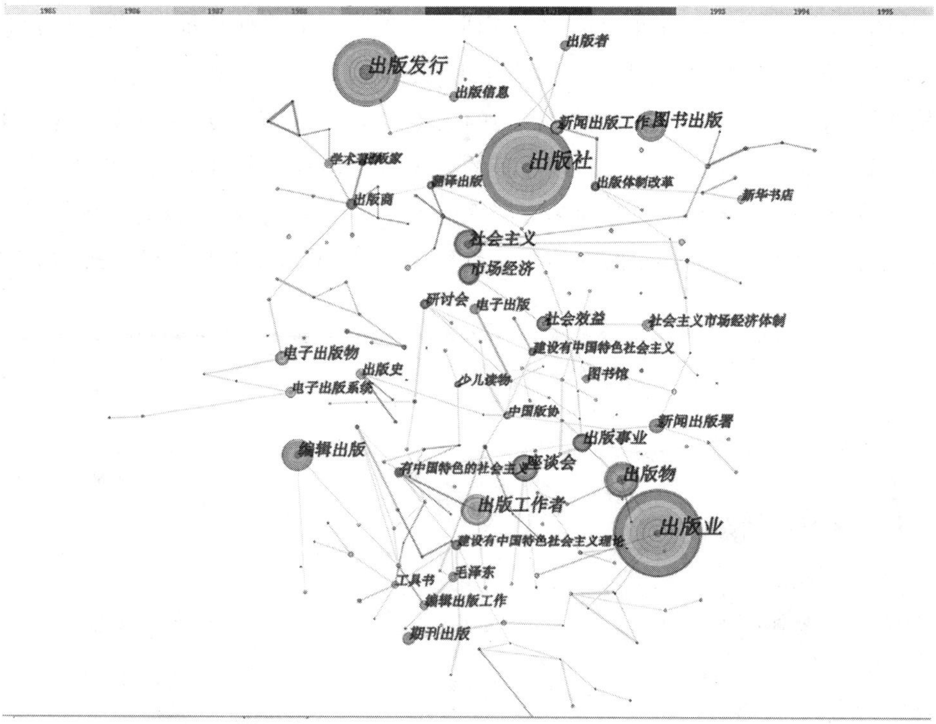

图 3　1985—1998 年“出版研究”文献的关键词共现网络

第三阶段是 1999—2010 年，在这一阶段文献数量呈井喷式上升，从上一阶段的 3 767篇提升到 13 880 篇。这种上升可能来自以下两个原因：首先是在 1998 年编辑出版学专业正式设立，开设编辑出版学专业的院校不断增加，教学师资和研究人员也在不断增加，出版研究的成果自然也越来越多，同时也带来出版研究在研究方向、研究内容、研究方法、研究类型方面的许多变革；其次，这一时间段是中国互联网高速发展的十年，给各个行业都带来了极大的冲击，互联网对出版行业的影响以及出版业未来如何发展等议题亟待研讨。因此，这一阶段出版研究关注的主要议题中出现数字出版议题并不意外，从图 4 中可以看到“数字出版”“数字出版产业”“网络出版”等都是比较重要的关键词，而在被引最高的 10 篇论文中，有 6 篇都与数字出版、网络出版相关。除了数字出版议题外，这一阶段还延续了上一阶段中对期刊出版的关注，不过在这一阶段，期刊出版研究主要聚焦于“学术期刊”“科技期刊”。

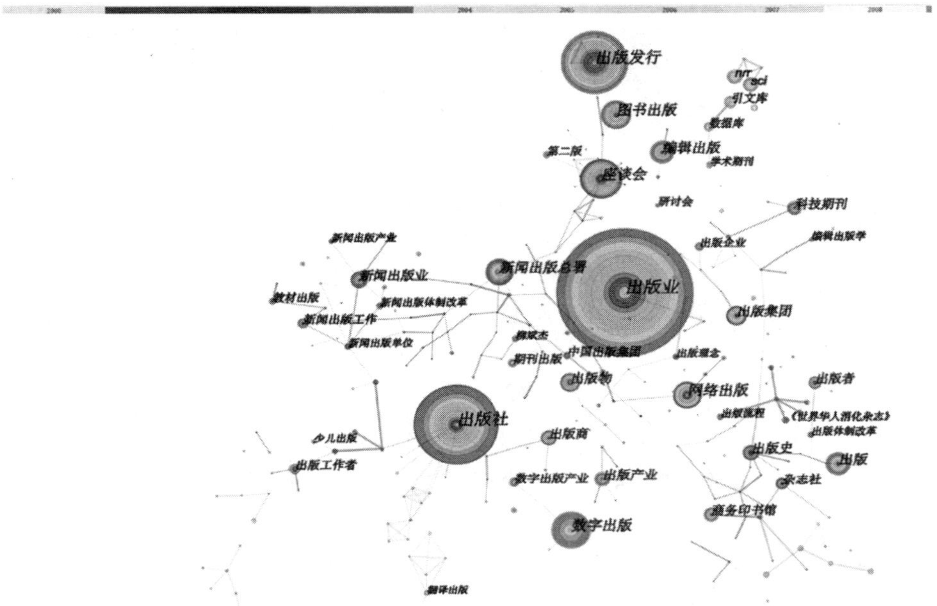

图 4　1999—2010 年“出版研究”文献的关键词共现网络

2011 年至今这一阶段的研究数量仍呈现稳步上涨趋势。一方面，这与出版学科逐步壮大有关，2010 年出版专业硕士被批准设立，带来了更多新生研究力量；另一方面，这与数字化对出版行业的剧烈影响相关。从研究议题来看，数字出版一跃成为研究的中心，但相较于上一阶段对数字出版议题的研究而言，这一阶段融入了许多对数字化特质的研究，如“媒介融合”“融合发展”“数字化”“大数据”“主题出版”等。在被引最高的 10 篇文献中，有 9 篇与数字出版相关，这充分体现出在新时期出版业的数字化技术革命已经到来，出版业焕发出了新的生命力，也产生了太多亟待研究的问题。此外，相承前一个阶段，学术出版、科技期刊、学术期刊、知识服务这类学术出版议题明显增多，显示出学术出版在出版研究中的独特地位。事实上，如果从整个出版业的发展起源来看，其最初目的就是普及和传播人类知识，因此学术出版理所应当成为出版研究的核心议题之一。

综合以上四个阶段的分析可以发现：第一，总体上中国的出版研究在研究数量上不断增长，关注的议题日趋多元化。第二，不同时间段的议题在不断聚焦，逐步形成了中国出版研究领域中的一些核心议题——网络出版与数字出版，学术出版与科技期刊，出版活动（出版社与出版业），等等。第三，出版研究与行业变化之间的相关性很强，使得出版研究呈现出明显的应用性特征。

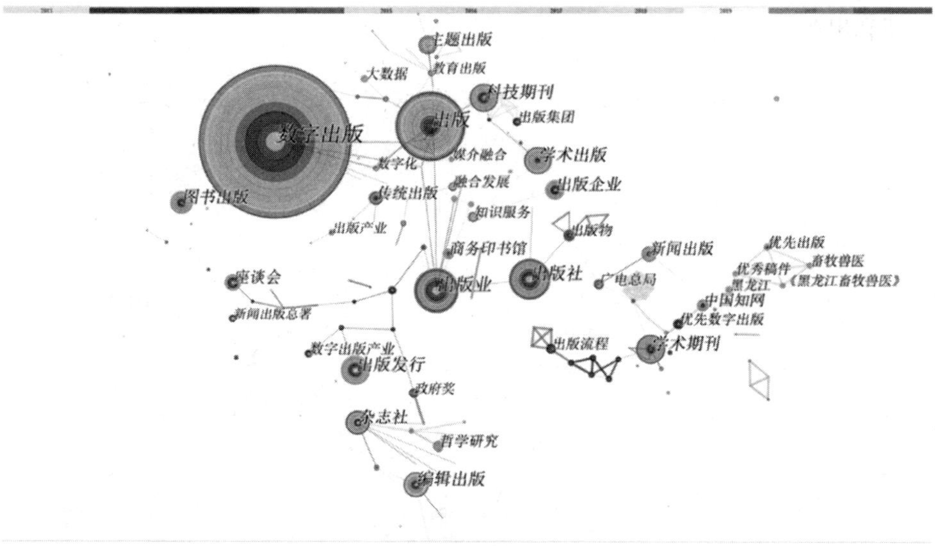

图 5　2011 年之后“出版研究”文献的关键词共现网络

四、中国出版学科的理论贡献

衡量一个学科领域是否有发展潜力、是否成熟，最主要的一个评价指标就是这个学科领域是否为人类知识的创造做出了贡献。在人文社会科学领域中，其可能更多体现在这个学科领域是否有自身独特的理论贡献。伴随着中国出版研究的不断发展，研究议题的不断深入和多元，中国的出版研究是否创造出了有影响力的理论，是否为其他学科带来了新的知识和机会，这是评价其贡献的重要指标。一般而言，一个学科领域中的重要理论通常都会在其代表性文献中显现，因此本文将“出版研究”文献中被引率最高的 20 篇文献作为研究对象。为了能更准确地反映出中国出版研究的理论贡献，本文以“出版学理论”和“出版理论”为关键词，分别检索了被引率最高的 10 篇文献，作为补充研究对象进行分析。

表 1　1985—2021 年“出版研究”总被引频次前 20 文献

序号	篇名	作者	发表时间	被引
1	博客与传统媒体的竞争、共生、问题和对策——以博客(blog) 为代表的个人出版的传播学意义初论	方兴东、刘双桂、姜旭平、王俊秀	2004-04-15	265
2	一种全新的学术出版模式：开放存取出版模式探析	李武、刘兹恒	2004-11-15	256
3	开放存取出版的两种主要实现途径	李武	2005-07-21	171

续表

序号	篇名	作者	发表时间	被引
4	我国科技期刊由传统出版向数字出版转型的对策建议	程维红、任胜利、路文如、严谨、王应宽、方梅	2011-07-15	167
5	数字出版:概念与形态	徐丽芳	2005-07-10	151
6	数字出版相关概念的比较分析	张立	2006-12-30	150
7	数字出版:距离成熟还有长路要走	聂震宁	2009-01-15	114
8	言论表述和新闻出版自由与隐私权保护	张新宝	1996-11-23	113
9	中国科技期刊开放存取出版现状	程维红、任胜利	2007-06-25	108
10	开放存取期刊出版的发展现状及其影响分析	李武、杨屹东	2006-02-18	106
11	论数字出版产业链的整合	刘灿姣、黄立雄	2009-01-15	105
12	大数据时代数字出版产业的发展趋势	孙玉玲	2013-04-15	100
13	优先数字出版是提高学术期刊出版速度的一种新模式	汪新红	2011-01-15	96
14	博客——个人网络出版的理想、现实与未来	金兼斌	2004-12-30	96
15	中国科协科技期刊数字出版及传播力建设	程维红、任胜利、沈锡宾、方梅、王应宽	2014-03-15	94
16	数字出版即全媒体出版论——对“数字出版”概念生成语境的一种分析	张大伟	2010-03-15	94
17	微信公众平台自媒体的发展及其对传统出版的影响	文艳霞	2013-11-15	91
18	微信营销,数字时代出版营销渠道探析	李晶	2013-10-25	89
19	明清江南的出版印刷业	李伯重	2001-09-15	84
20	后现代阅读方式的兴起与出版转型	周蔚华	2007-03-16	81

表 2　1985—2021 年以“出版理论”为主题词检索总被引频次前 10 文献
(来源类别:北大核心、CSSCI)

序号	篇名	作者	发表时间	被引
1	基于数字化技术和互联网思维的“融合出版”	曹继东	2014-09-08	46
2	中国出版产业链理论构想与现实操作	翁昌寿	2003-07-25	34
3	网络自助出版模式研究——基于“长尾理论”的分析视角	刘肖	2007-11-10	28
4	2006—2010 年学术期刊数字化出版理论研究综述	李仲先	2011-03-08	26
5	幂律、长尾理论和图书出版	练小川	2007-05-05	26
6	马克思新闻出版自由经典理论之重温	龚刃韧	2010-07-20	24
7	数据出版理论与实践关键问题	张小强、李欣	2015-08-15	21
8	高校学报多功能特征与出版体制改革的政策建议——基于农业多功能性理论的启示	翁贞林	2011-09-15	21
9	出版核心竞争力理论思辨	王秋林、李义发	2002-11-10	21
10	对出版学科理论逻辑和结构范式的思考	万安伦、曹晶晶、曹继华	2018-04-15	20

表3　1985—2021年以“出版学理论”为主题词检索总被引频次前10文献（来源类别：北大核心、CSSCI）

序号	篇名	作者	发表时间	被引
1	我国编辑出版学教育的历史沿革及其创新走向	黄先蓉	2001-10-10	28
2	2013编辑出版学的十大观点	吴平	2014-01-05	22
3	对出版学科理论逻辑和结构范式的思考	万安伦、曹晶晶、曹继华	2018-04-15	20
4	关于广西高校学报编辑人才素质培养模式的思考	黄中梵	1999-12-20	20
5	中国编辑出版研究学术史简论	吴赟	2008-09-30	15
6	简谈我国编辑出版学教育的发展方向	黄先蓉	2004-03-10	15
7	“互联网+”时代下我国编辑出版学专业高等教育发展现状及问题探析	李建伟、杨阳	2017-09-10	14
8	论编辑学是出版学的分支	王波、王锦贵	1999-07-25	14
9	出版文化研究：理论、现状与范式	杨军	2009-07-15	13
10	出版文化学初论	王余光、李天英	2001-12-10	13

从上述表格所呈现的论文中可以看出，目前中国的出版研究不乏理论层面的思考，其中既有宏观层面的思考，也有中观和微观层面的讨论，反映了研究者的理论自觉。但总体而言，这些研究更多还处于个人化的思考层面。作为理论而言，应该要能针对现实问题提炼学术概念，并对现实问题给予逻辑解释，甚至进行预测。如果以此来评判，中国出版研究一个很大的问题在于，迄今为止似乎还未能挖掘出其自身独特的理论。从上述表格中的论文来看，部分研究论文还只能算是应用对策性研究，在研究方法上有很大的不足，理论贡献更是暂付阙如。一个没有自身独特理论贡献的学科领域很难形成学科共识，也很难带动学科深入发展。

当然，随着中国出版研究的不断发展，越来越多的研究者也已注意到这一问题，除了反思不足之外，也在努力尝试在各个维度寻找理论突破口。这种尝试主要体现在两个方面：首先是对出版学科的理解和认识。出版学科能否作为一个独立学科，出版学到底是社会科学，还是综合性学科，抑或交叉学科。① 其次是对出版理论研究范式的讨论。出版学理论研究存在不同的范式。第一种是史学研究范式，主要从历史学的角度考察出版活动，注重对出版史料的收集、整理与论证。第二种是文化研究范式，从出版的规律、内容、实践出发，探究出版中的文化价值、文化因素对出版活动的影响等，从而形成一套针对出版文化现象的学理框架。第三种是产业研究范式，关注出版资源的开发利用，关注政治、经济以及管理等要素如何在出版业中得到展现，同时又给出版业带来怎样的影响。第四种是社会学研究范式，此范式下的研究将出版作为一个整体，

① 方卿.关于出版学学科性质的思考[J].出版科学，2020(3)：5-12.

关注出版活动与社会存在、社会变迁之间的关系以及如何互构的问题,聚焦出版与其他社会条件之间的互动与制约。这四种范式相互影响、互为补充,共同推进出版理论研究的发展。①

陈丹等(2020)对2010—2019年7种出版学CSSCI期刊刊发的19 886篇文章进行分析,发现出版学对新闻传播学、图书馆学、情报与档案管理等学科吸收度较高,同时在新闻传播学、经济学、法学等学科领域扩散度较高。这说明,出版学虽然还未能形成自身有价值的理论,但却正在与其他学科形成开放包容、交叉融合的学科生态系统,为其他学科的发展提供支撑。

五、中国出版学科制度结构与知识生产之间的关系

毋庸置疑,伴随着现代高等教育制度和科学制度的出现与发展,学科制度结构已经成为支撑学科研究和发展的坚实物质基础,并且发挥着巨大的作用。职业化和专业化的研究者、研究机构和学术交流网络是学科合法性建构的最基本指标;规范的学科人才培养计划则保证了学科研究的稳定发展;学术成果的公开流通和社会评价推动了知识的不断创新,也保证了学科的不断进步;稳定的基金资助来源则是学科健康发展的基石,保证了学科知识生产的独立性。本研究从上述四个方面来考察中国出版学的学科制度结构。需要说明的是,学科制度结构并不是一成不变的,而是会随着经济社会的变革以及学科的发展而动态变化的。

在"职业化和专业化研究者、研究机构和学术交流网络"以及"规范的学科人才培养计划"方面,虽然很难精确统计目前中国出版学的研究者数量和研究机构的情况,但是仍可以通过高校编辑出版学人才培养的规模管窥之。截至2019年,全国共有721所高校开设新闻传播学类专业,其中编辑出版学专业建设点71个,数字出版专业建设点19个,每年培养近5 000名出版学专业的本科生。目前全国有52个学术型硕士点招收出版学方向研究生,28所高校培养出版专业硕士,18个新闻与传播专业学位硕士点开设出版相关研究方向,全国每年招收2 000余名出版学专业或研究方向的硕士生。目前,有17所高校开设出版学二级学科博士点或相关研究方向,每年招收博士生60人左右。② 从人才培养的规模上可以推断,中国出版学的专业教师和研究队伍应该具备一定的数量规模,如果根据近年来各高校招聘教师通常要求具有博士学位来推断,那么专业化教师队伍的质量也应有较好的保障。而在学术交流网络方面,目前

① 吴赟,闫薇.出版学往何处去?——出版理论研究的范式危机与革新路径分析[J].出版发行研究,2019(3):15-23.

② 徐丽芳,赵雨婷,田峥峥.出版学学科建设回顾与展望[J].图书情报知识,2020(5):79-93.

已有多个不同的编辑出版学相关学术性组织,包括 1987 年 3 月正式成立的中国科学技术期刊编辑学会,1992 年 10 月成立的中国编辑学会,以及 2016 年 12 月在国家一级学会中国新闻史学会之下设置的二级学会——编辑出版史专业委员会。这些学术组织成为中国出版学科制度结构中稳定的一环。在学科人才培养方面,经过近 30 年的发展,中国出版学已经逐步建立起较为完善的人才培养体系,形成了从本科到硕士、博士的培养体系,课程体系也逐步成型。“根据全国出版专业教学指导委员会的建议,编辑出版学专业核心课程有:出版学概论、编辑实务、传播学、中外编辑出版史、出版物市场营销、出版法规等。但不同学院下编辑出版学专业培养目标与课程体系各有侧重,如设在信息管理学院下的编辑出版学专业更重视新兴技术环境对出版学专业的影响,突出文理融合和社会应用,如武汉大学、南京大学等;设在新闻传播学院下的编辑出版学专业偏重编辑应用写作、古代汉语、图书评论等文稿加工方向,如中国传媒大学、河南大学等。”①

在“学术成果的公开流通和社会评价”方面,本文选择了“权威出版物及论文发表数量和被引数量”这一指标。2021—2022 年编辑出版学共有 9 本 CSSCI 来源期刊,《编辑学刊》虽不在其列,但其曾被列入 CSSCI 来源期刊,因此统计时将其一并列入。本文统计了 CNKI 中这 10 本刊物 2010—2020 年间所发论文的总数和被引总数,其中剔除了“卷首语”“征稿”等非研究性的内容。

从表 4 可以看出,中国出版学的学术成果发表和评价都有了一定的基础,但是如果与同为人文社会科学的其他学科,如哲学、经济学、教育学、历史学、法学、文学、管理学等相比,其在论文评价(单篇引用量)上还存在着一定的差距。2010—2020 年间,上述期刊单篇被引频次最高为 381 次,哲学与人文科学类单篇被引频次最高达 5 265 次,社会科学中单篇被引频次最高达 7 477 次,经济与管理科学中单篇被引频次最高达 5 290 次。虽然学术论文的被引不能完全等同于学术论文的价值,但还是代表着该学科领域的学术价值与这一学科的学术影响力。②

表 4　2010—2020 年学术成果流通与社会评价(以 10 本 CSSCI 来源期刊为例)

序号	刊名	发文总量	被引总量
1	中国出版	4 597	17 599
2	中国科技期刊研究	2 796	28 365
3	中国编辑	1 704	5 983
4	出版发行研究	3 747	14 254

① 徐丽芳,赵雨婷,田峥峥.出版学学科建设回顾与展望[J].图书情报知识,2020(5):79-93.

② 孙昕光,李宗刚.中国文学研究论文被引存在的问题与对策[J].西南民族大学学报(人文社科版),2018,39(7):234-240.

续表

序号	刊名	发文总量	被引总量
5	编辑学报	2 973	19 352
6	编辑学刊	1 336	3 865
7	现代出版	1 317	3 532
8	出版科学	1 637	7 042
9	编辑之友	3 829	21 984
10	科技与出版	4 311	16 776

在基金资助方面,本文以"出版"及"编辑"作为主题词检索了国家社科基金项目库,可以看出中国出版学的国家社科基金立项数量随着时间推移有着明显的增长。需要说明的是,其中有不少项目,特别是重大项目,与历史学和文学十分相关,例如"当代山西农村基层档案资料搜集、整理与出版"等,但由于都涉及出版,所以也纳入了数据统计中。从表5中可以看出,2011—2019年间重大项目与青年项目的立项数有爆发式的增长。虽然同期整个国家社科基金的立项数都在飞速增长,但是编辑出版学重大项目立项数量的增长依然反映出学科重要性的持续提升。青年项目数量的增长意味着进入这一学科的青年教师数量在明显增加。

表5 以"出版"及"编辑"作为主题词检索国家社科基金项目库的立项数

阶段	项目数	重大/重点项目	一般项目	青年项目
1999年之前	11	2	7	2
1999—2010年	58	9	40	9
2011—2019年	131	21	76	34

知识的大规模生产依赖学科制度结构的不断发展,学科制度结构的不断发展理所当然会带来知识生产的不断增长。受限于学科制度结构的复杂性以及历史性资料搜集的困难,学科制度结构与知识生产之间的动态关系很难被清晰地描绘出来。本文尝试以国家社科基金立项数量代表学科制度结构,以论文发表数量代表知识生产,来展示这两者之间的关系。社科基金立项数量和论文发文数量无法直接比较,所以转化为论文发表率和基金立项率来比较。"出版研究"国家社科基金首次立项是1994年,截至本文发表时仅能查询到2019年的立项情况,故本文将时间范围确定为1994—2019年。

$$rate p_y = \frac{Np_y}{\Sigma_y Np_y} \tag{1}$$

$$rate f_y = \frac{Nf_y}{\Sigma_y Nf_y} \tag{2}$$

其中,y 表示 1994—2019 年中的任意一年,y 和 f 表示该期刊的发文和基金项目立项,N 表示总数量,$rate$ 表示比率。公式(1)表示 1994—2019 年该期刊每年发文量比率,公式(2)表示每年基金项目立项比率。

从图 6 中可以看出:出版学的知识生产(论文发文量/率)与学科制度结构(基金项目数/率)均呈现总体上升态势,一直到 2015 年,两者之间都显示出较强的拟合性,这说明学科制度结构与知识生产之间的确存在较为紧密的关联性。2015 年之后基金项目比率与论文发文比率的趋势有所差异,其原因有待进一步挖掘。如果将学科制度结构的其他因素合并计算,相信与知识生产的趋势应该是一致的。

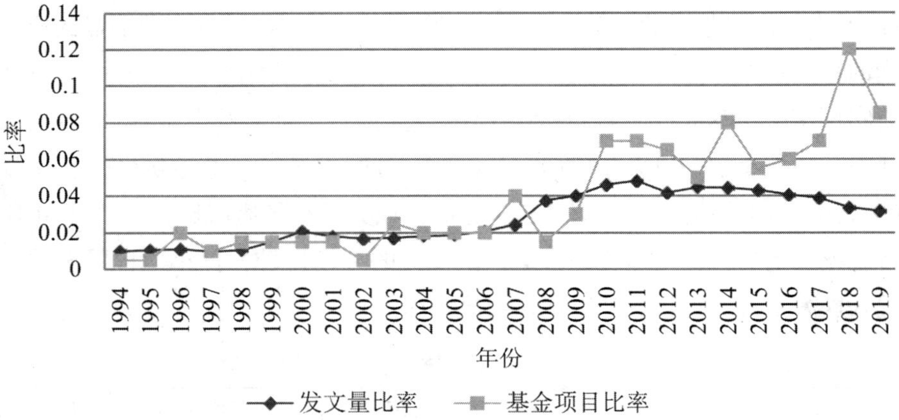

图 6　1994—2019 年论文发表率与基金立项率

本文虽然从知识生产和学科制度视角做了一些研究探索,但是在具体研究方面还存在有待解决的问题。首先,本文选取的 CNKI 在数据方面仍然存在权限设置以及部分年代性数据缺损的问题,导致研究存在无法控制的数据误差;本文仅采用了关键词共现的研究方法,也会对分析结果产生影响。其次,本文在学科制度结构的分析上,将分析维度简单设置为一些具体指标,其合理性有待验证。最后,本文在检验知识生产与学科制度结构之间的关联性时,仅对国家社科基金立项率和论文发表率进行了拟合比较,显然也远远不足以准确检验两者之间的相关性,这在一定程度上影响了结论的准确性。

新媒体范式的历史演进与社会构建*

——兼论传播学学科发展的着眼点与着手处

◎ 喻国明**

摘要:技术发展引发媒介革命。新媒体之“新”不仅仅是时间序列上的新,而且为社会连接提供了新的方式、尺度和标准。互联网在社会构造、社会赋能、信息结构、传播格局诸方面产生影响,从根本上改变了社会传播图景。面向未来传播,把握传播学学科发展的着眼点和着手处,需要立足于“格局为界”“战略为要”“交叉为本”“简明为金”这四个关键词。

关键词:新媒体范式;学科发展;未来传播

当今世界正处在一个科技大发展和社会大变革的时期,以新一代信息通信技术为代表的传播革命方兴未艾,技术迭代日渐加快。面对层出不穷的媒介形式和越发复杂的传播生态,站在现实实践与未来发展的节点上,我们有必要认真思考面向未来传播的传播学学科发展的方向、逻辑与路径。而要回答这样一个顶层设计的战略问题,需要回到传播学学科体系中的“元概念”——媒介,从理解媒介、理解新媒体出发,探寻答案。

一、新媒体之“新”:不仅是时间序列上的新,也为社会连接提供了新的方式、尺度和标准

传统的传播学主流把媒介看作物理意义上的从经验上可感知的对象,将其理解为一种传递信息和发挥社会功能的工具——它是一种显现的实存,是机器、是渠道、是技术,也是一个纯粹的客体。但在技术革命引发传播生态大变革的现在与未来,在基于

---

* 本文原载于《现代出版》2021 年第 4 期,收入本书时有改动。

** 喻国明,教育部长江学者特聘教授,北京师范大学新闻传播学院学术委员会主任,中国新闻史学会传媒经济与管理专业委员会会长。

社交链条、智能算法以及未来即将大规模登场的基于传感器资讯的机器写作的信息流之中,已很难区分出什么是媒介(客体)角色、什么又是人类(主体)角色。面对正在日益去客体化的媒介,在媒介和非媒介没有排他性限制的数字化时代,传统的媒介工具论正遭遇解释力危机。

不同于人与媒介之间主客二元对立的传统媒介定义,麦克卢汉“媒介是人的延伸”的论断为重新理解媒介提供了新的思路。在麦克卢汉看来:“所谓媒介即讯息,只不过是说任何媒介(即人的任何延伸),对于个人和社会的任何影响都是由新的尺度产生的;我们的任何一种延伸(或曰任何一种新的技术),都是要在我们的事务当中引进一种新的尺度。……任何媒介或者技术的‘讯息’都是由它引入的人间事物的尺度变化、速度变化和模式变化。”①也就是说,媒介是人感知和经验外部世界的“中介”,它不仅仅是器物本身,更重要的是由其邀约的一系列关系和意义的总和。“任何技术都逐渐创造出全新的人的环境,环境并非消极的包装用品,而是积极的作用进程。”②从更宏观的视角来看,社会关系的发生、维系与发展必须依附于作为中介纽带的媒介。在这个意义上,媒介本质上是社会关系的隐喻,它构造了社会。

所以,正如麦克卢汉所言,“任何的新媒介都是一个进化的过程、一个生物裂变的过程,它为人类打开了通向感知和新型活动领域的大门”③。任何媒介技术的升级换代,都是人类社会关系的再造及基于这种社会关系再造的资源再分配。从这个角度来说,新媒体不是特定的具体的工具实体,而是每一次传播技术改进带来的社会连接的拓展,即新媒体之“新”在于为连接提供新的方式、尺度和标准。

历史地看,在口语传播阶段,人类除了身体外没有任何传播技术可以借用,需要亲身参与在场的交流,凭借语言进行跨空间的交流,凭借记忆进行跨时间的交流;壁画、雕刻等象征性活动的兴起使得人类超越了自身的生物边界,其中最重要的是文字的出现,它从空间和时间上弥补了语言缺陷,更具保存性、统一性以及符号性;纸张的发明与使用为传播提供了更经济、更便携的载体,让传播成本更低、速度更快;印刷术在时空传递性以及经济性方面进一步完善了文字传播,大量的文字典籍可以更为准确、更为规模化地保存与复制,读报活动取代了上教堂的交流,印刷媒介催生了近代社会,全球化的传播也依赖印刷术逐步得以实现;作为文字传播和电子媒介的中介形式,电报第一次将传播与交通分离开来,极大地改变了人们的时空观念;广播延伸了语言的传播效果,其亲近性与冲击力建立起听众的情感纽带,且因不受文化程度的限制而打破了阶级界限,从而覆盖广大地区,具有即时性、同步性和广域性;与广播同样,电视媒介

① 麦克卢汉.理解媒介:论人的延伸[M].何道宽,译.北京:商务印书馆,2000:33-34.
② 麦克卢汉.理解媒介:论人的延伸[M].何道宽,译.北京:商务印书馆,2000:25.
③ 麦克卢汉.理解媒介:论人的延伸[M].何道宽,译.北京:商务印书馆,2000:27.

也深入家庭,进一步推动了资讯、知识与文化艺术的通俗化与普及性。可以看出,传播技术的发展和媒介形态的变革是社会进化的关键部分,每一种新技术都给社会交往带来新的规模、速度、范围及传播模式的演进。技术的进步对边界与业态的改变总不乏案例,例如,很长一段时间以来,乳肉家禽畜牧业和蔬菜花卉种植业集中分布在城市周边,而随着包装、运输等相关技术的改进,这些产业的市场版图逐渐拓展,业态结构也不断丰富。同样,传播技术的升级也在不断以新的连接方式拓展着传播时空、重塑着传媒业态,所谓社会的媒介化本质上就是以媒介的逻辑重构社会生活的各个领域。简而言之,传播技术的发展不断带来"新的媒体",这些"新的媒体"表征着新的社会连接方式、尺度与标准,使人们能够探索更多的实践空间,能够拥有更多的资源和更多的领地,去展示和安放人们的价值、个性以及生活的样态。

二、新连接之"社会构造":社会传播图景已发生根本改变

新一轮科技革命所催生出的"新"的媒体——以互联网为代表的数字媒介——连接并改造着"旧"的媒介,它重新连接一切,不仅仅是架构社会生活的基础设施,而且已经成为重构社会生活的"设计师"。所以,作为一种"高维媒体",互联网引发了从传播的连接层次到传播的社会结构的一系列前所未有的革命性改变。这意味着,我们需要厘清传播环境与传播现实之间发生的根本性转变,把握新的宏观社会传播图景。

从社会构造上来看,"微粒化社会"到来。所谓微粒化社会,就是指颗粒度很微小的社会。伴随社会传播技术门槛的下降与传播工具的普及,个人作为传播的主体,有机会直接成为社会资源的接触者和操控者。在大数据、云计算、人工智能等多种数字化信息技术浪潮下,万物互联进一步将人与人、人与世界的物理连接上升到生理级、心理级的多重互联互通,其疆界的进一步拓展、要素的进一步丰富、结构的进一步生态化,使得原本散落在个人身上的闲置时间、闲置知识、闲置经验等各类闲置资源被发现、被检索、被匹配。个体之间可以产生自由的连接,连接之间还产生很多的互动,这些连接和互动呈现出多样性社会及其价值与功能。可以说,互联网将原有的以单位(机构)为基本运作主体的社会构造裂解为以个人为基本运作主体的微粒化社会,这种社会构造上的改变是一种核裂变式的能量释放。

从社会赋能来看,"连接"成为一种赋能赋权的力量源泉。连接与再连接是互联网改造世界的基本逻辑,而连接的基础性资源是关系资源,互联网世界的影响力与组织力直接取决于行动者能够在多大程度上激活、掌握、调动和整合关系资源,也就是说,关系赋权成为一种新的权力机制。所谓关系赋权,即在嵌套性关系网络中,个体力量在无限连接中聚合、放大、爆发,为社会中相对无权者赋予话语权和行动权。关系赋

权不依赖外部权力的特定干预，而是依靠复杂网络中大量个体的自组织协同，从关系网络中内生涌现出权力。这意味着，越来越多的权力不是自上而下赋予，而是自下而上涌现。褪去了武力、行政和资本的强制性和制裁性，连接以及其代表的关系赋权可以在最小的干预、最短的时间内发挥更大程度的功能，其效力和效能不逊色于甚至有时优于以往任何一种权力来源。

从信息结构来看，“泛众化”传播时代的社会信息结构向分布式（并联式）转型。4G 和 5G 技术的崛起开创了泛众化传播的新时代，视频语言作为一种可以容纳多元要素、多样文化的“宽通道”表达方式，前所未有地降低了人们参与社会表达、成为传播供给者的门槛，使过去不常见到的亚文化形态得以完成其表达空间的释放和价值实现。这意味着，信息结构已经从过去的科层制社会的串联式模型转变为扁平化的分布式社会的并联式模型。因此，如何处理好圈层、群落之间的横向沟通与信任，便成为社会发展之于传播最为重要的责任与使命。而相比“摆事实，讲道理”，关系认同与情感共振成为传播机制中更为重要的影响因素，我们需要通过非理性因素的有效作用将碎片化的人群重新组织起来，找到社会共识与最大公约数。

从传播格局来看，平台型媒体的崛起成为传播渠道的寡头独占者。互联网解构了传统的传播格局，尤其是通过“一站满足式”的平台型媒体构建，使其对于渠道、流量及用户的寡头化独占成为常态。传统媒体对传播渠道的完全掌控已不复存在，于是传统媒体为打通传播信息的“最后一公里”，借助多种手段向互联网平台拓展。在这个意义上，传统媒体成为新媒体的内容生产商之一，新媒体成为传统媒体依赖的触达用户的中介。媒体融合问题的提出，便源自传统主流媒体的渠道中断或渠道失灵；通过整（融）合实现主流意识形态的畅达传播，便是媒体融合战略的预设目标。而 5G 时代的到来将极大促进社会的线下生活向线上转移，面对线上社会生活逐步“加宽”“加细”和“加厚”——基于场景的服务——的要求和任务，谁能以科技的力量、人本的逻辑去建构自己的发展与服务，谁就是未来发展的主导者。

三、新范式之着眼点与着手处：传播学科需要“积极重构”

马克思在一百多年前有过一个论断：“历史的逻辑从哪里开始，理论的逻辑就应该从哪里开始。”[①]这句话告诉我们，历史（实践）逻辑是理论逻辑最为重要的对标物，社会科学的一切学术都应以实践的检验作为最高标准，而不是理论“卡拉 OK”自说自话的产物。概言之，面对飞速发展的媒介与传播技术，以及大幅度扩展的实践边界，传

① 马克思，恩格斯.马克思恩格斯选集 第 2 卷[M].中共中央马克思恩格斯列宁斯大林著作编译局，编译.北京：人民出版社，1995：43.

播学科需要“积极重构”，即新的传播现实需要我们用全新的理论逻辑与实践范式与之匹配。对传播学科而言，我们需要重新定位我们的基础，重新划定我们学科的边界并解析其要素、结构和相应的作用机制，这可能是传播学科建设发展中特别关键的事情。面向未来传播，把握传播学科发展的着眼点和着手处需要立足于四个关键词。一是“格局为界”。建立新的学科范式，回到“原点”回到现场，站在全局和时代发展的高点上重新划定学科的边界并构建框架。回顾新闻传播学科的成长史，媒介技术无疑成为整个学科成长的关键因素，传播学的学科发展实际上也必然要越来越多地包容技术革命所带来的新的因素，没有这种制度性的包容、规则性的包容，我们在发展过程中就会付出极大的代价。我们必须认识到技术逻辑对于传播学科体系构建的基础性结构作用，必须认识到传播学科体系从来没有像今天一样面临着扩容、重构的革命性任务。格局大小决定可供性的丰富程度，我们需要从时间维度和空间维度来构造可供性。时间维度即对于未来发展的把握，空间维度即对“点”的把握与“结构”的把握——在互联网时代，后者为要。

二是“战略为要”。战略问题解决“在哪儿做”和“做什么”，战术问题解决“如何做”，做正确的事比把事情做正确更重要。“问题单”的层次决定着学科建设成果的价值。随着5G时代来临，传播学的学科构架正在发生革命性的改变。最基础的部分应该是“电信传播学”，研究通信技术如何影响传播的样式、传播的种类等；之后是“符号传播学”，因为今天各种各样的符号都能成为传播的载体，也会带来各种各样的机制规律、角色扮演的问题。再后就是“人际传播学”，这不是传统意义上的狭义的人际，而是人与自我、人与他人、人与社会等这样的人际社会的传播。再高一层是“人机传播学”，研究人和机器、人和物怎样沟通。这些将会成为未来传播学体系的基本构造。

三是“交叉为本”。传播学未来发展的不二法门仍然是跨领域基础上的研究协同。尼葛洛庞帝在学科发展中的“反学科”主张造就了超一流的MIT媒体实验室，这生动地说明，问题导向是实现学科创新的基本逻辑。当下和未来传播过程所联结的要素、资源越来越多，它所涉及的领域以及相应的规律机制就越来越多。面对一个生态级的研究对象，以及大数据、云计算、人工智能、5G、区块链等一系列新的技术新的领域，要求人们成为“全才”既不现实也不可能。这个问题最好的解决办法就是让专业的人来做专业的事，即需要多学科之间的协同来完成问题的解读与解决。所以，学科的交叉、人员的协同是传播学科发展的潮流。只有跨学科的协同与整合，才能够产生巨大的传播生产力、技术生产力和社会生产力。

四是“简明为金”。研究逻辑和表达逻辑是完全不同的：研究逻辑是要寻求问题的解决方案；表达逻辑则要寻求传播的通达效能，以减少文化折扣及认知偏差。所以对传播学理论建设来说，理论的最高境界是透彻，简明是以深度把握其本质为前提的，当然还需要“将密室尘封的理论搬到广场”,好的理论成果应该像阳光照亮人们的生活。此为传播学研究者的责任担当。还需要关切的是,在传播学科与信息科学、计算机科学无限交融汇合的今天,传播学仍然要找到自己的特长和领域。信息的“机器逻辑”与“人的逻辑”具有不同的导向,与其他学科相区别的是,人的介入依托人对信息的认知、使用、创造、治理等心理与行为,是区分信息与新闻,比特与符号,场景与意义、价值的关键要素,也是传播学的立命之本。

从“视界融合”到“学科建制”：中国政治传播研究40年学术检视与理论思考*

◎ 荆学民　赵　洁**

随着中国特色社会主义伟大事业的突飞猛进，中国特色的政治文明成为人类政治文明体系中一道亮丽的风景线，与其匹配的中国特色政治传播实践也不断向世界展现“中国经验”和“中国贡献”，极大丰富了世界的政治传播图景。至今，基于中国政治传播实践经验的中国政治传播研究已近四十载，取得了丰硕的研究成果。值此四十年之际，细密梳理和整合中国政治传播研究的发展历程，勾画其总体学术态势，在此基础上探讨中国政治传播研究的未来发展路向，既具理论价值，也具现实意义。

一、中国政治传播研究的学脉溯源与基本历程

（一）“孕育”阶段（1949—1982）：宣传研究和政治新闻研究的传统

据学者考证，梁启超在1896年就已经开启政治新闻学（从政治角度观察新闻传媒作用）的传统。之后，这种论述传统被中国各政党用来服务政治斗争。新中国成立以后，教育宣传部门就曾要求“从政治出发研究新闻学”。显然，新中国成立后已经形成了从政治角度观察新闻传媒作用的研究传统，以及以马克思主义为指导的宣传研究传统。从研究成果来看，新中国成立后，与中国政治传播相关的研究其实已经悄然出现，只不过它是以政治新闻研究或者宣传研究的面貌示人，从事研究的也多是新闻学背景的学者或者新闻从业者。总之，新中国成立至改革开放前，研究总体上以宣传汇编资料为主，学理性比较薄弱。

改革开放初期，学界开始真正对我国政治宣传、新闻真实性等问题展开学理性探讨。这一阶段与政治传播主题相关的研究已经开始零星出现，政治新闻研究和宣传

---

* 本文原载于《现代出版》2022年第4期，收入本书时有改动。

** 荆学民，中国传媒大学政治传播研究所教授；赵洁，中国政法大学政治与公共管理学院博士后。

研究的传统,为中国的政治传播研究孕育了学养,奠定了基础。

(二)"开显"阶段(1983—2010):西方理论的引介与中国政治传播研究力量的积蓄

在该阶段,一方面,随着改革开放的深入发展,作为中国政治传播研究支撑学科的政治学、传播学以及新闻学等,都进入了新的发展时期,在各自专业化发展的过程中,逐渐开始实现学科的交叉和融合,中国政治传播研究领域因而逐渐显现;另一方面,西方政治传播研究开始被引介到中国,"政治传播"作为一个专有名词和研究领域,逐渐为中国学者所熟悉和重视,中国政治传播的研究力量在这一过程中也不断壮大。

从研究成果来看,这一阶段研究数量大幅度上升,研究的学理性和专业性增强,研究主题和路径也逐步丰富多样。相关成果大体可以分为三类:一是延续上一阶段,在宣传研究和政治新闻研究的范畴内,使用宣传、政治宣传等概念进行政治传播相关主题的讨论;二是直接使用"政治传播"这一概念对我国的政治传播实践进行探析,这类研究涉及的研究主题和路径较为广泛;三是与政治传播研究直接相关但又未运用政治传播概念的研究,如舆论研究、民意研究、新闻社会学研究等。改革开放之后,伴随西方舆论研究的引介,这类研究也开始逐渐受到学者关注并发展起来。

该阶段是学科专业化和融合化的大变革时代,不同学科的交叉与融合,使中国政治传播研究进入"开显"阶段,不仅逐渐被学界关注,成为一个公认的研究领域,还涌现出很多相关研究。

(三)"成型"阶段(2011—2021):中国特色政治传播研究的繁荣

2011年,国内第一个以"中国特色政治传播"命名的国家社科基金重大课题"中国特色政治传播理论与策略体系"立项。以此为标志,以中国特色政治传播为独立研究对象,并旨在从中提炼出基于中国经验的政治传播命题和理论,着力在同一层次上与西方学界进行对话的中国政治传播研究正式启动。

在该阶段,多数学者已经深刻地意识到,中国政治传播研究既不能完全照搬和运用西方政治传播理论和框架,也不能仅仅延续传统的政治新闻学和宣传研究路径,而是需要秉持与时俱进的理论品质,分别从西方政治传播研究和传统政治新闻学、宣传研究、舆论研究中汲取养分,并依据中国特色政治传播实践和经验,从政治学和传播学"视界融合"的高度出发,展开自主性的中国政治传播研究。其中,《政治传播活动论》《中国政治传播策论》等系列成果,从历史演进、轴心边界、基本形态、媒介体制、话语仪式和提升路径等诸多方面,初步建构起"中国特色政治传播理论体系"。

该阶段掀起了中国政治传播研究的高潮,不仅研究数量激增,研究议题也愈来愈丰富和系统。其中尤为值得关注的是,这一阶段形成了具有自觉的政治传播研究意识，以中国政治传播为独立的研究对象，旨在打造出具有中国风格、中国特色、中国气派的政治传播理论。中国政治传播研究通过这一阶段的加速，基本完成了“中国特色政治传播理论”的基本范畴、主要命题、主要论断、核心学理的学术论证，以“活动论”为学理框架的“中国特色政治传播理论”已经基本成型。

（四）“突破”阶段（2022年至今）：新形态政治传播学的建构

人类社会知识生产和知识传承的最高形态是各种“学”，被人们归纳为“自然科学”“社会科学”和“人文科学”三大科学体系就是这种学的规范和浓缩。人类创造的“理论”可以是千重万众，但成为“学科”却是丛中之花。任何“理论”，从“理论”到“学科”都是一种艰难的学术飞跃和理论升华。就此而言，中国政治传播理论的研究，经过孕育、开显、成型，前进的方向已然明晰——从“理论”迈向“学科”。

2022年初，全国哲学社会科学工作办公室公布了《国家社会科学基金项目2022年度课题指南》，其中赫然出现“政治传播学的学科体系、内容构成和研究方法研究”这一选题方向。这标志着中国政治传播研究实现新的突破的时机已经来临，意味着中国政治传播研究迈上了建构新时代、新形态的“政治传播学”的新征程。

二、中国政治传播研究的主题分布与热点追踪

作为一个正在蓬勃发展的研究领域，中国政治传播研究的“问题域”十分广泛。为了全面而有逻辑地进行评析，本文尝试将中国政治传播研究放置在以时间为纵轴、以主题为横轴的坐标系中。

（一）对中国政治传播理论的建构

伴随西方经验的部分失灵以及中国特色社会主义事业的迅猛发展，中国哲学社会科学研究领域对反思西方舶来之品、建构中国特色的理论意识越发强烈。政治传播研究领域亦是如此。政治传播的经典理论，多是西方政治和传播发展的产物，特别是受到美国政治传播研究的主导，无法解释被视为“政治宣传”的中国的政治传播经验。为改变这一境况，目前中国政治传播学界主要从两大方向发力：一是依据中国特色政治传播实践发展，对中国情境下的政治传播基本概念、理论框架和研究方法展开深入探讨；二是从中国政治传播的历史向度着眼，通过阐释和反思历史上的政治传播观念和实践，提炼出政治传播的中国命题、建构政治传播的中国理论。

（二）对中国政治传播实践的探讨

自古至今，中国政治传播实践活动既丰富多彩，也颇具时代特点。与之相应，关于

中国政治传播实践经验的探索,不仅具有过程记录之意义,而且发挥着鉴往知来、指导实践的效果。第一,当代政治传播实践可具体分为对内政治传播实践和对外政治传播实践。对内政治传播按照传播方向又包括自上而下的传播和自下而上的传播两类。第二,中国古代王朝的统治与政治传播须臾不离,因此研究热点集中体现在王朝合法性建构、帝王形象和天朝形象的塑造以及行政信息的日常流通等主题上。

(三)对中国政治传播媒介的考察

媒介技术是政治传播发展的重要驱动力。随着媒介技术的升级换代,政治传播其他构成要素以及整体形态都可能随之发生变化。因此,学界持续对政治传播媒介、技术及其影响保持高度关注,不断产出具有创新性的研究成果。第一,当代政治传播媒介研究主要围绕政治话语、大众媒体、新媒体和新技术展开。第二,在古代和近代政治传播研究中,学者不再受狭义媒介的束缚,而以更宽广的视野探索中国特色政治传播媒介。

(四)对中国政治传播制度的分析

政治传播制度作为政治信息传递和管控的制度安排和程序规范,是政治传播的重要组成部分。近年来,随着中国政治传播制度化和规范化的持续推进,中国政治传播制度及其发展也被给予越来越多的关注。第一,当代政治传播制度的研究大体包括两个层面:一是对中国政治传播制度与结构进行宏观描述,二是对具体的政治传播制度及其变迁进行考察。第二,关于中国古代和近代政治传播制度的研究也不断推陈出新,总体包括对信息传递制度和信息管控制度两个话题的讨论。

中国政治传播研究论域广阔、议题丰富、方法多元,既关注当下中国政治传播中日新月异的变化,也注重不断回答人类文明所面临的根基性、深层次的重大政治传播问题,目前已经产出了一批基础性、原创性的研究成果,突破了长期占据主流地位的“西方政治传播学”将政治传播研究对象固化在所谓“竞选性政治”和“媒体独立”上的理念困局,为中国政治传播研究迈向新阶段、进入学科建制境界奠定了坚实的基础。

三、从“视界融合”到“学科建制”:中国政治传播研究的升华

十年之前,中国政治传播研究领域还只是各相关学科学者短暂停留的“十字路口”,对政治传播范畴的界定还处于“各学科相争不下、各自为战”的状态中。十年之后,中国政治传播研究具备了学科建制的潜质和基础。

（一）中国政治传播研究的总体态势

总体来看，自1983年至2022年，基于中国政治传播学界长达四十年的深耕细作，中国政治传播研究，从延续宣传和政治新闻研究传统，翻译、引介和运用西方政治传播理论，逐渐发展至基于本土经验，观照中国现实，对政治传播基本概念、基本问题和基本框架进行原生性思考和自主性探索，不断推进政治传播知识创新、理论创新和方法创新的阶段，至今已经出现很多明确具有政治传播研究意识和学科意识的高质量研究成果，基本形成更具普遍知识形态的政治传播学建立的科研条件和学术生态。

第一，从研究意识来看，多数研究都已具备政治传播研究的理论自觉，且已有研究明确提出是“自觉地以政治传播的学科意识”开展研究的。第二，从研究进路来看，目前中国政治传播研究形成了四种风格殊异又互补互济的研究进路。第三，从研究内容来看，中国政治传播研究围绕“政治信息流动”这一核心研究对象形成了一个多主题、多层次、多角度的立体研究架构。第四，从研究方法来看，目前中国政治传播研究运用比较多的主要有四类研究方法：理论思辨方法、文献耙梳和整理方法、定量研究方法、田野调查法。多类研究方法被综合运用于中国政治传播研究领域，多数研究能够选择和运用恰当的研究方法，展开具有说服力和科学性的研究。

（二）中国政治传播研究的发展路向

基于中国政治传播研究的丰硕成果，面对新时代人类政治秩序的剧烈变革，将基于中国政治传播实践的政治传播智慧升华为一种具有普遍意义的知识形态，成为理论之需和时代之唤。在这一背景下，把世界各国尤其是中国政治传播的经验，通过理论抽象，建构成一种超越西方政治传播学理念的、更具有普遍知识形态的“新形态政治传播学”，实属因时应势之为。但是，要真正达到超越国别藩篱、建构普适性原理的政治传播学的学科建制，还需要进一步下大力气。

首先，在学科意识方面，基于目前中国政治传播研究意识多层次的态势，要旗帜鲜明地提出建构具有普遍知识性和实践阐释力的政治传播学的观点；要继续深耕具有政治传播学科意识的中国特色政治传播研究，提升其辐射和吸纳尚未具有学科意识的政治传播研究的能力。其次，在研究进路方面，在全面把握历史实践的前提下，适当关怀当代政治传播问题；在准确理解西方理论适用性的基础上，具体考察中国政治传播现象；在尽可能保持学术独立的条件下，客观阐释中国政治传播政策。

再次，在研究内容方面，第一，需要持续完善宏观理论的建构、创新与交流。一方面，针对既有的中国政治传播轴心理论体系展开充分探讨，并在对话交流中提升相关理论在学界的共识性、权威性和引导力，强夯学科建制的理论地基；另一方面，要基于不断变化的社会环境和媒介技术，及时对政治传播理论和话语进行创新和完善，进一步提升中国政治传播理论的概括性、前瞻性和引导性。第二，还需要对中微观研究议题给予更多关注，为学科建制填补研究隙缝。

最后，在研究方法方面，目前中国政治传播研究无论是宏观层面的理论研究，还是中微观层面针对具体政治传播现象和实践的研究，仍以理论思辨的研究方法为主，采用宏大叙事的方式展开概念推演、逻辑演绎和价值判断。这使得很多中微观研究流于苍白的描述和空泛的对策性建议，无法切实地展开探讨。因此，要秉持方法本无优劣的态度，真正从政治传播研究问题出发，根据研究需要在方法库中择取最合适的方法与工具，而非方法先行，以方法带动问题研究。要不断推动中国政治传播研究方法的专业化和规范化发展，提升研究方法运用的质量，积极采纳新的研究方法。

我们现在的呼吁是，在前期“视界融合”的基础上实现“学科建制”，尽力吸纳国内外“政治传播学”研究的精华，立足于中国政治传播现实实践和经验智慧，着眼于“百年未有之大变局”所带来的现实的、可能的政治传播的剧烈变化，展开新时代“新形态的政治传播学”的学科体系建构研究。

数字时代新闻生态的“破壁”与重构*

◎ 彭　兰**

摘要：数字时代，新闻业的旧有壁垒被打破，一个全新的新闻生态系统逐步形成。数字技术使多方面的“可供性”增强，也带来多种方向的融合，新闻业原有的边界不断消融。数字环境中新闻生产主体表现出万众皆媒、万物皆媒的可能，多元主体下的新闻生产也具有分布式、碎片化、进行时式的特点。在内容传播方面，以人为媒的社交分发和基于算法的智能分发两种模式逐渐普及，对传统的大众传播模式形成深层挑战。在全新的生产与传播模式下，“新闻”的含义及其价值坐标也在发生漂移。商业化平台逐渐成为用户获取新闻内容的重要渠道，重构了新闻的传播渠道。数字时代的新闻生态既包含由职业新闻生产者构成的作为社会守望者的新闻业，又包含由无数个体、组织乃至机器共同构成的泛新闻生态系统，这种系统是有序与无序的混杂、专业与业余的并存，是公共生活与私人生活的互动，也是媒介景观与社会景观的共融。

关键词：数字新闻学；数字新闻生态；数字新闻生产；社交分发；智能分发；平台化

数字时代，新闻生产这个原本封闭的体系在技术的冲击下一步步走向开放，原有的生产壁垒、渠道壁垒被削弱甚至消解，行业边界被打破，生产机制、传播模式等在重构，甚至传统媒体时代对新闻的定义都面临着挑战。传统的新闻业正在融入一个巨大、复杂、全新的新闻生态系统之中。

---

* 本文原载于《现代出版》2021年第3期，收入本书时有改动。

课题：国家社会科学基金重大项目“数字新闻学理论、方法与实践研究”（20&ZD318）。

** 彭兰，中国人民大学新闻与社会发展研究中心研究员，中国人民大学新闻学院教授。

一、可供性增强、边界消融：数字技术下新闻生态的底层变革

技术并非决定数字新闻生态的唯一因素，但无疑，当“数字”成为一个重要标签时，也就意味着数字技术是影响媒体发展及新闻生态演变的一条底层线索。数字技术对新闻生态的影响，首先体现为可供性的影响。对于媒体的“新”“旧”的界定可以从信息生产可供性（production affordances）、社交可供性（social affordances）和移动可供性（mobile affordances）三方面来衡量，三种可供性水平越高的媒体，往往就是越“新”的媒体。① 而这三种可供性的不断提高，正是由于数字技术在内容产业中应用的不断演进及深化。数字技术（包括光盘这样的数字出版技术、激光照排这样的数字生产技术等）在20世纪80年代已经进入新闻生产领域，但对媒体来说，数字时代的真正到来源于20世纪90年代互联网在大众层面的普及以及门户网站的兴起。网络的海量存储空间、全天候传播等特性，给传统媒体提供了传统渠道之外的传播空间，刺激了包括新闻在内的信息供给。但值得注意的是，新闻生产可供性的增强，并不只是体现在媒体这方面。相反，可供性增强更多缘于媒体外部力量的加入，因为技术发展降低了生产壁垒。

与此同时，各种数据处理技术不断进入新闻生产中，包括近十年日益发达的大数据技术应用，它们为新闻生产与表现带来了新的手段与新的思维。用客观数据来呈现社会现象与规律，利用数据分析进行新闻选题策划、效果评估，成为新闻生产的一个新方向，数据新闻、可视化新闻等也成为重要的新闻形态。虽然目前由于数据应用能力不足，中国媒体在数据新闻及其他数据应用方面还处于初级阶段，但将数据作为新闻生产资源这一方向不会发生变化。物联网、云计算等技术的发展，会进一步从数据维度影响新闻生产的可供性。

社会化媒体实践在提高社交可供性的同时，导致新闻生产主体的一次巨变，给信息生产的可供性带来深刻影响。用户从传统的信息消费者转变为产消一体的使用者。虽然从新闻产品的生产角度来说，用户并不具有相应资格，但用户的参与影响了媒体的新闻生产，也使新闻生产的过程变得开放。很多时候，这个过程比产品本身的影响更为突出。社会化媒体应用的发达，也使得社交网络成为重要的新闻传播渠道。社交可供性在很大程度上转化为信息生产可供性。社交可供性与信息生产可供性的交织，使得包括新闻在内的公共信息生产从公共领域向私人领域扩展。

移动通信技术的发展则使移动可供性不断提高。用户随时随地获取信息成为可

---

① 潘忠党，刘于思.以何为“新”？“新媒体”话语中的权力陷阱与研究者的理论自省：潘忠党教授访谈录[J].新闻与传播评论，2017(1)：2-19.

能，这也意味着人们信息消费的时空变得个性化、碎片化，媒介使用不再受制于媒体制定的时间规程或空间情境。而面对处于移动时空的用户，媒体的新闻内容生产与分发，也需要越来越多地将“场景”作为一个重要的变量，也就是考虑在时间、空间、行为模式、心理状态以及社交氛围等各种因素共同作用下用户的特定需求，未来的移动可供性也会在很大程度上体现为场景可供性。

在上述三种可供性之外，数字技术还带来了新闻体验的可供性的变化。门户时代 flash 技术的广泛应用，带来了具有交互性的多媒体新闻叙事模式，这不是对电视的多媒体体验的复制，而是在多媒体基础上将用户参与变为体验的重要组成部分，是新闻体验的一次飞跃。虽然由于技术的更迭，flash 技术目前已经基本退出历史舞台，但移动平台中的 H5 等技术仍在延续这种交互性体验。

VR、AR 等技术在未来也会带来超越今天多媒体呈现的全新体验。依托 VR、AR 技术，人们可以进入新闻现场获得感官上的刺激，同时也意味着“你所见即你所得”。也就是说，用户可以依据自己的主观视角，从现场发现个人兴趣点，而不再受到传统电视直播的摄像、导播视角的限制。他们对于新闻现场的理解与认知，也是基于现场观察所获得的信息的，在一定意义上，这会对新闻的“客观性”判断造成一定冲击。VR、AR 对新闻现场的模拟或还原，也会影响新闻真实性。如何在不对新闻业的“真实性”传统构成根本性颠覆的基础上形成自己的成熟叙事风格，将是 VR 新闻必然要面对和解决的问题；同时，新闻业内对于“真实”的理解，以及“真实”和“虚拟”之间的界限，也将发生较大改变。

除了可供性的变化，数字技术对传媒业的另一个深刻影响是媒介边界的淡化，以及传媒业与其他产业的相互融合，而媒介融合是其中的主要线索。

美国学者尼葛洛庞帝在 20 世纪 70 年代末预言了广播和动画业、电脑业、印刷和出版业这几大产业之间的融合趋势。美国麻省理工学院的浦尔教授在 1983 年出版的著作《自由的技术》中进一步提出了媒介融合的可能，浦尔指出，在技术的推动下，“一种单一的媒介，无论它是电话线、电缆还是无线电波，将承载过去需要多种媒介才能承载的服务。另一方面，任何一种过去只能通过单一媒介提供的服务，例如广播、报纸、电话，现在都可以由多种媒介来提供。由此，过去在媒介与它所提供的服务之间存在的一对一的关系正在被侵蚀”①。目前对媒介融合的研究与实践，主要涉及技术融合、业务融合、市场融合、机构融合、产业融合等层面，虽然有人对媒介融合能不能实现表示怀疑，但从浦尔提出的媒介融合角度看，融合无疑已经发生，以技术融合为基础的市场融合以及产业融合都正在深刻改变传媒业，其中包括新闻的生产模式与机制。

---

① JENKINS H.Convergence culture[M].New York:New York University Press,2006:10.

一些人对媒介融合的疑虑主要针对目前的业务融合、机构融合的模式，而这两个层面的融合的确需要审慎进行。

从业务层面看，媒介融合将媒体推向了一个全媒体的业务环境，竞争对手更为多样，市场更为复杂，传播平台更为多元，这要求媒体在新的环境里寻求自己的新的定位与新的发展方向，也要求媒体针对不同平台有不同的产品策略。但是，它并不意味着媒体放弃或弱化原有业务形态而转向做全媒体、融媒体产品。不考虑市场需求和生产能力，不考虑内容与形式的适配，一味做“融媒体”产品，或过多强调内容的“一次采集，多种生成，多样分发”，反而可能导致新闻质量的下降。一个融合的市场恰恰要求媒体强化原有特色，这样才能通过差异化形成竞争力，当然这些特色形态也需要针对社交化、移动化等传播平台做出一定的调整。简单把全媒体、融媒体作为媒介融合的代名词，可能会产生方向上的错误。

与业务融合相关的融合是机构融合。虽然从理论上看，机构融合有助于业务融合，但如果机构融合不是由机构自身的利益驱动的，而只是外力强制下的机械捆绑，这样的融合恐怕是难以持续的，也是难有成效的。

无论是媒体机构间的融合，还是新老媒体间的融合，一个重要挑战甚至是障碍便是媒体间的文化差异。每一种媒体在发展过程中都在逐渐形成自己独有的文化，这种文化是与媒体相应的传播模式、主体、手段、思维等集合作用的结果，又结合着媒体运行的环境因素、体制因素和市场因素等。在传统媒体向新媒体转型的过程中，文化性障碍表现得越来越突出。传统媒体总体上是一种庙堂式文化，它是以自我为中心的，对受众更多的是俯视的、教化的姿态，强调的是统合、引导。而新媒体的文化诞生于“草根”的江湖式文化，它表现出开放、分权、兼容、共享、戏谑、多元等特点。传统媒体在向新媒体转型的过程中，很容易产生文化上的水土不服，而这个问题并非简单地通过语态变革可以解决的。

媒介融合也是媒体与用户融合的过程，用户成为数字新闻生产、传播的新要素，用户的新闻消费模式也在发生变化，这些影响也会向媒体系统渗透。因此，媒体的变革需要在重新思考媒体与用户关系的基础上进行。

浦尔提出的媒介融合概念还包含各种传播形态融合这重含义，即大众传播、人际传播、群体传播、组织传播等之间的相互交融。媒介融合不仅打破了传统的新闻生产模式，更打破了传统的大众传播模式，作为大众传播主要客体的新闻内容也不再只承载公共生活意义，还被加入了各种群体生活、私人生活的意义。

对于媒介融合的进一步影响，黄旦等学者指出，在产业层面的融合外，另一种媒介融合是社会形态的变化，即以数字技术为元技术平台，将不同维度上的媒介重新整合于一体，形成一个全球化的、涌动的“网络社会”，而媒介组织就是这个网络中的一个节点。研究媒介融合,需要把产业层面的经验“意识结晶”融入“网络社会”的理论把握,重塑传播观念和范式。① 媒介融合带来的不仅是传播的变革,更是传播与社会的新关系,对新闻及新闻生产的认识也需要基于对这些新关系的理解。

孙玮认为,技术会嵌入人的身体而成为主体的一部分。这种由技术与人的融合创造出的新型主体,正在成为一个终极的媒介。她将为技术所穿透、数据所浸润的身体命名为“赛博人”,并认为所有的社会连接都会汇聚到赛博人这个界面上。② 赛博人这样的新主体,会形成更多样的需求、更复杂的行为模式,以及与信息的多元关系。人与信息、人与物、人与机器的新关系也会酝酿出新的传播。当传播被改写时,新闻与新闻生产也会随之发生一定变化。

无论是哪个方向、哪个层面的融合,都意味着媒体旧有边界被侵蚀甚至消融。传统时代,媒体依靠专业壁垒形成了自我保护,当然这种壁垒也在一定程度上对新闻生产的专业性形成了保护。但当专业壁垒被破除后,这两种保护层消失,媒体资质不再是新闻生产的唯一通行证,新闻生产也不总是能获得专业性的保障。

二、万众皆媒、万物皆媒:数字环境中新闻生产主体的“破壁”

数字技术带来的新闻生产门槛的降低,以及社会化媒体构建的生产平台,使得各种主体跨越了原有的专业壁垒而进入新闻生产领地,形成了全民参与、万众皆媒的景观。

全民参与新闻生产有两种典型情境:一是偶然的、非制度化的参与,二是以自媒体形式进行的较为持续的参与。用户偶然的参与往往与新闻事件或话题的接近度相关,例如碰巧在新闻现场,或者某些新闻话题引起了他们的兴趣而引发他们的评论。而以自媒体的形式进行的持续性参与在今天也变得更为普遍。自媒体也不完全是业余的代名词,越来越多的自媒体的生产者是拥有媒体或新闻传播专业背景或其他专业、行业知识背景的用户。用户的参与方式一方面是新闻事实的提供,另一方面是与新闻相关的评论。虽然用户评论大多不涉及事实性报道,但一些时候,评论汇聚形成的公共意见会推动事件的发展,或导致媒体对事实关注度的变化,有些评论里也有进一步挖掘新闻事实的线索。无论是偶然的还是持续性的,无论是业余的还是专业的,用户参与都会带来信息环境的复杂化。除了公众外,政府机构、企业及其他各类组织,也开始通过自己的渠道来进行信息发布、与公众沟通,在出现危机的时刻,这些渠道也成为其公关渠道。虽然这些组织的内容生产目的主要是公关、营销,但在很多时候,其生产的

---

① 黄旦,李暄.从业态转向社会形态:媒介融合再理解[J].现代传播(中国传媒大学学报),2016(1):13-20.

② 孙玮.赛博人:后人类时代的媒介融合[J].新闻记者,2018(6):4-11.

内容也会成为具有公共价值或公共关注度的新闻或新闻素材。但是组织本身的利益诉求、立场等又会干扰其发布内容的真实性、客观性，而公众未必总是能识别其中的干扰。作为一种新的新闻生产力量的非媒体组织，对于新闻生态环境的影响也是不可忽视的。

无论公众和非媒体组织的新闻生产带来了什么样的影响，一个不可回避的事实是，今天的新闻生产已经不再是媒体的专利，而变成了一种全民的传播实践。因此，新闻传播学新的学科体系应以"公共传播"为核心概念，以社会交往、沟通、传播为基本范畴，以"技术""思想""表达"为关键词重构教学与学术研究体系。① 也有学者提出了从专业新闻学向用户新闻学转型的主张。② 黄旦指出："新闻学科的基础要从媒介机构或职业新闻实践，转到整个人类的传播实践，就像人类被纳入了传播平台的范畴，新闻学必须自觉地转换视角，从人类传播实践的平台范畴来观照新闻业及其实践，把新闻实践与其他的传播并置，从而讨论其可能具有的特殊性及其实践规范。"③

在多元的新闻生产者格局下，对新闻内容质量具有重要影响的生产者素养，也需要扩展为一种全民的素养。要让所有人都具备职业新闻生产者的素养与能力并不现实，但提高人们的信息辨识力是必要的，这种辨识力不仅包含作为信息消费者的分辨力，还包含作为生产者与传播者的判断力。此外，对公众来说，新闻生产是公共交流的一种方式，今天新闻生产中很多困境与公共交流理性的缺失有关。因此，在面对"不思"的大众时，新闻专业主义更应该将理论视角转移到交往理性关于言语行为的有效性的维度，比如提倡参与新闻生产与传播的主体都坚守"真实、真诚与正确"④。虽然这仍是一种理想目标，但也应是数字时代全民素养的重要努力方向。在这样的环境里，专业的新闻生产者的专业目标及实现路径也会发生一定变化，除了对新闻生产的专业性的坚守与提升外，还要"致力于促进'新闻场'(journalistic field)的进一步开放，重构适应新的媒介生态环境的新闻专业主义，传递、讲述以公共性为核心的'元传播'模式所应有的核心要素和规范理念，成为真实、理性、开放、多元等公共交往理念的维护者、阐释者和示范者"⑤。除了"万众皆媒"外，另一种可以预期的前景是，在未来新闻生产系统的各个环节，参与主体将不仅是人，"万物皆媒"将带来数据采集与加工的自动化。在物联网等技术的支持下，各种智能物体可以自动从其监测对象那里采集信息，这既包括自然与社会环境信息，也包括人的动态行为数据。与以往仅靠人进行的

---

① 李良荣.中国新闻学学科发展面临的挑战及重构路径[J].浙江传媒学院学报，2016(6)：25.

② 刘鹏.用户新闻学：新传播格局下新闻学开启的另一扇门[J].新闻与传播研究，2019(2)：5-18，126.

③ 黄旦.重造新闻学：网络化关系的视角[J].国际新闻界，2015(1)：75-88.

④ 吴飞，唐娟.新媒体时代的新闻专业主义：挑战、坚守与重构[J].新闻界，2018(8)：18-29.

⑤ 赵立兵，文琼瑶.超越危局：新闻业应立足于公共生活——美国威斯康星大学传播艺术系教授潘忠党学术专访[J].新闻记者，2017(12)：14-21.

信息采集相比，智能化物体进行的信息采集可以到达人不能到达的领域，延伸到过去人的感官不能触及的信息维度，也可以实现全天候不间断监测。智能物体与人工智能等技术的结合，也可以完成信息的智能化加工与分发。因此，万物皆媒也会扩展人的认知边界，人与物、人与环境的信息互动会带来新闻生产与传播的新模式。

万物皆媒的前景下，新闻生产会面临更多新挑战。物的数据是否准确、全面，如何评估数据质量，物的数据被谁掌控、这种掌控权力有多大，数据是否可以对公众开放或对媒体开放，新闻生产者如何将物的数据与人的观察、分析结合，等等，这一系列问题，都将成为新闻生产中的新问题，我们也需要提前做好理论与实践的准备。

三、分布式、碎片化、进行时式：数字新闻生产的开放性机制

在接受新闻生产的主体边界被打破这一事实的前提下，我们需要进一步研究的是，相较于传统的新闻生产，多元主体参与的新闻生产在机制、模式上有何差异。与集中于媒体内部的传统新闻生产模式不同，多元主体参与的新闻生产往往是分布式的。分布式的内容生产很多时候是去中心的，即使是专业媒体，也并不必然成为生产权力的中心。多元生产者更多依照其自主意愿、用不同方式参与新闻生产，虽然多数参与者以非持续的、边缘性的方式参与内容生产，他们生产的内容不足以构成完整的新闻作品，但这些参与也是分布式生产中不可或缺的部分。

在没有中心控制或引导的分布式的新闻生产中，主要驱动机制是任务导向。一个新闻事件、一个新闻话题就是一个任务，所有的生产者都根据自己的条件完成任务中的一个部分。这些主体间的协同过程属于自组织方式。多数情况下，自组织方式能集成多元主体的力量，形成“群氓的智慧”，虽然每个参与主体在新闻生产过程中的贡献是有限的，甚至某些参与者提供的信息是错误的，但参与主体之间会形成一种相互协作、相互验证、相互纠正的关系，并由此不断调整目标，校正新闻生产中的偏差，优化新闻生产。但自组织方式未必总是高效的，其协同、校正、优化需要一定的过程，这个过程中产生的偏差也有可能带来严重的后果。

对于一个特定的新闻生产过程来说，完全无中心的分布式生产往往并非理想模式。更理想的分布式生产需要以这样一种社会网络为基础结构：它连接尽可能多的生产者，且同时存在多个中心节点。连接尽可能多的生产者，可以实现生产力量与资源的广泛整合，并存的多个中心可以完成核心内容的生产，或者承担起引导、协同等任务，多中心的模式也可以避免单一中心出现失误时带来的风险，防止单一中心所带来的信息遮蔽或误导。这里的中心应是具有高信誉度、专业度的生产者。虽然这样一种模式有时也可以通过自组织的方式实现，但更多时候需要通过明确机制来引导、推动，

这种机制也需要依托平台。但今天的平台，无论是新闻客户端，还是社交平台或算法分发平台，都缺乏相应的机制，这也是平台在未来可以进一步探索的方向。在分布式内容生产中，传统媒体虽然不再是控制着全部生产权力的绝对中心，但它们应该努力成为多中心分布式生产中的中心。

分布式的生产，很多时候也是碎片式的生产。在一定程度上，用户生产的新闻碎片可能成为专业媒体内容的补充。当那些关键的碎片拼贴在一起时，当它们与专业媒体的报道组合在一起时，最终呈现出来的图景会比仅仅由专业媒体所描绘的景象更为丰富、立体。但这样一种理想化的拼贴未必总会实现，很多时候，碎片也可能成为噪音与干扰。对于个体来说，如果接触的都是碎片就容易被误导，对新闻事件或环境的认识也是片段、片面的。我们既需要接受基础性新闻生产中的碎片，又需要克服碎片化带来的问题，媒体的新闻生产也需要面对一个开放的、碎片化的环境，探寻提升碎片化内容价值的路径。

分布式的新闻生产的过程往往也是进行时式的，对新闻事实的呈现是渐进的。以往媒体的报道，大多会在新闻进展告一段落、对事实有了相对清晰的认识后再进行。虽然也有直播、追踪式报道，但它们多针对重大主题，是非常态的。而全民参与的分布式报道使得进行时式的生产成为常态，即使是专业媒体，在环境的压力下也会越来越多地采用进行时式报道。这带来的一个问题是，在渐进过程的某些阶段，对新闻事实的呈现不完整，有时甚至失实，这也是近年来新闻反转频发的重要原因之一。新闻反转可以推动新闻生产者对事实和真相的探寻，但如果以“让子弹飞一会儿”为由，对反转事件总是持观望态度，而不是努力去接近、挖掘事实真相，那么多次反转的结果也未必是真相。

分布式、进行时式生产也使得新闻文本在某种意义上变得开放。随着对事实认识的深入而不断修改文本变得方便，这种修改可能也会使生产者的失误被掩盖。

此外，除了核心文本外，新闻后的评论也可以看作文本的一部分，评论的生长性也意味着文本的生长性。这种文本的生长性，也是数字新闻开放性生产机制的一个表现。

四、以人为媒的社交分发+基于算法的智能分发：数字新闻传播模式的重构

数字时代的新闻生产直接受到其传播模式的影响。数字媒体在不断演进过程中，也重构了公共信息的传播模式，这种模式是对传统大众传播模式的颠覆。

早期的数字媒体（包括 Web 1.0 时代的互联网）还只是传统大众传播模式的延续，

但当互联网进入 Web 2.0 时代后，各种新兴的社会化媒体应用的普及在很大程度上改变了信息传播的模式，用户的关系网络构成了信息传播的新基础设施，每个个体都成为信息传播网络中的节点，这个节点兼具信息生产、传播与消费的三重功能。

这个新的信息传播网络不仅承载着私人性信息，也承载着包括新闻在内的公共信息。个体节点不仅是新闻生产的媒体，也是新闻传播的媒介。私人性信息与公共性信息通过同一传播网络流动、扩散，意味着私人性信息与公共性信息的界限不再明晰。用户在信息选择、传播与消费的过程中，既有社会环境认知等公共性的信息使用需求，也有自我形象塑造、社交关系维护等私人性的信息使用需求。很多时候，公共性信息也会用于私人化的目的。新闻传播也不再只是大众传播视角下的内容传播，而是多种传播活动与思维的混融。

这样一种传播网络也使得用户的新闻内容消费变成了群体性消费，除了个人动机外，社会化环境也成为影响用户信息消费的重要因素。

面对这样的信息传播网络，有学者指出，网络化、关系化思维应当成为我们思考新闻活动的出发点，新闻活动理当被放置在网络化、关系化的视野中进行审视。① 即使在传统时代处于传播权力中心的媒体，也需要重新适应这样的传播模式。在新的信息传播网络中，它们也变成了一个个节点，甚至很多时候，这样的节点并没有绝对优势。在微博这样的平台，媒体的账号也需要像一般用户的账号一样进行关系的建立与维护，才能吸引足够多的粉丝，形成传播力；在微信这样的平台，媒体只能通过公众号这样的方式来发布信息。相比普通用户的账号，公众号没有自己的社交网络，因此更为被动，与普通用户互动的方式也有限，如果内容缺乏社交传播动力，公众号很容易成为一座孤岛。虽然媒体人总会将媒体的公信力、权威性视作自己在数字时代的传播优势，但在“以人为媒”的传播机制下，媒体的这些优势并不总是能被凸显出来。

为寻求社交传播动力，获得更多“人媒”的呼应，“语态变革”也成为媒体在数字时代变革中的一个重要努力方向，但这样的变革也很容易滑向娱乐化轨道。简单追求“网言网语”，或者用各种“震惊体”“惊吓体”来吸引眼球，虽然获得了“人媒”这样的即时报偿，但长远来看却可能损失专业声誉。

对于用户来说，社交化传播也是海量信息的过滤机制，但受人们社会网络的同质性、选择性心理等多种因素的影响，社交化传播很多时候难以实现信息的充分、全面、均衡传递，个体、群体都会面临信息窄化的问题，这也为公共交流、对话带来障碍。

在智能化技术被应用到新闻领域后，算法分发成为一种重要的内容分发方式。算法分发与社交传播两者的结合，共同影响着新闻内容的流动。目前的算法分发主要有

---

① 杨保军，李泓江. 新闻学的范式转换：从职业性到社会性[J]. 新闻与传播研究，2020(8)：5-25.

两个目标:一是完成针对个体的内容推荐,二是实现平台整体的内容推荐与调节。前者主要是分析用户的个性化兴趣与行为进而向其推荐相应内容,后者则是基于平台整体的考虑,通过一定的规则,用算法来调节各种内容的流向与流量。但无论是哪种目标,目前的分发算法在设计时都往往不是基于对内容本身质量的评价,而是考虑内容与用户需求的匹配。

社交分发和算法分发也会产生互动:一方面,有些算法会将用户的社交关系作为推荐算法中的变量,也就是参照社交关系来推荐内容;另一方面,当人们将算法推荐的内容分享到社交平台时,算法分发也会影响社交分发的内容。

近年来关于算法分发也存在很多讨论,一个最大的忧虑是它可能导致"信息茧房"效应,这是出于对算法的"过滤"机制特别是以个体兴趣为导向的过滤机制的担忧。当然,算法设计并非只有满足个性化需求这一种可能,在意识到算法可能导致个人视野狭窄时,对算法做出调整以使其在公共性新闻推送方面发挥作用,也并非不可能。

五、"新闻"的重定义:数字环境中新闻含义与价值坐标的漂移

数字时代的新闻生产的另一个重要特征在于,它是公共传播活动与私人传播活动(包括群体和个人)的混合,这也给新闻生产最基本层面的问题——什么是新闻、新闻价值如何判断——带来挑战。

虽然在对新闻的定义中,陆定一所说的"新闻是对新近发生的事实的报道"在国内仍广为人知,但在今天,除了"新近发生"这样一个要素外,在多元的生产者和传播者的眼里,什么样的事实值得被报道与传播,或者说,今天人们更关注什么样的事实,成为一个需要再思考的问题。

今天"新闻"概念已经泛化成为媒体所承载着的、与公共生活有关的信息载体,其最主要的形态是我们狭义上所讲的"新闻",以及一些半娱乐化的媒介文本和信息产品。① 可以说,除了传统意义上的新闻外,今天新媒体中的大量信息都蕴含着新闻的价值,只是有时它们可能是沉睡的,有时可能被唤醒,而什么样的价值会在什么时候被什么样的人唤醒,决定了新闻的影响力。这种唤醒,很多时候不是由专业媒体人独立完成的,而是由用户参与完成的。因此,用户的价值坐标对于新闻判断而言变得更为重要。

用户不仅在一定程度上影响着新闻的唤醒,也在很大程度上决定着新闻的传播。

① 赵立兵,文琼瑶.超越危局:新闻业应立足于公共生活——美国威斯康星大学传播艺术系教授潘忠党学术专访[J].新闻记者,2017(12):14-21.

在以人为媒的传播机制中,每一个个体都会成为内容的导体,但对不同内容的传导性不尽相同,有时是充分的“导体”,有时是“半导体”,有时是“绝缘体”,这种传导性与内容对个体的价值(特别是社交情境下的价值)密切相关。社交平台分享的内容,更多地具有表演的道具、关系的润滑剂、流通的社交货币、强化自己立场观点的论据等功用,因此,内容是否具有社交谈资价值,是否有助于体现用户的存在感、提升社交形象、支持立场,或帮助他们维系、扩张自己的社交网络,融入他们希望加入的群体,都影响着用户对它们的传导性。对于新闻内容而言同样如此。

新闻不仅是对事实世界最新变动情况的呈现,更是连接主体(包括个体与群体)与外部世界的特殊环节、纽带或“中介”,也是人的一种社会存在方式。① 虽然“连接”未必是新闻对用户唯一的作用,但在今天这方面的作用无疑需要得到足够重视。

以往媒体在做新闻及其价值要素判断时,主要考虑的是公共生活与公共视角,也就是考虑对社会环境的认知以及社会公共交流与整合来说,人们应该知道哪些信息。而今天的新闻传播是公共生活与私人生活的交织,对新闻及其价值的判断需要更多基于私人生活情境下的群体或个人视角。

传统理论中所提到的新闻的重要性、显著性、新鲜性、接近性等价值要素并没有失效,但对这些要素的衡量不再仅是基于专业新闻生产者角度的判断,更是参与新闻传播的人共同做的评估,是多元视角的集成。但无数的私人视角集成在一起并不等于公共视角,而是变成了复合的私人视角,这些私人视角之间也存在着矛盾、冲突甚至对抗。

新闻的真实性、客观性这些新闻生产最基本的问题,也由于多元主体、多元视角的出现变得更为复杂。虽然真实性、客观性作为新闻专业性的标准并没有发生变化,但如何判断真实、客观却变得困难。近年来备受关注的“后真相”概念,正体现了数字环境中新闻真实性遭遇的新困境。除了前文所说的分布式、碎片化、进行时式生产方式的影响外,社会化媒体传播中人们的立场、态度、情绪这些私人性因素对事实传播的干扰,也常常被视为导致后真相现象的一个重要原因。

对于后真相现象,研究者也有不同理解。虽然很多研究者将后真相视作真相的对立面,也呼吁通过对事实、真相、理性的追求来破解后真相问题,但也有研究者指出,后真相不是简单的“真相”对立面,而是“无数的人们的生活、情感、价值汇聚成的‘历史’”②。对后真相的不同理解,也部分缘于人们对新闻传播活动的公共性面向与私人性面向的关注差异。澳大利亚学者约翰·基恩认为,我们需要去想象一个“真相本身就是多面”的社会。他同时认为,最终关于真相的认同还是取决于人们的共识(agreement)

---

① 杨保军,李泓江.新闻学的范式转换:从职业性到社会性[J].新闻与传播研究,2020(8):126.

② 王维佳.什么是真相?谁的真相?——理解“后真相时代”的社会化媒体恐惧[J].新闻记者,2018(5):17-22.

和信任(trust)。[①] 即使真相具有多面性,共识和信任的建立也是重要的;但另一方面,社会化媒体等传播模式又容易造成不同群体的区隔甚至对抗,公共对话也变得困难,共识和信任的达成也更为艰难。促成公共对话的开展、共识的达成,也应成为以媒体为核心的专业新闻生产者的一个使命。

在一定程度上,新闻的含义与价值坐标不再像以往那样恒定,存在着漂移性,甚至人们对真相都有不同理解,但专业的新闻生产者仍然需要在漂移的坐标中坚守一些恒定的原则。如果仅从用户及流量角度来评价新闻内容的价值,甚至让流量成为生产的导向,会使新闻生产走向歧途。当然,如果完全没有从用户角度考量新闻价值,专业生产也会陷入自说自话的境地。今天的新闻价值判断,需要在公共、群体、私人等多重价值坐标中寻找交汇点。

六、平台化:数字新闻传播渠道的重构

在传统的大众传播时代,新闻传播渠道都控制在媒体手里;进入数字化时代以后,新闻传播的渠道不断扩张,每一次扩张都是对媒体自有渠道的冲击。

世纪之交兴起的门户网站,是对媒体垄断渠道的第一波大冲击。虽然媒体也可以自建网站,但在中国,因为各种因素的共同作用,一批以新闻信息集成平台面貌出现的商业性门户网站形成了比媒体网站更大的影响力。商业门户网站并不具备生产新闻的资质或能力,但它们通过对各类新闻信息的集散,促成了内容的多次传播,带来了新闻的增值。门户网站在泛新闻内容或专业资讯内容方面的生产,大大丰富了内容市场。商业网站的影响力也在一定程度上延续到门户网站在移动时代的转型产品——客户端。

门户网站之后普及的搜索引擎应用,作为信息流量的调节枢纽,也在影响着新闻内容的传播,它促成了内容的“再传播”,在搜索引擎算法中获得更优地位的网站或内容,可以在再传播中获得更大优势,传播的次数也可能更多。

社会化媒体应用的持续发展,特别是 Web 2.0 应用的普及,使得社交渠道作为公共信息传播渠道的作用不断凸显,各类新闻内容的生产者都在向这些渠道汇聚。也如前文所述,社会化媒体应用从根本上改变了新闻传播的机制。

近年来开始流行的视频平台,在社交分发的基础上突出了视频这一表现手段,以及基于新媒体思维、移动思维的新视频文化。这样的视频平台同样是在传统媒体的渠道之外的。

---

① “后真相”在给民主制造麻烦?:专访约翰·基恩[EB/OL].(2018-01-19)[2021-05-05].http://mp.weixin.qq.com/s/kAgZuBARezctZ7z6IGaC1A.

而各种原本聚焦于商业服务的平台，如电商平台、导航应用等，也开始向内容平台延伸，虽然这些平台目前的新闻内容还不太丰富，但这些平台有特定场景作为依托，因此也具有吸纳与其场景（如消费场景、出行场景等）相关的新闻内容的能力，这些内容可能来源于普通用户，也可能来源于专业媒体。

随着智能化技术应用的深入，未来在智能家居、智能汽车等领域，或将出现新的新闻传播渠道。

在传播渠道日益丰富的同时，新媒体的新闻信息传播也出现了平台化的趋势。今天越来越多的研究者和从业者采用“平台”这个概念，并非为了玩文字游戏。平台与传统时代的渠道是有显著差异的。传统的传播渠道是内容到达受众的单一通道，内容的生产者与消费者往往被渠道分隔。而平台是内容到达用户的多元路径、复合生态。内容的传播者与使用者在平台相遇，用户对于内容生产与传播的影响能力增强。用户与用户也在平台上通过社交网络、社群等多种方式连接。平台不仅可以进行内容的分发，还可以完成对生产者的培养，同时还具有社交、服务等多重功能，满足用户的多重需求。

平台化一词的流行还反映了一个现实，那就是包括新闻在内的信息传播渠道在向少数几个巨型平台集中。商业性的平台分流了传统媒体的用户，并且用户已对平台形成了较强的黏性，媒体已经逐渐认识到平台化是内容传播的一个大趋势。但对传统媒体来说，要实现平台化又面临巨大的挑战，其中缺乏用户基础是一个核心障碍；另外，产品思维和运营能力的不足、产品结构的不完善、文化上的不适应等，都可能影响其平台化。

商业性平台特别是巨型平台的所有者，则拥有极大的权力，除了控制新闻内容的分发外，还会通过内容分发的流量反过来影响内容的生产。但这些新话语权的拥有者的背景各不相同，很多没有内容运营经验，如何推动内容生态的良性发展，如何审慎对待自己的权力，对他们而言都是新考验。

总之，在数字新闻生态中，平台是一个关键，因为多元主体间的关系、人与新闻的关系、新闻与其衍生产品的关系等，在很大程度上是由平台模式与机制决定的。数字新闻生态的优化需要建立在平台优化的基础之上。

七、结语：公共性与私人性交织、传播与社会景观共融的数字新闻生态

数字时代，传统新闻业的壁垒与模式被逐步打破，一个新的新闻生态已经形成，未来还将进一步变化。数字时代的新闻生态不再由传统的传播者、内容、渠道、受众等要

素间的单线条关系构成,而是多元主体以多种关系编织的系统,也是大众传播、人际传播、群体传播、组织传播等传播形态交织的系统。不同主体基于不同动机、诉求参与新闻的生产与传播,新闻的生产、传播、消费加速了人、组织及社会的媒介化。

数字时代的新闻生态不仅是新闻生产的生态系统,也是以传播活动及信息勾连起来的社会系统,是复杂的社会景观在传播、信息坐标上的投射。

数字时代的新闻生态,总体上分为两个不同层面:一个是以职业的新闻内容生产者(目前主要为专业媒体中的职业媒体人,但也涉及专门从事内容生产的自媒体)为主体的新闻业,它仍是一个重要的公共领域,其责任仍是传达公共信息、守望社会环境、促成公共交流与社会整合。因此,它需要提供比其他各类社会群体采用各种其他方式所能提供的更为充分、精确、可信、适用的信息,也即为不同视角下的意见阐发者提供他们共同倚赖的事实陈述①,这样的新闻业仍需要专业精神与专业能力的支持。另一个是由各种个体、组织甚至机器共同建构的泛新闻生态系统,它是有序与无序的混杂、专业与业余的并存,是公共生活与私人生活的互动。这样的系统是所有人的自我表达、传播权利的实践场所,也构成了专业新闻生产者生存的环境,它既可能是对专业新闻生产的补充、延伸与校验,也可能是对专业新闻生产的干扰甚至破坏。这两个层面之间并没有清晰的界线,而是相互渗透的,既可能产生能量互换,也可能产生冲突、对抗。

面对数字时代新闻生态的挑战,传统媒体需要努力转型,但这种转型并不只是技术性的修补或调适,而是在对全新的新闻生态以及相应的新闻生产与传播新模式有着完整认识的前提下,重新定义自己在这个新生态中的角色与位置,既需要从泛新闻生态系统中吸纳必要的能量,又需要有专业的定力与能力,排除环境的干扰,对抗外部的破坏。在不能完全依靠体制性的壁垒进行自我保护的时代,媒体更需要依靠专业水准与专业声誉再筑“专业之壁”。

---

① 潘忠党.在“后真相”喧嚣下新闻业的坚持:一个以“副文本”为修辞的视角[J].新闻记者,2018(5):5-16.

全球数字图书馆鸿沟的现状、归因与弥合路径*

◎ 韦　路　陈俊鹏**

摘要:“数字图书馆鸿沟”可被视为不同国家、地区和个体图书馆在网络接入程度和用户线上使用程度方面的差异,本质上是“数字鸿沟”的一种体现。全球宏观数据显示,全球数字图书馆发展的“接入沟”和“使用沟”情况都十分严峻。中国虽然在部分指标上已处于国际前列,但与美俄等国相比,仍然差距悬殊。经济支持力度、国民发展水平、信息基础设施等国家(地区)宏观环境因素是全球数字图书馆鸿沟的重要影响因素。不同国家和地区需要从信息基础设施投入、知识共享平台打造、公众信息素养提升和智慧图书馆建设等方面入手,着力提升自身的数字图书馆发展水平,以期建构数字时代更加平等的全球信息秩序和知识体系。

关键词:数字图书馆鸿沟;接入沟;使用沟;信息基础设施;全球信息秩序

纸基传统、机械化、数字化是图书馆技术变革历史的三个重要节点。[①] 所谓数字图书馆并非单指一种计算机化和虚拟化的简单实体,而是涉及数字信息加工、存储、检索、传输和利用全过程的知识网络系统,不同载体、形态、位置的信息资源依托数字化技术进行分布式存贮、共建与共享。其中,作为信息服务集成和用户跨时空联结的关键技术支撑,互联网信息通信技术(information and communication technology,ICT)的应用程度直接制约着数字图书馆的知识生产力水平。纵观数字图书馆的发展轨迹,无论是从基于数字化资源(resource-based)到基于信息服务(service-based)再到基于用户

*　本文原载于《现代出版》2021 年第 5 期,收入本书时有改动。
课题:国家社科基金一般项目“全球数字鸿沟变迁与传播秩序重建研究”(19BXW084)。

**　韦路,浙江大学传媒与国际文化学院院长,教授、博士生导师;陈俊鹏,浙江大学传媒与国际文化学院 2020 级博士研究生。

①　汪冰.数字图书馆:定义,影响和相关问题[J].中国图书馆学报,1998(6):9-17.

信息活动(work-based)的范式转化,[①]还是人工智能时代追求信息感知和体验的智慧化,[②]数字图书馆均试图借由ICT的延展,持续更新其人机交互机制和结构化文本的嵌入深度。然而,世界图联最新报告显示,不同地区、阶层、族群间ICT获得机会的不平等,严重制约着全球数字图书馆的均衡发展。[③] 由信息技术扩散不均引发的社会排斥和知识阻隔也体现在数字图书馆领域,甚至形成一种暗含于信息鸿沟中的数字图书馆鸿沟(digital library divide)。尤其是作为用户接入数字图书馆前序条件的互联网技术基础设施,其在"享有机会"和"有效使用"层面的分化,不仅反向影响用户通过数字图书馆实现有意义的知识获取,更严重阻碍人类社会数字包容和可持续发展目标的实现。因此,如何从数字技术接入和使用的角度出发,消弭数字图书馆鸿沟所导致的信息获取和知识分配不平衡,成为亟待全球图书馆学界和业界解决的问题。

一、全球数字图书馆鸿沟的现状

"用户"与"数字图书馆"的有效连接是后者为前者提供高品质信息资源的基本前提,也是保障跨时空信息服务集成的先行条件。但受限于软硬件配套设施的整体建设水平,用户使用不同数字图书馆的可及性、易用性和便利性可能存在不同程度的差异,由此引发的"数字图书馆鸿沟"本质上是"数字鸿沟"的一种体现。当探讨南北国家之间的信息贫富差时,互联网接入和使用的差距同样成为全球数字图书馆鸿沟的首要表征,并且延展至数据、信息和知识处理过程中的各种不平等及其社会影响。当前,数字图书馆鸿沟应该如何定义,全球数字图书馆鸿沟的现状如何,呈现哪些特征,中国在其中的地位如何,是我们考察全球数字图书馆发展时首先要解决的问题。

(一)数字图书馆鸿沟的概念界定

关于数字鸿沟,学界尚未对其有明确统一的定义。部分学者侧重技术层面,将其定义为"拥有ICT的人与那些未曾获得ICT的人之间存在的差距"[④],其中信息技术接入层面的差距可被视为数字鸿沟最基本的定义。[⑤] 伴随部分研究者的关注焦点由ICT技术软硬件的拥有程度逐步转向信息主体的技能差异,数字鸿沟的定义也出现了"接

① 张晓林.数字图书馆机制的范式演变及其挑战[J].中国图书馆学报,2001(6):3-8,17.

② 董晓霞,龚向阳,张若林,等.智慧图书馆的定义、设计以及实现[J].现代图书情报技术,2011(2):76-80.

③ International Federation of Library Associations and Insitutions. IFLA world report 2019[EB/OL].(2019-05)[2021-08-01].https://www.ifla.org/files/assets/hq/annual-reports/2019.pdf.

④ DIJK J.Digital divide research,achievements and shortcomings[J].Poetics,2006(4-5):221-235.

⑤ 韦路,谢点.全球数字鸿沟变迁及其影响因素研究:基于1990—2010世界宏观数据的实证分析[J].新闻与传播研究,2015(9):36-54.

入沟”和“使用沟”的双重指向,前者指电脑和互联网等ICT的接入差距,又被称为“第一道数字鸿沟”;后者则强调ICT的使用差距,即“第二道数字鸿沟”,包括相关信息技术背后的数字技能、使用目的、自主性程度以及社会支持等方面的差异。① 随着互联网技术的迅速普及,个体行动者ICT的获取难度和拥有成本显著降低,同时社会信息供给能力持续增强,第二道数字鸿沟的重要性也日益凸显。② 鉴于接入沟和使用沟可能导致公众在政治知识上的鸿沟,部分学者开始关注新兴媒介技术使用可能引发的知识获取的不平等,并将这种效果层面的知识沟称为“第三道数字鸿沟”,其中互联网的接入与使用被视为预测和影响知识沟的重要因素。③

图书馆作为现代社会主要的信息供给主体和信息交互枢纽,能够依托在线信息的可及性和公共网络的普适性,推动用户有效获取不同领域的聚合内容,最大限度激活图书馆信息集散传播的社会功能,同时帮助信息弱者以较低的成本学习和提高ICT技能。也正因如此,诸多学者都将数字图书馆视为信息扶贫的关键着力点。④ 但是,数字图书馆的信息服务质量依赖互联网环境和基础设施条件,源于信息技术接入和使用不平等的数字鸿沟,同样出现在数字图书馆领域。数字鸿沟在数字图书馆领域的突出表现,包括不同数字图书馆在互联网终端、网络带宽、服务器等方面的接入差距,数字资源供应、整合、描述、加工、展示等基础能力差异引发的用户使用差距,以及数字图书馆嵌入个人信息世界后可能导致的一系列不同文化和社会后果。⑤ 基于此,本文将“数字图书馆鸿沟”界定为图书馆在网络接入程度和用户线上使用程度的差异。这一概念不仅折射出不同图书馆网络化、数字化、集成化服务的真实水平,更直接指向信息资源和信息服务两个核心层级的相对差距。数字图书馆鸿沟存在于国家、地区和个体图书馆之间。由于目前学界对全球范围内的数字图书馆鸿沟研究较少,本文将重点关注全球数字图书馆鸿沟的现状、特征和影响因素。

(二)全球数字图书馆鸿沟的多维表征

全球数字图书馆鸿沟强调不同国家和地区之间在图书馆网络接入和在线使用上的差距。原本处于信息贫困状态的多数发展中国家,由于数字图书馆技术推广和资源

---

① ATEWELL P.The first and second digital divides[J].Sociology of education,2001(3):252-259;RIGGINS F J,DEWAN S.The digital divide: current and future research directions[J].Journal of the association for information systems,2005(12): 298-337.

② ROBLES J M,TORRES-ALBERO C,MARCO S D.Spanish e-government and the third digital divide: a sociological view[J].Journal of US-China public administration,2011(4):401-412.

③ 韦路,张明新.第三道数字鸿沟:互联网上的知识沟[J].新闻与传播研究,2006(4):43-53.

④ 于海霞.图书馆社会责任视角下的数字鸿沟问题[J].大学图书情报学刊,2014(1):5-9;饶权,麦肯齐,莱特纳,等.弥合数字鸿沟 促进数字包容:信息社会中图书馆的新使命[J].图书馆杂志,2021(2):4-19.

⑤ 杨海亚.国内图书情报界信息不平等研究观点评述[J].图书馆学刊,2014(10):139-142.

投入的相对滞后，日益面临被边缘化的危险。本研究从数字图书馆接入和使用差距出发，选取国际图书馆协会和机构联合会（以下简称“国际图联”）135 个成员国家及地区，通过比较不同成员在数字图书馆的互联网接入（Internet access）和注册用户（registered users）两个“接入”和“使用”测量指标上的异同，试图展现全球数字图书馆鸿沟的多维表征。国际图联将图书馆分为学术类（academic）、社区类（community）、国家类（national）、大众类（public）、高校类（school）、其他（other）。在其数据库中，由于部分成员国家及地区的数据存在缺失，为了保证样本数据的完整性和统计指标的代表性，本研究将大众类图书馆作为核心样本进行描述性分析。

从图 1 可以看出，在不同国家大众类图书馆的互联网接入方面，发达、新兴、落后三类国家具有显著的差异化表现。发达国家图书馆的网络接入水平明显高于发展中国家。欧洲整体水平较高，非洲地区则普遍较低。每个大洲内部的贫富分化都较为显著，这与全球数字鸿沟的格局基本一致。其中，欧洲俄罗斯图书馆的互联网接入水平最高，达 27 060 个，而非洲几内亚的统计数据为 0。在北美、拉美及加勒比海地区，不同国家图书馆的互联网接入差距巨大，美国接入互联网的大众类图书馆高达 16 568 个，而安提瓜岛和巴布达仅为 1 个。亚洲和大洋洲地区的整体水平同样落后于欧洲，区域内部也存在明显的接入差距。作为新兴发展中国家的中国，其图书馆的互联网接入总量最高，有 2 767 个，而尼泊尔仅为 7 个。发达国家基于自身经济实力、政策保障和技术创新优势，迅速提升图书馆的互联网接入水平，而发展中国家的信息化水平较低，图书馆配套的信息基础设施建设相对落后，直接制约用户获取和利用数字化信息的机会，由此造成的“接入沟”也成为全球数字图书馆鸿沟的首要表征。

作为一种与服务相关的信息管理系统，数字图书馆的最终目标是服务用户。用户访问的实践活动涉及连接、注册、搜索、响应、完成、评价等多个维度，其中，注册用户数成为数字图书馆系统易用性、可获得性和实效性的最直观检验。如图 2 所示，美国大众类数字图书馆的用户注册数最高，达 171 800 千人；但在北美、拉美与加勒比海地区，除墨西哥（36 256 千人）、加拿大（13 166 千人）之外，其他国家的注册用户数普遍较少。在亚洲和大洋洲，中国的注册用户数最多，有 96 254 千人，日本、韩国、澳大利亚等发达国家的注册用户数同样较多，但其他发展中国家普遍较少。在非洲，除南非和肯尼亚之外，其他南部国家的注册用户数都很少，与其他大洲的整体水平差距悬殊，远远落后于北部国家。在数字信息资源极其有限的前提下，这些国家内部数字图书馆的注册用户规模却很小，反映出用户对数字图书馆的实际利用率较低，说明全球数字图书馆用户之间的“使用沟”也十分悬殊。

（三）中国在全球数字图书馆鸿沟中的地位

中国的数字图书馆建设在 20 世纪 90 年代开始起步，之后的三十余年间，其关注

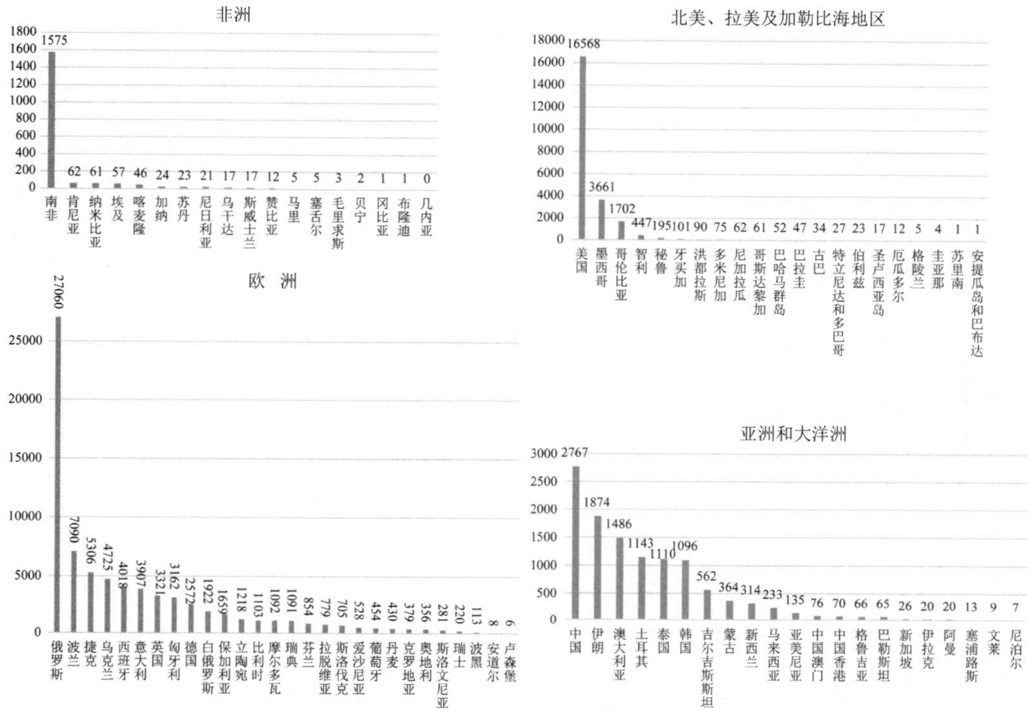

图 1　国际图联成员国家(地区)大众类图书馆的互联网接入情况(个)

焦点逐步从高速推进的数字图书馆基础设施建设转向更加精细化、个性化、智能化的深度信息服务。其间先后经历数字资源的初始积累、关键技术的攻关研究、数字服务的集成应用三个主要阶段。① 中国“数字图书馆推广工程”由国家图书馆牵头,279 家省市级图书馆共同参与,最终目标是打造一个覆盖全国、联通“国家—省—地市”各级各类数字图书馆的信息系统与数字化资源的共建共享和联合保障体系。进入人工智能时代,人与物的互联互通又推动中国的数字图书馆建设进入智慧化的信息服务阶段。② 目前,在互联网、固定宽带、移动电话、个人电脑等数字图书馆相关信息基础设施领域,中国已经取得长足进步。③ 全民数字阅读趋势的兴起,公共图书馆数字化建设的稳步推进,高校数字图书馆的数量不断增加、规模不断扩大,使得中国数字图书馆发展呈现出巨大潜力,其在全球数字图书馆鸿沟中的地位变化也越来越明显。

在全球数字图书馆鸿沟所涉及的接入和使用层级,中国在部分指标上已处于国际前列。首先,全国实施“数字图书馆推广工程”的 31 个省(区、市)的图书馆网络带宽

---

① 邵燕.数字图书馆推广理论与实务[M].北京:国家图书馆出版社,2020:2.

② 张海波.智慧图书馆技术及应用[M].石家庄:河北科学技术出版社,2020:4-5.

③ 韦路,谢点.全球数字鸿沟变迁及其影响因素研究——基于 1990—2010 世界宏观数据的实证分析[J].新闻与传播研究,2015(9):36-54.

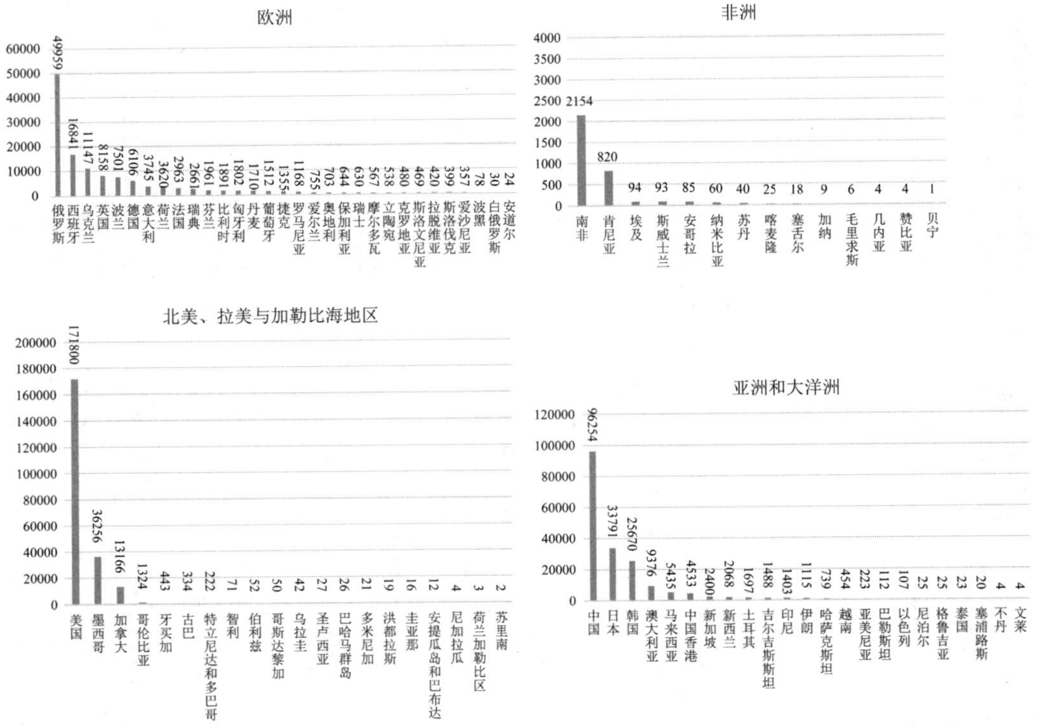

图 2　国际图联成员国家（地区）大众类图书馆的注册用户情况（千人）

不断提升，省馆平均接入带宽达 472.65Mb/s，地市馆平均接入带宽为 100.91Mb/s。① 同期美国图书馆协会（American Library Association，ALA）的报告显示，美国只有 27%的城市图书馆接入带宽为 100Mb/s 或以上，尚未实现美国国家宽带计划（National Broadband Plan）中 2%的图书馆达到 1Gb/s 的宽带接入愿景。② 对于美国联邦通信委员会（Federal Communications Commission，FCC）设定的图书馆宽带接入目标，即小型图书馆 100Mb/s，大型图书馆 1Gb/s，诸多图书馆均难以达到，甚至有 40%的公共图书馆未超过 10Mb/s。③

其次，我国已完成数字图书馆硬件配置的有 33 家省级图书馆，占已实施省馆的 82.5%；有 341 家市级图书馆完成硬件配置，占已实施市馆的 71.3%。省馆的平均存储空间为 377.94TB，安全服务器平均数量为 54.94 台；地市馆的平均存储空间为50.73TB，

---

① 邵燕.数字图书馆推广理论与实务[M].北京：国家图书馆出版社，2020：99.

② American Library Association.Broadband quality in public libraries[EB/OL].[2021-08-20].https://www.ala.org/tools/sites/ala.org.tools/files/content/BroadbandQuality-SpeedTestHighlights.pdf.

③ American Library Association.America's libraries：powering broadband adoption, access and use[EB/OL].(2011-08-16)[2021-08-20].https://www.ala.org/news/sites/ala.org.news/files/content/Broadband_11-0816_0.pdf.

安全服务器平均数量为8.98台。截至2016年年底,各省市级图书馆的数字资源建设总量达到12 311.7 TB。[①] 据前瞻产业研究院推算,2019年我国各级数字图书馆信息资源的建设总量可能已超15 500TB。[②] 这些数据表明,我国数字图书馆建设的网络带宽、存储空间、安全服务器等硬件配套设施建设取得了显著进步。

同时,我们也需要看到,中国在数字图书馆接入和使用方面与美国等发达国家相比还存在较大差距。中国数字图书馆互联网接入量虽在亚洲和大洋洲地区位居第一(2 767个),但与美国(16 568个)、俄罗斯(27 060个)相比仍然差距悬殊。而在注册用户数方面,中国为96 254(千人),美国则高达171 800(千人),绝对数量几乎是中国的两倍。因此,面对全球数字图书馆鸿沟,中国仍存在诸多亟待解决的问题。随着"数字图书馆推广工程"等代表性数字图书馆项目的稳步推进,中国需要进一步增强信息基础设施建设力度和数字内容资源竞争力,为发展中国家弥合与发达国家之间的全球数字图书馆鸿沟提供中国方案。

二、全球数字图书馆鸿沟的归因分析

作为数字鸿沟在图书馆领域的重要体现,数字图书馆鸿沟在归因上具有与数字鸿沟类似的规律。全球范围内的数字鸿沟关乎工业化国家与发展中国家之间的信息不对称,学界对其的归因分析通常着眼于国家层面的经济发展情况、人口发展情况、互联网基础设施等一系列社会经济因素。[③] 本研究围绕数字图书馆的特殊性,结合全球数字鸿沟的形成机制,构建回归分析模型,试图解析形塑全球数字图书馆鸿沟的因素,继而为后续的弥合路径提供理论指导。

(一)全球数字图书馆鸿沟的潜在影响因素

技术的创新扩散作为一种经济行为,其扩散的方向、强度、速度受制于宏观环境,尤其是经济增长、政府技术投入、人口规模、政策法规、国家知识发展水平等。[④] 包括ICT在内的任何技术均无法摆脱环境对创新扩散的潜在影响。在全球数字鸿沟的诸多影响因素中,社会结构因素对互联网技术采纳的影响更为深远,这种结构性因素包

---

① 邵燕.数字图书馆推广理论与实务[M].北京:国家图书馆出版社,2020:99.

② 前瞻经济学人.2020年中国数字图书馆行业发展现状和市场前景分析[EB/OL].(2020-03-15)[2021-08-01].https://www.qianzhan.com/analyst/detail/220/2003135c6ba074.html.

③ 徐芳,马丽.国外数字鸿沟研究综述[J].情报学报,2020(11):1232-1244.

④ 王珊珊,王宏起.技术创新扩散的影响因素综述[J].情报杂志,2012(6):197-201;胡鞍钢,周绍杰.新的全球贫富差距:日益扩大的"数字鸿沟"[J].中国社会科学,2002(3):34-48.

括经济发展、国民发展、城乡差异和开放程度等主要维度。① 欧盟内部的数字不平等与成员国家间的经济社会发展差异密切相关,尤其是国民经济、高等教育、ICT 技术普及等因素的影响较为显著。② 诸多学者都强调社会经济因素对数字鸿沟形成演化的显性影响③,甚至将国际政治经济的不平等视为造成全球数字鸿沟的根本原因。④ 对于部分落后的南方国家,经济贫困与技术落后的叠加导致自身面临的信息不平等形势越发严峻,甚至可能造成国际和国内社会新的分裂。⑤ 总之,全球数字鸿沟的形成机理关键在于社会结构性因素的影响,国家间权力、财富的悬殊差距和力量失衡导致整个过程极其复杂且不断变动。

作为数字鸿沟重要形式的全球数字图书馆鸿沟,其形成也会受到社会结构性因素的影响。结合数字图书馆的特殊属性,经济支持力度、国民发展水平、信息基础设施等有潜力成为形塑全球数字图书馆鸿沟的主要宏观环境因素。经济实力方面,数字图书馆作为公共服务部门,充足的资金是信息资源积累和系统维护的基本前提,不论是硬件软件建设,还是人才队伍建设,都与政府财政支持紧密相关。居民收入结构同样影响所在地区数字图书馆的整体使用水平。收入结构越均衡的地区,居民拥有 ICT 的比例就越高,其数字图书馆的接入和使用情况就越好。国民发展方面,人口总数将直接决定数字图书馆的潜在市场规模,而性别比例和年龄结构等指标则与该地区数字图书馆接入和使用的具体水平息息相关。基础设施方面,以 ICT 为主的信息处理技术是数字图书馆建设初期的主导⑥,设备、网络、服务、资源、用户是影响其信息服务质量的关键要素。⑦ 因此,网络带宽、网络安全服务器、互联网普及率等衡量一个国家或地区信息基础设施条件的指标,也将对数字图书馆的服务范围、能力和水平产生重要影响。

(二)基于国家宏观数据的回归分析

在国际图联成员数据库的基础上,本研究引入世界银行、国际电信联盟和世界不平等发展数据库提供的国家宏观数据,整合形成不同成员国家(地区)预测变量的初始数据。其中,经济支持力度涉及政府最终消费支出和前 10%群体收入占有份额两

---

① 韦路,谢点.全球数字鸿沟变迁及其影响因素研究:基于 1990—2010 世界宏观数据的实证分析[J].新闻与传播研究,2015(9):36-54.

② VICENTE C M R, LÓPEZ M A J. A multivariate framework for the analysis of the digital divide: evidence for the European Union-15[J].Information & management,2006,43(6):756-766.

③ 于海霞.图书馆社会责任视角下的数字鸿沟问题[J].大学图书情报学刊,2014(1):5-9.

④ 邵培仁,张健康.关于跨越中国数字鸿沟的思考与对策[J].浙江大学学报(人文社会科学版),2003(1):126-134.

⑤ 杨剑.新兴大国与国际数字鸿沟的消弭:以中非信息技术合作为例[J].世界经济研究,2013(4):24-29,87-88.

⑥ 王荣国,李东来.数字图书馆的概念、形态及研究范围[J].图书馆学刊,2001(5):4-7.

⑦ 李浩君,周碧云,冉金亭.情境因素视角下的图书馆移动知识服务影响因素实证研究[J].图书馆,2019(7):79-85.

个变量。政府最终消费支出直接关乎整个社会的公共服务支出，尤其是对数字图书馆建设的财政支持力度。前10%群体占有全部国民收入的份额作为收入分配结构的体现，直接反映出国民的共同富裕水平。该指标越高，意味着财富在高收入群体中的集中程度越高，社会收入分配越不平等，贫富差距也越悬殊，对数字图书馆市场的整体消费能力和有效使用程度可能产生消极影响。国民发展水平包含人口总数、出生性别比、出生时预期寿命、年龄抚养比等指标，主要关注不同国家和地区数字图书馆的用户基数、性别比例和年龄结构等人口统计学数据。信息基础设施则涵盖固定宽带订阅、网络安全服务器、互联网用户占人口比重等指标。

因变量来自国际图联成员数据库，具体包括图书馆互联网接入和图书馆网络注册用户两个变量。由于缺失项各异，为降低偏误，因变量的缺失不作处理，在回归时直接按列表删除，自变量中的缺失值用均值代替。为降低多重共线性对回归分析可能造成的统计影响，先对变量进行对数转换，并采用分阶段、分批次的逐步回归分析，最终得到6个回归模型。表1显示了以2019年部分国家宏观数据指标为自变量，国际图联成员国家（地区）图书馆的互联网接入和注册用户数为因变量的预测模型。

表1　预测全球数字图书馆鸿沟的回归模型结果

	图书馆互联网接入	图书馆注册用户数	
第一层：经济支持力度	政府最终消费支出	.117[#]	.111
	前10% 群体占有全部国民收入份额[b]	−.160 **	−.057
	R^2	.135	.127
	调整后 R^2	.114	.105
	调整后 R^2变化量	.135	.127
第二层：国民发展水平	人口总数	.153	.315[#]
	出生性别比	−.140[#]	−.018
	出生预期寿命	−.342 **	−.099
	年龄抚养比	−.048	−.016
	R^2	.629	.637
	调整后 R^2	.599	.608
	调整后 R^2变化量	.493	.510
第三层：信息基础设施	固定宽带订阅	.504 **	.157
	网络安全服务器	.302 **	.411 **
	互联网用户占人口比重[c]	.306 *	.182
	R^2	.800	.733
	调整后 R^2	.776	.699
	调整后 R^2 增量	.171	.095

所有模型均通过显著性检验

a. #p<0.1, * p<0.05, ** p<0.01, *** p <0.001
b. 数据来自世界不平等发展数据库
c. 数据来自国际电信联盟和世界银行发展指标数据库
d. 其他自变量数据均来自世界银行发展指标数据库

分析结果显示，在关于图书馆互联网接入的预测模型中，第一层经济支持力度 R2 变化量为 0.135，意味着地区经济支持对图书馆互联网接入的解释变差有 13.5%。加入第二层国民发展水平后的模型，自变量对因变量的解释能力增加 49.3%。在加入第三层互联网信息基础设施之后，对图书馆互联网接入的解释变差增加了 17.1%。在关于图书馆注册用户的预测模型中，第一层国民收入水平对因变量的解释变差有 12.7%。纳入第二层国民发展水平之后，R2 增量意味着对注册用户的解释能力提高 51.0%。第三层互联网信息基础设施的加入，将模型的解释能力提升了 9.5%，且始终在.000 的水平上显著。综上可知，在对图书馆互联网接入和注册用户数的预测分析模型中，经济支持力度、国民发展水平、互联网信息基础设施三组预测变量合计解释的变差分别为 79.9%和 73.2%，并具有显著的统计学意义。其中，国民发展水平的解释力最大，分布在 45%~55%之间，经济支持力度与互联网信息基础设施的解释能力相当，大约在 10%~20%之间。上述预测结果证实了经济支持力度、国民发展水平、信息基础设施对全球数字图书馆鸿沟的潜在外部影响。

关于具体自变量的影响，在对图书馆互联网接入的预测模型中，政府最终消费支出（β=.117，p< .10）、前 10%群体占全部国民收入份额（β=-.160，p< .01）、出生性别比（β=-.140，p< .10）、出生预期寿命（β= -.342，p< .01）、固定宽带订阅（β=.504，p<.01）、网络安全服务器（β=.302，p<.01）、互联网用户所占人口比重（β=.306，p<.05），均通过显著性检验。其中，政府消费支出越大，国民整体收入越均衡，性别比例越合理，固定宽带订阅、网络安全服务器和互联网用户占人口比例越高，则图书馆互联网接入程度越高。对图书馆注册用户数的预测分析显示，人口总数（β=.315，p<.10）越大，图书馆注册用户数量就越多，表明整体人口基数通过形塑数字图书馆市场规模继而对注册用户数产生正向影响。其中，年龄抚养比虽未在两个预测模型中通过显著性检验，但其与图书馆互联网接入和注册用户数的相关系数分别为-0.271 和-0.180，一定程度反映出降低劳动力抚养负担对提升数字图书馆接入和使用的积极作用。此外，网络安全服务器指标解释能力的相对稳定，表明完善互联网信息基础设施建设始终是弥合全球数字图书馆鸿沟的关键。

三、全球数字图书馆鸿沟的弥合路径

全球数字图书馆鸿沟指涉不同国家和地区之间在图书馆网络接入和在线使用上

的差距。如何弥合相应的接入沟和使用沟成为全球数字图书馆均衡发展的关键。本研究发现,经济支持力度、国民发展水平、信息基础设施等国家(地区)宏观环境因素对全球数字图书馆鸿沟存在显著影响。这些发现不仅为我们深刻理解全球数字图书馆鸿沟的成因提供了实证依据,也为下一步规划全球数字图书馆鸿沟的弥合路径提供了学理参考。未来,不同国家和地区可以从信息基础设施投入、知识共享平台打造、公众信息素养提升和智慧图书馆建设等方面入手,着力提升本国本地区的数字图书馆发展水平,建构数字时代更加平等的全球信息秩序和知识体系。

第一,提高图书馆数字技术投入,优化信息基础设施布局。ICT 的有效接入是弥合全球数字图书馆鸿沟的基本前提,更是变数字鸿沟为数字桥梁的关键路径。其中,互联网接入设备作为数字图书馆的底层硬件设施,是其各项业务有序展开的基础保障,更是搭建高质量数字图书馆服务平台的先行条件。发展中国家和地区必须加大对电信基础设施的投入,加速提升不同类型数字图书馆的互联网接入水平。此外,网络带宽均值、无线网络覆盖率、服务器容量同样是数字图书馆补足和升级硬件技术接入设施的重要着力点。在此过程中,要发挥国际电信联盟(ITU)、国际图联(IFLA)等国际组织的协调对话机制,积极推动发展中国家与发达国家在数字图书馆信息基础设施建设、技术合作、业务交流、人才培训及信息咨询等领域展开深度合作。

第二,促进馆藏资源开放共享,打造数字化无障碍公共知识平台。国民发展水平不均衡是预测全球数字图书馆鸿沟最具解释力的因素。发展中国家和地区一方面需要努力缩小收入和性别差距,减少人口的社会结构化差异,另一方面应当不断加强图书馆信息资源的开放共享,使数字图书馆尽可能惠及所有社会阶层和群体。着眼全球数字图书馆鸿沟的消弭,馆藏资源的开放共享要将图书馆系统内部的信息资源有机组合起来,有针对性地面向各国读者开展全方位、多层次的信息咨询服务。要积极针对不同年龄、性别、身体状况和收入水平的用户开放共享自身的馆藏资源。要实现高质量的信息获取和利用,图书馆必须考量特殊群体的需求和使用习惯,自觉提升无障碍信息服务能力,最大限度缩小不同群体用户接触和使用数字图书馆的差距。

第三,培养公众数字技能,提升公众信息素养。除了供给侧的技术投入和资源共享之外,需求侧的用户数字技能和信息素养也是制约数字图书馆功能实现的重要因素。图书馆的公共属性使得提升用户的信息素养和数字技能成为自身重要的社会责任。图书馆应着力消除身份歧视,尤其是对于失业或低收入者、低教育程度者、少数民族用户等数字技能弱势群体,图书馆须给予他们充分接触 ICT 的必要指导和后续支持。由于信息交互是社区发展的核心驱动力,图书馆应该努力成为特定社区的信息交互枢纽,把消除与其他社区之间或本社区成员间的信息不平等视为提高自身现代公共服务质量的落脚点。图书馆需要有针对性地制定针对 ICT 技能的社区培训策略,积极开展线上加线下的辅助指导和交流反馈，逐步提高社区整体的数字媒体素养，助力全球数字图书馆鸿沟的弥合。

第四，加强智慧图书馆建设，实现“读者—知识—图书馆”的全球互联互通。进入人工智能时代，数字图书馆服务的智能化变革预示着新一轮技术革命将对全球数字图书馆鸿沟产生新的影响。智慧图书馆有助于将数字化信息资源建设成跨部门、跨媒体、跨领域、跨地域的立体互联系统，进一步打破物理连接上的时空限制，实现信息资源最大范围的聚合。① 智慧图书馆的最终愿景是让全世界的任何读者，在任何时间、任何地点，都可得到所需的任何类型、格式、语种的数字化信息资源或信息服务，这将从根本上动摇全球数字图书馆鸿沟的存续前提。为此，各国要提高人工智能和大数据技术在数字图书馆领域的普及程度，加速自身的智慧图书馆建设，积极描摹数字图书馆读者的个人画像和群体画像，准确把握目标用户的知识需求状态，基于精准的个性化推荐算法，辅以图书预约荐购、电子资源推荐、信息参考咨询、座位管理决策等的智慧化升级，最终为全球读者提供全方位、精准化、定制化的知识服务。

四、结语

本文初步探讨了全球数字图书馆鸿沟的现状、成因和弥合路径。未来，数字图书馆鸿沟的研究还需要从以下方面作进一步拓展。第一，概念界定上，除了接入和使用这两个最基本的维度之外，图书馆与用户之间的互动关系，以及图书馆在服务社会经济发展和人民美好生活方面的功能作用，也应纳入数字图书馆鸿沟的概念框架，从而更加全面深入地探讨数字时代图书馆发展的不平衡问题。第二，研究层次上，除了国家层面的数字图书馆鸿沟之外，国家内部不同地区之间、不同城市之间、城市和农村之间的数字图书馆鸿沟也值得关注。只有将不同层次数字图书馆的接入和使用差异描绘清晰，才能全景式呈现全球数字图书馆鸿沟的形貌。第三，影响因素上，本研究初步揭示了经济支持力度、国民发展水平、信息基础设施等因素对全球数字图书馆鸿沟的显著影响，未来需要汇集和利用更加多元的数据，对政治、经济、科技、文化、人口等诸多因素进行更加细致的分析，以期洞悉全球数字图书馆鸿沟的生成动因和发展机制。第四，社会后果上，数字图书馆鸿沟研究需要改进数字鸿沟研究重现状描述、轻后果推断的不足，更多探讨数字图书馆不均衡发展对全球信息秩序、传播格局、知识体系、经济建设、社会治理、文化发展等的负面影响，包

① 张海波.智慧图书馆概念研究综述及再认识[J].内蒙古科技与经济，2019(11)：112-113.

括这一鸿沟对中国社会实现共同富裕、建设社会主义现代化强国的挑战,凸显包括数字图书馆在内的信息基础设施、数字资源平台和公共服务体系的重要性,为发展中国家后来居上和弯道超车,将数字鸿沟转化为数字机遇,建构一个信息互通、知识共享的人类命运共同体探索现实路径。

新媒体竖屏叙事的“版面”语言及其语图关系*

◎ 刘　涛**

摘要：界面既是媒介系统的传感“器官”，也是媒介逻辑的显现方式——拥有什么样的媒介系统，便意味着拥有什么样的界面形式及语言。因此，界面具有隐喻意义上的认识论功能。以智能手机为代表的“竖屏”界面的兴起，重构了媒介与主体的“召唤”方式，从而揭示了“竖屏叙事”这一亟待探索的新媒体叙事的“版面”问题。其中，语图关系（图文关系）是新媒体竖屏叙事的基础命题。作为两种代表性的符号形式，语言和图像在叙事可供性上存在明显差异，由此形成了不同的语图关系。概括而言，新媒体“竖屏”界面的语图关系可以分为并置叙事和嵌入叙事，前者又可以进一步细分为语图统摄叙事和语图对话叙事，后者主要表现为以“信息长图”“一镜到底”和“时间轴图”为代表的视觉图式结构及语图整合叙事。伴随着以程序修辞为基础的交互叙事进入新媒体竖屏叙事的元结构，一种通往后结构主义认识范式的语图叙事理论亟待被构建。

关键词：新媒体版面；竖屏叙事；语图关系；并置叙事；嵌入叙事

一、从“宽屏”到“竖屏”：新媒体叙事的“版面”问题

界面，作为信息呈现的直接“端口”，无疑是考察媒介形式及其语言的重要对象。方寸之间，自有乾坤。如果仅仅将界面视为一个纯粹的技术载体，那便远远低估了其

---

* 本文原载于《现代出版》2021 年第 5 期，收入本书时有改动。
课题：国家社科基金重大项目“视觉修辞的理论、方法与应用研究”（17ZDA290）。

** 刘涛，暨南大学新闻与传播学院教授、博士生导师，武汉大学媒体发展中心研究员，复旦大学信息与传播研究中心研究员。

在信息结构中的想象力及其可能言说的“媒介空间”。不同的界面诉说着不同的媒介故事。报纸、电视、电脑、手机、都市大屏等信息装置之所以意味着不同的媒介系统,是因为它们建构了属于自己的交往场景以及“话语网络”,而这又直观地表现为一个界面问题。具体而言,一种技术装置是否拥有“媒介”的意义,取决于其是否具有建立场景的能力,这便决定了媒介与人的相遇离不开物质性意义上界面的“出场”。正是在界面的维度上,人们发现了不同的信息装置,并进入不同的媒介系统。在界面被“点亮”的瞬间,传播行为发生的场景得以生成,人由此成为媒介系统的一部分,而媒介也具备了建构关系、搭建网络、组织生活的能力。按照马克·波斯特(Mark Poster)的观点,“电子交流手段因为其电子化特点在某种程度上便成为新的语言经验”①。这里所说的“语言经验”可以直观地在界面维度上加以识别和区分,即在界面维度上发现一种与之相应的社会交往模式。且不说印刷媒介和电子媒介存在结构性差异,即便是电子媒介内部,也存在着明显的演化、迭代、创造性破坏等发展逻辑,最终体现为不同技术逻辑支撑下的界面形式及其语言系统。

从媒介物质性的视角来看,媒介技术一方面决定了界面的物质形式,另一方面又在界面维度上决定了媒介与主体之间的“召唤”形式。其实,界面并非一个纯粹的表征意义上的信息“面板”,而是一个“窗口式”的隐喻装置,一方面决定了媒介信息网络的连接结构,另一方面又映射出媒介系统运行的底层“操作系统”。界面本身的物质逻辑及其存在方式揭示了媒介与人的相遇方式,同时也决定了传播场景本身的“生产方式”。20世纪以来,媒介场域中的新兴交流模式不断涌现,其本身已经构成了一个“自足的经验王国”。这其中,“新的语言形成(formations)尤其重要,它们在相当程度上改变了社会关系的网络,并重新结构着它们所构成的社会关系及主体”②。电影和电视之所以具有不同的界面形式,是因为其扎根于不同的媒介系统,相应地也就创造了人类传播结构中不同的交往模式和主体形式。因此,界面的“形式”创造了人们的语言经验,构造了传播行为的场景与关系,从而揭示了人在媒介维度上的交往“形式”——电视作为家庭空间的技术装置,其相对确定的观看距离和主体关系决定了媒介实践的家庭交流模式;电影将受众带到了公共空间,由此形成了相对独特的戏剧语言和视觉风格,如对特写、立体音效、宏大场面的由衷青睐;都市大屏由于传播场景的“广场”属性和传播功能的“广播”特点,大多放弃了声音系统,而将传播使命完整地交给了视觉,由此构建的是一种以公共注意力为生产目的的都市传播模式;手机作为一种新兴的技术装置,行走于公共性和私密性之间,其与生俱来的人机结合特点决定了媒介实践的人际传播模式……如果说电视、电影、都市大屏的界面主体上以“宽屏”为

① 波斯特.信息方式:后结构主义与社会语境[M].范静哗,译.北京:商务印书馆,2014:1,17,13,29.

② 波斯特.信息方式:后结构主义与社会语境[M].范静哗,译.北京:商务印书馆,2014:17.

主,那么以手机为代表的智能媒介则贡献了人类传播史上极具代表性的另一种媒介形式——“竖屏”媒介。智能手机的出现,一方面在垂直空间重构了信息表征的风格、结构和语言,另一方面又“进化”为人体的一个新器官,从而再造了一个新的生物体。①

实际上,从“宽屏”到“竖屏”的演变,表面上是一种媒介载体的形式演变,实际上揭示的则是一场普遍而深刻的“信息方式”(the mode of information)的变化。波斯特借鉴马克思的“生产方式”(the mode of production)概念,提出了“信息方式”的概念,旨在从信息符号的交换形式维度来认识社会形态及其变迁过程。具体而言,新媒介形式的出现,不能简单地被视为信息呈现形式的演进结果,而是要在信息方式的维度上对其加以认识,如此才能建立一个理解世界及其历史过程的媒介视角。如何理解社会历史的存在形态?如果说马克思给出的认识方案是阶级认识论或经济认识论,那么波斯特则尝试提出一种通往社会历史的符号认识论或信息认识论——“历史可能按照符号交换情形中的结构变化被区分为不同时期,而且当今文化也使‘信息’具有某种重要的拜物教意义”②。实际上,任何一种媒介技术的兴起,贡献的不仅仅是一种信息呈现方式,更为重要的是再造了一种交往模式(patterns)。从口语媒介到印刷媒介再到电子媒介,每个时代都拥有一套独特的“语言包装”(wrapping)方式,由此形成了不同的社会交往模式。今天,以手机为代表的“竖屏”媒介的出现,进一步重构了我们时代的信息方式。“竖屏”自身携带的物质性内涵,既是我们考察信息方式的基础构造,也是我们理解信息方式的理论维度。③ 进一步讲,手机界面并非一个纯粹的工具性“面板”,而是作为一个独特的“技术装置”作用于整个信息系统,并且深刻地影响着信息内容的呈现方式、人机互动的作用方式,以及社会场景的建构方式。因此,“信息的方式”决定了“交换的构型”,相应地也构建了不同的生活世界和主体形式。如果说人类交往语言从印刷经验到电子经验的过渡意味着一种信息方式的演进,那么从电子媒介时代的“宽屏”到新媒介时代的“竖屏”,一种新兴的交往模式和主体形式也随之产生,这使得我们有理由将“竖屏”问题上升到“信息方式”的维度加以研究,如此才能真正揭示“竖屏”媒介深层的界面文化及其深层的叙事学命题。

既然“竖屏”是通往一种媒介系统的认知管道,也是抵达一种“信息方式”的隐喻装置,那么以“竖屏”这一界面形式作为考察对象,有助于我们抵达媒介表征的语言系统,尤其是新媒体叙事体系中的“版面”问题。版面原本是一个报刊编辑概念,主要关注稿件中各个元素的编排布局情况。随着电子媒介的兴起,“版面”这一概念的外延也发生了一定的偏移和拓展,意为界面或界面单元中的信息组织结构和方式。由于信

① 汪民安.手机:身体与社会[J].文艺研究,2009(7):100-105.

② 波斯特.信息方式:后结构主义与社会语境[M].范静哗,译.北京:商务印书馆,2014:13.

③ 刘涛.“竖屏”叙事与融合新闻文化[J].教育传媒研究,2020(2):15-18.

息必然是通过界面呈现的,版面便成为一个与界面密切关联的概念。传统媒体的版面往往存在一个清晰的“边界”概念,其内容构成是固定的、稳定的,可以在空间和时序维度上加以限定和组织。然而,新媒体的“版面”更多的是一个隐喻意义上的概念,其依托“界面”这一装置得以呈现,但却超越了传统版面的“篇幅”和“长度”概念,而呈现出流动的、变化的、不确定的特征和形式。当“竖屏”成为一种主流的界面形式时,基于“竖屏叙事”的“版面”问题便成为一个亟待探讨的命题。

“竖屏”问题之所以有必要上升到叙事维度加以考察,除了因为其拥有不同于“宽屏”本身的界面特征及语言,还因为其催生了一种崭新的叙事形式——垂直空间的滚动叙事(scrollytelling)。所谓滚动叙事,意为一种基于滚动驱动的叙事方式(scroll-based storytelling),其特点就是通过触屏滑动实现文本内容的呈现、移动与推进。伴随着拇指滑动、触屏交互、按键响应的过程,垂直空间的滚动叙事重构了文本的编码结构和呈现方式。在有限的垂直界面中,“滚动”作为文本叙事的动力装置,拓展了垂直空间的文本“篇幅”、信息“容量”和交互“深度”,从而释放了文本表征的叙事潜力。正是在以滚动叙事为基础的信息呈现结构中,新媒体竖屏叙事的“版面”语言问题上升为一个亟待探索的数字叙事命题。诚然,根据信息在界面空间的呈现方式,竖屏叙事主要包含两种叙事“版面”,即单屏呈现和多屏呈现,前者主要指在单一界面空间的叙事形式,后者主要指基于滚动叙事的信息呈现方式。考虑到滚动叙事的广泛性和普遍性,加之滚动本身开掘了一个更为丰富的叙事空间,因此本文所关注的竖屏叙事形式主要聚焦于垂直空间的滚动叙事。

实际上,相对于传统的“宽屏”媒介的叙事体系,“竖屏”媒介在界面形态、界面内容、界面接触上均呈现出明显的差异,相应地也就形成了较为独特的竖屏叙事体系。第一,就界面形态而言,竖屏催生了一种全新的空间叙事体系。手机长于表现垂直空间,拙于表现横向空间,由此形成了一种基于拇指滑动而不断延伸与演绎的滚动叙事方式。第二,就界面内容而言,竖屏催生了一种全新的融媒叙事体系。相对于其他媒体,手机端口的信息形态以多媒体文本为主,由此形成了一种基于融合语言的文本表达方式。第三,就界面接触而言,竖屏催生了一种全新的互动叙事体系。按照列夫·马诺维奇(Lev Manovich)的观点,“人机交互界面已经成为信息社会重要的符号学符码和元工具”①,这使得文本的内涵逐渐超越了“内容—形式”或“内容—媒介”二分法,最终上升为“内容—交互界面”这一信息组织装置。而智能手机媒体的出现,真正意义上推动了消费主体从“受众”向“用户”的身份转变,其结果就是改写了媒体消费的观看逻辑,由此形成了一种基于参与逻辑的人机互动系统。

① 马诺维奇.新媒体语言[M].车琳,译.贵阳:贵州人民出版社,2020:56.

概括而言,“宽屏”和“竖屏”已经超越了简单的版式范畴,而且在不同的媒介物质逻辑基础上形成了不同的叙事语言。例如,报纸版面编排上同时存在“左右空间”和“上下空间”,其编辑方式是线性的,而接受方式却是非线性的——不同版面对应的视觉注意力是不对等的,读者可以自由地选择、浏览相应的内容。在以客户端、微信公众号为代表的竖屏叙事中,文本版面包含丰富的层级体系和互动装置,但其文本编排方式总体上体现为垂直结构,用户的接受过程也必然受制于竖屏本身的信息呈现方式。显然,竖屏叙事拒绝了传统版面中常见的“左图右文”或“左文右图”等模块化叙事方式,转而在滚动叙事所主导的信息框架中寻求更为多元的融媒结构或互动结构。基于此,本文接下来将立足数字叙事学的知识体系,聚焦新媒体竖屏叙事的滚动叙事命题,重点从语图关系的分析视角切入,探讨“竖屏”界面深层的版面语言问题。

二、语图关系:理解竖屏叙事语言的符号视角

只有将竖屏叙事置于数字叙事学的学理谱系中,才能真正理解“竖屏”界面所打开的叙事向度及叙事学问题。随着计算机语言和思维被引入叙事范畴,数字叙事学作为一种新兴的叙事学理论与实践宣告诞生。作为数字叙事学的代表性学者,玛丽-劳尔·瑞安(Marie-Laure Ryan)坚定地认为,从传统媒介到数字媒介,叙事学迫切需要回应的研究命题是“故事的变身”(avatars of story),即故事正在以一种全新的形式和语言呈现,由此制造了由媒介逻辑和故事逻辑复合而成的“可能世界”(possible worlds)。正如瑞安所言:“叙事乃认知建构,具有不变的意义内核,但能表现为各种形态,我们不妨称之为故事的变身,而且可以在不同程度上实现,取决于满足多少核心条件。”[①]她在《可能世界、人工智能与叙事理论》(1991)、《故事的变身》(2006)、《作为虚拟现实的媒介》(2001/2015)、《叙事空间/空间化叙事:叙事理论与地理学的相遇》(2016)等著作中倾注了大量笔墨讨论数字叙事学的跨媒介叙事、空间叙事、互动叙事等问题,其中的逻辑主线是确定的:新媒介带来的并非媒介内容的“呈现”问题,而是“重构”问题,媒介中的“故事”与故事中的“媒介”构成了数字叙事学不同于传统叙事学的根本特征。

数字技术的发展是否会催生一种全新的叙事形式?数字叙事学是学界给出的普遍答案。瑞安将数字叙事研究概括为四种理论范式或者说研究进路:一是实用式进路,其并不关注具体的叙事形式,而是“关注故事在人们生活中的重要意义,以及计算机在传播个人故事中的作用”,如少数族群在互联网平台的日常“倾诉”往往意味着一

① 瑞安.故事的变身[M].张新军,译.南京:译林出版社,2014:10.

种特定的文化记忆形式;二是隐喻式进路,其主要强调"从叙事诸概念中为计算机应用的设计与推广寻求灵感,故事讲述本身并非其意图所在",如计算机交互系统中的"界面"隐喻、"平台"隐喻、"日志"隐喻、"商城"隐喻、"朋友圈"隐喻等概念形式,主体上可以视为日常生活中相关符号形式的隐喻化挪用;三是扩展主义进路,其"视叙事为一个变化无常的概念,因文化而不同,随历史而演变,关键是为技术革新所左右",如计算机系统的超链接打破了传统文本的篇幅、版面和边界限制,因此有必要抛弃人物、情节、背景等传统的叙事学术语,通过引入互动、情感、历险等概念,呼唤并建构一种开放的、不确定的、延展性的叙事学观念;四是传统主义进路,其"把叙事看作意义的不变核心,这个核心将叙事同其他话语类型区分开来,并赋予它一个跨文化、跨历史、跨媒介的身份",如数字媒介(如游戏)中的人物参与行为,不仅创造了一种特殊的故事情节,而且创造了一个可能的故事世界。①

显然,根植于传统叙事理论土壤中的数字叙事学,受到两大"变量"——"技术变量"和"故事变量"的双重挑战,最终演化为一种新的关于叙事的想象方式。正因如此,竖屏叙事上升为一个亟待开掘的数字叙事命题。一方面,"技术变量"挑战的是叙事的形式与形态问题。正是在H5、可视化等新兴技术的直接作用下,一系列契合竖屏界面编排逻辑和呈现方式的文本形式破土而出,比如以垂直架构、拇指滑动、触屏互动为特征的H5文本,极大地拓展了经典叙事学中文本的内涵和范畴。另一方面,"故事变量"挑战的是叙事的外延、边界和语言问题。传统叙事学的核心内容是故事,而故事拥有相对稳定的结构,然而新媒体叙事的计算机思维及其程序语言彻底颠覆了结构的定义方式,由此重新定义了故事的形态和内涵。正因为数字叙事体系中"故事"的内涵发生了变化,竖屏叙事背后的"故事的变身"及其对应的"版面"语言成为一个亟待研究的叙事学命题。简而言之,在新媒体竖屏叙事框架中,伴随着信息内容在垂直维度的展现和延伸,数字叙事本质上体现为媒介语言和故事语言的相遇——媒介语言在主体上体现为计算机思维和意识,其核心关键词是电子媒介装置及其运行结构中的界面、符号、程序、互动、智能等问题;而故事语言在主体上体现为融合语言,即多模态元素如何整合为一个故事文本,其中涉及的叙事问题是文字、图像、声音等多媒体元素按照何种"语言"方式以及何种"语法"体系进行融合。

实际上,融合语言是一个复杂的符号学或叙事学问题,而其中最基础、最普遍的融合问题是语图关系(图文关系),其主要关注的是语言和图像之间的"相遇"方式及其叙事体系。语图关系回应的核心问题是:在一个文本结构中,语言和图像是如何组织编排并参与叙事的?从符号学角度讲,语言和图像意味着两种不同的符号形式,前者

① 瑞安.故事的变身[M].张新军,译.南京:译林出版社,2014:10,5-11.

主体上是一种规约符,后者主体上是一种像似符,二者对应的符号学原理和机制是不同的。规约符是一种文化场景中的符号形式,其意义结构受制于某种约定俗成的社会性的语义规则;像似符则包含了较少的社会规约性,人们主体上根据符号中的"实体"内容进行判断和加工。语言和图像属于不同的符号系统,当二者存在于同一文本系统时,我们如何把握语图文本的叙事语言?回答这一问题的前提是厘清语言和图像本身的叙事差异:一是语言和图像的认知机制差异,二是语言和图像的表征功能差异。

第一,就语言和图像的认知机制差异而言,作为两种基本的符号形式,语言和图像实际上属于不同的认知系统,其激活的大脑认知机制也是不同的。一般来说,语言符号激活的是系统性认知机制(systematic processing),而图像符号激活的则是启发性认知机制(heuristic processing)。[①] 前者强调的是对文本意义的整体把握,尤其是对语言信息系统的构成、结构及其认知过程的分析和判断;后者强调的是对文本信息的快速提取,尤其是对图像信息系统的内容识别与情感认知。如果说系统性认知机制对应的是一种理性思维,启发性认知机制在主体上回应的则是感性思维问题,正因如此,图像信息加工过程首先会诉诸启发性认知机制。大脑认知活动遵循的基本原则是"惰性原则",即大脑首先倾向于加工那些不需要进行复杂运算的信息内容或信息形态。那么,哪些信息形式符合大脑认知的"惰性原则"?这一问题可以从两个维度加以考察:一是符合大脑认知框架的信息形式。框架的功能就是为释义过程提供一种快速、便捷的认知结构,从而极大地节省大脑的运算时间,这使得"框架依赖"成为一种普遍的信息加工机制。认知科学研究发现,"框架具有这样的特点:如果顽固的框架跟事实不相吻合,那么,人会抛弃事实,保留框架"[②]。因此,倘若文本编码过程激活或征用了既定的认知框架,受众就更倾向于沿着框架所铺设的认知语境和阐释方向进行信息处理,这也是为什么"媒介框架"会成为一个极为重要的传播效果研究问题。二是以视觉化形式存在的信息形式。相对于语言文本,图像信息较为直观,其加工过程亦比较简单,不需要付出过多的运算和努力。因此,在图文信息中,大脑首先倾向于加工其中的视觉部分——尽管图像意义的"锚定"在很多时候取决于文字信息创设的阐释语境。

第二,就语言和图像的表征功能差异而言,由于语言和图像分属不同的符号系统,二者在叙事表意层面各有优劣——作为规约符的语言,更长于表现逻辑、观点、结构、论证等叙事问题;作为像似符的图像,主要优势则是在外观、形象、体验等维度上成就意义。瑞安采用符号学方法,从"叙事可供性"维度出发,揭示了语言和图像符号在叙

① DILLARD J P, PECK E. Affect and persuasion:emotional responses to public service announcements[J].Communication research,2000(4):461-495.

② 莱考夫.别想那只大象[M].闾佳,译.杭州:浙江人民出版社,2013:58.

事中的优势和劣势——语言对应的叙事模式为自主式或确定式叙事,图像对应的叙事模式则为说明式或不确定式叙事。① 具体而言,语言的叙事优势主要是“表现时间性、变化、因果关系、思想、对话”,开展命题的推理和论证,并对言说对象进行评价和判断,而其叙事劣势则是难以表现空间关系,无法直接展示美、外观、过程;图像的叙事优势是“将观众沉浸到空间中,描绘故事世界地图,表征人物和环境的视觉外观。通过‘有意味的时刻’技法暗示邻近的过去和未来,通过面部表情表征人物的情绪,表征美”,而其叙事劣势主要是难以直接表现命题,也难以“表征时间的流动、思想、内心状态、对话,让因果关系明确,表征可能性、条件制约、反事实性”,更无法呈现不在场的事物,以及对事物进行评价。② 概括而言,语言是时间性的、论证性的、故事性的,其可以帮助人们进行逻辑推演和思维建模,从而将叙事的对象延伸到语境之外,以建构一个丰富的、多元的、复杂的叙事网络;而图像是空间性的、再现性的、情感性的,其往往通过与语言的“合作”与“协同”,打开叙事的形象之维和情感向度。

由此可见,作为两种代表性的符号形式,语言和图像对应不同的认知机制,而且在叙事可供性上存在明显差异,这使得语图关系呈现出极为复杂的结构。从形式上看,语言和图像是两个平行系统,各有其相对独立的叙事可供性,但是当它们聚合在一个文本空间中时,就必然开启一种语图关系的博弈。自柏拉图主义诞生以来,语言成为理念的寄居之所,长期凌驾于图像之上,图像则是表象的、低级的、暂时的、不完美的,因此被语言牢牢地打入“冷宫”,动弹不得。莫里斯·梅洛-庞蒂(Maurice Merleau-Ponty)、让-弗朗索瓦·利奥塔(Jean-Francois Lyotard)等后现代哲学家将感觉主义推向了哲学的认识论位置,图像才逐渐从语言所设定的牢笼中挣脱出来,并作为一种不容忽视的符号形式进入叙事学体系。③ 必须承认,在语图文本中,语言的支配地位常常使得语言和图像相安无事,图像并未对语言构成侵犯,然而二者之间的张力和冲突从未消失,这可以从超现实主义画家勒内·玛格丽特(René Magritte)的画作《形象的背叛》中体现出来:画面的主体是一只烟斗,下面附了一行字——“这不是一只烟斗”。图像的直观性在否定性的语言压迫之下不再稳定,这使得语言和图像的和谐关系发生了动摇,由此激发出新的意义解释:这不是一只真实的烟斗,而只是一幅画而已。

虽然语言和图像在叙事上的可供性是不同的,但必须承认,二者存在积极的互补性——对于语言难以实现的表征问题,图像可以给予积极的补充和延展,反之亦然。根据语言和图像在文本层面的“结合”方式,我们可以将新媒体竖屏叙事中的语图关系概括为两种典型的叙事方式:一是并置叙事,即语言和图像处于一种并置关系,并随

---

① 瑞安.故事的变身[M].张新军,译.南京:译林出版社,2014:19.

② 瑞安.故事的变身[M].张新军,译.南京:译林出版社,2014:18-19.

③ 刘涛.语图论:语图互文与视觉修辞分析[J].新闻与传播评论,2018(1):28-41.

着触屏滑动而在垂直维度上呈现出一种交替出现的叙事进路;二是嵌入叙事,即语言和图像嵌入在彼此的叙事系统中,呈现出一种图文一体的叙事景观。如果说并置叙事强调的是图像和文字之间的一种并列式的、模块化的连接关系,那么嵌入叙事则意味着图像和文字被整合进一个结构化的、一体化的融合装置之中,最终体现为一种嵌入关系。不同于并置叙事中图像与文字之间的模块结构,嵌入叙事遵循的往往是一种数字化的整合叙事规则。接下来,本文分别聚焦并置叙事和嵌入叙事这两种代表性的叙事方式,进一步分析新媒体竖屏叙事中的语图关系。

三、并置叙事与语图结构的编排语言

"并置"的英文表达为"juxtapose",它源自法语词汇"juxtaposer",意即为了实现对照目的而将表达元素进行并列安排或处理,与之相关的一种句法被称为意合(parataxis),指"不用连接词将一些短语或短句并列"。[①] 意象主义运动代表人物埃兹拉·庞德(Ezra Pound)提出了诗学意义上的意象并置概念,主要强调意象的并列与聚合往往会建构更大的叙事情景,传递更大的叙事力量。中国诗歌里的意象并置现象比比皆是,比如"鸡声茅店月,人迹板桥霜""念天地之悠悠,独怆然而涕下"等,都产生了一种蒙太奇式意象并置的丰富表意效果。龙迪勇则从空间叙事的角度将"并置"改造为"主题—并置叙事"概念,他通过对"topic"(主题)与"topos"(场所)之间词源关系的考察,提出"主题—并置叙事本质上是一种空间叙事"[②]。

语图叙事本质上是一种互文叙事。从互文性视角来看,语言和图像的结合一般存在两种互文结构,即统摄关系和对话关系。[③] 其中,统摄关系是指语言主导下的语图协调一致,图像处于从属、补充、说明、修饰的地位。对话关系指的是语言和图像获得了相对独立或彼此分立的叙事地位,这使得语图结构的和谐关系被打破,即语言的主导地位遭遇挑战,图像的主体地位得以彰显,从而形成语图博弈的表意张力。在新媒体竖屏叙事结构中,视觉已经深刻地嵌入文本表征的元语言系统之中,甚至成为新媒体文本叙事的"标配"元素——要么作为纯粹的修饰对象而"出场",要么作为重要的叙事符号参与叙事,这使得我们有理由在一个更为复杂的并置结构中考察语图关系。

(一)语图统摄关系

在言说的层次上,图像仅仅是一种"皮相之见"[④],它是多义而漂浮的,因而就需要

---

① 张节末,袁靖.诗学中的"并置":从西方到东方的考察[J].浙江大学学报(人文社会科学版),2012(6):36-48.

② 龙迪勇.试论作为空间叙事的主题—并置叙事[J].江西社会科学,2010(7):24-40.

③ 刘涛.语图论:语图互文与视觉修辞分析[J].新闻与传播评论,2018(1):28-41.

④ 赵宪章.语图叙事的在场与不在场[J].中国社会科学,2013(8):146-165,207-208.

语言的停泊和中转作用,以对图像的意义进行确定、解释和补充。① 即使在那些以图像为主的文本中,语言的支配地位也并没有降低,比如在图片新闻中,标题以及描述的文字就不可或缺,如果去掉了标题以及背景描述,图片的意义将会漂浮无依。我们通常所说的图像造假,除了指图像本身在技术上的移花接木或者人为摆拍,还包括图像与文字不相吻合的情况。图像编排中的真假问题,不仅仅涉及图像技术、图像制作,也涉及语言与图像的匹配问题。从表意的角度来看,语言对于图像的统摄作用,仍然鲜明地体现在语图关系问题的编辑之中,我们可以从以下三个维度把握语图结构的编排语言。

第一,图像发挥的是编辑功能,并不直接参与表意或叙事。今天,新媒体文本生产面临着普遍的"视觉转向",多媒融合成为一种普遍的编辑法则。当传统的语言文本被移植到新媒体端口时,一种常见的编辑思路就是在其中插入大量的图像符号,以达到图像"在场"的视觉修饰效果。不同于其他的并置结构,这里的图像并未直接参与情节的建构和推进,甚至完全独立于语言符号所设定的相对封闭的叙事体系。例如,微信公众号长文的题头大多使用图像加以装饰,正文中也常常借助图像进行段落分隔,以满足"读图时代"的阅读节奏和体验,由此形成了一种独特的竖屏叙事"景观"。

第二,语言文字主导了整体叙事体系,而图像的功能主要是对文字加以说明、解释和拓展。这是一种和谐共生的语图关系,图像在语言的统摄下发挥补充性的作用。图像是一种具象化的表意方式,它直接展示的是自身的存在样态,与其表征对象存在着结构、时间、空间以及因果的关联,因而它具有证实的功能。② 在常规的图文新闻中,新闻图片的功能往往是对现场的捕捉和再现,而且更多是作为新闻叙事的"证据"材料出场,这使得抽象的文字叙事被插上了视觉想象的翅膀。澎湃的数据新闻《切尔诺贝利:不曾终结》立足事件发生35周年这一历史节点,语言文字铺设了主体的叙事框架以及逻辑系统,而其中的图像符号更多是在视觉维度上进行补充和说明,比如借助视觉动画再现了4号反应堆新掩体的施工过程,从而以一种"图示"的方式拓展了语言符号的表达空间。

第三,在语言主导的叙事逻辑中,图像不仅发挥着积极的表征作用,而且拓宽了文本认知的情感维度,从而赋予文本表达一种情感冲击。相对于语言符号,图像符号具有先天的情感表达优势,这也是为什么新媒体语境下的"情感动员"(emotional mobilization)往往会诉诸图像符号,最终通过"图像事件"(image events)得以实现。通常认为,文字是冷静的、理性的,新媒体文本的情感能量则更多来自图像符号的累积和冲

① 巴尔特.形象的修辞[M]//巴尔特.形象的修辞:广告与当代社会理论.吴琼,译.北京:中国人民大学出版社,2005:42.

② 伯克.图像证史[M].杨豫,译.北京:北京大学出版社,2008:3.

击。因此,新媒体竖屏叙事的常见思路就是通过文字铺设叙事逻辑,同时在适当的版面位置插入具有情感冲击的图像符号,从而在情感维度上强化文字叙事的认同逻辑。需要特别强调的是,图像符号蕴含的情感能量有时会超越事实和理性的"锚定"体系而呈现出一种蔓延、扩张趋势,当其积聚到一定程度且难以在既定的问题域中得以消化或平复时,往往会在社会的其他领域或层面进行"释放",这便对新媒体编辑中图像符号的使用伦理提出了一定的要求和挑战。

(二)语图对话关系

虽然语图关系中的语言常常处于主导地位,但不得不承认,在特定的文本形式与风格中,图像叙事的主动性依然不容小觑,由此建立与文字平等对话的关系。图像表意是多维度的,如再现维度、表意维度、叙事维度、关系维度、情感维度、象征维度等。随着这些维度的强化和凸显,图像的独立性得以逐步建立。当图像获得了独立的叙述地位时,它就有摆脱语言束缚的倾向,重构与语言的对话性张力,由此挑战语言叙事体系的霸权和逻辑。在语图并置结构中,图像如何才能"挣脱"语言的压制和束缚,而获得一种相对的独立地位,以此建立与语言之间的对话关系?这一问题取决于语图关系中图像是否能够建立一个叙事体系,并形成一个自足的可能世界。概括而言,图像如何撼动语言的霸权地位,可以从以下三个方面加以认识。

首先,在传统的语图统摄叙事中,图像的功能主体上是对语言的"佐证"或"证实",然而这种解释行为存在强度问题,如果图像符号(如监控视频)提供了事件认知的核心细节或真相,那么便会铺设一种相对独立的认知体系。虽然单一的图像很难建立一种叙事,但诸多图像之间一旦发生关联或联结,如历史图像和现实图像的相遇、不同主体所拥有图像的比较等,便可能在历时或共时意义上构成一种强大的互文关系、建构一个广阔的表意空间,尤其是重构一种图像释义的语境元语言。如此一来,图像便形成了一个自足的可能世界,即意义的建构只需诉诸图像系统即可实现。与之相应,"图像叙事"便成为一个现实的、合理的叙事学命题。在诸多新媒体图文报道中,新闻事件之所以会发生"反转",是因为所谓的真相不再是一个语言意义上的唯一构造物,而是成为一个流动的、不确定的信息对象,语言和图像均拥有建构、定义、争夺真相的能力——如果说语言更多是在逻辑意义上推演并形成真相,那么图像则转向视觉、情感,并在此基础上重构一种新的通往"事实"的"证明"方式或想象方式。

其次,虽然图文结构中的图像释义往往会被收编到语言符号的"逻辑"之中,但数字媒介场域中不同图像的能量是不对等的,有些图像受制于语言铺设的释义框架,而有些图像则作为一种凝缩图像(condensational image)出场,其自带的解释系统具有独立的意义建构能力。这其中,凝缩图像就是一种携带社会规约信息的符号形式,尤其体现为凝缩符号(condensational symbol)①或新闻聚像(news icons)②,它往往来自历史深处的某个"决定性瞬间"(decisive moment)③,如"图像事件"中那些被永久定格的标志性图像。凝缩图像在视觉维度上决定或限定了公众关于新闻事件的认识方式和想象方式,如希望工程标志"大眼睛女孩"的照片、叙利亚难民危机"溺水身亡的叙利亚男孩"的照片、第二次世界大战太平洋战场"美国国旗插上硫磺岛"的照片……相对于其他图像,凝缩图像自带元语言,它的出场往往携带着历史深处的特定的象征意义,这种意义是文化建构的产物,因此呈现出较弱的浮动性和流动性。换言之,当那些自带元语言的图像符号进入语图结构中,它便作为一种相对独立的意义生产体系,溢出语言文字所设定的解释框架。例如,2021 年 8 月,阿富汗塔利班特种部队身穿迷彩服,拍摄了一组效仿"美国国旗插上硫磺岛"的宣传照,尝试对美国撤军行为进行"终极羞辱"。诸多新媒体平台发布了相关报道,其语言叙事依然延续了"羞辱美国"的讲述逻辑,然而"美国国旗插上硫磺岛"这一图像的出场,并未作为一个依附性的"佐证"符号统摄在语言叙事框架之内,而是以其稳定的、牢固的意义体系向语言叙事的合法性发起了正面回击。网络上随即出现了一种声音,认为"美国国旗插上硫磺岛"是世界反法西斯战争太平洋战场胜利的标志,其不仅属于美国,也属于全人类,任何尝试挑战、否定、亵渎其意义的行为都是对正义的背离。此外,虽然图文编排结构中的图像在主体上是中性的、美学性的、解释性的,但是当其携带着某种规约性的社会信息或文化内容时,便可能在语义层发挥较强的"语境重置"作用,从而铺设一种稳定的、独立的视觉框架。例如,在"5·12 汶川大地震"全国哀悼日,所有的网站都变为黑白色,这无疑在色彩维度上建构了一个沉痛的悼念空间。

最后,把握语图关系中的对话结构,还需要回到文本风格、修辞体系、视觉情感等更大的元语言维度对其加以审视,如此才能发现图像叙事之可能性、独立性及现实性。当图像与语言的关系不适配时,就会形成一种反讽的表达效果,其结果就是图像拥有了引领文本意义走向之可能。影视语言中的声画分离手法,意味着声音和图像分道而行,彼此独立自足。然而,创作者恰恰利用声音与图像之间的二元张力,传递更为饱满的视觉意义,尤其会产生隐喻、反讽、比兴等修辞效果。在新媒体编辑中,创作者也常常会利用图像与语言的不适配关系,塑造一种反讽的表达风格。另外,对话叙事的反讽效果还体现为图像在修辞维度上重构了一种阐释语境,从而对语言释义体系发起了挑战、进行了否定。日常交流中的表情包就常常具有语境建构的功能,它能够通过附

---

① GRABER D A.Verbal behavior and politics[M].Urbana,IL:University of Illinois Press,1976:289.

② BENNETT W L,LAWRENCE R G.News icons and the mainstreaming of social change[J].Journal of communication,1995(3):20-39.

③ MOELLER S.Shooting war[M].New York:Basic Books,1989:15.

加的表情引领文本的释义方向，比如在一本正经的语言后面，缀上一个“偷笑”或“捂脸”的表情，内容的严肃性就瞬间被图像所消解。

概括而言，语图关系不仅是一个编辑问题，还是一个表意问题，只有正确认识了语图互动的表意关系，才能处理好竖屏叙事中的语图编辑问题。通常情况下，语言相对图像处于优势位置，并形成一种统摄性关系，但图像也具有自足的表意潜力，当它强大到获得足够的证据效力、情感能量和反讽张力的时候，就足以解构语言的霸权地位，从而形成一种对话性的并置叙事关系。

四、嵌入叙事与语图结构的图式语言

相对于并置叙事的“图文并排”效果，嵌入叙事本质上体现为一种“图文混排”效果，即图像和文字按照既定的多媒整合方式进行融合，最终构成一种具有普遍认知基础的视觉信息装置。当前，基于数据驱动的信息形态日益普遍，如按照数据可视化(data visualization)或数据可听化(data sonification)方式生成的数据新闻景观。而在视觉语言主导的数据新闻表征体系中，地图作为一种常见的信息整合方式，铺设了图像与文字的整合语言及存在方式，其显著特点是拒绝微观故事维度的命运呈现，而将国家或区域以及彼此之间的对比关系或比较关系推向了新闻认知的中心位置。显然，在程序语言铺设的数字叙事系统中，图像与文字较为常见的“相遇”方式就是共存于某种视觉化的信息整合装置之中。当前基于程序语言生成的语图文本往往以视觉作为信息整合的“底色”与“蓝图”，而且是按照某种模式化的、框架化的、结构化的图式语言完成图像与文字的整合的，因此我们不妨将语图叙事中的信息整合装置称为视觉图式装置。

那么，在竖屏叙事系统中，是否存在一些普遍共享的信息整合方式或者说视觉图式装置呢？回答这一问题需要回到“竖屏”这一根本性的技术思维层面。纵观当前的新媒体叙事体系，“再媒介化”(remediation)是一种普遍存在的思维方式，即新媒介往往会征用其他媒介的信息呈现方式，并对其加以吸纳、拓展和改造，由此形成“似曾相识”的新媒介信息呈现模式，如书籍的“翻页”效果、手账的“编排”效果、绘画的“卷轴”效果、试卷的“答题”效果、游戏的“闯关”效果、地图的“测绘”效果、道路的“穿越”效果、电影的“长镜头”效果等。[①] 这里的书籍、手账等都是经典的(泛)媒介形式，而“再媒介化”过程意味着遵循数字叙事学的“隐喻式进路”，在新媒介中应用“翻页”“编排”等视觉呈现方式，并将其创造性地转换为一种跨媒介的视觉图式装置。瑞安

---

① 刘涛，蔡雨耘.形态·语法·意象：融合新闻的“再媒介化”叙事语言[J].新闻与写作，2021(4)：74-80.

将“再媒介化”视为一种媒介分析工具，认为其可以帮助我们认识数字叙事学的跨媒介内涵及其符号表征方式。[①] 例如，“窗口”概念并非计算机的原创“语言”，而是对日常生活中的相关观念的隐喻式挪用和呈现[②]，由此构成了计算机操作系统的交互“界面”。显然，从旧媒介到新媒介，往往存在一条略显模糊但依然可以辨识的踪迹，这里刻写着一种“语言”的跨媒介流动能力。

基于此，我们不妨从再媒介化的理论视角切入，把握新媒体竖屏叙事的“版面”语言及其语图结构。新媒体世界的再媒介化叙事主要体现在媒介形态、媒介语法、媒介意象三个维度，其分别意味着对其他媒介形式的直接挪用，对其他媒介叙事语言的借鉴和吸纳，以及对其他媒介表征意象的征用与整合。[③] 如果从再媒介化叙事的维度考察新媒体竖屏叙事的语图结构，我们同样可以从媒介形态、媒介语法、媒介意象三个维度切入，探讨图像与文字在竖屏滚动叙事结构中的整合方式，即嵌入叙事的视觉图式装置。本文分别选择媒介形态维度的“信息长图”、媒介语法维度的“一镜到底”、媒介意象维度的“时间轴图”三种竖屏叙事中较为常见的视觉图式装置，探讨嵌入叙事的图式语言及其语图关系。简而言之，“信息长图”“一镜到底”和“时间轴图”作为三种常见的信息整合结构，根据不同的叙事逻辑加深了垂直空间的叙事深度，也就相应形成了不同的语图关系。

（一）媒介形态与“信息长图”图式结构

在新媒体环境下的文本消费中，用户的注意力是分散的，如何让用户耐心读完枯燥乏味且篇幅过长的文字信息？“信息长图”正是按照竖屏叙事逻辑就这一问题给出的回应。“信息长图”指的是沿着屏幕垂直方向展开，画幅超越屏幕、内容连贯一体的长图片，其创设的浏览体验类似于长幅画卷的展开，随着用户指尖在垂直路径上的滑动，图片内容不断滑进屏幕，进入用户的视线。借助可视化图像的引导和指尖滑动的互动，文本便拥有了抓住用户注意力的可能性。

在“信息长图”的信息整合装置中，图像和文字形成相辅相成的协作关系。图像的虚指性决定了其具有诱发愉悦的能力，即相较于语言符号的“可悦”的优势。[④] 因此，对于复杂信息的传达来说，长图成为一种必要的叙事形态：一方面，从用户体验的角度出发，长图通过将文字叙事内容形象化、生动化和趣味化，优化叙事效果；另一方面，从内容生产的角度出发，长图通过充分利用竖屏垂直方向上可延展的叙事空间，扩

---

① 瑞安.跨媒介叙事[M].张新军，林文娟，等译.成都：四川大学出版社，2019：27.

② 瑞安.电脑时代的叙事学：计算机、隐喻和叙事[M]//赫尔曼.新叙事学.马海良，译.北京：北京大学出版社，2002：63.

③ 刘涛，蔡雨耘.形态·语法·意象：融合新闻的“再媒介化”叙事语言[J].新闻与写作，2021(4)：74-80.

④ 赵宪章.语图传播的可名与可悦：文学与图像关系新论[J].文艺研究，2012(11)：24-34.

大叙事容量。

(二)媒介语法与“一镜到底”图式结构

“一镜到底”原意是指反蒙太奇叙事的电影连续拍摄手法,强调拍摄场景的完整性和连续性。目前,这一视觉叙事手法被广泛挪用至新媒体的竖屏叙事中,形成一种极具代表性的融合叙事结构,其特点在于将语图元素整合进一个连续的叙事时空中。区别于传统的宽屏叙事,竖屏叙事在信息表征形式上以视觉图像为主,语言文字往往作为图像叙事的“注解”出现。① “一镜到底”意味着一种图式结构,强调的是图像与文字按照“长镜头”的叙事语言和推进逻辑被整合在一起。为了增强竖屏叙事的代入感和参与感,“一镜到底”叙事更加强调图像内容的叙事表达,而语言元素大多服务于图像叙事。

当“镜头”在不同的场景之间平稳过渡和无缝转场时,“一镜到底”叙事意味着一种典型的空间叙事结构②,即将不同场景整合在一个长镜头式的视觉图式之中。遵循这一思路,创作者往往会把文字深度嵌入图像当中,使其成为视觉场景的组成部分。2021 年是中国共产党成立 100 周年,《人民日报》联合快手推出 H5 新闻《复兴大道 100 号》。经过精心策划,该作品将上百个建党以来的重大历史事件绘制成一幅动态长卷,各个重大事件的场景之间没有明显的切换、转场痕迹,也没有说明性文字。欣赏此类作品就像在观看一段没有旁白的“长镜头”视频,用户只能从画面中自行寻找“破解”叙事内容的线索:一是画面内容,如人物的穿着、标志性建筑物等;二是画面中潜藏的只言片语,如墙面、海报、横幅上的标语等。此时,文字完全依附于图像,其自身难以构成完整的叙事脉络。

(三)媒介意象与“时间轴图”图式结构

“时间轴”是新媒体叙事体系中一种重要的“再媒介化”叙事资源。作为一种认知意象,时间轴将事物依照时间逻辑在垂直向度上进行限定和串联,形成系统化、结构化、可视化的叙事体系。基于这一认知意象,竖屏叙事形成了另一种视觉图式装置——“时间轴图”。其中,文字信息被置于图像的座驾之上,并在交互结构中按照时间顺序垂直延展。

具体来说,“时间轴图”中的时间铺设了竖屏叙事的基础结构和情节脉络。图像与文字都依附于“时间线”这一图式结构所“勾勒”的叙事框架。因此,时间逻辑是一种根本性的逻辑语言,它决定了语言和图像的“出场”方式及其深层的“召唤”结构,即

---

① 刘涛.“竖屏”叙事与融合新闻文化[J].教育传媒研究,2020(2):15-18.

② 刘涛,刘倩欣.“一镜到底”:融合新闻的叙事结构创新[J].新闻与写作,2020(2):74-80.

语言和图像的“相遇”,总是发生在既定的时间“刻度”上,相应地,时间结构决定了语言和图像的嵌入方式。正是在时间维度上,语言和图像的结合拥有了叙事的可能。传统的叙事学离不开时间向度,难以想象时间缺席的叙事,也难以想象跳出时间逻辑的空间形式。因此,时间可以赋予事物一种叙事意义上的线索、结构和秩序。综观今天的新媒体文本形态,时间轴往往以图像的方式出场和表征,这意味着用户需要依照图像的线性时间结构理解文字信息。在“时间轴图”中,图像大多“退居幕后”,承担着建构叙事逻辑的任务。如此一来,用户可以通过简洁明了的图像迅速把握语言文字中复杂的逻辑关系。

五、讨论:通往后结构主义的语图叙事理论

概括而言,新媒体“竖屏”界面的语图关系可以分为两种叙事方式——并置叙事和嵌入叙事。并置叙事又可以进一步细分为语图统摄叙事和语图对话叙事,嵌入叙事主要表现为以“信息长图”“一镜到底”和“时间轴图”为代表的视觉图式结构及语图整合叙事。

实际上,当我们谈论竖屏叙事的时候,不能仅仅停留在界面的外在形式层面,而是要真正关注以智能手机为代表的“新媒体语言”,尤其是界面背后的“新媒体世界”及其建构的一个时代的“信息方式”。作为传播链条的一部分,“竖屏”的意义超越了简单的信息形态及其再现维度,拥有了隐喻意义上的认识论功能。界面超越了简单的“端口”内涵,它既是媒介系统的传感“器官”,也是媒介逻辑的显现方式——拥有什么样的媒介系统,便拥有什么样的界面形式及语言。印刷媒介和电子媒介的最大区别,直观上表现为界面形式的差异,而这种差异又可以追溯到媒介系统深处的“信息结构”的差异。由此可见,界面实际上是媒介系统中“技术形式”与“信息形式”结合的产物。它表面上是媒介内容的呈现载体,但它所言说的又何止是内容本身这么简单。界面如同一面镜子,映射出媒介与社会之间的组织结构,因此我们可以在界面的维度上发现更大的媒介世界及其运行系统。换言之,界面的意义不在于形式的差异,而是深刻地体现为信息结构及其元语言系统的差异。正是在这个意义上,我们讨论竖屏及其叙事问题,主要是希望打开新媒体技术环境下的数字叙事学的新领域、揭示新问题,正如 VR 界面所打开的媒介与主体之间的一种崭新的互动方式和参与结构那样。

必须承认,相对于传统的媒介语言,新媒体界面及其叙事的显著特点就是吸纳了交互这一属性。作为“滚动叙事”的底层动力装置,交互性颠覆了传统叙事学的内涵与外延,重构了新媒体时代“文本”的形态及其语言系统。列夫 · 马诺维奇(Lev Manovich)将交互视为一种标志性的“新媒体语言”,认为不能将交互简单地等同于

“用户与媒体对象在身体层面的交互(按某个按钮、点击一个链接、移动身体)”,而是要同时关注和研究心理认知维度的交互问题,如“心理层面的填补、假设、回忆唤起和认同机制等心理过程”。① 因此,交互性视域下的滚动及其意义,不仅包含竖屏界面前端的信息呈现问题,也包含竖屏界面后台的程序语言问题。正是在一个以交互为基础的信息滚动结构中,新媒体竖屏叙事的版面语言超越了传统意义上的组合思维和编辑思维,即信息的呈现方式不仅仅遵循编排语言,还表现为程序修辞(procedural rhetoric)基础上的交互语言,这无疑拓展了数字叙事学的理论内涵。

经典的叙事学沿着形式主义、结构主义、符号学等理论脉络展开,其基本假设是认为叙事学的核心概念是故事,而故事拥有相对稳定的意义结构,如开始、结尾、序列、篇幅、完整性等。然而,新媒体叙事整合了受众的参与过程,颠覆了意义的稳定状态,解构了故事的边界问题,由此形成了一种以“遍历文本”“互动叙事”和“可能世界”为基本特征的故事形式。因此,当交互性进入叙事的视野,新媒体竖屏叙事一方面需要反思和发掘文本、情节、故事、主体等叙事要素的新内涵及其表现形式,另一方面需要同时关注身体维度和心理维度的交互问题,这使得传统叙事学所关注的结构呈现出一种开放的、浮动的、过程性的、不确定的属性和状态,甚至结构本身也是某种更为底层的“运算装置”(如计算机语言)建构或计算的产物。虽然后结构主义理论早就被引入传播研究,如“电视广告与波德里亚、数据库与福柯、电子书写与德里达、科学与利奥塔两两结合”②,但不得不承认,新媒体语境下的数字媒介生态对现有的研究范式提出了巨大的挑战。当新媒体叙事底层的结构问题上升为一个崭新的研究论题,数字叙事学的知识体系有待进一步拓展和创新,相应地,语图关系也需要在理论维度上加以批判性反思。因此,伴随着以程序修辞为基础的交互叙事进入新媒体竖屏叙事的元结构,我们亟须构建一种通往后结构主义认识范式的语图叙事理论。

---

① 马诺维奇.新媒体语言[M].车琳,译.贵州:贵州人民出版社,2020:56.

② 波斯特.信息方式:后结构主义与社会语境[M].范静哗,译.北京:商务印书馆,2014:29.

数字出版:
超文本与交互性的知识生产新形态*

◎ 孙 玮 李梦颖**

摘要:出版作为一种社会知识生产和公开化的实践,关乎人类文明的发展。随着数字技术的崛起,由印刷术和线性文字所定义的现代出版业正遭遇巨变,出版与社会的关系面临重构。数字技术重塑了出版的形态和方式,实现了不同文本类型的动态拼贴,融合了渗透在日常生活各个方面的多重知识生产网络,开启了人类社会知识生产、传播的新模式。

关键词:数字出版;知识公开化;超文本;交互性

一、引言

出版作为一个现代概念,是由四个关键词锚定其基本意义的:文字、印刷、知识、公开。在它作为一种社会事业诞生时,非常集中地指向一种媒介——书刊。痴迷书籍的作家博尔赫斯说,人类使用的工具都是人体的延伸,“显微镜、望远镜是眼睛的延伸;电话是嗓音的延伸;我们又有犁和剑,它们是手臂的延伸”。他当然不是在复述麦克卢汉,这些铺垫只为突出一点,“最令人惊叹的无疑是书籍。书籍是另一回事:书籍是记忆和想象的延伸”③。在此,媒介被截然分为两类,拓展具象的身体感官,延伸抽象的情感意识。在博尔赫斯看来,书籍和其他工具的不同,在于实现了人类内在性的外显化。考虑到不依赖文字、没有印刷术之前公开表达的人类实践早已存在——苏格拉底、孔子、释迦摩尼等人类早期思想家的口语交流已经树立了典范,书籍出版的最关键

---

* 本文原载于《现代出版》2021 年第 3 期,收入本书时有改动。
课题:国家社科基金青年项目“大数据时代新闻业的发展形态与发展趋势研究”(16CXW007)。
** 孙玮,复旦大学信息与传播研究中心主任,复旦大学新闻学院教授;李梦颖,复旦大学新闻学院在站博士后。
③ 博尔赫斯.博尔赫斯,口述[M].黄志良,译.上海:上海译文出版社,2015:1.

点，恐怕就是文字印刷与口语对话作为不同媒介方式的特殊意义了。关于印刷术以及相关议题的研究可说是汗牛充栋，诸如认知方式的迁移、社会关系的变革等方面都有多维度的展开，印刷术与宗教改革、民主政治、文化产业之显著关联，更构成了社会发展史的标志性事件。现代印刷出版业称得上是人类文明历史中的一座高峰，毫无疑问地，这个行业的产生直接受惠于媒介技术的变革。

依照博尔赫斯的媒介分类法，印刷出版业之所以创造了人类文明的丰功伟绩，依赖于它的媒介特质——舍弃口语交流的感官元素。"有学者认为，90%的口头交流仍然是非语言交流，说话的方式比说话的内容更重要。然而，当口语转写为书面语之后，口语的残余部分即非语言的声音、手势和语体被抽取走了，书面交流成为纯观念的交流，其基础是书面词语的意义。"①书刊依托于印刷技术，将抽象观念的传播从特定时空语境中抽离，人类延伸"记忆和想象"的方式越来越趋向脱离身体和具体时空。现代印刷出版业将文字的这个特性推向一个新阶段，属于少数人的书写文字转变为大众化的印刷品。人类知识公开化的过程发生了重大变化，引发了社会各个领域的变革。印刷出版业建立的社会关系网络与口头交流甚至书写传播的区别很大，它展现了一个公共与私人交织的复杂过程，传播与接受分离成两个场景。在传播方面，它夷平了层层套嵌、多重叠加的人际关系网络，实现了超越人际网络、脱离具体时空的大规模点对面的传播，这也与手抄书阶段的社会层级性传播形成鲜明对比；在接受一端，它将口语对话公开化的活动转变为私人默读书刊的方式，斩断了阅读作为一种身体性的、在地化的社会交往方式的历史。现代出版业的这些传播特征宣示了大众传播时代的到来。模拟电子技术的出现使得出版业突破了文字印刷的边界，音像出版成为一种新型方式，但这个声音、影像因素的呈现并非口语时代即时对话式交流的还原。模拟技术复制了诸如听觉、视觉的感官元素，但它并不构成一个特定时空中即时互动的身体性社会交往，而是呈现了全球化脱域进程中的虚拟在场的传播。

立足于数字技术的崛起，当前的出版业早已无法用原初的关键词来概括了。呈现方式已经不局限于文字、印刷，知识的边界日益模糊，甚至连"公开"也疑点重重，因为在"人人都有麦克风"的情形下，其达成的重点已经从"能够发声"渐渐转变为"可以被听到"，这正是媒介技术演变所引发的出版业巨变。如果我们把"人类的记忆和想象的延伸"——博尔赫斯的文学话语或可改写为社会性地生产与传播知识——作为出版的稳定性内核（正是在这个意义上，出版关乎人类文明之大事），那么在数字技术进入最新的媒介形态序列之时，如何理解出版业的变革就成为当前我们考察人类文明的一个重要视点。

---

① 洛根.字母表效应：拼音文字与西方文明[M].何道宽，译.上海：复旦大学出版社，2012：19.

二、超文本:纸是敌人

数字出版最易为大众感知的端倪是其对印刷文本的突破。20 世纪 90 年代初,美国一批小说家开始尝试超文本小说,其中最为经典的是乔伊斯的《下午,一则故事》和莫斯洛普的《胜利花园》,两者都以计算机磁盘的形式发行,强调文本的开放性,将超链接插入文内,读者可以点击链接进入不同的情节,每个人可能看到完全不同的故事。[①] iPad 电子书设计中的经典——T.S.艾略特的《荒原》,展示了电子书的超文本特征,它融合了艾略特的手稿以及包括艾略特本人在内的诗人、名人、演员朗诵诗歌的录音版本。[②] “中国哲学书电子化计划”以超文本思路建立了一个线上开放电子图书馆,“为中外学者提供中国历代传世文献,力图超越印刷媒体限制,通过电子科技探索新方式与古代文献进行沟通。收藏的文本已超过三万部著作,并有五十亿字之多,故为历代中文文献资料库最大者”[③]。其超文本的特点体现为,采取维基百科的操作方式,使用者可以共同编辑原典文献内容,协助对照不同的影印版进行勘误。这项主要由研究机构承担的专业工作,现在开放给更多普通个人。[④] 超文本实践在全球出版业形成一股强劲风潮,人们渐渐地意识到,数字出版并非将纸质文本原封不动地放置到数字媒介上,它意味着一种全新的知识生产和传输的方式。1965 年,泰德·尼尔森在论文《一种复杂、可变、不固定的文本结构》中,极具开创性地提出了“超文本”的概念,意指“非序列性的(non-sequential)写作——文本相互交叉并允许读者自由选择”[⑤]。他强调超文本的结构不是线性的,而是“一系列通过链接而联系在一起的文本块(text chunks)”,这些“各自独立又相互链接的文本片段”,可以有无限多可能的阅读顺序。[⑥] 所以“对尼尔森来说,纸是敌人”[⑦]——“从孩提时代起,我就对纸张所隐含的监禁感到愤怒……这是思想不应该承受的限制”[⑧]。于是他总是斜挎一根长长的肩带,上面夹

---

① 蔡春露.《胜利花园》:一座赛博迷宫[J].当代外国文学,2010,31(3):97-105.

② SADOKIERSKI Z.Master craftsman: how T S Eliot led the way in the digital publishing revolution[EB/OL].(2013-11-05)[2021-05-04].https://theconversation.com/master-craftsman-how-ts-eliot-led-the-way-in-thedigital-publishing-revolution-19689.

③ 中国哲学书电子化计划本站介绍[EB/OL].[2021-05-04].https://ctext.org/zhs.

④ 中国哲学书电子化计划维基区[EB/OL].[2021-05-04].https://ctext.org/wiki.pl? if=gb.

⑤ 考斯基马.数字文学:从文本到超文本及其超越[M].单小曦,陈后亮,聂春华,译.桂林:广西师范大学出版社,2011:37.

⑥ 考斯基马.数字文学:从文本到超文本及其超越[M].单小曦,陈后亮,聂春华,译.桂林:广西师范大学出版社,2011:38.

⑦ 李恪.超文本和超链接[M].北京:新星出版社,2021:91.

⑧ NELSON H T.The unfinished revolution and xanadu[J].ACM computing surveys,1999,31(4):37.

满了笔、剪刀、便签纸、胶带、订书机①,“这些是他连接事物的工具,也是他对抗纸质世界的弹药”②。他认为,“纸张的问题是,每个句子都想突围,向其他方向滑动,但页面的限制却不允许我们这样做。所以,如果页面能够长出翅膀,或是在一侧长出隧道,那么插入的文字就可以一直写下去,而不会在某一点之后停止”,“被困在纸上的我笨拙地模拟了这种(超文本的)平行性”。③ 何为“超文本”？尼尔森解释说:“它指以一种复杂的方式相互连接的书面或图像材料,无法方便地在纸上呈现或表示。它可能包含摘要或内容,以及它们之间相互关系的映射;它可能包含研究它的学者的注释、补充和脚注。这样的系统可以无限发展,逐渐包括世界上越来越多的书面知识。”④“传统文本有固定的顺序:从上到下、从左到右(或相反)、一页接一页,它是顺序的、线性的。信息却不一定是这样。无数的作者,无穷的文字,数不尽的评论、解释、参考和引用塑造了信息之间复杂的关系。传统文本在呈现复杂关系上有太多不便。与传统文本不同,超文本用超链接再现信息之间的联系,它是非顺序、非线性的。”⑤也因此,考斯基马认为,“超文本的一个最大优势便是它再现信息的‘真实’结构的能力。此外,当信息十分复杂之时,超文本将是再现它的唯一可能方式”⑥。

超文本展现了数字出版的精髓:非线性逻辑生产、展现和传播知识的形式。这种形式才是数字技术的关键所在,它突出的是文本的关联性意义,文本的价值只有在关系网络中才能显现。这个想法并非自数字技术始,克里斯蒂娃改造自巴赫金文本对话性理论的“互文性”概念,强调了文本是作为文本网络的一个部分而获得意义的。⑦ 但正如延森所指出的,“大部分互文性的研究并未对读者或受众给予经验性关注”⑧。延森认为,菲斯克纵横两个方向的互文性观点将大众的交流纳入文本,具有开拓性。横向的互文性指文本意义跨越历史的迁移;纵向的互文性则侧重于在较短时间内传播主题、事件和议程的媒介系统,正是在纵向互文性中,受众被吸纳进来,受众围绕文本的交流包括反馈和相互对话,构成了第三级文本。⑨ 菲斯克的三级双向文本论,将文本概念从编码者拓展至解码者,受众的解码构成了新一轮编码,突破了原作者对于编码

① BARNET B.The magical place of literary memory: xanadu[J].Screening the past,2005(18).
② 李恪.超文本和超链接[M].北京:新星出版社,2021:91.
③ 李恪.超文本和超链接[M].北京:新星出版社,2021:91.
④ 李恪.超文本和超链接[M].北京:新星出版社,2021:90.
⑤ 李恪.超文本和超链接[M].北京:新星出版社,2021:90.
⑥ 考斯基马.数字文学:从文本到超文本及其超越[M].单小曦,陈后亮,聂春华,译.桂林:广西师范大学出版社,2011:61.
⑦ 延森.媒介融合:网络传播、大众传播和人际传播的三重维度[M].刘君,译.上海:复旦大学出版社,2012:94,94,95,96,86-87.
⑧ 延森.媒介融合:网络传播、大众传播和人际传播的三重维度[M].刘君,译.上海:复旦大学出版社,2012:94.
⑨ 延森.媒介融合:网络传播、大众传播和人际传播的三重维度[M].刘君,译.上海:复旦大学出版社,2012:95,96,86-87.

的垄断,互文性的文本网络自静态话语文本拓展到了人之动态的话语互动。但菲斯克的受众文本论,非常明显是基于模拟技术媒介的,虽然超越了印刷文本线性逻辑、静态话语文本的限制,但仍然局限于媒介分割、互动延迟,或只能称得上的是多层级文本。只有数字技术才使得“互文性成为一系列明确的、可操作的结构超文本性(hypertextuality)”①。

超文本的出现预示着从印刷技术到数字技术的迭代,出版业的变革开启了人类社会知识生产、展示、传播的新模式。所谓纸是敌人,意味着纸张代表的信息传播方式已经无法适应当前知识发展的态势;或者反过来讲,数字技术的发展使得社会公开发行知识的方式得以重塑,这可以看作当前出版议题的一体两面。纸是敌人的姿态,正是对印刷技术与信息特质之间内在张力的强烈感知。超文本不仅仅超越了印刷纸的文本,还打破了人类文明存在已久的多重区隔。当前移动数字技术在延森援引菲斯克探讨超链接的基础上实现了进一步的超越,从抽象化符号的信息文本延伸到了实体具象的空间,这是数字技术的颠覆性突破,虚实空间之间的屏障被击穿了。正是在这一点上,数字技术与以电视为代表的模拟技术之间出现了断裂。比如恐怖片历史上里程碑式的电影《午夜凶铃》有一个经典情节,贞子爬出了电视机。这个情节之所以异常惊悚,是因为大大地出人意料。在模拟技术时代,电视机里的场景不过是信息编织的虚拟空间,只能作用于人的意识,并不能即时并具身地延伸到实体空间,所以这个场景可说是创作者的极致想象。直到数字技术崛起,文本才出现了虚实交融的可能。“普适计算融合不同的自然物体、人工产品和社会环境中的多种媒介界面,进而实现了‘世界作为一个媒介’的构想。”印刷文本作为出版的一个主要界面,正在渐渐转变为“有机用户界面”②,这种界面不但与使用者如影随形,而且可以随时随地实现虚拟与现实的转换。如此,不但身体、行动都被纳入文本中,而且可以实现不同文本类型的动态化拼贴,文本呈现出永不停歇的动态拼贴的状态,以服务于不同主体的目标。超文本创造的复合空间,叠加非线性的复线时间,造就了史无前例的新型文本,世间的一切都可以被呈现在数据化的技术语境中,所有的存在物都将被纳入文本。如此,和正在剧烈转型的其他大众媒介类似,出版业也正在遭遇巨大挑战,因为它诞生时依赖的核心技术(印刷术)及其创造出的文本(线性文本),正在失去原初的形态。纸作为敌人被打倒之后,现代出版业将何去何从?

---

① 延森.媒介融合:网络传播、大众传播和人际传播的三重维度[M].刘君,译.上海:复旦大学出版社,2012:96.

② 延森.媒介融合:网络传播、大众传播和人际传播的三重维度[M].刘君,译.上海:复旦大学出版社,2012:86-87.

三、交互性:弥散性机遇

被誉为法国文学史登峰之作的《忏悔录》的首次公开亮相,并非出版业所为。由于法国王室禁止其出版,1768 年冬季卢梭被迫从书中选出若干章节,在巴黎的一系列集会上朗读,据说当时上流社会的支持者们感动得泪流满面。在 1781 年至 1788 年间,这部巨著终于得以出版发行,当时卢梭已辞世。[①] 这个出版史上的经典个案体现了出版业对社会知识公开化的巨大影响。印刷术应用于现代出版业,一方面使得知识得以大规模突破社会层级广泛传播,另一方面也造成了出版业对于知识公开的垄断。在《忏悔录》这个个案中,出版业的中心化结构性力量与口语传播的弥散性状态形成鲜明的对比,出版业的优势是非常明显的。数字出版的超文本性改变了这个局面,它使得口语交流和印刷品传播出现了大规模融合的可能,这有赖于数字技术的交互性。

众多的新媒体研究者认为,新媒体与传统媒体的断裂,集中体现于其独特的“交互性”。“新媒体的交互性与各种双向传播或者被动传播不同,而传统的大众传媒则主要依靠后者来激励观众参与(例如信件和民意调查)。自其伊始,新媒体的交互性就是即时的,并且‘实时’地发挥功效。”从理论上而言,它还包含民主的潜能:“相较于单向传播,真正意义上的交互传播具有下述正式属性——要求参与者更加平等,沟通权力更加对等。”[②]数字技术的交互性改变了印刷出版业的基本状态,被印刷出版业切割得七零八落的古典对话式交流出现了融合的可能——公开发行中的传播和接受重新回到同一个时空。出版业专业化构成的社会垄断也正在不断被打破。数字出版的交互性引发了出版史上的一个大转折,交互以各种维度渐次展开,包括文本的交互、出版机构与读者的交互、编码与解码的交互、人与物的交互、多维度时空交互、社会关系网络交互、权力交互等。盖恩等概括了交互性概念涉及的四种路径:从技术角度看待交互性,认为交互潜能根植于不同媒介系统的软硬件之中;从人类能动性角度界定交互性,将人类参与和设计或使用的自由度看作界定的变量;新媒体用户之间的交流,孕育了人际沟通的新的可能;视交互性为一种政治概念,认为它与政府治理与公民身份的广泛变迁密不可分。[③] 以这四重交互性概念考察数字出版,可以概括当前出版业一个显著的趋向:出版的弥散性。如果局限于现有专业出版机构的视野,这种弥散性或可被视为行业的巨大危机,现代出版业正在经历被瓦解的过程。但假设将观察尺度放大,这种弥散性状态则意味着人类社会的知识生产迈向一个新阶段,由此释放了前所

---

① 费希尔.阅读的历史[M].李瑞林,贺莺,杨晓华,译.北京:商务印书馆,2009:245.

② 盖恩,比尔.新媒介:关键概念[M].刘君,周竞男,译.上海:复旦大学出版社,2015:90.

③ 盖恩,比尔.新媒介:关键概念[M].刘君,周竞男,译.上海:复旦大学出版社,2015:92.

未有的社会能量。

弥散性与当前出版业讨论的诸多议题有关,比如生产主体的多元化、内容的分散性、形式的多样性、接受的分享性等,但弥散性不同于这些概念的一点,是其立足于自人类社会有文明以来知识生产及公开化发生的根本性变化——基于数字技术的渗透性,这种公开化的知识生产与日常生活产生的关系。因此,弥散性意指当前的知识生产呈现出一种与日常生活紧密勾连、互相渗透的状态,这不但与古典时期特定人群和时空的对话式交流不同,也与中心化出版业的专业化区分开来。数字出版的弥散性集中表现在三个方面。其一,主体的弥散性。这包括了出版主体多元化的含义,但不仅限于此。主体多元化旨在描绘越来越多的社会企业加入了出版业,以及出版专业机构的内容有越来越多的用户参与生产,这还是局限在专业平台用户生产的层面,没有凸显数字媒介的知识生产已经突破专业平台的界域,弥漫渗透在大众的日常生活中。比如网络文学类、科普类的知识生产,小红书、微信群自组织专业教育等,都是在专业出版机构之外开辟了知识生产及公开化的全新场域,分享及阐释社群的动态性非专业生产成为一种常态。“新的读者创造新的文本,新的意义是文本的新形式发挥作用的结果。”“耳朵听到的、眼睛看到的、嘴里说的,甚至数数本身,都是文本。”[①]其二,形式与内容的弥散性。这个议题不仅涉及专业出版机构的市场化细分,而且关乎对于知识边界的定义权及其游戏规则的重新确定。自有文字以来,知识生产及其规约都以精英化作为主要趋势。现代出版业产生之后,知识垄断在接收一端受到极大冲击,越来越多的普通人有机会通过出版物接触各类知识;但在生产一端,出版业高度专业性的门槛阻止了大众广泛参与知识生产过程。数字技术在生产方极大地拓展了知识内容的边界,专业知识的生产边界不断模糊、重构,[②]呈现为一种变动不居的状况;在生产、展现和传播形式上,出版专业工作也与日常生活互相渗透。由此,整个社会对于知识的界定及其公开化的机制与规则也在急速变化中。其三,社会网络及权力的弥散性。出版系统集中体现了知识社会关系网络的基本状态及其蕴含的权力运作机制。每一种媒介形态的知识生产,都编织了特定的社会关系网络。口语对话时代的知识生产及公开化具有古典民主的特质,虽然在一定程度上对弱势群体(如奴隶、女性等)有排斥性,但其传播仍保持了相当大的开放度,普通大众有广泛参与的可能,这也孕育了人类文明早期的民主雏形,如雅典城邦的直接民主。[③] 书写文明的社会关系网络逐渐趋向于区隔状态,知识生产为识文断字的精英阶层独占,目不识丁的普通大众无缘涉足。现

① 戴联斌.从书籍史到阅读史[M].北京:新星出版社,2017:78.

② 施宏俊.六个词重新定义出版业[EB/OL].(2017-09-15)[2021-05-06].https://www.bookdao.com/article/401226.

③ 库蕾.古希腊的交流[M].邓丽丹,译.桂林:广西师范大学出版社,2005.

代出版业的社会关系网络分裂成两个极端——生产的高度专业垄断与接受的大规模普及。出版机构的专业化门槛为现代民主的法律制度所确认,出版发行成为社会知识生产的专门化系统,以此确立了自身在知识生产中的权力中心地位。数字出版正在创造渗透在日常生活各个方面的多重知识生产网络,由此不断挑战、消解现代出版业构筑的专业化、中心化知识社会网络。

数字出版:超文本与交互性的知识生产新形态数字出版呈现的弥散性趋向,一时间被视为出版业的危机,因为它触动了现代出版业的根基——基于印刷技术的知识生产的行业性垄断。但换一个视角看,数字技术提供给出版业的机遇更加彻底。所谓彻底,是指数字技术的融合性特质把人类历史上曾经有过的知识公开化形态一网打尽,它展现了知识生产形态的无限可能性。数字技术既可以呈现单一形态,也可以任意组合历时性的不同形态从而创造出前所未有的新形态。以人类早期的知识生产为例,口语交流曾经是精英惯用且局部地普惠大众的主要形态,现代出版业则几乎摧毁了这种形态。本雅明这样描绘这个历史性的转折:“我们最保险的所有,从我们身上给剥夺了:这就是交流经验的能力。这种现象的一个原因很明显:经验已经贬值。经验看似仍在持续下跌,无有尽期。只消浏览一下报纸就表明经验已跌至新的低谷。一夜之间,不仅我们对外在世界,而且精神世界的图景都经历了原先不可思议的巨变。一种现象随着第一次世界大战越发显著,至今未有停顿之势……十年之后潮涌般的描写战争的书籍倾泻的内容,绝不是口口相传的经验,这毫不足怪……身体经验沦为机械性的冲突,道德经验为当权者操纵。”①本雅明将报纸、书籍等现代出版业指认为剥夺人类口语交流直接经验的罪魁。数字出版却神奇地“复原”了这一切。近年来风靡一时的社交媒体 Clubhouse,展示了与古典的面对面对话式交流以及虚拟现身永远在线的新媒体传播既相关又截然不同的新型状态。它采用即时性音频对话的形式,参与者根据自行选择的主题,进入形形色色的群体(“房间”)进行交流,主题五花八门,形式也灵活多样,有事先约定的主题和主讲者,也有任意随性的即时发言。② Clubhouse 一反网络虚拟空间的通行规则,整个过程杜绝录音,强调即时和暂时性的真实在场。使用者认为,与基于文字、图像的平台相比,音频的真实性和亲切感使得人们相互交流的动

① 本雅明.讲故事的人[M]//阿伦特.启迪:本雅明文选.张旭东,王斑,译.北京:生活·读书·新知三联书店,2008:95-96.

② VIGNA P.Inside the clubhouse: what's all the fuss about silicon valley's exclusive social media App? [N].The Wall Street Journal,2020-07-15.

态产生了更加诚实的对话。[①] “感觉更像是咖啡馆或酒吧。”[②]有时像晚宴一样,有影响力的名人讨论当天的紧迫问题,但大多数时候是普通专业人士在找联络的机会。迪米洛尔斯女士说:“即时性与让事情发挥作用之间达成了一种很酷的平衡。”[③]出版业对于音频的利用正在出现一个热潮,比如著名电商亚马逊的有声读物服务 Audible 正在全球范围内扩展,Amazon Echo 和 Google Home 等智能扬声器使用户能够按需收听音乐、播客或最新天气报告。Clubhouse 这样的社交媒体或可称为“声音广场”,它将前现代、现代、当下的出版形态融合在一起,展现了数字出版未来发展的新可能。

四、结语

数字技术对出版业的冲击,是自出版成为一种专业化机构以来最彻底的一次,类似新闻媒体正在经历的整体转型,大众传播所依赖的复制模拟技术已经为数字智能技术所取代,印刷术与现代社会之间的互构机制遭遇挑战,这个前提是当前讨论数字出版的一个基本出发点。因此,出版和社会之关系的重构,构成了当前考察数字出版的重要视角,数字技术给出版业带来的危机不能视为对出版价值的怀疑,正如新闻专业机构面临的挑战并不意味着新闻价值的丧失。相反,出版、新闻的意义在新媒体时代必将得到进一步拓展和彰显。关键问题在于,新闻出版业如何在数字技术环境中,找到并建立自身与人类文明的新型连接方式。达成这一目标的必要前提是充分理解数字技术的特质及其在出版领域所引发的变革,所谓超文本、交互性,都正体现了数字出版的技术性特点,这预示着出版必将突破既有格局,在这个历史性进程中,出版的价值也将获得新一轮重构。

现代出版业作为人类社会的一项伟大事业,创造了数不胜数的奇迹,它对人类文明的价值无论怎样评估也不为过。但事情的另一面是,这些耀眼光环也使得人们很自然地倾向于将出版的意义固化在现代出版业这种专业机构形态上,这个思维惯性亟待更新。当前出版业作为社会专门化机构正在全方位迎接行业转型,整个行业处于重塑的进程中。因此,除了专业机构本身的转型思考,跳出行业视角,以更宏阔的尺度考察数字出版的未来发展,将出版放置在更为广阔的历史背景中,是思考出版在数字时代

---

① RADCLIFFE D. Audio chatrooms like clubhouse have become the hot new media by tapping into the age-old appeal of the human voice[EB/OL]. (2021-02-26)[2021-05-06]. https://theconversation.com/audio-chatrooms-like-clubhouse-have-become-the-hot-new-media-by-tapping-into-the-ageold-appeal-of-the-human-voice-155444.

② VIGNA P. Inside the clubhouse: what's all the fuss about silicon valley's exclusive social media App? [N]. The Wall Street Journal, 2020-07-15.

③ VIGNA P. Inside the clubhouse: what's all the fuss about silicon valley's exclusive social media App? [N]. The Wall Street Journal, 2020-07-15.

的意义与价值的一种新思路。长久以来,出版作为一种知识生产的公开化实践,其社会意义的开掘比较多地落实于现代出版业对政治、经济、文化、个人等各个方面产生的影响,当这种具有中心化的行业形态渐渐地被数字技术局部消解时,出版的价值将落在何处而得以继续彰显呢?此时,回顾历史或可获得别样的启发:在现代出版业产生之前,人类知识生产的公开化实践是如何展开的?正如在专业的新闻媒介产生之前人类就有大量的新闻实践一样,具有出版意义的实践也伴随着人类文明的发展而产生,尽管那时候并没有汇聚成出版这个词汇。追溯至人类文明初始阶段,所谓知识生产的公开化,就是苏格拉底式的当众演讲。在古希腊人的生活中,言说对于人的价值更多地落实在这个行动本身。阿伦特援引亚里士多德对于人的第二个著名定义,是"能言说的存在"①,由此阐释了公共领域的涵义。在这个思路中,公开化是人之存在以及构成实在的基础。"显现——不仅被他人看到而且被我们自己看到和听到——构成着实在……就是在人们中间。"②这种公开化的实践构成了"公共",它意味着,"任何在公共场合出现的东西能被所有人看到和听到,有最大程度的公开性"③。这种构成人类存在的公共言说的知识生产形态,随着媒介变迁渐渐地转化为书写文字(比如柏拉图以文字记录的方式使得苏格拉底哲学流传后世)、印刷出版业、音像出版乃至数字出版,出版的意义也随着其形态的演变不断转化、拓展,但公开化实践对于人之存在及公共领域的价值,不仅不应当从出版的内涵中被剔除,相反或许正构成了数字出版的核心价值,超文本、交互性等正显示了数字出版在公开化实践方面的巨大动能。

这预示着出版(知识的公开化)必将突破既有的格局。事实上,当前大众的数字媒介实践已经显现了出版多元化发展的态势,这种创新实践比比皆是,比如网络文学的持续性爆发式增长显示出非专业出版的巨大能量和前景;又如,基于数字技术在中国城市场景中大规模发生的公共阅读实现了从私人默读到公共朗读、从文本阅读到身体实践的两个转变,这种城市公共文化实践,可视为一种崭新的出版形态。④ 这提示我们,数字出版的变革无法也不能仅仅局限于技术层面的理解,它必然与出版的社会价值与文化意义形成关联。当前,印刷出版业奠定的人类知识生产的基本模式正在发生各个向度的转变,数字出版的可能的发展方向层出不穷。其中一个关键的问题是,当专业化知识生产的主导模式被渐渐地、局部地消解时,当下这种弥散性的、去中心化的知识生产如何与社会形成新型勾连?专业与业余的出版实践如何互动互构以创造数字时代的出版新形态?这不仅仅是专业出版机构而是整个社会面临的问题。当前

① 阿伦特.人的境况[M].王寅丽,译.上海:上海人民出版社,2009:17,32-33,32.

② 阿伦特.人的境况[M].王寅丽,译.上海:上海人民出版社,2009:32-33.

③ 阿伦特.人的境况[M].王寅丽,译.上海:上海人民出版社,2009:32.

④ 孙玮,褚传弘.移动阅读:新媒体时代的城市公共文化实践[J].探索与争鸣,2019(3):118,126,144.

或可预见的是，出版业的专业性不再仅限于行业垄断机构，知识、公开化、出版等概念的含义急剧改变，出版与大众及公共性的关系更加紧密；等等。概言之，数字技术颠覆性地冲击着现代出版业的过程，正是出版的核心价值及其对人类文明的意义不断拓展的历史进程。

作为知识生产的数字出版:媒介逻辑与文化生态*

◎ 常 江 朱思垒**

摘要:出版是人类社会重要的知识生产实践,数字化的进程正在重构这种实践的模式。在数字媒体的技术逻辑的支配下,出版业体现出行业权力结构去中心化、把关机制多样化和产品高度开放化的发展趋势。数字出版业的知识生产模式呈现出“小科学”式的颗粒化和交互性特征。在数字时代,知识生产的目的不再是维系知识的权威性而是强化知识的流动性,知识生产的手段从专业导向转变为兴趣导向,知识生产的结果则是塑造一种去中心化的人类认识论结构。当代出版学的发展应回归对于基本概念的重断界定,并积极探索合乎数字时代认识论逻辑的立法和政策实践。

关键词:数字出版;知识生产;出版业;媒介逻辑;文化生态

一、引言:数字时代的全球出版业

在人类社会发展的历史上,出版一直是文化记录与传承的基本手段,出版业则是对这种记录与传承的专业化。在欧美语境下,“出版”一词源于古拉丁语词汇 publicattus,意为“公之于众”。在商务印书馆 1903 年出版的约翰·斯图亚特·密尔的《论自由》的中译本《群己权界论》中,翻译家严复最早将英文 publish 一词翻译成中文“刊布”,

* 本文原载于《现代出版》2021 年第 5 期,收入本书时有改动。
课题:国家社科基金重大项目“数字新闻学理论、方法与实践研究”(20&ZD318)深圳市人文社会科学重点研究基地项目。

** 常江,深圳大学传播学院教授,深圳大学媒体融合与国际传播研究中心执行主任;朱思垒,深圳大学数字媒体文化实验室助理研究员。

就是对其词源的准确理解。① 而我们现在广泛使用的“出版”一词，则是从日本舶来的“和制汉语”，其字面意思为“出于印版”，这便揭示了现代意义上的出版的本质：倚赖印刷术实现的标准化知识生产与传布。由此可见，媒介和传播技术的发展，是推动出版这种知识生产实践提升效能、革新程式的基础性力量，而出版业的发展长期以来以维护知识的标准化和权威性为根基。从技术的视角看，“出版”一词的核心在于“版”，以及其中蕴含的机械复制的隐喻。在“前数字”或“前电子”时代，用于印刷的“版”是可感可触的刻印版、镂版、雕版，它们既是内容文本经手工或机械方式大规模复制的标准化“模板”，也是这些内容文本所承载的信息和观念被呈现和传布的标准化形式；而“出于”这种“模板”的内容、信息和观点能够影响多大范围和什么性质的受众，则取决于印刷技术的发展水平。进入数字时代以后，“出版”一词有了新的内涵，“版”变成一系列抽象的复制程序（programs），而出版商则开始在计算机环境下收集、编写、储存和更新信息内容，并利用互联网渠道将这种生产机制带来的新式“出版物”传播给特定受众，形成了新的数字出版机制。

媒介史的研究表明，出版是技术进步作用于社会变迁的重要中介，因为技术发展带来的认识论革新要以知识生产为渠道。如古登堡印刷机的发明和普及曾是席卷欧洲的宗教改革的重要原动力，也是如今宗教多元主义（religious pluralism）得以形成的一个社会基础。② 数字出版则带来了知识生产的大众化趋势，使很多原本为专业人士垄断的知识领域向普通人和一般性社会机构开放。③ 将出版把握为一种基础性的人类知识生产实践，而不仅仅是一个“行业”或“职业”，有助于我们在认识论上厘清出版的本质规律。

从2020年到2024年，全球出版业总产值预计增长237.3亿美元，而便携数字阅读终端的普及、电子书制作技术的成熟和报刊对网络订阅制的广泛采纳是行业增长的最主要动力。④ 至2025年，电子出版物读者的数量预计达到16亿，数字出版成为出版业的“常态”⑤。在全球出版业加速数字化的当下，数字出版作为人类知识生产新模式的理论化工作具有一种紧迫性：第一，应当如何看待数字化和出版业的转型之间的关系？第二，数字技术所培育的新的出版实践如何改变了人类知识生产的方式？第三，作为知识生产方式的数字出版制造了什么样的文化生态？解释上述三个层层递

① 胡国祥.“出版”概念考辨[J].武汉大学学报（哲学社会科学版），2008(3)：437-442.

② EISENSTEIN E.The printing press as an agent of change[M]. Cambridge, UK: Cambridge University Press, 1979.

③ LUNG T.The impacts of e-publishing and smart technology[J].Current Trends in Publishing, 2014, 1(1): 1-10.

④ TECHNAVIO.Global publishing market 2020—2024[EB/OL].(2020-02-10)[2021-08-11].https://www.businesswire.com/news/home/20200210005497/en/Global-Publishing-Market%C2%A02020-2024-Growing-Impact-of-EBooks-to-Boost-Market-Growth-Technavio.

⑤ STATISTA.ePublishing [EB/OL].[2021-08-11].https://www.statista.com/outlook/dmo/digital-media/epublishing/worldwide.

进的问题，有助于我们以数字出版为切入口，广泛而深入地探讨人类借由知识生产认识世界的方式。

本文是在狭义上使用"数字出版"这一概念的，即传统意义上以印刷形式存在、通过发行完成传播的信息（产品）的电子化或数字化形态，主要包括电子书、电子杂志和数字报纸等门类。这些新形态的出版物的传播方式也是数字化的，其中互联网是最主要的"发行"渠道。而不属于上述范畴但也在特定情况下被纳入出版业考察范围的对象（如流行音乐），则不在本文的关注范围之内。

二、数字技术与出版业的转型

"技术—文化共生论"为从行业变迁的角度切入，归纳、探讨数字技术作用于出版实践的基本方式提供了分析路径，其以技术可供性（technological affordances）为基本框架，强调：第一，特定技术塑造的文化构成人的行为和人与环境之间互动的基本生态；第二，技术的发展演进会培育新的行为模式，进而带来整个社会文化生态的变化；第三，在特定的媒介生态下，基于主导性或关键性技术的媒介逻辑对于行为模式和文化形式的形成具有基础性的作用。① 简而言之，在探讨"数字出版"这一人类知识生产新实践时，不能仅仅将"数字"（即技术）视为"出版"（即行为模式或文化形式）提升效能、扩大影响的工具，而要看到数字媒体的媒介逻辑对于一种新的出版文化的形成所具有的"培育"效应，将"数字出版"视为一种在数字媒介逻辑支配下的新的文化生态中内生的知识生产模式——"数字"不是"出版"的修饰语，而是为它的新形态、新功能乃至新性质提供了基础框架。在这一思路下，本文将数字出版发展的历程划分为三个阶段，并以这三个阶段的主导性技术的逻辑为线索，分析数字出版作为知识生产实践的本质和规律。

（一）超文本与把关压缩

传统出版业的知识生产模式是一个由作者、出版商、同行评议专家、编辑和图书发行与售卖系统构成的线性结构。在互联网发展初期，Web 1.0 技术架构开启了出版业数字化的进程，其对传统出版业的改造就是以破坏上述线性结构为方式实现的。

Web 1.0 的本质是在网站上展示信息的内容传递网络（CDN），是对于信息的内容和形式的"初级数字化"。初代网页除了在信息文本之间建立广泛的连接之外，最主要的新性能在于赋予了信息文本结构化和可编辑性等新属性，并最终造就了一个"超

① 常江，田浩. 生态革命：可供性与"数字新闻"的再定义[J]. 南京社会科学，2021(5)：109-117，127.

文本”(hypertext)的信息环境。在 Web 1.0 的标准通用标示语言(SGML)的规则下,文本的各个部分第一次以其“功能”而非“内容”被标示和结构化,并拥有了动态的、可被重复编辑的表现形式。基于此,超文本标记语言(HTML)成为全球通行的关于信息内容的“新语法”,这种新语法的通行意味着几乎所有基于网页呈现的信息内容,都在理论上“可接近” 和“可编辑”,内容自此成为可以“管理”的信息产品, 而不再仅仅是封闭的专业编辑工作的产物。基于 Web 1.0 架构的信息文本即“超文本”,这个“超”字既意味着对传统信息文本的“超越”,也暗示着其自身永恒的“未完成性”。

作为 Web 1.0 技术逻辑培育的文化生态,超文本环境对出版实践最主要的影响在于,其使得对文本的持续管理, 以及文本与多媒体材料之间的相互映射成为可能。[①] 对于出版机构来说,这意味着工作流程(知识生产方式)的再造,因为越来越多从事产品设计和内容维护的技术人员需要被纳入生产机制,除非坚定地抵制“数字化”,否则就必须接受出版物不再仅仅是“编辑的产物”;对于读者来说,则意味着阅读模式(知识获取方式)的改变,因为在超文本环境下,几乎所有的“出版物”都不再仅仅指涉自身,而是身处一个或多个互文的关系网络中,阅读进而不再是线性的和自省式的行为。[②] 总之,无论在生产还是接受上,超文本都极大提升了出版的网络化和互动性,出版物逐渐成为一种高度开放的文本形式——已经“上线”的电子期刊的内容可以随时修改,已经“发布”的报纸新闻也可依据事态的进展随时更新。这就令传统出版业进入了一个机遇和挑战并存的新时代。[③]

从文化的角度看,超文本环境的形成带来了传统出版业把关流程的压缩,网站注册向所有组织和个人开放, 网页制作的技术和经济门槛远低于发行渠道,作者拥有了更多绕开出版业把关流程并自由发布文稿的权利,这无疑增加了整个出版业的民主化色彩,也在一定程度上改变了人类知识生产的面貌。比如有研究即显示学术出版的数字化带来了独立研究者群体的崛起。[④] 但正如我们在新闻业的早期数字化过程中所看到的那样,传统机构由于其雄厚的内容资源储备和专业人才储备,在这一阶段始终是出版业数字化转型的主力,真正从读者成功转型为出版人的个体极少,传统机构依托其文化和权威性,对数字化持有相当审慎的态度,真正意义上的“数字出版业”尚未形成。

---

① 李恪.超文本和超链接[M].北京:新星出版社,2021:91.

② BARON N.Reading in a digital age[J].Phi Delta Kappan,2017,99(2):15-20.

③ CARREIRO E.Electronic books: how digital devices and supplementary new technologies are changing the face of the publishing industry[J].Publishing research quarterly,2010(26):129-235.

④ SOUTO P.E-publishing development and changes in the scholarly communication system[J].Ciência da Informação,2007,36(1):158-166.

(二)搜索引擎与万物优化

以谷歌、百度为代表的搜索引擎的崛起(时间大约为二十、二十一世纪之交)标志着站点互联时代的到来。搜索引擎的普及极大改变了互联网用户接触信息的方式,其对出版物的获取较以往更少依赖传统推介渠道(如媒体推荐、发行营销),而逐渐转变为一种依据个人需求进行定向检索的行为。从某种程度上看,搜索引擎的崛起是“迫使”传统出版商进行数字化转型的关键因素,也是包括个人在内的非专业主体大规模参与出版实践的关键契机。搜索引擎有“连接”和“呈现”两种基本功能,分别对应链接索引(URL Index)和搜索引擎结果页面(SERG)两种产品。对于出版业来说,搜索引擎的本质是大型复合内容索引体系,“可被检索”的性质直接决定着“可被获取”的结果,因而在传统出版业中作为辅助性要素存在的“摘要”和“索引”如今成为关乎一个机构生死存亡的核心产品。① 搜索引擎服务商通常与Spyder——一个开源跨平台的科学运算集合开发环境(IDE),如“赛博蜘蛛”一样嗅探信息素、循环爬取网络节点,并将其编织进索引中,构成了万维网的互联格局——合作。但并非所有链接都是有价值的,信息爆炸带来了大量同质化内容与熵增。为序化搜索引擎的结果页面,谷歌开发了一套至今仍在更新的算法,对搜索结果进行价值排序,而围绕这套排序体系形成的内容竞争,极大地改变了出版业原有的格局。在此后的发展中,为防止排名被操纵,主流搜索引擎的核心技术从早期简单依赖关键词密度提供结果的阶段,逐渐进化到包含200多种未公开信号值的复杂排名算法。对此,传统出版机构无法独自应对,专业的搜索引擎优化(SEO)服务应运而生,这种服务起初多由第三方机构提供,后来逐渐成为数字出版机构的内置业务部门,其主要工作内容就是努力解开搜索引擎的“算法黑箱”,提高产品检索排名。

SEO服务在出版行业的主流化带来了一个结果,那就是强化了大出版商的行业地位。个人或小型出版商由于缺乏足够的资源和资金购买SEO服务而难以策略性地提高排名,建立于搜索引擎框架上的出版业竞争遂出现强者愈强、弱者愈弱的马太效应,这令一些预言互联网将推动知识生产民主化的研究者失望。② 这一趋势与数字新闻业很不相同:在相当长的时间里,新闻竞争的核心仍是稀缺信息资源和时效性,大型传统新闻机构并不必然比自媒体更具优势;但出版业的产品天然是反碎片化的,对时效性和稀缺性的要求也远不如新闻业那样高,因此大机构的资金力量和技术研发能力

---

① ASHOKKUMAR M,et al.A new international research in sonochemistry of dairy products[J].Transnational journal of science and technology,2013,3(4):1-10.

② SILVA J.The matthew effect impacts science and academic publishing by preferentially amplifying citations, metrics and status[J].Scientometrics,2021(126):5373-5377.

得以为行业设立极高的准入门槛。个人和小型出版机构面对业已高度结构化的搜索引擎生态，不可避免地会陷入难以触达大众的窘境。

(三)社交媒体与行业危机

从很多方面看,Web 2.0 架构都是对第一代互联网架构的重组而非延续。作为广泛的参与式社交网络,Web 2.0 是以"平台化"为基本媒介逻辑的:无论机构还是个体,首先都要接入平台,然后再以平台为场景开始新的竞争。平台有自己新的规则体系,为确保交流的互动性和信息的联通性,平台严格划定用户的"行动范围",除极特殊的情况外,平台对所有用户"一视同仁",给予同等的约束和限制,且不同平台又拥有不尽相同的规则,这就极大弱化了传统出版机构的资金和技术优势,一个熟悉平台规则的普通人完全有可能在特定平台上创造有影响力的出版品牌。在我国,大量以选题和深度著称的传统杂志,如今不得不面临似乎完全没有章法的个人自媒体的剧烈冲击—— 拥有"10 万+"阅读量的推文,很少出于传统杂志。

Web 2.0 带来了互联网信息的总体低质化,但对于整个出版行业来说,它更多意味着一种新的生态的形成:第一,大量读者由搜索引擎时代的"主动"再度变回"被动",平台利用智能推荐算法向海量用户进行个性化的内容分发,制造不同程度的"信息过滤泡",个人阅读兴趣变得日益窄化和固化,传统出版机构的大众化策略面临失效;第二,Web 2.0 以"创造互动"为基本逻辑,用多种机制鼓励用户的转发、评论与点赞行为,并通过制定相关的规范来刺激互动、制造流量,这不可避免地影响出版业的总体内容策略,那些经过社交媒体话题"考验"的、具有更强交互潜质的内容将获得更高的出版和流通权限;第三,由于大众品位高度分化并日益区隔,新的行业生态实际上有利于独立作者和小型出版商的生存,在没有政策干预的情况下,他们往往可以通过深耕某一细分内容领域而积累固定的读者群,并利用平台提供的几乎无成本的内容分发服务实现发展。

个体和小型机构的崛起,不但给传统出版机构制造了不同程度的危机,而且对既有的版权法律体系构成了冲击。一种以"开源"为核心话语的知识生产运动在全世界范围内崛起。[①]"开源"包括两方面的含义:一是平台向用户免费提供可用于修改和重新分发的源代码,并支持所有网络用户进行开放式的协同知识生产,其中最具影响力的代表性平台莫过于维基百科,这一将内容生产权限向所有人开放的数字百科全书目

① 与期刊界的"开放获取"(open access)出版机制不是一回事。

前已拥有 301 个语言版本、总计 5 500 万个词条①;二是通过挑战既有的版权法律框架,来打破传统出版机构对知识生产的垄断并削减这种垄断带来的高额利润,呼吁整个社会重构关于版权的认知框架,建立一种更具民主性的出版文化,其中最极端(非贬义)的个案即哈萨克斯坦学者 Alexandra Elbakyan 于 2011 年创办的"影子图书馆"(shadow library)②——SCI-HUB,该网站帮助全世界范围内的研究人员绕过出版机构的付费墙免费获得学术资源。

三、知识生产视域下的数字出版

经过对出版业数字化发展的三个阶段的梳理和归纳,我们不难看出如下一些基本规律。第一,整个行业权力结构的去中心化,这意味着个体、轻量出版商影响力和话语权的相对提升,也意味着传统专业出版机构的权威性正在面临来自方方面面的挑战。第二,把关机制的多样化,即过去那种为全行业遵守的包括选题、审校和发行等结构性环节的把关体系,已经不再具有普遍性,"数字的"出版文化首先是一种"连接的"文化而不是一种"权威的"文化。第三,产品的高度开放性,即出版物的内容和形式在日渐强调"参与"和"交互"的网络技术架构中发展出了一种开放多元的特征,这在很大程度上模糊了传统出版物的类型体系,如"杂志"和"书籍"的区分,以及"严肃内容"和"大众化内容"的差异。

从诞生之日起,出版就被广泛视为一种面向大众的知识生产实践。在 Michael Gibbons 等学者看来,以现代出版业为代表的大众知识生产模式具有五个特征:情境与应用性驱动、跨学科性、异质性和组织多样性、社会责任和反思性、质量控制。③ 这些特征几乎严格对应着传统出版行业的实践模式,这种实践模式青睐出版主体的规模化和权威性,并主张对知识的话语和扩散进行严格的把关。但数字化的进程改变了这一点。技术的发展令知识生产重返"小科学"(little science)时代,即一种小规模的、主要由趣缘群体组成的、包含大量非正式交流渠道的知识生产逻辑。④ 总体上看,数字出版的知识生产模式是颗粒化和交互性的。前者意指生产主体分布的广泛性和知识生

---

① THE ECONOMIST.Wikipedia is 20, and its reputation has never been higher[EB/OL].(2021-01-07)[2021-08-16].https://amp.economist.com/ international/2021/01/09/wikipedia-is-20-and-its-reputation-has-neverbeen-higher.

② 大多数情况下,"影子图书馆"意指以侵犯版权的方式向大众提供文献资料的在线数据库,具有去中心化和匿名性等特征,并以无力负担昂贵的文献购买费用的发展中国家民众为目标受众。

③ GIBBONS M, et al.The new production of knowledge: the dynamics of science and research in contemporary societies [M].London:SAGE,1994.

④ LIEVROUW L.Social media and the production of knowledge: a return to little science? [J].Social epistemology, 2010,24(3):219-237.

产单位的高度细化,出现了多个生产主体围绕一个知识节点进行众包式生产的格局;后者则指在(主要是)Web 2.0 技术架构下,知识生产主体之间存在越来越多非正式的交流网络,这些交流网络主要指向的是同人式的知识生产程式,而不是基于人群覆盖的空间发行网络。

在出版物的内容策略方面,我们可清晰归纳出一条演进脉络:从可读性到可追溯性,再到广泛关联性。可读性基于浏览器架构,通过将知识内容转化成代码而使之具有被不同类型的数字终端读取和修改的属性。可追溯性则建立在搜索引擎架构上,这一架构为所有已出版的内容搭建理论上永存的索引体系,并依据不断进化的算法规则对其重要性进行排序。广泛关联性则是 Web 2.0 时代到来后的产物,出版物的内容被普遍期望与"用户相关"和"场景相关",以服膺平台的算法规则。在数字媒介逻辑的支配下,整个出版业的"操作系统"完全被打开了,各种类型的出版物与其说是某一知识产品的最终形态,不如说是流行性、网络化的知识生产过程中的某一个"凝固的瞬间",是用户生活经验与知识获取实践的一个语境化的交叉点。用户不断基于个人兴趣和外部信息环境的影响主动检索出版物,出版商也根据平台算法规则和自己的 SEO 策略不断对自己的产品进行"优化"。传统出版机构对数字逻辑的妥协体现在其整个知识生产策略转向"小科学"。例如 2017 年 6 月,《华盛顿邮报》推出了一个名叫 *The Lily* 的电子杂志,目标读者群是美国的 Y 世代(出生于 20 世纪 80—90 年代)女性,总体内容策略具有鲜明的大都会女性主义色彩,用户数量也明确而相对固定;该电子杂志主要通过 Instagram、Facebook 和 Twitter 等综合性社交媒体平台传播内容,并运营一个每周两次的电邮新闻信(email newsletter)系统。这样的内容策略在传统出版业态下是难以想象的。[①]

在一些研究者看来,数字出版及其代表的"小科学"的复兴意味着"大出版商"及其"高利润"时代的终结,这对于人类知识的流通来说有着积极意义。[②] 数字出版业的发展对于人类知识生产,乃至人类的认识论而言究竟意味着什么?一方面,知识本身将在很大程度上"重归"无序性,在内容和形式上均体现为一种"非有机"状态,对知识的脉络进行组织的力量则首先是人的兴趣和需求,"知识"这一概念的权威性在总体上大大削弱,变成了一种镶嵌在日常生活中的观念话语。当然,这种数字时代的无序性又与"前现代"的无序性有本质不同:前者建立在信息极大丰富的基础之上,后

① SCHMIDT C.The Washington Post's The Lily is building its instagram aesthetic and sharing news with millennial women in the process[EB/OL].(2018-06-27)[2021-08-17].https://www.niemanlab.org/2018/06/thewashington-posts-the-lily-is-building-its-instagram-aesthetic-andsharing-news-with-millennial-women-in-the-process.

② LARIVIÈRE V, et al.Big publishers, bigger profits: how the scholarly community lost the control of its journals[J]. Media trope, 2015, 5(2): 102-110.

者建立在信息高度稀缺的基础之上。从可能的文化后果上看,前者往往导致观念的分裂和极化,后者则更多意味着大范围的蒙昧状态。另一方面,人对外部世界的认识也不再是总体性和结构性的,而更多体现为微观视角。将碎片化的知识缝合为完整的认知框架,要求用户掌握很高的信息检索和技术整合技能,这远远超出了当下大众素养的一般水平。在数字媒体平台日益成为日常生活须臾不可离开的“基础设施”的当下①,人的认识论和世界观将日益凸显出技术逻辑的影响。

四、数字出版与文化生态

数字化之于新闻、传媒、出版等行业,是一场“生态革命”,它所改变的不只是具体的模式、流程和机制,更是总体性文化变迁的根本逻辑。基于对当下数字媒体环境的可供性分析,不难看到构成新生态的核心单元已经从“人与文本”之间的关系以及“行业与社会”之间的关系,转变为总体性的、更为抽象的“环境与行为”之间的关系。② 具体到数字出版业,我们要看到的是行业生态演变的基本原因是一种新的实践逻辑的形成:知识生产的目的不再是维系知识的权威性而是强化知识的流动性,知识生产的手段从专业导向转变为兴趣导向,知识生产的结果则是塑造一种去中心化的人类认识论结构。

在出版行业发展的具体过程中,共同演进、协同专业化与竞合将是各种新理念和新实践的共同特征。③ 所谓共同演进,在数字出版领域指向不同类型的行动主体围绕共同的知识生产诉求而保持密切互动的机制。在整个媒介生态发生根本性变化的当下,无论传统出版机构还是新兴个体或轻量出版商,均要依照数字技术的逻辑革新自己的生产方式并与其他竞争者彼此观照。而协同专业化则指在当前的媒介生态下,任何出版机构试图将自己的产品与其他竞品隔离并提供“独家”内容或体验的“围墙花园”(walled garden)策略都注定不可能成功,数字出版的专业话语必将回归“野性”④,而全行业的新的一般性专业主义必须要由数字生态下多元的行动主体以协商的方式重新建立。至于竞合,则是指新的媒介生态决定了数字出版业的竞争是合作竞争而非零和博弈,这一方面是因为全行业存在共同的“敌人”——平台及其技术帝国,另一方

---

① PLANTIN J, SETA G. WeChat as infrastructure: the techno-nationalist shaping of Chinese digital platforms[J]. Chinese journal of communication, 2019, 12(3): 257-273.

② 常江,田浩.论数字时代新闻学体系的“三大转向”[J].山西大学学报(哲学社会科学版),2021,44(4):44-50.

③ CARAYANNIS E, CAMPBELL D, REHMAN S. Mode 3 knowledge production: systems and systems theory, clusters and networks[J]. Journal of innovation and entrepreneurship, 2016(5): 1-24.

④ BEAGLE D. From walled-garden to wilderness: publishing in the digital age[J]. Against the grain, 2013, 25(3): 22-23.

面也因为个体兴趣被社交网络完全“唤醒”之后,竞争的场域在理论上变得无穷大,致使“你死我活”的竞争在理论上不再有效。

这样的文化生态,促使学界回归关于“知识”和“出版”的一些最基本的讨论。比如,“究竟什么是出版”?在学术、技术、工业、政治和社会机构之间的界限日渐模糊的当下,知识生产已经全面进入“分众化”和“非标准化”的时代①,我们是否需要重新界定“出版”,并将其理论化为一种更具普遍性色彩的知识生产实践?这或许是出版学在新的历史条件下重建既有概念体系的一项重要工作。

另一个值得深思的问题,是如何准确把握数字时代“版权”“著作权”等权利范畴的内涵,并将相关的理论探讨应用于立法和政策实践。虽然包括 SCI-HUB 在内的大量“影子图书馆”尝试以技术为武器挑战既有的版权法律体系并产生了巨大反响,但不能长期以运动的方式去应对法律问题。如何在数字时代的全民知识生产与知识获取诉求以及出版物版权保护的社会治理需求之间找到平衡点,基于数字出版实践构建的新的文化生态重新厘定作者、出版机构和“公共”的知识产权边界,也是出版学理论发展需要完成的一个重要现实使命。

---

① SHINNT.The triple helix and new production of knowledge: prepackaged thinking on science and technology[J]. Social studies of science,2002,32(4):599 - 614.

读图时代的文字阅读:困境与出路*

◎ 张涛甫　鲍　震**

摘要:在人类阅读史中,阅读是建立在媒介物质性介质之上的,文字符号和图像符号都是人们阅读的媒介。在互联网语境下,超文本结构中的符号竞争和信息比拼,造成阅读的视觉化和浅表化,快餐式阅读和浅阅读盛行。天长日久浸淫其中,人们的思维方式也被碎片化、颗粒化、浅表化了,深度思考能力和逻辑思维能力都会出现退化。为此,我们重申"慢阅读"和"深阅读"的回归,让注意力与思考的进度匹配起来,而不是流于注意力的表象化投注。

关键词:读图;文字阅读;浅阅读;深阅读;慢阅读

一、媒介进化与阅读方式

阅读是人类获取知识、增益智慧的重要精神活动。通过阅读,人类实现知识接力和文明传承,在人类的精神活动中达成历史延续和人际的跨时空对话。人类的阅读离不开媒介的支撑,也就是说,阅读是不同主体之间的交流和对话,这交流和对话需要某些物质作为媒介。石刻、甲骨文、简帛、纸质书、互联网等媒介,接续支撑人类的阅读史。一个时代的媒介口径,决定了一个时代的知识库容量。从这个意义上说,人类的阅读都是在媒介给定的空间内展开的,也即是说,有什么样的媒介,就有什么样的阅读。媒介规定了阅读的边界和阅读的方式,也规定了阅读的形态和内在结构。当然,媒介并不是自然主义地呈现和约束人的阅读形态和行为的,媒介与社会的结构化互动,即媒介的社会化与社会的媒介化,决定了媒介在多大程度上呈现和约束人的行为。这期间,人以媒介为中介的实践活动最为关键。媒介在多大程度上被使用、以何种方

* 本文原载于《现代出版》2020 年第 5 期,收入本书时有改动。

** 张涛甫,西藏大学特聘教授,复旦大学新闻学院执行院长,教授;鲍震,复旦大学 2019 级硕士研究生。

式被使用,都取决于人的媒介实践。

自人类掌握语言以来,媒介技术经历了四次变革:第一次变革是文字的发明。文字的问世是人类历史上最重要的技术突破,它改变了人类与过去的联系,为书籍成为推动历史前进的力量铺平了道路。第二次变革是以手抄本形式出现的书籍。第三次变革是活字印刷术的发明。第四次变革是电子媒介的问世。技术变革催生了知识生产和传播的变革。从文字出现到手抄本经历了 4 300 年,从手抄本到活字印刷术经历了 1 150 年,从活字印刷术到互联网经历了 900 多年,从互联网到搜索引擎经历了 17 年,从搜索引擎到谷歌的相关性排名算法只经历了 7 年。可见,技术变革呈加速度的态势前行,与此同时,我们的阅读生态也在急速变化。

人类的阅读活动受时间与空间的约束。媒介技术的进化帮助我们不断挣脱时间和空间的约束,提升阅读的效率,有效助力阅读活动。如果没有文字的发明,人类的知识传播和文化记忆就会有大面积的损失。随着电子媒介的崛起,人类对于文字媒介的强依赖性就被打破了,人与文字之间的深度亲和性也被解构了,由文字建构出来的思维模式遭到了严重冲击,尤其是人的逻辑思维能力因电子媒介的视觉性偏向而受到极大的影响。

互联网的崛起对人类的影响最甚。我们常常把诞生于互联网元年之后的一代称为"巨婴",他们无论在知识储备上还是在认知能力上都比他们的父辈有了显著的退化。但他们对此不以为意,他们蔑视传统、轻视知识、缺乏判断、自以为是。美国埃默里大学教授马克·鲍尔莱恩(Mark Bauerlein)直接称他们为"最蠢的一代"(The Dumbest Generation)。随着内容推荐算法与虚拟现实技术的发展,人类将最终无法处理任何复杂抽象的信息,也将更加局限于自己感兴趣的垃圾信息之中,失去基本的常识。

二、读写关系的颠覆与忧思

互联网的崛起引发了新一轮传播革命和知识变革。在互联网语境下,最大的改变是在知识生产和传播方面打破了精英的垄断。有学者认为,互联网改变了人类交往的组织结构,建立了平等的网络关系,权力从中央分散到外围节点,每一位异质的、分散的大众如蚂蚁般连接起来,人与人之间拥有"平等的权力关系"。这种平等的权力关系,是由互联网所具有的去中心化结构所决定的。网络中的每个节点都具有高度自治的特征,节点与节点之间的无障碍连接,形成了一种非线性的因果关系与反馈渠道,搭建起开放性、扁平性的网络结构。[①] 互联网终结了知识对于精英群体的长期依附,削

---

① 杨乐怡,钟大年."关系技术":互联网技术的社会化内涵[J].现代传播,2019(12):140-145.

弱了精英在知识生产和传播上的控制权，人人皆可成为知识生产和传播的主体，普罗大众也可参与知识的接力游戏。互联网为“草根”写作提供了前所未有的机会，文艺复兴和启蒙运动做不到的，互联网做到了。从人类有文字开始，读与写的关系就是不平衡的。在等级上，写在读之上，写拥有一种特殊的“权力”，这是读所不具备的。从逻辑上说，写在先，读在后，有写才有读。写是用文字对意义进行编码，而读是解码，读永远无法窥测写的全部深意。互联网大大削弱了统治权力对文字言论的全面控制能力。数码时代的互联网使得阅读与写作的关系发生了变化，写作越来越成为有效阅读不可缺少的部分。[①] 书写关系的改变，在于互联网赋能使得读写主体的权力不对称关系被真正颠覆了，书写不再拥有不可逆的权威，阅读也不再处于相对弱势的地位，尤其对于那些有书写和表达欲求的主体来说，写作的壁垒被打破了，这使得书写主体的规模骤然扩大。虚拟空间的无限性，使得表达空间不再像传统媒介那么受限，一边是表达主体的海量扩张，一边是媒介承载空间的广域无边，这就大幅度降低了书写和表达的门槛，大量的“草根”进入写作空间。

知识的“草根”化拓展了知识生产主体的规模，带来知识和信息的爆炸，进而导致知识含金量的大幅度缩水。互联网是一个泥沙俱下的空间，信息流远远超出人类接纳的极限。面对这个信息海洋，我们只能望洋兴叹。深陷海量的信息之中，选择变量激增，面对多源刺激，受众只能做选择性关注、原则性理解，进而做选择性吸纳。在互联网语境下进行阅读，往往会被乱花迷眼的刺激牵着走，难以沉潜，片面追求流量，缺乏深度，这种阅读就是“浅阅读”。中国新闻出版研究院组织实施的全国国民阅读调查结果显示，2019 年我国成年国民包括书籍报刊和数字出版物在内的综合阅读率为 81.1%，较 2018 年的 80.8%提升了 0.3 个百分点，数字化阅读方式的接触率为 79.3%，较 2018 年的 76.2%上升了 3.1 个百分点。2019 年我国成年国民人均纸质书籍报刊和电子书阅读量均有所下降。成人人均电子书阅读量为 2.84 本，较 2018 年的 3.22 本减少了 0.48 本。2019 年，成年人人均纸质图书阅读量为 4.65 本，略低于 2018 年的 4.67 本。[②] 数字化阅读成为主流，而传统阅读方式渐渐式微，这意味着什么？

美国学者尼尔·波兹曼早在 20 世纪 80 年代就已预言这一场景——海量的娱乐化信息，终究会让人类“娱乐至死”。媒介的形式偏好某种特殊的内容，从而能最终控制文化。某个文化中交流的媒介对于这个文化精神重心和物质重心的形成有着决定性的影响。和语言一样，每一种媒介都为思考、表达思想和抒发情感的方式提供了新的定位，从而创造出独特的话语符号。[③]

---

① 徐贲.人文时代的互联网：数码时代的读写与知识[M].北京：北京大学出版社，2019：47-49.

② 路艳霞.第十七次全国国民阅读调查结果公布[N].北京日报，2020-4-21.

③ 波兹曼.娱乐至死[M].桂林：广西师范大学出版社，2004：10-11.

在互联网中浸淫日久,人们的注意力会被严重碎片化,喜欢追逐一个个信息碎片以及思想的边角料,体验的是短暂的快感。读者感觉似乎是丰盈的,但这种阅读多是视觉层面上的愉悦。网上阅读多是走马观花的,少有思维的深度潜入。若不适当控制,互联网会让读者浪费很多时间,毕竟碎片化信息、碎片化思考是有其局限性的,它不能提供系统性思想。人的时间和注意力都是稀缺资源,在网上投注过多的时间和注意力,必然会挤占总体的阅读时间。习惯于网络阅读的人,其思维方式也被碎片化、颗粒化、浅表化了。长此以往,人们应有的深度观照和思考能力就会慢慢退化。

波兹曼认为,任何认识论都是某个媒介发展阶段的认识论。真理和时间一样,都是人通过他们自己发明的交流手段同自己进行对话的产物。媒介是人身体的延伸,它拓展了我们感知世界的边界,但同时也限制了我们的感知,规定了我们思考世界和表达自我的方式。从印刷媒介到电子媒介再到今天的网络媒介,媒介技术的进化并不必然带来我们思考与表达方式的进步,甚至反而会造成原有优势的流失。波兹曼认为,随着印刷术退至我们文化的边缘以及电视占据了文化的中心,公共话语的严肃性、明确性和价值都出现了危险的退步。他甚至认为,400 年来占据绝对统治地位的印刷术利大于弊。现代人对于智力的理解大多数来自于印刷文字,我们对于教育、知识、真理和信息的看法也是一样的。印刷时代成就了思维的系统性和深度,而电视媒介则把娱乐本身变成了表现一切的形式。印刷媒介成就了思想的深度以及公共话语的严肃性、明确性和系统性,阅读和写作成熟于印刷时代。后来,电子媒介的兴起,稀释了成熟于印刷时代的读写浓度,图像、影像挤走了文字而占据大众的注意力中心之后,视觉弱化了我们的思维能力,搁浅了我们对世界、人生的深度思考。① 娱乐是电视上所有话语的超意识形态②,波兹曼的这种观点不无偏激,但有一定道理。

三、文字阅读不可缺席

人类思维中始终存在抽象和具象的纠结和博弈,在人类的表达、传播符号设计上,一直存在两类符号—文字和图像。文字具有抽象性,图像具有具象性,文字能体现思维的深度和逻辑性,而图像则显得直观、具体,二者各有优长。但从人类传播历史来看,存在一个趋势:随着媒介技术的升级以及媒介工具的普及,图像符号越来越受宠。

从旧石器时代的克罗马农人在洞穴的岩壁上画下第一头野牛开始,人类就一直在为更具象地表达自己而努力。从早期的绘画、雕塑,到近代的摄影、摄像,都是其反映。尤其在 1839 年,法国人路易 · 达盖尔发明相机以后,人类对追求具象的热情愈加强

---

① 波兹曼.娱乐至死[M].桂林:广西师范大学出版社,2004:34-36.

② 波兹曼.娱乐至死[M].桂林:广西师范大学出版社,2004:114.

烈。无论是照片、短片、默片、电影、网络视频,若非实验性的作品,都视复杂、抽象为禁忌,其“语言”无论从视觉上还是从听觉上都对受众没有过高的要求,甚至说,技术越发展,其对受众理解能力的要求就越低。无论是口头语言还是图像语言,在传达严肃且深奥的信息时,其效率都远逊色于书面语言。前者往往流于表面且无法给信息接收者提供往返阅读的机会,后者则囿于形式的限制,难以呈现抽象或整体的概念——没有一张照片能拍下整个大海,也没有一段视频能展现正义的意义。

受此影响,大众对抽象事物的忍耐阈值也越来越低,甚至已经达到了对最为真实丰富的电影都嫌不足的地步。由此,3D 眼镜被发明出来,让平面的电影变得立体。如此,人们犹嫌不足,还发明出加入动态、触感、气味和光效的 4DX 电影。而其最终的发展方向,便是如电影《头号玩家》中“绿洲”般的全体感虚拟现实。一系列技术的进步,对于受众本身而言,除了为他们接受信息的过程增加娱乐性以外,对于他们理解信息本身的透彻程度却几乎没有任何裨益,甚至可以说只是徒增干扰。想必许多观众在观看 4DX 电影时都会被突然移动的座椅、喷出的水雾、频闪的灯光打断思绪而影响观影体验——事实上,具象的信息提供得越多,人们就越难以把握其中的重点,注意力就越易被分散。接收的信息越具体,其对想象力的限制也就越大。换言之,越为具象的媒介,其能展现的内涵也就越多,供观者想象的外延却越少。

相较于抽象的文字,图像最致命的弱点就是会限制读者的想象。相比之下,书面文字的话语结构,正是为了逻辑性与思辨性而生的,书面文字多是对具逻辑性与层次性的复杂思想的记录。只有语言才能让我们的一切感受转化为大脑能够理解的信息。在针刺入皮肉的时候,除了直接的痛感,还有在大脑中生成的“好痛”这么一句话。如果缺少了这一句备注,痛感不过是一种转瞬即逝的感受或者念头而已。只有通过语言,它才能被大脑储存并认知,成为思想。也正因如此,人类所有的思想,都是可以用语言来记录并表达的。而书面语言,正是对复杂思维过程的记录和重现。抽象的文字,就在最大程度上解放了读者的想象。

文字阅读可以调度文字背后的媒介场景和人文背景,赋予文字更多的“后台”信息,更重要的是,它还可以把阅读场景立体地展示出来。阅读不再是文字与读者之间单调的互动,而是一场个性化、立体化的浑然一体的体验场景。比如,英国作家乔治·吉辛就有这样的阅读体验:“我对自己每一本书的气味都很熟悉,我只要把鼻子凑近这些书,它们那散发出来的书味就立刻勾起我对往事的种种回忆。”“就说我的那些吉朋的著作吧,那是八卷精致的梅尔曼本,我曾经连续不断地读啊,读啊,读了三十多年。我丝毫不需要翻动它,只要闻闻那质地精美的纸张的香味,就能回想起当年我把它作为奖品来接受的幸福情境。还有我的那些莎士比亚著作,它们是剑桥版本，也有一种能惹起我追忆往事的香味。这套书是属于我父亲的，当我还不能够读懂它们的时候，常常有幸被允许从书架上抽出一本来看看。这时我总是怀着虔敬的心情，将它一页一页地翻弄着。那些书散发着一股古老而奇特的幽香。每当我将它们捧在手中的时候，总有那么一种莫可名状的感觉。出于这缘故，我很少读这一套莎士比亚著作。而我捧读另一套吉朋的书时，眼里总是闪烁着兴奋的光芒。"①文字的抽象性给读者的想象预留了充分的空间，能唤起读者的默会知识和前记忆，调度读者的人生经验的前期积累和想象力，丰富读者的阅读体验。

在现今的数字化阅读场域中，互联网赋予阅读文本超文本结构，文字、图像、音视频等多种介质符号在超文本海域中漫流。在互联网语境下，媒介技术以及由其建构的社会复杂性激增，因特网上信息过载，并且无法检验也无法控制信息的质量，经常是值得怀疑的。② 我们不可能拥有观察世界的"上帝之眼"，以此全知而且无偏倚地去进行观察。根据苏珊·菲斯克和谢莉·泰勒的观点，人类是"认知吝啬鬼"，总会尽力保存自己的认知能量。考虑到我们处理信息的有限能力，我们会试图采用将复杂问题简单化的策略。在采用这一策略时，我们或者忽略掉一些信息以减轻认知负担，或者"过分利用"一些信息以便不再去寻找更多的信息，或者因为感到几乎已经足够好而情愿接受一种不太完美的选择。认知吝啬鬼策略可能很有效，它可以很好地利用我们有限的认知能力，去处理几乎无限多的信息。③

在这种情境下，人们对信息的接受必然是选择性的，过于"烧脑"的信息就会遭遇冷落，简易、刺激、戏剧化、图像化的信息就会受到人们的追逐。马克·鲍尔莱恩对在线教育做了深入研究后发现：学生在网络中可以养成一种识读能力，它能加快沟通的速度，同时促使每个人的措辞和风格趋于同质化。但这些能力无益于习得知识，无益于形成别具一格的语言特征和行文方式，无益于获取持久连续的推理能力，无益于培养洞若观火的解读能力。④ 网上阅读使人很难深潜其中做思想"深呼吸"和文本细读，即便是文字阅读，也难以沉浸在文字的机理和逻辑中，也难有纯粹的"个人性"，即"我思""我在"的纯粹性不足。更何况，如今的数字阅读越来越视觉化和碎片化，文字阅读呈衰微之势，以至于人们被深深卷入互联网的汪洋大海中。

四、回归"慢阅读"与"深阅读"

人类已经进入了读图时代，纯粹的文字在当下对大众没有太大吸引力。我们已

① 张新颖.读书这么好的事[M].上海：上海人民出版社，2007：48.

② 拉克斯.尴尬的接近权：网络社会的敏感话题[M].北京：新华出版社，2004：34.

③ 阿伦森.社会性动物（第九版）[M].上海：华东师范大学出版社，2011：85-86.

④ 鲍尔莱恩.最愚蠢的一代[M].天津：天津社会科学院出版社，2011：159.

经进入了抗拒阅读甚至恐惧阅读的时代。在当下这一决定人类未来走向的关键路口,我们须重新认识文字。有学者认为,互联网本身并不拥有创造知识实体的要件,知识不存在于书籍之中,也不存在于头脑之中,而存在于网络本身。①知识的载体发生了变化,即海量知识通过互联网这种载体呈现出来,且互联网也打破了读写之间的固化边界,使阅读方式和效果发生了变化。以色列心理学家拉克菲特·阿克曼做过这样一个学习测试:她挑选了五篇较有难度的说理文章,每篇1 200字,按电子文本和纸质文本分成两个阅读组。她要求所有参加测试的学生都在阅读时做各种阅读记号。电子文本阅读用的是电子文字处理工具,而纸质阅读则用笔。在规定阅读时间的情况下,这两组学生对理解问题的回答准确率几乎一样。但是,在学生需要用多少时间就用多少时间的情况下,纸质阅读的学生成绩却高出另一组10%。可见,在阅读准确度方面,电子文本阅读不如纸质文本阅读。这个发现对深层阅读非常重要,因为深层阅读的一个基本要求是能尽量准确地评估阅读的结果,发现并确定其中是否有误。阅读心理学家莎拉·玛格琳的实验也能说明阅读的效果问题:她让受测者阅读几篇500字的记叙文和说理文,参与测试者分为三组,分别用纸、数码阅读器和电脑阅读。从测试结果看,用电子阅读器的一组说理文理解最差。②

互联网固然有千般利好,但人类不能放纵自己的思想惰性。互联网创造了知识的奇迹,同时也产生了很多知识"废气"。鱼龙混杂的信息汇聚在一起,形成大数据,这远远超出人们的消化极限。在这种情况下,人们只能流于形式,以"浅阅读"来应对源源不断的信息之流。一个仅靠眼球追逐信息的共同体是走不远的,阅读必须回归人的大脑,只有充分激发人类的深度思维能力,才能克服新媒体技术带来的负面影响。为此,我们提倡一种更有利于增进人类智慧的"慢阅读"。"慢阅读"不仅表现为阅读速度之慢,更重要的是强调阅读质量。在信息爆炸时代,夸父逐日般的追逐信息流量是徒劳无益的,仅凭我们有限的接受能力,无法消化大数据时代的海量信息。我们只有在海量信息中寻求有价值的部分,并用我们的大脑对其进行深加工,产生一种高附加值的知识,才能有利于人类社会向前发展。

走向"慢阅读"与"深阅读",并不是一件容易的事情。人都有思维的惰性,在眼花缭乱的视觉诱惑面前,人们的思维能力是容易走失的。"浅阅读"顺着人性的滑梯一路下来,轻松快意,不需要耗费太多的脑细胞。而"慢阅读"和"深阅读"犹如逆水行舟,不是人人都能习惯、都能做得到的。在互联网时代,"浅阅读"已经成为一种流行阅读方式,大家都这么做,反而让"慢阅读"和"深阅读"显得不合时宜。这种偏颇的阅读方式若不被遏制和纠正,将会导致国人阅读质量的大幅度下滑,其后果

① 温伯格.知识的边界[M].太原:山西人民出版社,2014:71-72.
② 徐贲.人文时代的互联网:数码时代的读写与知识[M].北京:北京大学出版社,2019:62-63.

不堪设想。“慢阅读”放缓了阅读的速度，追求阅读的深度和浓度，同时也追求阅读的温度。阅读吞吐的不仅仅是信息，还有思想和智慧，而思想和智慧的操练是急不得的，只能慢慢来。“浅阅读”是在跑步机上的竞走，虽然跑动得厉害，但没有实际距离；“慢阅读”则是一种徒步旅行，走一步就是一步，实实在在地前行，虽然慢了点，但那是脚踏实地的行进。

互联网平台反垄断的本质与对策*

◎ 方兴东　钟祥铭**

摘要:2020 年年末,中国、美国和欧洲不约而同地掀起互联网超级平台反垄断浪潮。如何认识这一轮互联网超级平台反垄断浪潮的本质,无疑是首要问题。综合考察中美欧三地各自应对内在挑战的反垄断举措,可以清晰地看到,这一轮平台反垄断浪潮的本质不仅是经济问题,还是政治问题;平台与政府博弈的不仅是利益问题,还有深层次的权力问题。深入互联网演进历程,可以发现中外所有互联网超级平台都经历了互联网中介到互联网平台再到生态的跃变,成为"中介+平台+生态"三位一体和"平台+数据+算法"三元融合的"守门人"。其属性也从过去的技术权力和信息权力,延展到市场权力和经济权力,进而延伸到社会权力和政治权力。如果缺乏有效的制度创新和治理举措,甚至会渗透到媒体、学术、监管和司法等领域,形成"公共俘获"。不加以制约与驯服,互联网超级平台不但可能冲击现有市场秩序,危及社会和政治秩序,并且可能突破现有制度框架,挑战国家权力和治理能力。只有抓住问题的本质,才能正确理解当下全球性的反垄断浪潮,实现理论创新,推进制度创新,秉承以人民为中心的思想,形成行之有效、多管齐下的应对之策,最终把互联网超级平台的超级权力"关进笼子里"。

关键词:反垄断;互联网平台; 数字治理; 守门人; 制度创新; 媒体融合

---

* 本文原载于《现代出版》2021 年第 2 期,收入本书时有改动。
课题: 2018 年度国家社科基金重大项目" 全球互联网 50 年发展历程、规律和趋势的口述史研究"(18ZDA319)。2019 年度国家社科基金重点项目" 新媒体环境下公共传播的伦理与规范研究"(19AXW007)。

** 方兴东,浙江大学融媒体研究中心副主任,浙江大学社会治理研究院首席专家;钟祥铭,浙江传媒学院互联网与社会研究院助理研究员。

一、如何理解平台反垄断的本质

2020年年末，中国、美国和欧洲不约而同地掀起互联网超级平台治理浪潮，可谓前所未有，非同寻常。如何认识这一轮互联网超级平台反垄断和治理的本质，无疑是首先需要思考的问题。众所周知，传统的反垄断主要就是市场问题和经济问题，但是这一轮中美欧反垄断浪潮，不仅仅是通过反垄断法来维护市场公平竞争和创新，保障经济运行效率，维护消费者权益，还有更重要的目的和使命。欧盟委员会《数字未来报告》提出了三个关键原则和目标——为人民服务的技术，公平竞争的经济，开放、民主和可持续的社会。这也是2020年12月15日欧盟推出《数字服务法》和《数字市场法》两项“里程碑式的法案”的宗旨。美国政治学家福山等学者在《外交事务》2021年1/2月刊上发表《如何从科技手中拯救民主?》。文章警告世人，在享受垄断型科技巨头带来的技术便利时，也应警钟长鸣，因为它们不仅拥有巨大的经济权力，还对政治传播拥有极大的控制权。“这些庞然大物现在支配着信息的传播和政治动员的协调。这对一个运转良好的民主国家构成了独特的威胁。”①2020年12月11日，中共中央政治局召开会议，分析研究2021年经济工作，会议提出，要强化反垄断和防止资本无序扩张。这是自《反垄断法》生效以来，中共中央政治局首次明确表示要强化反垄断。2020年12月16日至18日，中央经济工作会议将强化反垄断和防止资本无序扩张联系在一起，列为2021年度经济工作的重点之一，强调要完善平台企业垄断认定、数据收集使用管理、消费者权益保护等方面的法律规范。

综合分析和考察中美欧三地的举措，可以清晰地看到，这一轮互联网超级平台反垄断的本质不仅是经济问题，还是政治问题；平台与政府博弈的不仅是利益问题，还有深层次的权力问题。三地联动的这一轮反垄断的驱动力都是内生的，源自各自的内在需要而非外部压力，目的都是应对互联网超级平台造成的共同挑战和危机，也就是防范互联网超级平台崛起冲击现有市场秩序、社会和政治秩序，防范互联网超级平台突破现有制度框架，挑战国家权力和治理能力。

二、平台反垄断的本质不仅是经济问题还是政治问题

平台治理和反垄断逐渐成为全球性的浪潮。中国、美国和欧洲几乎同时对互联网超级平台展开前所未有的反垄断，其核心问题在于其严重破坏市场公平竞争，而且全

---

① FUKUYAMA F, RIHMAN B, GOEL A. How to save democracy from technology: ending big tech's information monopoly [J]. Foreign affairs, 2021(1-2): 98-110.

面深入生活和社会,甚至直接影响政治运行和国家稳定。[①] "商业学者"是平台化研究的重要组成部分之一,他们通常将平台理解为"平台中介网络"(platform-mediated networks),通过跨国家视角分析平台企业之间以及平台企业与用户之间的关系。此类分析能提供对平台市场下经济机制和管理策略的洞察,有助于解释平台企业日益占据主导地位的原因,因此包括反垄断和平台治理等在内的平台研究一直由经济问题所主导。随着数字市场的发展,平台的技术研发和经济标准以及控制一套平台机制的能力,加上其利用网络效应全球扩散的潜力,已经成为权力积累的关键条件[②],导致人们对其权力集中和寡头垄断市场结构的担忧相应增加。[③] 在美国和欧洲,这些担忧主要集中在谷歌(Google)、亚马逊(Amazon)、脸书(Facebook)、苹果(Apple)和微软(Microsoft)等企业。许多人认为,五大巨头不仅是参与竞争的单个公司,而且是利用超级平台控制数字市场门户的"企业平台精英"[④]。在政治经济学家的批判下,对"平台资本主义"[⑤]的讨论存在一种"平台帝国主义"[⑥](platform imperialism)的转向,然而目前的研究还不足以分析当下的政治现实。[⑦]

在由数据推动、由平台引导的数字世界发生了根本性变化的今天,没有一个单一的监管框架来解决所有平台权力导致的相关问题。欧洲监管机构和决策者正在重新考虑其面向数字市场的战略,不可否认,他们在全球数字治理领域的积极性和实践确实更进一步。[⑧] 超级权力为互联网巨头获取了超额利润,与此同时,超额利润又不断强化超级权力的基础,进一步扩大垄断力量的范围,形成了强大的正向循环。互联网超级平台创造了前所未有的社会福利,但其私营企业的角色和能力也面临有效治理的巨大压力和挑战。[⑨] 学者、政治家和公民都迫切希望了解现有的国家和超国家监管工具(如反垄断法、竞争法、隐私法等)是否足够灵活,来"纠正"大型互联网平台在"数字

---

① 方兴东.中美欧反垄断枪声为何同时响起[N].环球时报,2020-12-12.

② NIEBORG D B,POELL T.The platformization of cultural production:theorizing the contingent cultural commodity[J]. New media & society,2018(11):4 275-4 292.

③ DOLATA U M,SCHRAPE J F.Collectivity and power on the internet:a sociological perspective[M].Cham: Springer, 2018.

④ EZRACHI A,STUCKE M E.Virtual competition[J].Editorial journal of european competition law & practice,2016(9):585-586.

⑤ SRNICEK N.Platform capitalism[M].London:Polity,2017.

⑥ JIN D Y.Digital platforms,imperialism and political culture[M].New York:Routledge,2015.

⑦ RAK J.Book review: digital platforms,imperialism and political culture[J]. International journal of comparative sociology,2015(5):398-399.

⑧ CRÉMER J, DE MONTJOYE Y A, SCHWEITZER H. Competition policy for the digital era[R/OL].[2020-02-26].https://ec.europa.eu/competition/publications/reports/kd0419345enn.pdf.

⑨ 方兴东,严峰.网络平台"超级权力"的形成与治理[J].人民论坛·学术前沿,2019(14):90-101.

主导"时代的强大地位。[①] José van Dijck 等人通过探讨当前监管框架对科技企业在数字生态系统中运作的影响,分析平台权力问题。他们对平台权力是否应该仅从经济市场的角度评估提出质疑,他们认为,重构平台权力是不同监管制度潜在协调的必要前提,这种努力具有深刻的政治性和意识形态性。[②] Diane Coyle 提出,传统的市场定义应该被放弃,转而将平台更广泛地分类为社会结构。[③] 曼纽尔·卡斯特通过考察媒体在舆论形成过程中行使权力的不同方式,提出"传播力"(communication power)概念。除了守门人职能、议程设置以及对必要通信资源的控制, 他认为,这种过程还暗示了一种政治权力关系。[④] Natali Helberger 将社交媒体平台本身视为有效的"政治行动者",它们所拥有的强大舆论力量很容易转化为政治力量。他认为,"舆论权"(opinion power)会影响政治的进程,它本身就是政治权力。[⑤] 虽然各界在超级平台对经济市场、监管制度、舆论和民主构成威胁等方面逐渐形成共识,但对于如何应对这种威胁却暂未达成一致。在欧洲和美国,目前围绕平台监管的政治辩论在很大程度上仍停留在如何管理一系列商业行为方面。福山等人在《如何从科技中拯救民主?》中发出警示:"大多数人并没有意识到,这些平台造成的政治危害实际比经济危害更严重,威胁民主而非扭曲市场才是它们真正的危害之处。"[⑥]

相较于传统市场,数据是数字市场领域中的"货币",同时也是互联网超级平台中最核心的资源。欧盟消费者保护专员 Meglena Kuneva 将大数据誉为"互联网的新石油和数字时代的新货币",这种类比通常会引起某种空洞的比较:拥有更多数据的平台企业是否也拥有更多的权力? StacyLangworthy(2019)认为,大数据的强大潜力不在于收集数据的技术中介,而在于部署大数据的国家和非国家行为者。[⑦] 从选举到立法,近几年发生的一系列事件已经表明,互联网超级平台正在利用其权力将用户变成选民,使组织能力变成抗议手段。除此之外,随着数字化程度的不断提高,互联网超级平台已经成为医疗保健领域的关键参与者。同时,这些互联网超级平台的"学术俘

---

① MOORE M,TAMBINI D.Digital dominance:the power of Ggoogle,Amazon,Facebook,and Apple[M].Oxford:Oxford University Press,2018.

② VAN D J, NIEBORG D, POELL T.Reframing platform power[EB/OL].(2019-06-30)[2021-02-23].https://policyreview.info/articles/analysis/reframing-platformpower.

③ COYLE D. Practical competition policy implications of platforms[EB/OL].[2020-02-26].https://www.bennettinstitute.cam.ac.uk/media/uploads/files/Practical_competition_policy_tools_for_digital_platforms.pdf.

④ CASTELLS M.Communication power[M].Oxford:Oxford University Press,2009:2-10.

⑤ HELBERGER N.The political power of platforms: how current attempts to regulate misinformation amplify opinion power[J].Digital journalism,2020(8):842-854.

⑥ FUKUYAMA F,RIHMAN B,GOEL A.How to save democracy from technology: ending big tech's information monopoly[J].Foreign affairs,2021(1-2):98-110.

⑦ LANGWORTHY S.Power dynamics in an era of big data[R/OL].[2020-02-26].https://www.lse.ac.uk/ideas/Assets/Documents/updates/LSEIDEAS-Power-Dynamics-in-an-Era-of-Big-Data.pdf.

获”行为愈加明显,并逐渐成为各研究领域的重要参与者,甚至是管理者。① 互联网超级平台正掌握着决定研究什么、如何研究以及发表什么的权力。② 数据正在成为知识、财富和权力生产中越来越重要的元素,在这样一个时代,如何确保数据不只是被用来为特权阶层扩大权力和增加利润,值得各界深入思考。

在数字时代,新一轮的国际竞争在全球网络治理领域持续展开。在关于“数据保护主义”的争论下,Filippo Maria Lancieri 阐述了数据保护和反垄断执法政策在欧盟和美国的不同之处。他认为,欧洲人利用竞争政策促进人身自由,而美国的反垄断政策则以效率为导向、以经济为中心。③ Eleanor M.Fox 发现,欧盟法律更具有攻击性,而美国法律对待平台持温和态度。④ 不仅如此,欧洲的法律已经改变了美国利益集团冲突领域的权力平衡。⑤ Adrian Emch 从市场、政策和公众三个方面分析了中国与欧洲在互联网反垄断上的差别,并建议通过灵活的法律框架来分析和解决不断出现的新型反垄断问题。⑥ 总体而言,欧洲施行严格的规制策略,积极运用反垄断手段,聚焦数据对市场竞争的影响;美国对超级平台的反垄断规制则更加审慎。欧美的平台治理旨在通过不断制造冲突来争夺利益,而不是寻求解决方案和促成共识。相较于欧美,中国更注重平台上的内容对公民与社会的影响,通过立法立规构建社会主义核心价值观,引导社会风气和舆论走向,加大对有害信息的惩处力度。然而,对政策和规制手段的讨论并未触及平台治理的核心,平台治理需要平台参与者、政府和学界共同探索,针对不断出现的新问题提出新的解决思路。

三、超越传统思维:从战略高度认识平台反垄断

早在 2017 年,就有学者提出:“超级网络平台在全球全面崛起,这种颠覆开始真正进入爆发的临界点。……未来究竟是政府还是平台,将主导人类网络时代的国家与社会治理和国际秩序? 任何没有制约的权力,都是危险的。……如果缺乏有效的治理机制,如果权力扩展和滥用稀缺资源,很可能就会走向反面。”⑦2020 年,这种担忧正在成

① MCGOEY L.No such thing as a free gift:the gates foundation and the price of philanthropy[M].London:Verso,2015.

② VAN D J, POELL T, DE W M.The platform society: public values in a connective world[M].Oxford:Oxford University Press,2018.

③ LANCIERI M F.Digital protectionism? Antitrust,data protection,and the EU/US transatlantic rift[J].Journal of antitrust enforcement,2019(7):27-53.

④ FOX M E.Platforms,power,and the antitrust challenge: a modest proposal to narrow the U.S.-Europe divide[J].Nebraska law review,2019(98):297-318.

⑤ SHAFFER G. Globalization and social protection: the impact of EU and international rules in the ratcheting up of U.S. data privacy standards[J].The Yale journal of international law,2004(25):1-88.

⑥ EMCH A.Antitrust and the internet:is China different? [J].Competition law international,2019(15):167-174.

⑦ 方兴东.可以把未来交给科技巨头吗? [N].环球时报,2017-12-18.

为严峻的现实,中国、美国与欧洲针对互联网超级平台反垄断的枪声几乎同时响起。

2020 年年底,美国司法部和联邦贸易委员会(FTC)联合各州正式对谷歌和 Facebook 提起反垄断诉讼,全球媒体都将美国这一轮反垄断浪潮与 20 世纪 90 年代末期美国政府针对微软发起的反垄断"世纪诉讼"关联起来。但是,这一次与上一次最大的不同就是人们关注的不仅仅是市场和经济问题,还是互联网巨头对于美国社会和民主制度的冲击与挑战。无论是克林顿政府还是奥巴马政府,美国民主党一直是互联网商业化以来最大的政治支持力量。即便如此,情况现在也开始逆转。奥巴马对《大西洋月刊》编辑表示,"互联网是美国民主的最大威胁",并且呼吁政府拿出监管这些公司的方案。福山也说:"这些庞然大物现在支配了信息的传播和对政治动员的协调。这对运作良好的民主制度构成了独一无二的威胁。"

在欧盟,除了加紧反垄断诉讼,制度创新成为其发力重点。2020 年 12 月 15 日,欧盟委员会正式提交了《数字服务法》和《数字市场法》两部针对数字平台和大型科技企业的法律草案,其中特别设置的"守门人制度"成为继 GDPR 之后欧洲在数字治理领域最大的制度创新,并有可能引领全球互联网反垄断制度和手段的范式转变。

在我国,习近平网络公平竞争法治观是习近平网络强国战略思想与习近平法治思想的重要组成部分,旨在以良法善治保障新业态新模式健康发展,构建网络空间命运共同体。自 2008 年《反垄断法》实施以来,中国的公平市场建设成效卓著。《反垄断法》对保护市场公平竞争、提高经济运行效率、维护消费者利益和社会公共利益、促进社会主义市场经济健康发展发挥了重要作用。2016 年 4 月 19 日,在网络安全和信息化工作座谈会上,习近平总书记指出:当前,我国互联网市场也存在一些恶性竞争、滥用市场支配地位等情况,中小企业对此意见不少。这方面,要规范市场秩序,鼓励进行良性竞争。办网站的不能一味追求点击率,开网店的要防范假冒伪劣,做社交平台的不能成为谣言扩散器,做搜索的不能仅以给钱的多少作为排位的标准。希望广大互联网企业坚持经济效益和社会效益统一,在自身发展的同时,饮水思源,回报社会,造福人民。2018 年 4 月 20 日至 21 日,全国网络安全和信息化工作会议上,习近平总书记指出要培育公平的市场环境,强化知识产权保护,反对垄断和不正当竞争。2021 年 1 月,中共中央办公厅、国务院办公厅印发了《建设高标准市场体系行动方案》,明确"加强和改进反垄断与反不正当竞争执法。坚决反对垄断和不正当竞争行为。……推动完善平台企业垄断认定、数据收集使用管理、消费者权益保护等方面的法律规范。加强平台经济、共享经济等新业态领域反垄断和反不正当竞争规制"。2021 年 2 月 7 日,《国务院反垄断委员会关于平台经济领域的反垄断指南》发布,强调《反垄断法》及配套法规规章适用于所有行业,对各类市场主体一视同仁,旨在预防和制止平台经济领域的垄断行为,促进平台经济规范有序健康发展。

这次互联网超级平台反垄断的焦点已经不仅仅是技术引发的产业问题,而且是平台崛起冲击社会秩序、国家秩序甚至国际秩序的政治问题。站在这样的视角,我们才能准确把握互联网平台的本质和这一轮全球性反垄断浪潮的内在逻辑。

四、平台演进历程:博弈的不仅是利益问题更是权力问题

从早期互联网平台概念所体现出的技术思维(互联网中介)到平台经济背景下催生的政治经济意涵(互联网平台)①,平台是一个开放性的概念,也有各种不同的称呼,比如数字平台、在线平台、科技型平台、平台经济等。欧盟认为在线平台是在双边或多边市场中运营的企业,该企业使用互联网在两个或多个不同但相互依存的用户群之间交互,从而为其中至少一个群体创造价值。在此基础上,互联网平台被定义为通过数字服务的形式促进具备不同要素但是相互依赖的两方或者多方进行互动交流的信息技术服务企业,其表现形式包括网络商城、搜索引擎、社交媒体、应用商店、通信服务、支付服务等不同形式的平台。② 平台的核心是与各主体形成紧密的连接,因此平台治理(platform governance)的关键往往在于把握多元主体的相互关系,厘清各主体所扮演的社会与政治角色。③

互联网平台诞生于最近20年。随着互联网的发展,互联网平台经历了一个明显的演进过程,并且大致可以分为三个阶段。20世纪90年代互联网刚刚开始商业化,在很长时间里,互联网应用主要是Web 1.0模式,网民的角色主要是被动的用户和消费者。互联网企业更多被视为一种"中介",尤其是信息中介,包括雅虎、亚马逊和中国的新浪、搜狐和网易等三大门户。④ 2005年左右,随着Web2.0浪潮的推进,网民成为互联网应用的主角,平台概念开始凸显。尤其是移动互联网的爆发,带动了互联网平台的爆发式发展,形成了Facebook、微信等以社交为核心的平台,苹果和谷歌等以移动操作系统和应用商店为基础的平台,亚马逊、阿里巴巴等以电子商务为基础的平台,以及Uber、滴滴、Airbnb等以分享经济为基础的平台,等等。

---

① 程莹.数字经济背景下互联网平台概念探析[J].法制与社会,2020(29):123-124.

② 刘云.互联网平台反垄断的国际趋势及中国应对[J].政法论坛,2020,38(6):92-101.

③ EVANS D. The antitrust economics of multi-sided platform markets[J].Yale journal on regulation,2003(2):327-381; GORWA R.What is platform governance? [J].Information communication and society,2019(2):1-18.

④ 方兴东,钟祥铭.中国门户网站之发展历程、规律和启示:反思门户思维对中国互联网和传统媒体转型的内在影响[J].新闻与写作,2019(2):5-10.

表 1　互联网平台演进历程与三大阶段

发展阶段	典型出处	侧重点	产业阶段	基本属性	驱动力	典型代表
互联网中介(1990—2005)	2000 年欧盟《电子商务指令》	技术维度	PC 互联网	信息中介	信息	门户、电商等
互联网平台(2005—2015)	2016 年欧盟《在线平台和欧洲数字单一市场的机遇与挑战》	经济维度	移动互联网	多边市场	用户	FAANG、BAT
生态、"守门人"(2015至今)	欧盟《数字市场法》	社会维度	智能物联网	基础设施	数据	FAANG、BAT

从 2015 年开始,随着领军的互联网平台用户数量迈入十亿级别,其汇聚的海量数据成为新的发展驱动力,加上算力的提升和人工智能的普及,互联网平台进入了新的发展阶段。平台已经不足以概括这些互联网企业的新特征了。2020 年 12 月 15 日,欧盟委员会正式提交了《数字服务法》和《数字市场法》两部针对数字平台和大型科技企业的法律草案。其中特别提出了"守门人"——"一家公司具有强大的经济地位,对市场有重大影响,并在多个欧盟国家开展活动;或它具有很强的中介地位,将庞大的用户群与众多企业联系在一起;或它在市场上拥有根深蒂固和持久的地位"——的概念。《数字市场法》的创新之处在于它超越了过去的技术和应用,也超越了传统反垄断最微妙复杂的对相关市场的界定,甚至超越了平台的企业属性,第一次确立了平台的公共性与社会性,并由此明确了一系列需要其承担的责任。

表 2　全球主要超级平台演进历程

产品或业务 / 平台名称 / 发展阶段	阿里	腾讯	亚马逊	谷歌	苹果	Facebook	微软
互联网中介	B2B 业务	即时通信	网上书店	搜索	iMac 和 iPod	校园 SNS	操作系统
互联网平台	淘宝、支付宝	微信	网上零售平台	安卓系统	智能手机平台	社交媒体平台	操作系统+App
生态、"守门人"	互联网金融、阿里云等生态	微信支付、公众号、投资等生态	B2C + AWS 云+智能语音等生态	安卓生态+搜索生态	手机+iOS+应用商店	Facebook + WhatsApp + Instagram 生态	云计算为基础的生态

无论是中国的腾讯和阿里,还是美国的亚马逊、苹果、谷歌、Facebook 和微软,无一例外都经历了从中介到平台再到生态的根本性的蜕变。雅虎没能整体性完成向平台的跃变,百度在向生态跃变中不够成功,而完成升级的互联网平台都发展到了新的高度:汇聚十亿级用户,具有千亿美元级收入规模、万亿美元级市场价值,通过横向扩张而主导 3 至 5 个甚至更多的领域,通过纵向深入形成数据+算法的新生产方式。互联

网超级平台扮演了“中介+平台+生态”三合一的“守门人”角色，形成了“平台+数据+算法”三元融合的强大竞争优势。

互联网平台的每一次成功跃升，都是至少一个数量级的用户和市场价值的提升，实现从量变到质变的突破，都构成全然不同的本质属性、权力逻辑和扩张方式。今天的互联网超级平台是三个层次联动的综合体，其属性也从过去的技术权力和信息权力，延展到市场权力和经济权力，进而延伸到社会权力和政治权力。

无论是技术、资本还是权力，都有着内在的、天然的、强烈的扩张趋势。互联网平台为资本和权力的扩张提供了前所未有的契机。从互联网商业化早期以信息中介为基础的技术权力，逐渐进入了以海量用户为基础的市场权力和经济权力。到今天，互联网平台背后的资本权力已经不满足于商业领域，开始强有力地扩张到社会领域，强势渗透进公共领域，并频繁地挑战以国家为基础的政治权力。

表 3　互联网超级平台的内在特性和扩张方式

发展层次	特性	用户数量	资本	数据	权力机制	扩张方式
第一层次	中介	千万级	十亿美元	Cookie 等特定数据	信息权力和传播权力	技术层面扩张
第二层次	平台	亿级	百亿美元	UGC+行为数据	市场权力和经济权力	平台层面扩张
第三层次	生态	十亿级	万亿美元	全息数据和整体画像	社会权力和政治权力	跨平台、跨领域扩张

近期全球范围内的互联网热点新闻，可以更生动、直观地展示平台背后的内在逻辑和本质。

表 4　2020 年 10 月—2021 年 2 月的全球互联网热点新闻

时间	新闻事件
2020 年 10 月 24 日	马云在外滩发言中表示，全球金融体系制度是“一个老年人俱乐部”
2020 年 11 月	谷歌关于提议对抗欧盟强硬新规则，以“激进计划”针对反垄断官员的机密文件遭曝光
2020 年 12 月 11 日	中共中央政治局经济工作会议将“强化反垄断和防止资本无序扩张”列为工作重点
2021 年 1 月 6 日	社交媒体助推美国国会大厦暴力冲击事件
2021 年 1 月 8 日	推特宣布永久封杀特朗普账号，美国总统“社会性死亡”
2021 年 1 月 22 日	谷歌抵制向新闻机构内容付费，威胁澳大利亚政府将关闭搜索服务
2021 年 2 月 7 日	我国国务院反垄断委员会正式发布《国务院反垄断委员会关于平台经济领域的反垄断指南》
2021 年 2 月 8 日	据特斯拉 SEC 文件，特斯拉已买入价值 15 亿美元的比特币，并宣布可以用比特币购车
2021 年 2 月 17 日	Facebook 屏蔽澳大利亚所有媒体的新闻内容，同时限制该国用户分享和获取海外新闻的权限
2021 年 2 月 23 日	澳政府妥协，将对此前通过的新法进行修订，Facebook 宣布将解除针对澳大利亚的新闻封禁

透视表 4 列举的事件可以发现，这些互联网巨头开始不断挑战国家权力和制度，

包括传播制度和金融制度。从人类社会发展进程角度看,这些互联网超级平台已经具备全新属性,现代社会第一次迎来超国家权力的非国家行为体。超级互联网平台因为实际掌控海量用户、实时数据和巨额交易,已经大大超越了传统跨国公司的实力与能力,成为人类有史以来最强大的超国界与超主权的新型非国家行为体。随着技术成为美国国家安全不可或缺的一部分,大型科技公司和互联网平台企业与政府之间的关系被相互锁定为一种依赖状态,而这也将产生比这些平台能力更强的反作用力,从而对国家安全构成威胁。① 事实上,它们已经具备了超越国家权力的能力:超越国家的社会动员能力、掌控超越国家的个人和社会数据、具备很多打破国家治理体系的基础条件。

安东尼·吉登斯认为,权力是所有社会关系的特征,是"变革能力",即干预给定事件及以某种方式改变事件的能力。② 曼纽尔·卡斯特认为,权力是社会中最根本的进程。权力是一种关系能力,它能够维护持有权力的社会群体的意愿、利益和价值观,而不对等地影响其他社会行动者的决策方式。权力要基于对传播和信息的控制,无论是国家和媒体公司等宏观权力还是各种组织等微观权力,皆是如此。③ 互联网超级平台通过对信息和数据独一无二的控制力,缔造了全新的权力集合体。下一步就看平台会如何使用这些权力,以及社会如何对这些权力进行有效的规制。

当然,互联网超级平台的本质属性是商业企业,谋求利益最大化是其主要驱动力,挑战社会秩序和国家秩序不是其内在诉求。所以,它们平时不会轻易显示和施展其能力和权力,但这并不表示在突发情况或者非常时期其不会冲击甚至颠覆社会和国家秩序。目前,几乎所有国家都不具备驾驭和驯服它们的制度体系,不具备在非常时期和紧急状态下确保国家安全的技术能力。

互联网是人类创造的最伟大、最重要的公共物品,具有开放性和全球化的天然特征。我们熟知的互联网是完全基于科学逻辑,立足于开放、自由、共享的价值观,以整个人类福祉为基本考量的。④ 但经过 50 年的发展,人类社会的信息传播范式已经发生根本性改变,随着超级平台的崛起,互联网的发展方向开始改变。计算、传输、存储、数据和算法等核心要素组成了新型传播基础设施,人类传播范式从传统大众传播主导的自上而下、集中控制的大教堂模式走向了数字新媒体主导的自下而上、开放分布式

---

① SITARAMAN G. The national security case for breaking up big tech[J].Foreign affairs,2020(3-4):116-126.

② GIDDENS A. A contemporary critique of historical materialism. Vol. 2: the nation-state and violence[M]. Cambridge: Polity Press,1985.

③ COYLE D. Practical competition policy implications of platforms[EB/OL].[2020-02-26].https://www.bennettinstitute.cam.ac.uk/media/uploads/files/Practical_competition_policy_tools_for_digital_platforms.pdf.

④ 方兴东,钟祥铭,彭筱军.草根的力量:"互联网"(Internet)概念演进历程及其中国命运——互联网思想史的梳理[J].新闻与传播研究,2019(8):43-61.

的大集市模式,数字传播已成为人类社会主导性的传播新范式。①

可以说,某种程度上,今天的超级平台已经成功地俘获了技术,俘获了互联网。因此必须明确平台反垄断不仅仅是经济问题和利益问题,也涉及政治问题和权力问题。依靠技术创新和经济发展已经不足以真正解决平台垄断造成的各种问题了。显然,这也是中央要把反垄断提升到如此高度的根本原因。

五、中国互联网如何演进到"公共俘获"阶段

相比于在法律制度相对完善、企业更加自律的欧美国家,互联网超级平台在中国的快速扩张引发的问题更加尖锐。我们可以简单回顾一下中国互联网在 1994 年接入国际互联网之后的演进历程。直到 2008 年之前,互联网还处于一个自由竞争阶段。这一阶段全球高科技领域的反垄断主要针对传统 IT 业和通信领域,尤其是微软和英特尔形成的 Wintel 双寡头。无论是中国还是美国,此时的互联网还是反垄断的"保护对象",政府要防止传统 IT 业和通信行业的垄断力量挤压和打击互联网领域的创新创业。中国的互联网领域既要面对传统 IT 巨头以及巨无霸通信运营商,还要面对美国的互联网巨头雅虎、eBay、亚马逊等。这一阶段,中国的《反垄断法》还没有正式出台,舆论成为反垄断的主要方式。

表 5　竞争视角下中国互联网发展进程的三个阶段

发展阶段	典型代表	转折点	网民数量	市值量级	侧重点	产业阶段	基本属性	主要挑战
自由竞争阶段(1994—2008)	网易、搜狐、新浪等门户网站	2000 年泡沫破灭	0—3 亿	亿美元级	技术维度	PC 互联网	信息中介	信息把关
垄断竞争阶段(2008—2016)	BAT	2010 年 3Q 大战	3 亿—7.3 亿	百亿美元级	经济维度	移动互联网	多边市场	控制市场
公共俘获阶段(2016 至今)	AT	强化反垄断和防止资本无序扩张	7.3 亿—14 亿	千亿美元级	社会维度	智能物联网	基础设施	俘获公共领域和公共权力

2008 年全球金融危机,中国应对得当,所受冲击相对不大。中国互联网告别了三大门户阶段,百度、阿里巴巴和腾讯分别在搜索、电商和即时通信领域确立垄断地位,市值都突破了百亿美元大关。中国互联网进入了新的垄断竞争阶段。互联网企业充分享受了中国人口的红利,更抓住了经济蓬勃发展和政策宽松的机遇。2010 年 3 月

① 方兴东,严峰,钟祥铭.大众传播的终结与数字传播的崛起——从大教堂到大集市的传播范式转变历程考察[J].现代传播(中国传媒大学学报),2020(7):132-146.

23日，谷歌正式宣布退出中国大陆，中国互联网市场从此失去了与国际第一流互联网企业直接竞争的机会，基本上只是国内互联网巨头的内部竞争，开始出现了明显的内卷化趋势。《反垄断法》从起草到实施历时14年，于2008年8月1日生效。这一阶段，面对互联网领域越来越严重的恶意垄断行为，“包容审慎”成为平台监管套利的口头禅。我们需要进一步精准落实和完善“包容审慎”的监管要求，把握好竞争监管政策的方向、节奏和强度，更多普惠中小微企业创新创业，更好地激励青年才俊创意创造，更准适用新模式新业态的婴幼期，而不是“包庇纵容”平台权力在各个层面的无节制扩张和滥用。

2016年开始，腾讯和阿里巴巴等实际上开始成为社会和生活的基础设施。互联网超级平台不再满足于固有的商业领域，开始向很多公共领域快速渗透。中国互联网进入了新的“公共俘获”阶段。公共俘获概念是监管俘获概念的延伸。斯蒂格勒指出，为获得监管收益，被监管者会动用种种资源和手段“俘获”监管者。监管者一旦被“俘获”，监管的设计和实施都将围绕被监管者的利益展开。公共俘获的本质就是互联网平台超越了企业的“本分”和固有边界，通过“俘获”公共领域和公共权力，为自己谋求最大化的利益。这些行为直接侵蚀和损害了社会利益和公共利益，甚至危及国家全局利益，严重侵蚀国家治理能力和效能，未来有可能危及国家稳定。

公权力来自人民的支持，公共领域是人民意志的表达领域，它是权力产生的根本源泉。对于哈贝马斯而言，公共领域的基本内涵就在于它的公共性，它是向所有公民开放的领域，是所有公民平等对话的领域，是所有公民自由地表达并公开形成他们意见的领域，也是依靠传媒表达意见的领域。作为与政治相关的问题，公共领域是形成政治意见的领域，因此，对于一个民主国家而言，它是形成国家权力合法性的根源。[①] 然而，虽然真正的公共权力来自公共领域，但“暴力”却来自资本和政治的霸权，这种霸权能不干预公共权力的形成吗？[②]

互联网发展到超级平台阶段，商业领域的滥用行为屡禁不止，比如屏蔽竞争对手链接，破坏互联网基本的互联互通；不公正地自我导流，破坏公平竞争；实施二选一、过度收费等霸王条款，压制中小企业；几大超级平台通过无限制的收购兼并，基本控制了整个互联网行业的创新与竞争。互联网超级平台走出商业领域，全面介入甚至控制了社会和公共领域。

随着互联网超级平台的权力从经济领域扩张到社会领域，缺乏有效制约和治理的权力就进一步延伸到了公共权力领域。传媒权力是一种公共权力，它应该为社会公众

① 哈贝马斯.公共领域的结构转型[M].曹卫东，王晓钰，刘北城，等译.上海：学林出版社，1999：10-18，46，94.

② 孙承叔.公共领域与权力的合法性基础：西方马克思主义基础理论研究[J].学术月刊，2012(44)：45-52.

所拥有,不能为私人、团体、派别等少数人员所垄断。[①] 互联网超级平台本身就是当今世界主导性的媒体传播平台,它们一直在不断投资和控制各类媒体平台,并且深度影响甚至操纵媒体传播。最明显的一点就是,最近几年是它们扩张和滥用垄断地位越来越严重的时期,但反而越来越鲜见相关的媒体批评言论。

同时,由于相关政府部门的监管滞后于技术发展,治理能力难以及时覆盖网络平台上的全部用户(包括平台内经营者、消费者及"物"或"行为"等),形成权力真空。互联网超级平台凭借其强大的技术、数据、资金、管理、公关等优势,本身既是运动员,又是裁判员,接管了本来应该由公共权力来行使的职权,形成了事实上的监管俘获。受互联网超级平台的游说,一些地方和部门不自觉地让渡监管职能,部分引入"政府管平台,平台管用户"的双层管理模式,形成主动式监管俘获,助长了平台借助公共权力进一步谋求企业利益最大化的错位思想。典型的例子就是数字化抗疫中产生的健康码,其最大隐患就是市场力量借助技术优势、数据优势和资本优势,对健康码造成事实上的监管俘获。[②] 凭借技术和数据优势,它们甚至在反垄断、电子商务等多个领域,通过高薪挖人、共建机构、聘请顾问和委托课题等多种方式,对相关领域关键机构和核心学者实施定向的学术俘获。在网络治理等领域的立法进程中,互联网超级平台歪曲方向、虚构民意、伪饰舆论,妄图达成立法俘获。尤其严重的是,2020 年这场席卷全球的新冠疫情,不仅极大强化了互联网超级平台的商业控制能力和盈利能力,更主导了全国各地的"健康码",完成了一次有史以来规模最大的个人数据的精准收集与使用。迄今,对这些数据的合理使用规范与适切监管尚未完善。这一系列现象充分展示了互联网超级平台的超级权力和顶级能量,更说明了相关治理的失效和缺失将使互联网超级平台不断突破企业固有的边界,背离企业本分和互联网精神,可能滑向社会利益的对立面。

六、新形势下中国平台反垄断面临的挑战与对策

要最终把互联网超级平台的超级权力"关进笼子里",可以在五个方面发力:一是通过政策限制互联网超级平台可以进入的领域,尤其是媒体、金融、教育、医疗等公共服务领域;二是扫除盲区,明晰边界,对企业超越本分,操控媒体、学术、政策、监管和法治等公共领域的行为要严厉惩戒;三是通过技术创新和制度创新,实质性提升政府治理能力,有效防范和抵御监管俘获;四是进一步加强反垄断法等制度创新,加强防范与制裁垄断行为的及时性、有效性和严肃性,提升法律威慑力;五是把数据作为治理的抓

① 陈先元.传媒权力是大众社会的一种公权力[J].新闻记者,2005(5):31-33.

② 方兴东,严峰."健康码"背后的数字社会治理挑战研究[J].人民论坛·学术前沿,2020(16):78-91.

手,进一步加快个人信息与数据保护立法,强化个人对数据的主导权,在国家层面建设立足公共利益的公共数据运营商,通过权力平衡实现结构性的改善。

我们有必要重塑企业边界,明晰企业本分。一是媒体与舆论领域:严格限制企业与媒体的合作关系,企业不得影响媒体的独立性;鼓励媒体调查和发表批评意见,防范企业显性和隐性的干预与胁迫;针对企业投资和兼并设立严格的制度,严格设限投资数量和内容干预等;针对企业操纵媒体与舆论的情况建立有效的惩戒制度。二是行业公共空间领域:必须严格控制企业投资行业媒体和网站的数量;企业研究院发布行业报告必须明示代表企业立场;企业对行业协会的支持不得影响其独立性,不得干预其正常活动,尤其不得禁止批评等;全面审查垄断企业对外投资协议,禁止排除竞争条款。三是学术领域:企业对学者研究的支持不得干预其独立性,并且建立必要的公示制度,遵从信息披露,回避利益冲突;学者参与政府决策机制,比如成为国务院反垄断专家委员会专家咨询组成员时,应完整申报之前与相关企业的合作信息,并签署与相关企业合作的利益回避承诺;学者参与立法和司法等,应该遵从信息披露和利益回避制度。四是公共服务和关键基础设施领域:反垄断应该首先从清查各级政府公共服务和政务办公领域的涉嫌垄断的行为入手;对垄断企业设立严格的准入制度,严格坚守流程的公开性和透明性,严格控制市场份额,对一些特定行业应禁止其进入,且进入公共服务的领域和区域要有数量限制。五是地方政府:出于政绩和招商引资需要,垄断企业备受各地方政府青睐,往往能够获取超常规的显性和隐性优惠政策,为此应该设立严格的问责制度,谨防地方政府行政垄断与市场垄断的合谋行为。六是立法和司法领域:必须设立严格的规章制度,禁绝垄断企业在立法阶段和司法阶段多层次的渗透与影响。

我们有必要大胆进行制度创新,形成制度突破。有破有立,有堵有疏,除了强化反垄断和防止资本无序扩张,还可以实施建设性的制度创新方案,其中关键之一就是可以以传统媒体为核心,构建公共数据运营商体系。目前的状况是,几乎所有互联网超级平台收集数据都超越了正当、合法、必要的基本法律准则和底线,且其数据使用缺乏透明度,几乎是个黑匣子。与之相比,传统媒体以公共利益、社会利益和国家利益为重,以谋求可持续发展的商业利益为辅,其体制机制可以转变为独特的优势,更好地履行公共数据职能。传统媒体具有完整覆盖从中央到省再到县一级的完备体系,且其价值观与公共数据运行非常吻合。在数字时代,传统媒体的首要职能应调整为以公共数据的运营为基础,做好公共服务和民生服务,为政府和商业机构合理地运营公共数据,并以此为基础促进内容建设,形成以数据驱动用户和内容生产的全新机制,促进社会信息传播体系和治理体系的协同与融合。这既是解决互联网超级平台不合理地垄断数据问题的长久之计,又为长期陷入僵局的媒体融合战略找到了真正长远的突破口。[①] 这方面中国可以发挥制度优势,比欧美国家更好更快地找到突破性的解决方案。

平台反垄断无疑是全球面临的共同难题和共同挑战,中国虽然起步较晚,但并不甘于落后。国家及时叫停蚂蚁金服 IPO 事件,就展现了政府在关键时候的英明与果断,必将成为全球平台治理的里程碑事件。中国的现代化治理之路,很大程度上体现在基于数字技术的全新治理范式之上。

反垄断、反不正当竞争的本质都是维护消费者利益,体现了以人民为中心的思想。互联网是创新和变革的引擎,更是走向共同富裕的引擎。某种程度上说,中美欧这场不约而同的互联网超级平台治理浪潮,不但是关于科技创新活力的比拼,也是数字时代国家制度创新能力与治理能力的竞争,更是共同构建网络空间命运共同体的良好契机。我们要像一贯学习国外科技创新那样,努力学习国外优秀的平台治理机制,坚持将习近平网络强国战略思想与习近平法治思想作为依法用网治网强网的指导思想。中国现在的发展态势和全球开放格局,加上中国的制度优势,完全可以成为数字时代的全球引领者。通过跨越式的创新与突破,形成技术创新、模式创新、制度创新三者联动的新态势,既进一步增强产业竞争力和经济活力,又以此促进国家治理体系和治理能力现代化。

* 中国互联网协会秘书长胡钢对本文也有重要贡献,特此致谢。

---

① 方兴东,钟祥铭.中国媒体融合的本质、使命与道路选择——从数字传播理论看中国媒体融合的新思维[J].现代出版,2020(4):41-47.

元宇宙:深度媒介化的实践*

◎ 陈昌凤**

摘要:元宇宙技术及其意义制造过程有何特质?它是怎样作用于当下社会文化变革的过程的?它有什么样的价值风险?元宇宙的"深度媒介化"特质及其与人类、历史文化和现实社会之间存在复杂的关系。元宇宙是一个复杂关系的转型过程,其逻辑立足于人的解放和社会的转型,它将进一步改变交流的性质和人类的社会关系,其价值观挑战来自人的自主性与数字化人格和尊严。

关键词:元宇宙;媒介化;虚拟技术;算法伦理;社会建构

虚拟现实技术正在模糊现实与幻觉之间的界限,突破我们的想象力极限,让我们能够获得任何可以想象的体验,带火了"元宇宙"。比如著名网游 Fortnite 的母公司"史诗游戏"(Epic Games) 2021 年 4 月融资 10 亿美元用于元宇宙技术的开发,带来股值暴涨;专门为元宇宙开发开源标准的组织已经出现,如"开放元宇宙"(Open Metaverse)。据彭博估计,到 2024 年,元宇宙的市场规模可能达到 8000 亿美元。北京大学汇丰商学院和安信证券的联合报告认为:2022 年元宇宙将持续扩散,将有全新内容的催化;算力、引擎、数字孪生是重点突破方向。[③] 截止到 2022 年 3 月初,在中国大陆的苹果手机应用商店,可以下载的以虚拟技术为主要元素的应用程序达数百家,其中一些更冠以"元宇宙"的主题或元素。"元宇宙"正是伴随着虚拟技术的发展而脱胎于科幻作品,显形于科技世界,成为资本竞逐、权势瞩目、用户好奇的对象。元宇宙有何特

---

* 本文原载于《现代出版》2022 年第 2 期,收入本书时有改动。
课题:国家社科基金重大项目"智能时代的信息价值观引领研究"(18ZDA307)中宣部文化名家暨四个一批人才项目。

** 陈昌凤,清华大学新闻与传播学院常务副院长,教授、博士生导师。

③ 北大汇丰商学院,安信证券.元宇宙 2022:蓄积的力量[EB/OL].(2022-01-28)[2022-03-16].https://mp.weixin.qq.com/s/X2vWXvHmhBxrOcSlwZV9jg.

质？它是怎样作用于当下社会文化变革的过程的？它有什么样的价值风险？本文将从媒介社会学的视角，以“媒介化”理论及其社会建构主义为路径，分析元宇宙的“深度媒介化”特质及其与当下社会的互相影响。

一、元宇宙与深度媒介化

元宇宙是众多技术发展到现阶段带来的潜在成果，也是社会变迁催生的一种潜在的社会形态。元宇宙本身就是深度媒介化的实践。

（一）媒介化、深度媒介化与现实建构

人类为何不遗余力地开发新技术？伯格（P. Berger）和卢克曼（T. Luckmann）在《现实的社会建构》（1967 年初版）中指出，人按照需求主动创造工具和规则。他们大胆宣称：现实是人类建构的产物，人类社会的产生和发展过程其实也是人类建构现实的过程。[①] 库尔德利（N. Couldry）和赫普（A.Hepp）等在其基础上发展出了“媒介化”的建构主义理论。[②]

“媒介化”（mediatization）是在近 20 年才运用于媒介研究领域的。随着媒介影响的扩大、社会的变迁以及人文社会科学的拓展，媒介与传播领域原先热门的媒介文本分析、媒介生产的政治经济学和受众/接受研究这三大路径，已经难以解答媒介为何重要、媒介如何改变社会这类问题，“媒介化”于是受到了重视。“媒介化”并不是指单一的理论，而是指一种更普遍的媒体和传播研究方法。在媒介化“社会建构主义”传统（另一个传统是“制度主义”）中，媒介化主要指媒介在社会文化现实的交流建构过程中的影响。[③] 媒介化被当作与城市化、全球化和个体化相提并论的高度现代性的重大变革过程。媒介化理论提出了一个社会学框架，思考媒介如何在高度现代性的特定历史阶段发展成为社会中的半独立机构、融入各种社会和文化机构，以及媒介如何通过这种分化、整合及其与社会和文化机构互动的过程，以多种方式影响社会。[④]

媒介变革的过程与技术变革相耦合。相关理论认为，不能把数字时代的社交媒体和之前的媒体放在同一个媒体框架下同等对待，以往的媒体是一个个特殊的独立框架，以碎片式呈现，而现在的社交媒体则在进行连续性、网络化的社会塑造。社交媒体网络的出现本身就意味着社会和媒介之间的融合，媒介化的联结已经成为现代人生存

---

① 伯格，卢克曼.现实的社会建构[M].吴肃然，译.北京：北京大学出版社，2019.

② COULDDRY N, HEPP A. The mediated construction of reality[M]. Cambridge:Polity Press,2017:1-14.

③ COULDRY N, HEPP A. Conceptualizing mediatization: contexts, traditions, arguments[J].Communication theory, 2013,23(3):191-202.

④ HJARVARD S. The mediatization of culture and society[M]. London:Routledge,2013.

的基本状态。当今世界已经处于深度媒介化(deep mediatization)的时代,一个被媒介网络化联结的时代,社会建构的基本要素已经根植于媒介化的过程中。① 深度媒介化是这个过程的高级阶段,在这个阶段,社会世界的所有元素都与数字媒体及其底层基础设施有着错综复杂的关系,大型 IT 公司在其中发挥着更大的作用。②媒介的作用不是驱动力,而是模塑力(molding force)。媒介的模塑力通过高度语境化的不同中介方式而具体化。③ 默多克(G.Murdock)使用"物质"来指代的,应当就是"基础设施",包括当代通信系统的物质基础中所使用的原材料和资源、支持日常交流活动的设备,以及构建和维护这些基础设施和机器所需的劳动链。④

元宇宙的开发核心就是"基础设施",包括有形的通信系统、无形的通信协议、可见的接口界面,还有隐形的平台算法:它们构成了通往虚拟世界的"媒介"。它们深刻地影响了"媒介化",当今微软、亚马逊、谷歌、元宇宙和苹果等少数公司拥有最发达的基础设施,主导了日常数字活动和新兴全球经济。风险投资人鲍尔(Matthew Ball)将这些问题列为八类:一是硬件,用于接入、交互或开发元宇宙的物理技术和设备的销售和支持;二是网络化,通过骨干提供商、网络、交换中心及其服务,以及管理至消费者"最后一英里"的数据,为消费者提供持久、实时的连接以及高带宽和分散的数据传输;三是计算,支持元宇宙的计算能力的启用和供应,支持物理计算、渲染、数据协调和同步、人工智能、投影、动作捕捉和翻译等多样化和高要求的功能;四是虚拟平台,沉浸式数字和 3D 模拟、环境的开发和运营,用户和企业可以在其中探索、创造、进行社交并获得各种体验,从事经济活动;五是工具和标准,工具、协议、格式、服务和引擎,支持互操作性,并支持元宇宙的持续改进;六是支付,支持数字支付流程、平台和运营;七是内容、服务和资产,与用户数据和身份相关的数字资产的设计/创建、销售、转售、存储、安全保护和财务管理;八是用户行为,消费者和商业行为的可观察性。⑤ 能够拥有那些相关前沿技术,并能把资源和劳动整合起来的公司,将是世界"媒介化"的主导者。它们通过技术中介化过程,成就元宇宙的交往和互动。⑥ 虽然"媒介化"过于强调了媒介的建构力,忽视了人类仍能通过选择、控制、驱动或禁限,来回应"媒介化"的力量,但是它开辟了一个媒介"元研究"的路径。

---

① COULDDRY N, HEPP A. The mediated construction of reality[M]. Cambridge:Polity Press,2017:1-14.

② HEPP A. Deep mediatization[M]. London:Routledge,2020.

③ HEPP A. Mediatization and the"molding force"of the media[J].Communications,2012,37(1):1-28.

④ 默多克.媒介物质性:机器的道德经济[J].刘宣伯,芮钰雅,译.全球传媒学刊,2019(2).

⑤ BALL M.Framework for the Metaverse[EB/OL].(2021-06-29)[2021-12-21]. https://www.matthewball.vc/all/forwardtothemetaverseprimer.

⑥ 师文,王方,张梦,等.算法治理与发展报告:以人为本,算法共治[R]//陈昌凤,李凌.算法人文主义:公众智能价值观与科技向善.北京:新华出版社,2021.

(二)元宇宙:技术集合与感觉制造的过程

“媒介化”强调社会是通过技术中介的过程和传播基础设施(物质的“媒介”)构建的。元宇宙作为数字时代众多媒介技术发展的产物,本身就是一种深度媒介化的实践,对于数字化“现实”的建构有着独特的标志性意义,促使我们重新思考这个时代社会的特征。

元宇宙的基础设施核心是虚拟技术,是利用电脑模拟出的三维虚拟空间,具有三“I”特征:交互(interaction)、想象(imagination)和沉浸(immersion)。① 精心制作的模拟空间,使得用户获得身临其境的体验。美国斯坦福大学虚拟人机交互实验室创始主任、传播系教授拜伦森(Jeremy Bailenson)在其2018年的著作《按需体验》(*Experience on Demand*)中,对虚拟世界做了种种光明的描述和设想:虚拟世界可以让人的世界观变得更好,人们通过大量的模拟练习使工作或运动变得更好,进入虚拟世界后将在不断探索中获得乐趣,虚拟世界还可以通过分散人们的注意力来改变对疼痛的感知。虽然存在危险和许多未知数,但是虚拟现实可以帮助我们磨砺自己、从创伤中恢复、提高学习和沟通能力、增强同理心和想象力。拜伦森认为虚拟现实不是让我们远离了现实,而是丰富了我们的生活并使我们更好地对待他人、环境以及自己。② 作为虚拟世界的里程碑式产物,元宇宙是什么?它的模塑力体现在哪里?它与人类和现实社会有怎样的复杂关系?

如果想了解社会是如何形成的,就需要把媒介视为包括基础设施在内的技术和感觉制造的过程,这是媒介化社会建构主义的核心观点。③ 近二十年间社交媒体网络的出现,不仅让媒介成为内容传播的渠道,还成为人们交流互动、形成社会联结的空间。吉登斯(Anthony Giddens)认为,“数字革命”涉及的不仅仅是数字化和互联网,还要催变社会学思想。④ 社会世界有一部分由阐释和沟通建立起来,所以对这个世界的描述就必须密切关注物质的内在结构——沟通正是通过这些结构并在其基础上进行的。跟以往强调媒介的文本、效果或受众研究不一样,媒介研究需要正视技术(包括基础设施)及其感觉制造过程,这也正好给了元宇宙这样的特殊媒介一个较恰当的研究路径。

---

① SHERIDAN T B. Interaction, imagination and immersion some research needs[J]. Proceedings of the ACM symposium on virtual reality software and technology,2000(10):1-7.

② BAILENSON J. Experience on demand: what virtual reality is, how it works, and what it can do[M].New York:W. W. Norton & Company,2018:1-12.

③ COULDDRY N, HEPP A. The mediated construction of reality[M]. Cambridge:Polity Press,2017:1-14.

④ GIDDENS, A. “The digital revolution”, lecture delivered at the London school of economics and political science [M]//COULDDRY N, HEPP A. The mediated construction of reality. Cambridge:Polity Press,2017:1-14.

社会建构的过程就是一个交流的过程,而如今的社会和世界交流是中介化的,人类依赖的中介不是基于内在的精神现实,而是基于物质过程(物体、联系、基础设施、平台),从而使交流和意义的建构得以发生。因此,理解作为深度媒介化的实践的元宇宙,需要从技术及其意义制造过程入手。元宇宙是移动互联网背景下融合多项虚拟技术形成的一种未来的连接状态,是移动互联网的准继任者状态,它不会从根本上取代互联网,而是互联网的迭代升级,是移动互联网时代各种新技术驱动的转型前景。从移动互联网的演进、诞生过程,我们可以理解当前元宇宙技术为何、如何成为可能,其文化逻辑,以及与人类及社会的互动关系是怎样的。

在互联网的基础上,移动互联网经过了复杂的演进才得以诞生,即经过多方面的发展聚合,才有了 iPhone 这样的移动终端:iPhone 是在第一部手机通话 34 年后,在第一个数字无线网络 2G 诞生近 20 年后,在无线应用协议(WAP)标准支持的浏览器推出 8 年后,才创造出来的;第二部 iPhone 才成为第一款包含 3G 的移动手机,它使移动网络变得可用,并运行 iOS App Store,使无线网络和智能手机变得可用。但 3G 和 App Store 都不是苹果公司独有的创造。iPhone 通过英飞凌(Infineon)制造的芯片接入 3G 网络,这些芯片通过 ITU 和 GSMA 制定的标准连接,由 AT&T 等无线供应商建在 Crown Castle 和 American Tower 等公司建造的无线塔顶上。iPhone 的一个应用程序,是数以百万计的研发人员构建出来的,这项复杂的基础设施,是技术与社会需求、社会赋予的创新能力等互动的结果。

复杂的基础设施在建设的过程中,遵循了社会的和技术的秩序,是社会张力的复杂互动的结果。这些应用程序建立在各种各样的标准之上——从 KDE 到 Java、HTML 和 Unity——这些标准是由外部各方建立和/或维护的(包括在关键领域与 Apple 有竞争关系的企业)。App Store 支付的有效性,依赖的是数字支付系统、清算网络和技术框架等基础设施。成就了 iPhone 的,还包括其他的无数技术创造,从三星 CPU(从 ARM 获得许可)、意法半导体(STMicroelectronics)的加速度计、康宁(Corning)的大猩猩铝硅钢化玻璃(Gorilla Glass),以及博通(Broadcom)、欧胜(Wolfson)和美国国家半导体(National Semiconductor)等公司的其他组件,是他们开启了移动互联网时代,并界定了改进的路径。①

基础设施的建设本身就是一个复杂关系的转型过程,它需要太多的生态和条件支持,也存在很多不可预测性。在元宇宙的前景下,我们仍然要考虑这些相关的问题:首先,新技术的变革要符合人类发展的趋向,能够推动人类文化的发展。新技术的广泛应用从根本上改变了人类文化,从知识到经验的积累,从生活到工作,从创造到消费,

① BALL M.Framework for the Metaverse[EB/OL].(2021-06-29)[2021-12-21]. https://www.matthewball.vc/all/forwardtothemetaverseprimer.

元宇宙将会是一次颠覆性变革,必将对人类的文化和社会产生重大影响。其次,元宇宙这样的转型性技术形态不是一朝一夕从天而降的,这种重大转型需要各领域不同层次、不同级别的创新和发明,需要社会转型的观念和实践,并且需要相关的融合者、创建者,这意味着建设完整的元宇宙需要很长的时间——乐观认为需要10—15年,更多的分析家认为需要几十年时间。最后,新兴技术必将改变世界,科技想象力是按照人类历史、社会、人类自身需求发展的。

二、元宇宙:虚拟的现实与人的解放

科技界、投资界等对元宇宙投入了极大的热情,元宇宙的现实逻辑立足于人的解放和社会的转型。

(一)理解元宇宙:网络、体验、社会形态

尽管元宇宙没有一个被普遍接受的定义,但有一点大家都公认:元宇宙是互联网的更高级的继任者,是移动互联网的继承者。因此,它仍是互联网应用程序运行和存在的地方,同时也是驱动或模塑社会的媒介化力量。移动互联网是互联网的一次迭代改造——并没有改变互联网的底层架构,是通过固定基础设施传输和管理的,但它改变了我们使用互联网的方式,运用互联网的时间、地点(随时随地、持续性),也改变了互联网提供的产品和服务。元宇宙将是更新一代的互联网,它可以让我们以"具身"的方式,沉浸于虚拟的三维空间,置身(而不是观看)在互联网之中,并与其他用户实时互动,共同建构一个虚拟化的现实社会。

从"谷歌趋势"(Google Trends)的搜索指数分析来看,"元宇宙"这一概念在全球范围内的关注指数,在2021年之前寥寥无几,直到2021年12月才飙升到最高值100;在美国也相似,在2021年9月及之前,"元宇宙"的搜索指数从未超过6(范围在0—100),直到2021年11月才飙升到最高值100。全球范围内最热门的五大相关主题依次是元宇宙—虚拟世界、硬币、密码货币、股票、Meta—社交网络服务,美国最热门的五大相关主题依次是元宇宙—虚拟世界、密码货币、Meta—社交网络服务、不动产、非同质化代币。①

元宇宙概念在2021年广受关注,在Facebook更名前夕,就已经在美国硅谷热炒,被称为"部分实战、部分愿望、部分炒作"②的混合体。较早界定并在硅谷引用较广的

① 搜索指数查询日期:2022年3月10日。

② ROBERTSON A, PETERS J. What is the metaverse, and do I have to care? [EB/OL].(2021-10-04)[2022-03-16].https://www.theverge.com/22701104/metaverse-explained-fortniteroblox-facebook-horizon.

一个定义,是上文提及的鲍尔发表在在科技领域有广泛影响的《元宇宙入门》(*Metaverse Primer*)上的文章中所描述的:"元宇宙是一个实时渲染的3D虚拟世界的大规模且可互操作的网络,可以有效用于无限数量的用户同步和持续体验,其身份、历史、权益、物品、交往和支付等具有个人存在感和数据连续性。"①

鲍尔近几年对元宇宙有较深入的分析,2021年6月他还和他人联合推出了一个股票交易基金,目标据称是让普通人投资元宇宙技术相关公司。鲍尔强调了元宇宙是一个由相互连接的体验和应用程序、设备和产品、工具和基础设施组成的网络,也赞同了元宇宙是互联网的迭代的观点。元宇宙不是虚拟现实,虚拟现实只是体验元宇宙的一种方式;元宇宙不是用户生成(UGC)的虚拟世界或虚拟世界平台,UGC只是众多体验之一;元宇宙不意味着电子游戏,人们可以在元宇宙中玩游戏,但这些游戏不是元宇宙本身;元宇宙不是Unreal、Unity、WebXR或WebGPU之类的工具,它们是互联网所依赖的协议和用于渲染的软件。目前最热门的Fortnite和Roblox等游戏,汇集了许多不同的技术和趋势,产生了一种既是有形的、又是不同于以往的一切的体验,但是它们不能与元宇宙混为一谈。Facebook在2021年10月28日更名以前,已经成为硅谷在元宇宙领域拥有最多股份的科技公司,他们给元宇宙下了一个定义:"'元宇宙'是成套的多个虚拟空间,您可以在其中与和您不在同一物理空间的其他人一起创造和探索。"②

在这个空间里,人们能够闲逛、工作、娱乐、学习、购物、创作等等。科技巨头们声称正在开发通常被称为"元宇宙"的东西——一个使用虚拟和增强现实等技术的互联虚拟体验的东西,其核心理念是,通过创造更强的"虚拟存在感",使在线互动体验变得更接近面对面的互动。③ 在宣布更名"元宇宙"的大会上,公司探讨了未来十年在虚拟世界的社交联系、娱乐、游戏、健身、工作、教育和商业,当场发布了帮助人们构建虚拟世界的新工具,比如将在Quest 2上实现新的混合现实体验的Presence Platform,并投资1.5亿美元用于沉浸式学习,培训下一代创作者。从这个意义上来说,元宇宙不只是要建构一个新型的"虚拟社会",还要改变现实社会。

近几个月,"元宇宙"在中国也极受关注,清华、北大、复旦等学校纷纷推出了元宇宙研究报告。清华大学新闻与传播学院的新媒沈阳团队的元宇宙相关报告有广泛影响,其中对元宇宙的定义是:元宇宙是整合多种新技术而产生的新型虚实相融的互联

① BALL M.Framework for the Metaverse[EB/OL].(2021-06-29)[2021-12-21]. https://www.matthewball.vc/all/forwardtothemetaverseprimer.

② BOSWORTH A, CLEGG N. Building the metaverse responsibly[EB/OL].(2021-09-27)[2022-03-16].https://about.fb.com/news/2021/09/building-the-metaverse-responsibly.

③ CLEGG N, OLIVAN J. Investing in European talent to help build the metaverse[EB/OL].(2021-10-17)[2022-03-16].https://about.fb.com/news/2021/10/creating-jobs-europe-metaverse.

网应用和社会形态，它基于扩展现实技术提供沉浸式体验，基于数字孪生技术生成现实世界的镜像，基于区块链技术搭建经济体系，将虚拟世界与现实世界在经济系统、社交系统、身份系统上密切融合，并且允许每个用户进行内容生产和世界编辑。①

腾讯新闻与复旦大学新闻学院传播学系联合发布的元宇宙相关报告，从广义和狭义界定了元宇宙：元宇宙是多种技术集成逐步共同建设而成的生态系统。主要成分是遍在性网络、加密货币和加密网络（如比特币和以太坊）、VR 和 AR 技术以及 NFT。狭义上的元宇宙是一种基于增强现实、虚拟现实和混合现实等技术，整合了用户替身创设、内容生产、社交互动、在线游戏、虚拟化身支付的网络空间。②

科技是元宇宙的驱动力。有人认为，近年来的两大科技趋势——AI 算法的提升和量子计算机的突破，两者未来结合起来所带来的进步趋势，其终点就是元宇宙。③无论怎样，元宇宙的特征和核心技术都得到了重视——作为互联网的更新换代，元宇宙仍是社会转型的一种投射。社会呈现不断发展的、自然的趋势，是在其中共同生活的人类的“第二天性”，而媒介与交往的基础设施已经成为这种“第二天性”的一部分，它以与其他人类需求和目标相适应的方式发展。

（二）元宇宙改变交流：解放人类的需要

从上述中外业界、学界、商界对于元宇宙的理解可以看出，元宇宙所涉及的面向非常广阔，其内在驱动力则是现在这个历史阶段社会文化语境下的人类的愿望和欲求：成为“超人类”，挣脱生物性的束缚，突破有机体躯壳的局限，抗击自然的支配，打破物质性的时空，摆脱社会性的束缚……计算机技术给人类的愿望插上了翅膀，科幻小说家吉布森（William Gibson）于 1982 年创造了“赛博空间”（cyberspace），另一位科幻小说家斯蒂芬森（Neal T. Stephenson）于 1992 年创造了“元宇宙”（metaverse），这些互联网时代的用语，是信息时代人类解放欲望的极有表达力的隐喻。

工业革命解放了人类的手和脚，人工智能解放了人类的大脑，元宇宙则有望解放人类的一切需要和愿望。正如“元宇宙新贵”Meta 首席执行官扎克伯格在 2021 年 10 月阐释其打造元宇宙新愿景时所说：“在元宇宙，你几乎可以做任何你想象的事情——与朋友和家人聚在一起、工作、学习、玩耍、购物、创作——以及迥异于我们如今对电脑或手机看法的全新体验。”④元宇宙已经被互联网产业界视为一次新型产业革命。理想中的元宇宙，是不停运转的、和现实同步的世界，人们在元宇宙中所拥有的一

① 王儒西，向安玲.2020—2021 年元宇宙发展研究报告［R］.2021-09-16.

② 邓建国，刘博.2021—2022 元宇宙报告——化身与智造：元宇宙座标解析［EB/OL］.（2022-01-14）［2022-01-25］.https://view.inews.qq.com/a/20220114A059PY00.

③ Gadio pro［EB/OL］.（2021-12-05）［2022-03-16］.https://www.gcores.com/radios/144691.

④ Founder's letter［EB/OL］.（2021-10-28）［2022-03-16］.https://about.fb.com/news/2021/10/founders-letter.

切都在现实世界中有相对应的映射，但它又不同于“现实”，在这里，“现实”是媒介社会学的用语，它不是指媒介表现或现实建构（比如“真人秀”或“第二人生”），而是人类通过媒介化获得的社会世界的成就感。

元宇宙将进一步改变交流的性质，可以使人无所不在、永远在场甚至永远“活着”；使人与人的交流，变成人与机器/通过机器的交流，并且通过将物理世界和人的存在感虚拟化，打造“去中介化”的交流体验——永远面对面，永远在一起。按照扎克伯格的说法，元宇宙的本质是一种存在感——就像你和另一个人在一起或者在一个地方。社交技术的终极梦想正是让人感觉到真的与对方同处一室，可以以全息图（hologram）的形式被瞬间传送到目的地。人们将以完全的化身（a full-bodied avatar）或自己的全息图像在虚拟的或者真实的空间进行沉浸式交流（fully immersive）。[①] 扎克伯格追求的元宇宙的成功，就是让人无法分清虚拟和现实，让人们在那里永远地工作、玩耍和社交。人变得越来越简单，行为和互动变得标准化和机械化，活动空间可能只需一间小屋子或一张沙发，设备只需一个 VR 眼镜和一台接入互联网的设备。而虚拟化身在虚拟世界则变得越来越多变，越来越丰富。[②]

元宇宙是要在捕获物理数据的基础上训练人工智能系统建设的。据 2019 年 3 月的报道，美国宾夕法尼亚州匹兹堡的脸书现实实验室（Facebook Reality Lab）有上百人在努力工作，研究超现实化身（ultra-realistic avatars），目标是重新定义 21 世纪的交流。该实验室还在不断扩大，并且只是 Facebook 公司（如今的 Meta 公司）研究更加逼真和更个性化的化身的小组之一。化身系统称为“编解码器化身”（codec avatars）。为了创建每个化身，Facebook 使用了一个专门的工作室，由指向中心的 132 个定制的摄像头和麦克风组成，用来捕捉人的数据——他们请一个个研究参与者在工作室中心连续数小时做出各种面部表情和声音，系统捕捉大量高质量音频和视频之后会生成一个个独特的逼真的化身头像（photorealistic avatar face）。另一个新建的系统捕捉身体的数据进行智能训练。为了驱动这些化身，Facebook 在头戴式设备的内部构建了一个带有摄像头的系统，包括一个在鼻孔中的摄像头。为了保护参与者的视力，VR 头戴式设备内部相对较暗，但特征画像可以使用人眼不可见的红外灯，同时可以用于跟踪系统（常用于眼动跟踪）。Facebook 在加利福尼亚州还有独立的团队在研究使用别的方法来制作逼真的化身，并结合生物力学、神经科学、运动分析和物理驱动模拟等领域的基础研究，探索可以与任何虚拟环境交互的基于物理的化身。随着技术的发展，也

---

① HEATH A. Mark Zuckerberg on why Facebook is rebranding to mata[EB/OL].(2021-10-28)[2022-03-16].https://www.theverge.com/22749919/mark-zuckerberg-facebook-metacompany-rebrand.

② 盐光之城.什么是元宇宙？扎克伯格要做元宇宙？[EB/OL].[2022-03-16].https://www.zhihu.com/question/495528610/answer/2205825650.

许未来用户只需几张快照或视频,就可以快速轻松地构建他们的“编解码器化身”①。

除了形象的逼真,元宇宙虚拟世界的决定性技术是临场感的打造,要让人身临其境,比如真正感觉与他人同在,这也是社交技术的所谓终极梦想。临场是进入虚拟世界的精神传输(the mental transportation)。② 按照社会临场理论(social presence theory),社会临场感是人际互动和关系中交流对象的显著性程度以及主观感知的亲密性和直接性。③ 临场感是人际接触的程度、交流中所感受到的亲密程度,它是互动者如何感知彼此的心理学现象,与媒介特征无关,但是人们会受到非语言线索的影响,因此媒介就变得十分重要。临场感重视对他人的真实、在场的感知程度,这有赖于媒介的能力:反馈的速度、多线索沟通能力、自然语言的使用能力,以及传递感受和情感的能力。目前中介化的交流(包括通过互联网)通过语言、文字进行,缺乏非语言线索,如面部表情、目光、姿势、着装、外貌、体态等,也缺乏物理环境特征;互联网时代因为匿名性,人们还会被剥夺个性(depersonalized),失去对自我和他人的感受力。④

因此,元宇宙时代通过三维空间(至少三维)逼真的化身形象及其声音、表情,打造了一种“去中介化”的交流体验(虽然交流就在中介中进行)。虚拟现实沉浸——虚拟环境将用户的感知系统淹没在计算机生成的刺激中,这种沉浸感(与数字环境的参与、包含和在交互中的感觉)使得用户在计算机系统为用户提供的现实幻觉中实现了临场感。虚拟现实的本质是实时交互性,即计算机检测到用户输入并立即重新配置虚拟世界。而且虚拟系统吸引感官并阻止来自物理世界的刺激的能力越强,内部刺激就越有效,用户体验的沉浸程度也越高。⑤ 事实上,元宇宙能够打造一种缺席的临场感体验。

三、元宇宙“社会”:空间、关系与伦理

元宇宙是个高度社会化的产物,它被视为并行于现实社会,实际上又深深植根于现实社会;元宇宙在广义上就是一个媒介,同时它又是一个被深度媒介化的社会。

① IAN HAMILTON. Facebook bets on realistic face tracked avatars as key to VR's future[EB/OL].(2019-03-14)[2022-03-16].https://uploadvr.com/facebook-avatars-years-away.

② BAILENSON J. Experience on demand: what virtual reality is, how it works, and what it can do[M].New York:W. W. Norton & Company,2018:1-12.

③ 30SHORT J, Williams E, CHRISTIE B. The social psychology of telecommunications[M]. London:John Wiley & Sons,1976:65.

④ 拜厄姆.交往在云端:数字时代的人际关系[M].董晨宇,唐悦哲,译.北京:中国人民大学出版社,2020:54-60.

⑤ 陈昌凤,黄家圣.虚实交互的沉浸式新闻:元宇宙中的“真实”[J].新闻界,2022(1).

(一)虚拟世界的“空间”与“关系”

互联网诞生以来,尤其是 Web 2.0 的个人化、互动与分享式特征出现以后,网络上的“空间”便成了一种隐喻,不再是物理空间。赛博空间、虚拟社区、电子家园,常常是指数字时代的在线社区。元宇宙既包含了这样的意义,同时作为虚拟世界,它又包含物理空间的内涵。

这里以虚拟世界“第二人生”(Second Life) 为例,那是一个给人“半物理现实”体验的“网络环境”。① “第二人生”是林登实验室(Linden Lab)于 2003 年推出的一款以“合作、交融和开放”为特色的大型 3D 模拟现实的 PC 端社交类网络世界。在“第二人生”中,用户只需要下载一个 30M 大小的软件,创造一个虚拟人物,为这个虚拟人物起个名字,再挑选一个自己满意的长相和外形,就可以建立一个自己的虚拟第二人生,成为那里的“居民”。这里有现实世界里的一切:自然界的河、湖、海洋、天空、山脉、岛屿,居民们建造的市政厅、银行、教堂、公园、咖啡馆、邮局、艺术展、居住区、电影场景,国际太空博物馆、NASA 的虚拟园、物理示范园、报社、电视台、大使馆(据路透社报道,瑞典于 2007 年 5 月成为第一个在“第二人生”开设虚拟大使馆的国家);“社会关系”——交友、相亲、结缘、对抗,缔结商业合作、协议,销售与购买,服务与被服务;经商——从经营小店到制作行头、烟花,从金融到房地产;等等。这里还有现实世界里没有的许多东西:居民可以运用“第二人生”中的工具,按照基本的规则去自由创造,在那里可以做出你能想象出的一切;居民要实现自己在第一人生中没能实现的梦想。一些人不认为这是一款游戏,创造者则明确说,“第二人生”并不是受电脑游戏所启发,而是受建筑和乐高所启发创造出来的,也就是说它始于空间——一个一无所有的空间,制定基本的规则,准备好基本的构件及工具、基本的经济条件,然后由居民自己建造空间,居民在同一个空间里一起制造,如果他们愿意,他们可以相互交易自己制造的产品。实验室让数字资产的稀缺性具有内在价值,将数字资产的所有权和可转让权交给用户,并让他们可以将在虚拟世界获得的资产转换为真实世界的资产。

最终,交易成为“第二人生”的核心吸引力,也极大激发了用户的经济热情。在“第二人生”里,居民不仅可以自由创造数字内容,建房屋、造汽车、制家具甚至武器等各种物件,并拥有这些数字资产的产权(知识产权),可以自主交易。在这个虚拟世界里,数字资产成为“真实”的存在。2006 年,在“第二人生”中经营地产的居民“钟安社”(Anshe Chung)的真身——德籍华裔艾琳·格雷夫(Ailin Graef),宣称她在“第二人生”赚取的虚拟资产达 3 亿林登币,折算后达 110 万美元,成为虚拟世界造就的首个

---

① 拜厄姆.交往在云端:数字时代的人际关系[M].董晨宇,唐悦哲,译.北京:中国人民大学出版社,2020:81-85.

百万富翁、“虚拟世界的洛克菲勒”，被美国《商业周刊》封面报道。艾琳的成功得益于林登实验室制定的开放规则：2004 年 3 月，“第二人生”开始对美英以外的用户开放；不久，林登实验室向用户开放了为角色与物体创造动画效果的新功能，艾琳有机会通过转卖动画效果首次进行虚拟创业；艾琳发现当时的虚拟土地市场乏人问津，于是2004 年 6 月用 9.95 美元买下了一些土地，然后将其细分并设计三维建筑和风景，通过出租和转卖获得收入；2005 年年底，林登实验室推出了“第二人生”专用的通用货币林登币，取代了此前虚拟的游戏币，可以直接和美元兑换，居民还可以用信用卡消费；在林登实验室大幅度开放土地导致地价骤降时，艾琳听从德籍丈夫 Graef 的建议低价买入；2006 年年初，为了进一步扩大经营规模，艾琳兑现了价值约 15 万美元的林登币，在老家中国湖北武汉设立了钟安社工作室。受到激励的用户大量涌入“第二人生”，据统计，2006 年 10 月 18 日第 100 万名居民加入，两个月之后居民人数增长到 200 万，2007 年 2 月“第二人生”“居民”达到 370 万。2008 年“第二人生”达到顶峰时，那里似乎是一个具有无限潜力的虚拟世界，人们将它用于虚拟会议、虚拟冥想课程和虚拟艺术画廊等。

如今“第二人生”已经没有了往日的辉煌，但是 2020 年其交易规模仍能维持在2007 年的 7 亿美元的水平。它首创了虚拟空间的不少模式，探索了虚拟世界的“社会关系”、社会建构和社会治理，成为“前区块链”的经济体。“第二人生”也成了众多领域的研究对象，从虚拟世界的零售到商业模型，从数字资产到虚拟世界的新闻业。它的衰落，与鲍尔列出的元宇宙的 8 个核心问题几乎都相关，可以概括为三个方面：第一，与技术的瓶颈和创新力不足、公司的经营管理有关；第二，因为在虚拟世界同样会产生唯利是图、“社会弊端”；第三，更重要的复杂性，是其半虚半实的定位——虽然是虚拟空间，它的现实社会性仍是其本性，仍要受制于种种之前未曾料到的社会规制。在首位百万富翁诞生前后的 2005 年—2007 年，“第二人生”的用户量暴增，体验不稳定，针对其系统的恶意攻击频发；赌博、色情内容泛滥，2007 年 7 月因 FBI 介入，林登实验室宣布禁止赌博，引发用户抗议；由于禁赌，曾承诺年利率 100% 的“林登美元银行”(Ginko Financial)被挤兑，75 万美元难以支付，银行储户起诉后发现虚拟银行的当事人在巴西，无从追究——为此，几个月后，林登实验室禁止无银行牌照的公司在“第二人生”经营存款付息业务；2008 年—2010 年公司高层频繁变动，从 2010 年开始“第二人生”被新一代的同行大幅超越，用户减少，公司不得不裁员，此后作为一个小众游戏运营至今。

(二)元宇宙的伦理问题：以人为本是核心

元宇宙尚未正式诞生，但是，作为深度媒介化条件下的社会构建，以及虚拟世界的前车之鉴,加上现有技术运用中的问题,诸如大数据、智能算法等呈现的伦理问题,已经描画了元宇宙的伦理问题的大致轮廓。这里集中讨论两个方面,其实就是一个问题——以人为本。

1. 元宇宙时代人类的自主

元宇宙是一种颠覆性的创新媒介,也是被深度媒介化建构的虚拟社会,人类可以发挥最大限度的想象力来建造它,它也可以最大限度地满足人类的欲求。任何人都可以在虚拟世界拥有所想要的一切,那是否就意味着,人类将从现实社会转移到虚拟社会呢?如果人们去创建并沉浸于元宇宙的虚拟社会,现实社会的权力、经济、社会关系等,是否都需要转移到虚拟世界?作为深度媒介化的重要原则,以技术为基础的传播媒介是构建日常现实的基础①,那么,更能说明元宇宙将是当今"平台社会"的进一步升级。按照范迪克等的论述,平台社会中社交、经济和人际交往主要由全球在线平台生态系统引导,其生态系统由数据驱动并通过算法加以组织。② 按照拜伦森教授的研究,沉浸在虚拟世界会使人的注意力从自己的身体上移开,带来"缺席"③。传播学学者卡茨(Elihu Katz)、彼得斯(John D. Peters)都视媒介为社会秩序的提供者④,对遵循社会秩序的个体来说,人会越来越被元宇宙驯化(在这里便是"机器化"),而机器或虚拟的化身则越来越"人化",虚拟和现实的界限渐趋模糊,人是现实世界的主体还是虚拟世界的主体,抑或根本不再是主体?因此,要警惕人与科技关系的逆转带来的人文主义危机。⑤

从社会层面来说,科技让人类期待更公平、更平等的世界。人们曾以为互联网会改变"民主图景",但是这个图景并未如期而至,它在实践层面总是受到不同的制度、传统和文化的制约,也受到互联网的企业本性的阻碍。如今,人们都把互联网不能兑现民主图景归咎于互联网企业,认为拥有互联网技术的跨国高科技公司以及它们所代表的"平台资本主义",才是罪魁祸首。⑥ 那么,在元宇宙时代,"平台资本主义"会有所改变吗?扎克伯格多次强调,在元宇宙中将要实现"去中心化权利"(decentralized entitlements),并要实现更多的"去中心化"(decentralization)。但是,正如数字媒介传

---

① COULDDRY N, HEPP A. The mediated construction of reality[M]. Cambridge:Polity Press,2017:1-14.

② VAN DIJCK J, POELL T, WAAL M, et al. The platform society: public values in a connective world[M].Oxford: Oxford University Press,2018.

③ BAILENSON J. Experience on demand: what virtual reality is, how it works, and what it can do[M].New York:W. W. Norton & Company,2018:1-12.

④ 彼得斯.奇云:媒介即存有[M].邓建国,译.上海:复旦大学出版社, 2021:17-20.

⑤ 李凌.算法人文主义:智能时代信息价值观的哲学论纲[M]//陈昌凤,李凌.算法人文主义:公众智能价值观与科技向善.北京:新华出版社,2021.

⑥ 常江,刘璇.数字新闻的公共性之辩:表现、症结与反思[J].全球传媒学刊,2021(5).

播的主要不是内容、节目或观点那样①,元宇宙的功能主要是组织权力和计算,维护和规制,作为具有数字媒介特征的元宇宙,记录用户足迹,辨别方向,确定时间空间,建立数据索引,更多地运用于人们日常生活结构以及对权力的组织,显示数据如何支撑着我们的存在。在元宇宙中无所不在的智能算法,拥有简化的自主权,即行动自主权,而道德自主权被设计者们忽略,在程序设计中大量采用相关性思维,削弱因果性思维,从而使算法在纷繁复杂的事件中建立联系并做出决策。那么,在元宇宙中,人类是否还掌握道德自主权?② 融合了 VR(虚拟现实)、AR(增强现实)、MR(混合现实)和 5G、云计算等技术化中介过程和数字化基础设施的元宇宙,是高度动机导向、高度机构导向的强制性系统,一般用户完全无能力理解其运作,更不可能改变它们。如何保持人的独特性,坚持以人为本的伦理观,是元宇宙时代的第一伦理问题。③

2. 元宇宙时代的隐私

数字化时代的隐私权事关数字化人格和尊严。元宇宙看似使用的是化身或全息图,但是存在的隐私问题是现实的。以人工智能为核心技术的元宇宙,其决策能力完全依赖于数据和算法,所以这里主要谈两个方面的隐私问题:数据带来的隐私问题和算法带来的隐私问题。

先谈数据带来的隐私问题。首先,这些数据是从现实中获取的。在建设元宇宙中(上文描述的化身创造方法),现实的海量数据挖掘与分析是当然的基础,这些数据包括人类自身、现实环境、物理存在,很多数据以一种无意识的方式从人们身上收集起来。上述 Facebook 公司的实验室在化身制作中采集人的全方位的、详细的、细微的各类信息数据,就是一个例证。其次,这些数据由公司掌握。“第二人生”在上文提及的金融安全危机(虚拟银行未能兑现,其创建者在现实中也未能承担法律责任)的背景下,为了使交易更加安全——关于安全,2007 年夏天林登实验室宣布创建一个自愿的身份识别系统,使在线世界的消费者能验证与自己进行交易的虚拟化身背后的各种信息,比如年龄。这就是说,在虚拟世界,现实身份的隐私信息是合法、合理地被林登公司掌控的。扎克伯格声称,他们正在最大限度地减少使用的用户数据量,通过技术建设保护隐私数据,并向用户透明化,保证用户对其数据具有控制权。扎克伯格说在技术的开发过程中,已经把隐私与安全当作其原则,动态嵌入基础设施之中。但是,少数有能力建构元宇宙的公司掌握了海量的隐私信息,必须提升安全能力并遵守伦理规

① 彼得斯.奇云:媒介即存有[M].邓建国,译.上海:复旦大学出版社, 2021:11-14.

② 师文,王方,张梦,等.算法治理与发展报告:以人为本,算法共治[R]//陈昌凤,李凌.算法人文主义:公众智能价值观与科技向善.北京:新华出版社,2021.

③ 克里斯琴斯.哲学视野中的人工智能:语言的视角[M]//陈昌凤.智能传播:理论、应用与治理.北京:中国社会科学出版社,2021.

范。保障数据主体的知情权、参与权、数据修改权与注销权,也是元宇宙需要承担的责任。

再谈算法带来的隐私问题。在谈到数字化时代的隐私时,大家通常都会考虑数据隐私,其实算法带来的隐私问题是更深层的伦理问题。在收集了点点滴滴的数据之后,算法技术会精确“画像”、定义身份和特征。算法被称作当代的“读心术”,基本上可以读懂人们的所思所想,结合背景信息计算得出结论,构建出人们的各类特征,模拟人们的身份,分析出颗粒度极细的信息,包括推断意图甚至是潜意识中的意图,相当于“数字指纹”。算法计算和分析的信息,深度关涉人类的心理隐私和生物隐私,算法可以精确推断出人们的思想、行为乃至潜意识。VR 和 AR 设备能够做到眼动追踪,而眼动追踪实际上是一个人的思想和意图的地图。还有感测融合(sensor fusion)技术,通过我们身体的数据、大脑控制接口和神经数据等,最终有潜力解码我们的思想——此前有研究声称能测出人们的政治倾向、性取向等,就是此类。因此,元宇宙等新科技形态存在深层的隐私之忧。

此外元宇宙还有一些涉及法律、伦理及模糊地带的隐私问题。作为想象的未来网络世界,元宇宙声称要让人获得现实世界中没有的体验,诸如在二维世界里体验不到的三维、四维甚至多维空间,跨越物理真实世界和虚拟世界的界限,去太空旅游,与逝去的亲友见面。元宇宙是否可以存在不需要当事人(现实人)操作的化身?比如,逝者的化身是否涉及人格权、隐私的问题?许多新的棘手问题,是元宇宙时代将要面对的。

元宇宙是当下顶尖技术的集大成者,是深度媒介化的实践,与人类、历史文化和现实社会有着深层的复杂关系,理解元宇宙,建设理想的元宇宙,要将其视为一个复杂关系的转型过程,立足于人的解放和社会的转型逻辑。它将改变人类的社会关系和交流的性质,也要接受并遵循以人为本的价值观。

具身元宇宙:新媒介技术与多元身体观*

◎ 胡 泳 刘纯懿**

摘要:在传播学学科的主流传统中,身体从来都不是一个不言自明的概念。伴随着具身性思潮的兴起,身体被召唤回归,成为媒介哲学不得不考虑之物。元宇宙以其沉浸性的核心特征再次重启技术和身体的关系。元宇宙外在以VR、AR等技术装置作为人类感觉器官的延伸,内嵌以赛博格化身作为后现代数字文化的主体,呼吁着一种更加多元的身体观。与此同时,元宇宙所蕴含的跨越多重边界的后人类身体也携带着某种"身体危机",通过元宇宙所构成的结构化的赛博格空间和元宇宙所拥有的媒介物质特性而逐渐显影。正因如此,在混乱边界中探索身体危机的解决之路成为后人类时代的母题。

关键词:元宇宙;媒介化;虚拟技术;算法伦理;社会建构

扎克伯格在2021年10月发布的Founder's Letter中宣告:元宇宙是互联网的下一篇章,而我们正处于这一篇章的开启之端。① 如果按下扎克伯格的资本意图和商业野心不表,在此番发言中更具提示性的信息是,互联网平台下一阶段的核心特征是"沉浸性",而"沉浸性"一词所含的一组相对关系就是身体与技术的关系。因此,围绕沉浸性而展开的,其实是传播学中的身体观、赛博空间(cyberspace)中的具身性和元宇宙中的技术身体等与身体密切相关的理论命题。

实际上,具身性(embodiment)是一个"旧"命题,伴随着20世纪50年代认知革命的发生,以计算隐喻和功能主义观念为基础的第一代认知科学就开始转向以具身心智为核心的第二代认知科学。② 伴随着认知革命的推进,在20世纪70年代后期的西方

---

* 本文原载于《现代出版》2022年第2期,收入本书时有改动。

** 胡泳,北京大学新闻与传播学院教授、博士生导师;刘纯懿,北京大学新闻与传播学院2021级博士研究生。

① Founder's letter[EB/OL].(2021-10-28)[2022-03-03].https://about.fb.com/news/2021/10/founders-letter.

② 唐孝威."语言与认知文库"总序[M]//张春泉.论接受心理与修辞表达.北京:中国社会科学出版社,2007.

学术思想领域产生了一系列对传统身心二元论哲学观、信息加工理论、早期人工智能理论的批判,这种批判随后又与80年代的具身主义思潮融合在一起。① 然而与此同时,具身性又体现为一个"新"命题:新媒介技术的不断涌现使得如何界定身体,身体的边界何在,以及身体与认知、主体与存在的关系等,都再度成为"问题"。具体到当下,伴随着元宇宙以沉浸性之名将技术再度纳入身体以及将身体再度纳入技术,重新思考媒介技术与具身性,更新传播学中的身体观念,就成为当务之急。

一、召回身体:传播学的身体观和具身性

离身性(disembodiment)是大众传播中常见的身体观,离身性的哲学基础是笛卡尔的身心二元论,或可以上溯到柏拉图的哲学观。在《斐多》中柏拉图点明了他对身体的蔑视,"带着肉体去探索任何事物,灵魂显然是要上当的"②;描述苏格拉底之死时,柏拉图也展现出对身心二元论的坚持,"处于死的状态就是肉体离开了灵魂而独自存在,灵魂离开了肉体而独自存在"③。在西方史中,身体始终是带有原罪的:在中世纪,身体的原罪来自宗教意义上的道德伦理;宗教改革之后,身体的原罪又来自智识意义上的学科轻视。建立于启蒙和理性基础之上的现代性天然地将身体视为感性的、沉默的、偶发的,因此在现代性的构建过程中,身体也注定是沉默的、隐退的、被放逐的。正如伊格尔顿所言:"'身体'一词带给思想的首批意象之一就是一具尸体,这是笛卡尔主义传统所造成的破坏的一部分。"④

传播学自萌芽就一直在为处理现代性问题而服务。身体在传播学研究的主流传统中始终是一种"缺席的在场",这是因为,根植于现代性主体观的大众传播习惯于着眼"意识主体",而非"身体主体"。诞生于20世纪50年代的传播学学科在"二战"后美国冷战型社会科学研究范式下受到信息论的影响,将传播问题简化为"信息交换"的问题,将主体与主体之间的连接过程凝练为传者、编码、讯息、发射器、解码器等带有隐喻性质的关键词,主体成为一种"精神智能"般的存在,而具身关系在传播学的原生状态中就被判定为一种不必言说的多余之物。

身体的机器隐喻早已有之,第一次工业革命时期,技术的发明就为"动物机器"的类比注入了活力。⑤ 而20世纪50年代兴起的认知革命更是将人的大脑比作计算机

---

① LAKOFF G,JOHNSON M.Philosophy in the flesh: the embodied mind and its challenge to western thought[M].New York:Basic Books,1999.

② 柏拉图.斐多[M].杨绛,译.沈阳:辽宁人民出版社,2000:15.

③ 柏拉图.斐多[M].杨绛,译.沈阳:辽宁人民出版社,2000:15,13.

④ 伊格尔顿.后现代主义的幻象[M].华明,译.北京:商务印书馆,2014:84.

⑤ 马特拉.全球传播的起源[M].朱振明,译.北京:清华大学出版社,2015:312-315.

的符号加工系统,认知也自然而然成为一种信息的表征和操作。英国计算机科学家图灵于 1950 年提出一个思想实验,后以“图灵测试”著称,其目的在于测试机器能否表现出与人等价或无法区分的智能。在测试过程中,对具身性的抹杀被执行,“智能”成为符号的正式操作的属性,而不是在人类生活世界中的体现。于是精神和实体、认知和身体也失去了连接的必要性,认知成为一种离身的思维过程。而且,认知的计算机器隐喻愈深,身体在哲学和认知科学研究中就愈显沉默。正是因此,以具身心智为主张的第二代认知科学的基本立场就是抛弃计算隐喻,尤其抛弃“应当”予以计算机程序化的刚性诉求。

彼得斯曾在书中反对施拉姆将信息论引入传播学,并试图以此描述和解释几乎所有人类/非人类的传播活动的做法,但究其实,今天多数传播学问题依然没有跳出这一在特定历史背景下形成的研究框架,于是,正如彼得斯所指出的,在今天的传播学视阈中关于“意义”的问题都被忽视了。[①] 而有关“意义”的问题,在某种层面上也是具身性的问题。比如,在胡塞尔的意义学说中可以找到与具身认知相汇的起点,即在表达与被表达对象之间存在的意义层。[②] 可以说,胡塞尔现象学欲解决的问题就是一个有关意义的相关性问题,即“世界(我们所谈论的世界)与主观被给予方式之间的相关性”[③]。再比如,海德格尔的“在世存在”(being in the world)也常被理解为思维主体具身化的第一步,即“我们无法独立于我们在世的活动来认知世界,因此我们认知结果的意义也不可能与我们的认知和理解活动无关”[④]。而梅洛-庞蒂则在海德格尔“此在”的基础之上进一步提出,此在的在世存在是身体主体的在世存在,所谓“我们通过我们的身体在世界上存在……因为如果我们用我们的身体感知,那么身体就是一个自然的我和知觉的主体”[⑤]。传播学经常借重的社会学家杜威也认为我们的身体经验(bodily experience)是我们能意谓、思考、知道和交流之一切的最初的基础。[⑥] 以上这些来自哲学、社会学的具身性观念曾经被主流传播学压抑在了学术地表之下,但在今天的数字化时代,或更进一步展望,在未来的“元宇宙时代”,当我们深化传播学讨论时,有关具身性的哲学传统、社会学传统乃至文学传统,都是我们不可多得的智识资源。

具身性在 20 世纪 80 年代成为哲学和认知科学的理论热点,意在突破以往研究范

① 彼得斯.对空言说:传播的观念史[M].邓建国,译.上海:上海译文出版社,2017:15.

② 李恒威,肖家燕.认知的具身观[J].自然辩证法通讯,2006(1):29-34+110.

③ 胡塞尔.现象学的方法[M].倪梁康,译.上海:上海译文出版社,1994:8-13.

④ BAYNES K, BOHMAN J, MCCARTHY T. After philosophy: end or transformation? [M]. Cambridge: MIT Press, 1987:432-433.

⑤ 梅洛-庞蒂.知觉现象学[M].姜志辉,译.北京:商务印书馆 2001:256.

⑥ SOWA J. Review of philosophy in the flesh [J]. Computational linguistics, 1999, 25(4):631-634.

式中将精神与实体割裂开来、将理性凌驾于感性之上、将身体贬斥为一种需要被克服的障碍客体等既有传统。梅洛-庞蒂的《知觉现象学》率先将具身性作为一种观念加以系统论述,他对于身体的态度是,“人类的存在既非离身的心智也非复杂的机器,其主体性即在于作为活跃的生物以人类身体所特有的生理结构介入世界”①。在梅洛-庞蒂看来,身体为我们提供了一种“出生状态的逻各斯”②,换句话说,梅洛-庞蒂认为“思维”首先是“身体思维”,因此“主体的统一性或客体的统一性不是一种实在的统一性,而是一种在体验界域中推定的统一性。应该在主体概念和客体概念之内重新发现我的主体性的事实和初始状态的客体作为客体概念得以产生的原始层”③。梅洛-庞蒂的知觉现象学用一种经验主义的方式来消解近代哲学史中身体与思维的对立传统,也为身体转向的发生提供了极为重要的理论工具。在新媒介技术条件下,身体转向不仅仅是哲学思考的问题,而且是一种处理技术的方法。通过具身性的现象学来观照技术,允许人们以适当的具身化方式来描述个人对技术的体验;在这种方法中,人与技术之间丰富的交织与变异的辩证关系会凸显出来。梅洛-庞蒂的知觉现象学恰为这种方法提供了一个起点,因为他认为,我们不应“忽视世界之现象以及我们通过身体而在其中的存在”④。其他的技术研究取向正是这样做的,忽视了调查范围内的中心现象,对此我们应该予以纠正。

奇特的是,新媒介技术推动的身体转向既纳入身体,又排斥身体。对此,弗罗里安·罗泽解释道:“一方面它关系到人们及其身体或身体的某些部分已经进入到虚拟的空间中,这也就意味着越来越多的人—计算机系统的一体化要素被生产出来,它因此也就变成了某种人工生命体;但另一方面,机器的延伸又从人的直接操纵那里分离出去了。而后者,也就是智能的、自动的机器人,或在感受和动力系统上受环境制约的虚拟代理人……从长远的观点看将可能以其肉体化而超越人类,或者/并且它们将为人类提供这样的可能性,即它们以其认知结构作为某种寄生物而筑巢于非有机的客体内,从而排斥血肉之躯。”⑤

罗泽的此番论述并非耸人听闻,实际上“对血肉之躯的排斥”早已写进人工智能的技术内核之中。人工智能专家明斯基和莫拉维克对这一技术的设想就是将意识下载到计算机,由此消除身体。⑥ 巴洛早在 1996 年的《赛博空间独立宣言》中就宣称:

---

① FUSAR-POLI P,STANGHELLINI G.Maurice Merleau-Ponty and the“embodied subjectivity”(1908-61)[J]. Medical anthropology quarterly,2009,23(2):91-93.

② 梅洛-庞蒂.知觉的首要地位及其哲学结论[M].王东亮,译.北京:生活·读书·新知三联书店,2002:31.

③ 梅洛-庞蒂.知觉现象学[M].姜志辉,译.北京:商务印书馆 2001:256,282.

④ MERLEAU-PONTY M.Phenomenology of perception[M].London:Routledge & Kegan Paul,1962:XVIII

⑤ 克莱默尔.传媒、计算机、实在性[M].孙和平,译.北京:中国社会科学文献出版社,2008:137-138.

⑥ 明斯基.心智社会[M].任楠,译.北京:机械工业出版社,2016:17-24.

“赛博空间由相互影响、关系和思想本身构成……我们的世界不是肉体存在的世界。”①如果我们所处的世界不再是肉体存在的世界,那么身体何往?我们真的能够消解身体吗?

二、理解身体:元宇宙中,智能身体“在场”,纯粹身体“缺席”?

不论“元宇宙”在未来引发多么大的喧嚣,它依然内嵌于主导20世纪的以计算机、互联网、移动通信、多媒体技术为代表的信息技术革命序列之中。在主导19世纪的工业技术革命中,技术的界限和身体的界限往往是同构的,好似伊德所举,现代天文学技术的“第一个革命所实现的是越来越清晰、越来越大的放大倍数,但是不管再怎么放大,这些技术所实现的结果也在人类视觉的界限内”②。而信息技术时代与工业技术时代不同,第二次技术革命的后现代功能就是“将一种完全不能用身体经验到的、不能知觉到的(这其实就是日常身体的感觉功能)现象,转化成图像的功能。但是,如果这些现象是以技术或工具作为中介,它们就确实能经验到……没有工具中介,就完全没有对这些现象的经验”③。

同理,元宇宙依然遵循着第二次技术革命的逻辑,即经由工具中介获得本无法用身体经验和知觉到的现象经验。比如,我们之所以能够在虚拟空间中获得一种“在场”的知觉体验,一方面是因为镜像神经系统借助人体的知觉和思维过程,对现实世界中获取的经验进行数字化模拟并将其投射到虚拟空间之中;另一方面,虚拟现实技术也通过与人体的神经系统相配合,“培养”出一种新的知觉经验,形塑了一种新的身体实践。这不仅是技术的中介和工具作用,更是技术对身体的建构作用,同时也意味着技术对身体边界的拓展。

当“身体”和“技术”如血融于水一般相互交织在一起时,“身体”和“在场”便不再密不可分地绑定在一起。实际上,自现代媒介发明伊始,“身体”和“在场”的关系就越发松动,直至个人计算机的普及和互联网时代的到来,使得表现主体与再现主体的分属界面两端化作被经验接收并纳入常识系统的“共识”,也就是海勒所说的“表现的身体以血肉之躯出现在电脑屏幕的一侧,再现的身体则通过语言和符号学的标记在电子环境中产生”④。然而,不管是个人计算机还是智能手机,在我们讨论身体与在场、表

① A Declaration of the Independence of Cyberspace[EB/OL].(1996-02-08)[2022-03-4].https://www.eff.org/cyberspace independence.

② 伊德.让事物“说话”:后现象学与技术科学[M].韩连庆,译.北京:北京大学出版社,2008:73.

③ 伊德.让事物“说话”:后现象学与技术科学[M].韩连庆,译.北京:北京大学出版社,2008:80.

④ 海勒.我们何以成为后人类:文学、信息科学和控制论中的虚拟身体[M].刘宇清,译.北京:北京大学出版社,2017:6,3,23,393.

现主体和再现主体时,依然有一个清晰可辨的“界面”存在,也就是说身体和机器的边界依然“可见”和“可触”。但是,以“沉浸”为核心特征,依托 VR、AR 等多媒体技术建立起来的元宇宙,则致力于隐藏物质性的界面,而以佩戴性的类身体假肢加诸计算机模拟的非物质虚拟空间,从而使血肉之躯仿佛被抛在了该虚拟空间的外面。于是,基于身体的“有/无”所探讨的“在场/缺席”,伴随着边界的模糊和不可见,同时失去了不言自明的讨论空间。

由此,元宇宙从某种程度上来讲,可能会引起当代社会的“身体危机”。因为我们逐渐意识到,人类和人类社会将要面临一种新型的身体——“化身”,身体的存在仿佛将脱离其物质性,走向某种更多元的形式。在这样的情况下,当我们讨论“身体”时,首先要明确“身体”一词所包含的不同层面。

唐·伊德在《技术中的身体》一书中提出了理解身体的三种路径:第一种路径是梅洛-庞蒂的现象学意义上的身体,是肉身的、感知的、经验世界的身体;第二种路径是以福柯为代表的后现代话语中的身体,指被政治、文化、社会建构的身体;第三种路径是技术的身体,指与技术产生相互作用,被技术扩展,经由技术得以具体化的身体,这种身体同样也在前两种身体中贯穿体现。① 在今天的数字化环境下,使用手机的身体、手持游戏机的身体、佩戴 VR 眼镜的身体很容易被理解为伊德所说的“技术身体”。实际上,在数字革命之前,任何与媒介、与技术、与工具相互作用的身体都可以被理解为“技术身体”,正如芬伯格所认为的,用电脑在线交流与用钢笔写信交流、用电话远程交流等这些方式是等同的。②

既然今天的身体已经并非一种纯粹的、本质主义意义上的身体,那么为了重新厘清在以元宇宙为代表的新信息媒介技术语境下对“在场/缺席”的讨论,我们首先要明确“什么身体的在场”和“什么身体的缺席”,这就要借用唐·伊德对身体的三种分类框架,以“经验身体”“文化身体”和“技术身体”来对身体的在场和缺席进行更微妙的讨论。

首先,经验身体和技术身体在元宇宙的语境中被更加密切地糅合在了一起。元宇宙创造了一种新的身体,可称之为“智能身体”,因为它是虚拟技术所创造的新型主体,代表着一个似乎可以摆脱肉体的非实体自我。但究其实质,这种新型身体是技术和身体耦合在一起的主体。这意味着,在元宇宙中发生的事情,既被身处物质环境中的电脑前的身体所影响,该身体也能感受到网络实践反过来施加的影响。

有学者总结了智能身体的三种基本在场状态:携带自己的肉身、离开自己的肉身、

① IHDE D.Bodies in technology[M].Minneapolis:University of Minnesota Press,2002:138.

② FEENBERG A.Active and passive bodies: comments on Don Ihde's bodies in technology[J].Techné: research in philosophy and technology,2003,7(2):125-130.

进入其他的身体(肉身或仿真身体)。[①] 具体到元宇宙中的智能身体,"携带自己的肉身"成为技术身体和经验身体在元宇宙中的基本关系和在场方式。这是因为,作为元宇宙技术背书的虚拟现实本身是一种"具身体验"。[②] 因此,认为虚拟现实是一种反具身化的媒介的观点,不过是强化了笛卡尔式的心灵身体二元性,即用户的心灵在像素领域中游荡,把身体留在计算机后面,而这种二元性在实际的网络空间实践中并不成立。[③] 实际上,文化理论、认知科学和哲学等不同学科都已做了大量试图将经验身体带回数字技术世界中的尝试,其中梅洛-庞蒂的现象学经常成为分析化身与虚拟现实的方法论。

从文化身体来讲,元宇宙在某种意义上强化了文化身份的在场。换句话说,它既强化了社会文化、社会关系、社会空间对身体的建构,反过来也推动了身体面向社会、文化、政治语境的多元化表达。文化身体从来都不是一个固定的状态,而是一个社会、文化和认知网络不断融合的过程。虽然一个人在公共空间中自然会表现出不同的身体形象,但身体形象归根结底取决于个体所处的网络关系类型以及在这个网络关系中个体被暂时定位的角色身份。元宇宙所给予文化身体的改变在于,它使得文化身体的形成更加具有偶然性和暂时性,而更少地拥有历史性和政治性。因为元宇宙中对化身的使用允许每个人向公众投射不同图像的文化身体,个人化身身份的持续形成和发展就因此成为一系列偶然事件的结果,文化身体的形成也更多地由个体在元宇宙中经历的社会互动和社会网络关系所决定。出于化身的自定义特征,将会有越来越多的人将元宇宙作为自我探索和表达的工具,以达到在虚拟世界之外难以实现的目的。从这个意义上来讲,元宇宙中的文化身体因为化身的存在而成为一个有迹可循的自反性网络,可在其中检验我们自身的主体认同、身份认同和文化认同。

元宇宙是一个后现代的文化空间,充斥着可被复原的源代码以及可被复制的类像。化身,是人类与机器的统一体,是有机物与无机物的杂合体,它激发着人们的想象力,也同时引渡着人类对跨越边界的恐惧感,这种恐惧感的来源可以理解为克拉里所言的,在一个"去物质化的数字影像时代,主体性逐渐演变为介于理性交流系统与信息网络之间的一道岌岌可危的界面"[④];同样也可以理解为詹姆逊在论述后现代主义文化时所说的,"形象、照片、摄影的复制,机械性的复制以及商品的复制和大规模生

① 孙玮.交流者的身体:传播与在场——意识主体、身体—主体、智能主体的演变[J].国际新闻界,2018,40(12):83-103.

② SCHULTZE U,LEAHY M M.The avatar-self relationship: enacting presence in second life[J]. International conference on information systems,2009:2674-2689.

③ IKEGAMI E.Visualizing the networked self: agency, reflexivity, and the social life of avatars[J].Social research: an international quarterly,2011,78(4):1155-1184.

④ 拉里.观察者的技术:论十九世纪的视觉与现代性[M].蔡佩君,译.上海:华东师范大学出版社,2017:4-5.

产,所有这一切都是类像,所以,我们的世界,起码从文化上来说是没有任何现实感的,因为我们无法确定现实从哪里开始或结束"[①]。

虚拟身体的实质是一种边界的跨越,后人类的身体正是一种跨越边界的身体,而不是一种纯粹的身体。在一些后人类主义者看来,后人类的本质是信息,因此不妨去除身体(例如,汉斯·莫拉维克相信,如果将人类的意识下载到计算机当中,机器就可以成为人类意识的存储器,因而也就可以成为人类)。[②] 然而根据海勒的说法,后人类主义将允许我们发展真正的主体性,只是这种主体性不会是单一的,为此可以把自由人文主义主体的解构看作一个机会,将在当代关于控制论主体的讨论中被持续抹去的身体放回画面。如海勒所言:"如果说我的噩梦是在一个后人类文化中,人们只把他们的身体作为时尚的配件而不是存在的基础,那么,我的梦想则是,后人类在拥抱信息技术的可能性的同时,没有被无限的权力和无身体的不朽的幻想所诱惑,承认和庆祝作为人类境况的有限性,并且理解人类生活被嵌入一个复杂的物质世界之中,我们的持续生存端赖于这个世界。"[③]

此处所言的控制论主体,代表着一种改变人类主体边界的努力,即通过把控制、通信和信息概念化为一个综合系统,找到令身体和技术融为一体的方法。就像格雷戈里·贝特森提出的一个看似简单但并不容易回答的问题:一位盲人的手杖是否构成这个盲人的一部分?[④] 在控制论观点中,"手杖和人加入了一个单一的系统,因为手杖向人传递了关于他的环境的基本信息。聋人的助听器、语言障碍者的语音合成器和战斗机飞行员的声控头盔也是如此"[⑤]。

可以想象,元宇宙是一场向着控制论主体的大步狂奔。元宇宙将关于身体的文化的、抽象的结构与具身感官的叠加经验联系在一起。从这里我们可以认识到,身体的文化结构是抽象的,它会对精神产生偏见,而具身是经验的,它会对感官产生偏见。这也是蒙斯特所说的"让身体变得不同的蜕变的潜力"[⑥],而这个潜力也是元宇宙平台可能携带的。换句话说,元宇宙承诺的新型在场方式需要我们交付出两样东西,一是对新型媒介的接受,这里的接受是指允许媒介技术对肉身的塑造甚至替代;继而,牵扯出

① 詹姆逊.后现代主义与文化理论[M].唐小兵,译.西安:陕西师范大学出版社,1986:200.

② HAYLES N K.How we became posthuman: virtual bodies in cybernetics, literature, and informatics[M].Chicago:University of Chicago Press,1999:XI-XII.

③ HAYLES N K.How we became posthuman: virtual bodies in cybernetics, literature, and informatics[M].Chicago:University of Chicago Press,1999:5.

④ BATESON G.Steps to an ecology of mind[M].New York:Ballantine Books,1972:251.

⑤ HAYLES N K.How we became posthuman: virtual bodies in cybernetics, literature, and informatics[M].Chicago:University of Chicago Press,1999:84.

⑥ MUNSTER A.Materializing new media: embodiment in information aesthetics[M]. Lebanon,NH:University Press of New England,2011:180.

第二重交付——对身体整体性的交付,器官从此失去了和身体的整体性关联,就像头显、手柄、耳机等设备构成了元宇宙的集合体;人类的身体也因此成为各个器官的集合体,身体的本源性、整体性以及生产性等特质被抹杀了,肉身与此在的关系也因此发生了改变。

然而,即便如此,在今天的网络空间中,“我们越是试图脱离身体,其重要性就越被揭示”①。经验身体的完全缺席在信息技术的最新表征形态——元宇宙中,依然被证明为不可能的。

三、重塑身体:元宇宙的“赛博格化身”与媒介物质性

元宇宙是一个以“化身”为核心的赛博空间,化身的存在削弱了主体对生物性身体的依附,借助技术手段突破人体的物理限制,转向更具有灵活性和可变性的替身。因此,化身从某种意义上来讲,也是一种赛博格。

具身元宇宙:新媒介技术与多元身体观“赛博格”(cyborg)一词取自“控制论”(cybernetic)和“有机生物体”(organism),意为“自动调整的人类机器系统”。赛博格作为一个学术概念产生于20世纪60年代美国的航天领域,其专业目的在于希望通过技术手段增强空间旅行人员的身体性能。② 不论是从语词构成上还是从话语产生的具体历史语境上,赛博格都同时包含着两种逻辑,即技术逻辑和生物逻辑。

化身与赛博格带有某种同质性,元宇宙与赛博空间亦是如此。有学者总结了赛博空间的四个特征:(1)人们的直觉可以摆脱物质身体的束缚而在赛博空间独立存在和活动;(2)赛博空间可以突破物理世界的限制而穿越时空;(3)赛博空间由信息组成,因此具备操控信息能力的人在赛博空间拥有巨大的权力;(4)人机耦合的电子人在赛博空间获得永生。③ 笔者也曾将元宇宙特征归纳为:具象上,元宇宙是一个持久的、模拟的和沉浸的环境,在其中,计算机生成实时互动,多个用户凭借化身进行体验和展开行动,并产生一种存在于他们所处环境之外的时空感觉;抽象上,元宇宙是一套依托信息集合的网络媒介系统,其前提是存在一个有机的、互联的、稳定的、循环的数字系统,其基础是一套可供性更高的,包括算力、云、通信、能源在内的基础设施。④ 如果将元宇宙的特征和赛博空间的特征进行比对,会发现元宇宙在某种程度上承载了当下我们对于赛博空间的未来想象,同时也负担了人类对赛博空间的旧有恐惧,比如信息操纵

① YOUNG G,WHITTY M T.In search of the cartesian self: an examination of disembodiment within 21st-century communication[J].Theory & psychology,2010,20(2):209-229.

② 李建会,苏湛.哈拉维及其“赛博格”神话[J].自然辩证法研究,2005(3):18-22+36.

③ 冉聃.赛博空间、离身性与具身性[J].哲学动态,2013(6):85-89.

④ 胡泳,刘纯懿.“元宇宙社会”:话语之外的内在潜能与变革影响[J].南京社会科学,2022(1):106-116.

的权力和高科技的离身倾向等问题。

与互联网的早期发展大多依靠美国政府项目和公立研究型大学不同,元宇宙在当前阶段的启动和热炒几乎完全经由互联网商业公司的发声和运作。虽然如此,我们理解元宇宙的方式与20世纪90年代理解互联网的方式并无异处,尼葛洛庞帝的“数字化生存”也似乎可以照搬过来用以描述元宇宙之于人类社会的未来。毕竟在《数字化生存》中,尼葛洛庞帝早已触及虚拟现实、全息技术、头戴显示系统等今天被视为元宇宙核心的技术。“虚拟现实技术早在1968年就已诞生,当时第一个头戴式的显示系统正是由伊凡·苏泽兰制造成功的。后来,美国国家航空和宇宙航行局以及国防部所做的研究,为太空探索军事应用开发了一些价格昂贵的虚拟现实原型机。虚拟现实特别适合用在坦克和潜水艇操作训练上,因为在‘真实的’战争中,同样必须透过望远镜或潜望镜来观察外面的景象。”①

因此,一个比“元宇宙意味着什么”更为精准的问题应该是互联网语境下的“数字化生存”和元宇宙语境下的“数字化生存”差异何在。有学者试图总结智能时代人的数字化生存——之前的数字化生存是一种纯粹的符号化生存,但智能设备提高了人的“可量化度”与“可跟踪性”,采集的数据成为人的状态、行为、需求等要素的一种外化或映射,因而造成了人类功能的扩张。② 笔者也曾分析,对于平台来说转型元宇宙最大的吸引力在于,当用户在一个高度数字化的自成体系且无所不包的环境中活动时,其可用的数据颗粒度比当下基于界面的互动要高出不止一个数量级。因为对基于界面的媒体平台来说,用户的点击、评论、分享、滑动、停留等较为显性的网络活动,是可以为算法所吸纳和利用的数据资源;然而当元宇宙基于多媒体技术完成了对用户的全感官包围,也就搭建了一条通往人类潜意识的通道。③ 而当人类的一切自我经验,甚至是无法被自我经验到的经验都通过包括元宇宙内在的技术黑箱转化为一种数字孪生式的数据存在和信息表征时,海勒所指出的“后人类的观点看重(信息化的)数据形式,轻视(物质性的)事实例证”④,就具有了更切身的现实映照。

然而,无论是赛博空间还是赛博格,都拥有一个结构化的现实,就像我们每天都生活在一个实际的结构化现实中一样。如同海勒所坦言的,理想的后人类是体现各种技术的潜力,而不幻想无限的权力和无形的永恒。人的生命扎根于复杂多样的物质世

① 尼葛洛庞帝.数字化生存[M].胡泳,范海燕,译.海口:海南出版社,1997:137.

② 彭兰.智能时代人的数字化生存:可分离的“虚拟实体”“数字化元件”与不会消失的“具身性”[J].新闻记者,2019(12):4-12.

③ 胡泳,刘纯懿.元宇宙作为媒介:传播的“复得”与“复失”[J].新闻界,2022(1):85-99.

④ 海勒.我们何以成为后人类:文学、信息科学和控制论中的虚拟身体[M].刘宇清,译.北京:北京大学出版社,2017:3.

界,人的延续离不开物质世界。[①] 海勒的这段论述同样有助于理解今日元宇宙的技术潜力,以及这种技术潜力和人类的关系。而勾连起元宇宙技术和人类身体的依然是庞大但总不可见的媒介物质性,也正是媒介物质性的存在才阻止了人们对元宇宙“无限权力”和“无形永恒”的妄想。

举一个简单的例子,元宇宙技术的基础设备——VR 头显,受光路设计、屏幕尺寸以及诸多传感器件的限制,其重量和体积一直以来都是 VR 硬件制造商们难以跨越的门槛,像市面上常见的几款头显 Oculus Rift S(500 克)、HTC VIVE(470 克)、HP Reverb G2(550 克),无一例外都在 0.5 千克左右,而做到 395 克的 Pico Neo 3 竟可以称自身“轻巧便捷”。从日常生活经验来看,一款 200 克的手机都会引起使用者的颈椎疼痛、手指腱鞘炎等生理问题,那款 500 克的 VR 头显可能带给人的影响显而易见。实际上,根据购买了 VR 头显设备并使用过的消费者的反馈,眩晕、纱窗效应、前后配重不平衡等,都成了 VR 头显设备“闲置”“吃灰”的理由。

更具有症候性的是,VR 设备和人体的“不适配”并非技术的不发达所致,更多时候恰恰是技术与人体嫁接时所产生的一种必然现象,甚至有时技术越成熟,这种不适配就越凸显。就以 VR 头显所导致的人体眩晕反应为例。VR 晕动症从产生原理上大体可以分为两类,一类是视觉晕动症,另一类是模拟晕动症。[②] 前者是由视觉系统引起的眩晕感,主要是头显本身的刷新率、闪烁、陀螺仪等高延迟问题所导致的眩晕感,因此这种晕动症可以通过缩短头显的时延而得到缓解。相比之下,模拟晕动症则是由用户视觉上观察到的状态和身体的真实状态之间的不一致引发的。简单来说,戴上头显之后,虽然从视觉上得到的信息是“我在移动”,然而负责感知身体状态的中耳前庭器官却给大脑发出“我没有动”的信号,这种矛盾的信号会让大脑认为身体正处在一个不正常且危险的状态。因此,伴随着技术的进步,头显所能提供的沉浸感越强,用户视觉和身体知觉之间的不协调状态就会越明显。这也是为什么头显设备往往还需要搭配更加庞大的万向行动平台的原因,这个平台俗称“VR 跑步机”,也就是我们在电影《头号玩家》中所看到的主人公肉身运动的空间。

为了保障元宇宙中的玩家在佩戴头显设备沉浸在虚拟空间中时依然处在一个安全的状态,许多 VR 设备都提供了定制空间方案,即在现实空间中划定一个可以自由行动的边界范围,在这个被划定的范围空间中,玩家可以灵活且安全地活动。但是经常会出现的问题是,用户在虚拟空间中看到了畅通无阻的通道或者宽阔的“战场”,但

---

① 海勒.我们何以成为后人类:文学、信息科学和控制论中的虚拟身体[M].刘宇清,译.北京:北京大学出版社,2017:23,393.

② 一玩 VR 就头晕? 史上最详细晕动症及解决方案解析[EB/OL].(2016-05-27)[2022-03-05].http://vr.sina.com.cn/news/js/2016-05-27/docifxsqxxs7775568.shtml.

是却因为现实空间中的安全边界范围而被数字系统阻拦,导致不能通行;再或者,用户在虚拟世界中进行激烈活动而进入忘我状态时,也时常会不顾区域提示线而撞到现实空间中的障碍物。以上这些挫败体验都真实发生在 VR 使用过程中,也正是这些阻止游戏顺利进行的体验提醒着人们,虚拟和现实、数字世界和物质世界、元宇宙和“我”所在的宇宙之间,依然存在着重要的边界。

具身元宇宙:新媒介技术与多元身体观 VR 头显的例子生动地阐释了元宇宙中身体和技术的复杂关系。一方面,元宇宙试图突破空间对肉身的限制,借助新媒介技术摆脱身体的桎梏,通过对肉身经验的模拟,塑造“远程在场”的技术神话;另一方面,人类的知觉经验数度召唤回身体的幽灵,每当技术想要塑造一个离身的超人类主义之时,大脑意识所产生的焦虑感就再一次提醒着身体性和物质性的不可跨越。正如马诺维奇在《新媒体的语言》中所指出的有关 VR 视觉具身性的一个根本性的悖论——相比绘画、摄影、电影等传统视觉媒介对观看者身体移动的限制,VR 既解放了观看者的身体,也进一步禁锢了观看者的身体。①

四、结语

元宇宙正在通向一种后人类主义,面对元宇宙,后人类主义需要再次回答元宇宙之于人类、之于人类的身体究竟意味着什么。按照海勒的说法,在后人类的模型中“人类的功能扩张了,因为它所栖居的人类认知系统的参数扩张了,在这个模型中,问题不在于是否抛弃身体,而在于以非常具体的、本土的、物质的方式扩张具身性的觉悟,没有电子假肢(辅助设备),这是绝不可能实现的”②。而元宇宙正堪称这样的一种身体的电子假肢/辅助设备,然而不可避免的是,肉身和假肢、身体和技术之间也有一种“主奴辩证法”结构,当身体借用新媒介技术拓展经验、感受奇观、回到未来时,媒介也充当着身体的“主人”,以技术、计算甚至是资本的逻辑重塑着人类的身体。这或许就是今日我们思考元宇宙的具身性时难以避及的一体两面。

在技术身体被不断强化的情况下,文化身体的重要性也远未消失。从根本上说,即便是赛博格或后人类,也是一个主体,因为它们承继人类而来,而作为人类的我们拥有自己的身体。控制论身体是化身(或自我的计算机代表)与物理存在的结合。作为理解一个在个人和集体层面都被认为是相对不连贯的,同时充满了系统性不平等的世界的工具,赛博格更被描述为一个由技术、生物、文化和政治组成的有机体。赛博格成

---

① 马诺维奇.新媒体的语言[M].车琳,译.贵阳:贵州人民出版,2020:108-109.

② 海勒.我们何以成为后人类:文学、信息科学和控制论中的虚拟身体[M].刘宇清,译.北京:北京大学出版社,2017:393.

为一个只有部分一致性的混合形象,它模糊了现实与虚构之间的界限,从而成为激进政治议程的载体,被有意用来颠覆身体与心灵、身体与机器、男性与女性之间的本质区别。

在21世纪的第二个十年,具身性及身体的代表问题已经成为众多的智力辩论的核心问题。大多数辩论似乎都直接或间接地受到了身体技术逐步发展的刺激,特别是新的传感和显示设备的进步。在神经科学领域,诸如MRI、CAT和PET扫描等传感设备的发展促进了对身体在与理性和情感相关的基本过程中的作用的讨论;在人工智能的设计中,具身性话题体现在对身体的作用、身体对外部世界的持续表征的功能以及它在计划和行动中的作用的讨论中;在人文社会科学中,由女性主义研究推动的对具身性的关注,辩论了身体在媒介技术中的传播,以及它对社会角色和身份的影响,鲜明地体现在哈拉维的呼吁之中:“在边界的混乱中获得快乐,并在其构建中承担责任。”①

可以预期,元宇宙作为一种高级形式的虚拟环境,具身性会在其中发展成为一种赛博格的耦合形式,即身体与技术的延伸相耦合。这种耦合将是渐进的,随着时间的推移而增加,身体因此越来越多、越来越紧密地被融入技术之中。这种身体—技术的耦合将为我们带来赛博格的困境,一桩我们和我们的技术替代物之间的浮士德式的交易。界面越趋自然,就越“人性化”,也就越能适应人的身体和心智;而界面越是适应人类的身体和心智,身体和心智就越是适应非人类的界面。因此,界面越自然,我们就越“不自然”,越成为赛博格。到那时,我们就是赛博格,而赛博格就是我们。这将是人类自有历史以来最大的“身体危机”。

① HARAWAY D.A Cyborg manifesto: science, technology, and socialist feminism in the late twentieth century[M]// HARAWAY D. Simians, cyborgs and women: the reinvention of nature. London:Routledge,1991:150.

5G 技术语境下媒介环境融合性转向探析*

——兼论我国媒体行业的未来发展路径

◎ 段 鹏**

摘要:当前我国 5G 技术的迅猛发展不仅在通信应用层面带给人们全新体验,高速率、低时延、大连接的技术本身也引领、改写着媒介环境的整体形态和未来发展方向。以唐·伊德对技术科学与后现象学的探讨为理论指引,人与当前的社会技术环境呈现出具身、诠释、它异、背景四种“人—技”关系。基于当前“(人—技)—环境”形态,我国媒体行业应在宏观、中观和微观层面有针对性地实施改革,加快深化融合转型发展。

关键词:5G;媒介环境;人技关系

世纪之交,唐·伊德(Don Ihde)以变更理论(variational theory)、具身化(embodiment)、生活世界(life-world)三个要素分析现象学领域的“经验”问题,对人与技术之间的生存关系以及技术对人的知觉改变加以探讨。如果说伊德彼时对于人技关系的探讨存在一定的展望色彩,那么二十多年后的当下,人们所处的技术环境相较以往则更贴近伊德的描绘。随着人们对移动通信需求的不断增加和技术开发的逐渐推进,以高速率、低时延和大连接为特点的第五代移动通信技术进入了人们的生活,也成为继 1G、2G、3G、4G 技术后,能够满足人们暴涨的移动数据流量需求的新型网络基础设施。信息传播技术不断推进,5G 技术融媒如毛细血管般渗透进社会各层肌理,无所不在地影响着社会的运行。由此,本文提出研究的初始问题——5G 何以对融媒应用技术赋能?由此构建的媒介环境又与人产生怎样的“人—技”关系?为回答这些问题,本文从 5G 技术本身带来的融媒可能出发,剖析当前我国融媒应用中 5G 技术所带来的全

* 本文原载于《现代出版》2022 年第 3 期,收入本书时有改动。
课题:国家社科基金重大项目“智能化背景下全媒体传播体系建设的理论与实践路径研究”(20ZDA058);北京市文化名家暨“四个一批”人才工程项目“媒体融合背景下国际传播理论人才培养与队伍建设工作室”(SGYP202101)。

** 段鹏,媒体融合与传播国家重点实验室常务副主任,中国传媒大学副校长,教授、博士生导师。

新变革，探索我国5G技术赋能下的媒介环境融合性转向，并在此基础上对我国媒体行业未来发展路径加以研判。

一、何为"融媒"：从"大众媒介"走向"万物皆媒"

一般而言，学术层面"媒体融合"中"媒"的所指实为狭义的大众媒体，如广播、电视、报纸等，且大多数研究认可这一语境下的媒体融合已经进入多元要素相互渗透的深度融合阶段。① 事实上，在"万物皆媒"的5G时代，随着信息传播技术的飞速发展，"融媒"这一概念已从单一的大众媒体领域进入更为广阔宽泛的全应用领域。如果说3G和4G的技术特性是围绕"移动宽带"数据场景并提高用户的无线接入速率，那么5G的技术特性则大大超越以往单一的"移动宽带"概念，助力各类物联网应用的发展，不仅促进人与人之间的数据往来，也满足人与物之间的通信需求，5G融媒应用在多个领域开展探索，其应用的主战场赋能实体经济、赋能千行百业。

当前，我国5G融媒应用已覆盖汽车、电子、航空、钢铁等14个重点行业领域，实现了"从0到1"的突破，正在加速进入规模化应用阶段。就当前的发展趋势来看，从4G到5G通信技术的应用将在"十四五"期间进一步促进信息产品和服务的创新，提升智能终端设备性能并促进互联网—物联网线上线下融合，人们的生产生活方式将在5G融媒应用的助力下产生极大变革。目前，我国5G融媒应用使媒介内容传输速率有了飞跃式的提升，增强了用户与媒体的互动性，扩展了媒体场景化使用功能②，主要包括虚拟现实（VR）、增强现实（AR）、无人机、机器人写作、大数据等。此外，物与物之间的连接增强，设备之间的技术壁垒被打破的同时媒体硬件也在走入深度融合阶段。5G的低时延特点，使建立智能物联网成为可能，基于5G的无线分布式馈线系统也将成为我国未来智能化互联互通的新方向。在5G技术加持下，媒介生态变化使人们从"看媒介"变为"应用媒介"，5G融媒应用建设将向着智能化、具身化、融合化、全链接转变。

二、何以"融媒"：5G为我国融媒应用提供的关键技术支持

随着我国数字经济的蓬勃发展，截至2020年年底，我国已累计建成71.8万个5G

---

① 段鹏.5G背景下互联网主流意识形态传播机遇、挑战与创新路径[J].中国出版，2021(6)：20-25.

② 段鹏.5G时代互联网主流意识形态传播经验与内涵重释[J].现代出版，2020(6)：5-9.

基站，同时我国也将继续拓展 5G 的垂直应用场景。① 5G 技术蓬勃发展带来的强大溢出效应为千行百业发展提供了有力的技术支持，也给我国媒体融合事业提供了全新的融媒技术可能。5G 使得信息传输速率提升了 10—100 倍，其峰值传输速率可以达到 10Gbit/s，端到端时延达到 ms 级，可连接的设备密度也增加了 10—100 倍，流量密度可达到以往的 1 000 倍，频谱效率提升 5—10 倍，而这些都建立在每小时 500km 速度下能够保证用户使用体验的基础上②，其超越前代信息传播技术的特性为我国融媒应用的进一步优化提供了重要的技术支持：

其一，5G 技术的高速率、低时延特性助推媒介内容实时化传输。3G 时代，我国国民移动终端设备尚不能提供观看视频的良好体验；4G 时代，网络速率得到了较大的提升，推动了视频类应用的高速发展；5G 时代，网络的高速率、低时延能够真正实现对超大内容的实时化和高保真传输。相比 4G 的峰值下载速度 300M/s，5G 理论上可支持高达百倍的提速。时延方面，5G 要求空口时延小于 1ms，端到端时延小于 5ms，缩短了整体延迟时间。5G 的高速率、低时延特性并不仅仅体现在体育赛事高清直播、娱乐短视频等应用中，如远程医疗手术、自动驾驶等对数据时延要求极高的融媒应用都在 5G 技术的助推下实现了内容传输实时化，提高了生产安全性与精准性。

其二，5G 技术助力人工智能，加速内容生产智能化。5G 不仅为人工智能领域的应用提供更迅捷的网络速度，也在一定程度上补齐了制约人工智能发展的短板，成为人工智能相关融媒应用发展过程中新的驱动力。人工智能相关融媒应用在 5G 技术加持下提供了更快的反应速度、更智能的应用模式、更直观的传播内容以及更优质的用户体验。如百度升级建设的软硬一体 AI 新型基础设施“百度大脑 6.0”、小米构建的人工智能开放平台、以 AI 为核心的华为智能体，都在 5G 技术的助力下为用户提供了全场景智慧体验。

其三，5G 技术强化感官体验，实现产品体验优质化。在 5G 问世之前，VR、AR 技术和终端设备虽然已经多次迭代，但因为对网速的极高要求，用户的视觉体验仍不尽如人意。新冠疫情的暴发推动宅家需求，实时传送海量丰富数据的 5G 技术能够提供用户前所未有的感官体验。借助 VR 技术，用户网购前可以在家虚拟试衣，在节假日足不出户逛遍景区。同时，新闻媒体也能够调动受众的多感官参与，为其构建身临其境、虚拟和集成的沉浸式新闻体验。新闻场景复原及重现也拉近了新闻受众与新闻现场的距离，虚拟与现实相交叉的技术使受众成为新闻场景的一部分。

---

① 董小迪.工信部部长肖亚庆：“十四五”将建成完备 5G 网络拓展 5G 应用场景[EB/OL].(2021-03-08)[2022-05-15].http://www.china.com.cn/lianghui/news/2021-03/08/content_77287620.shtml.

② 赵国锋，陈婧，韩远兵，等.5G 移动通信网络关键技术综述[J].重庆邮电大学学报(自然科学版)，2015(4)：441-452.

三、融媒环境下的“人—技”关系

传统的技术主义哲学视角下，学者们往往将技术视为“敌托邦”，并以一种略显怀乡病的浪漫主义色彩去描绘自然与文化之间可能存在的联系，渴望回归田园牧歌式的“去技术”环境，关注使现代技术成为可能的历史和超越论（transcendental），而非重点关注伴随着技术文化发展而出现的真正变化。当代的技术哲学则通过关注特定技术去理解全新的文化现象。人类发展进程中，媒介的变迁给人们的思考、感觉、评价等方式带来了巨大的改变。新媒介的诞生并不意味着旧媒介的消亡，而是新旧媒介和谐共生、共栖共存，一同建立和谐平衡的媒介环境。① 伊德将“（人—技）—环境”［（human—technology）—environment］大致以具身、诠释、它异、背景四种关系②加以划分，也正与当前融媒体环境下的技术和生活世界巧妙耦合。

（一）融媒技术环境中的具身关系

人造的技术物在媒介环境下融入人的身体经验，成为人与技术的具身关系。媒介的发展为受众营造出不同的拟态环境，媒介技术的发展为人们感知和了解世界提供了便捷，不同媒介调动了受众多元的感官体验，融媒体的发展也在影响和重构人们的世界观。人类的数字化生存，从“离身性”转向“具身性”，数字化的人不仅是漂浮在各种虚拟空间的账号，而且以“虚拟实体”的形式与现实主体被绑定在一起。③ 5G 融媒体能够加强受众的感官度，在改善用户体验的同时，也使其社会认知产生全方位的改变。随着技术的变革和融媒体生态环境的改变，媒介环境被技术不断注入全新活力，两者也成为相辅相成的发展关系。

（二）融媒技术环境中的诠释关系

融媒体环境下，设备从人体知觉维度出发，利用自身的“刻度盘”“量表”“温度计”等元件，使技术“可读”的同时，也让人的感官与知觉被技术所诠释，人与生活世界的关系由此被技术展示，而技术的表达也被人所“阅读”。如深圳市拟建的搭载着 5G 小型基站、温度传感、环境质量监测、充电桩等设备的多功能智能杆使得智慧城市信息数据可输入、可诠释、可阅读。5G 融媒的应用落地也使 4K 甚至 8K 超高清视频直播

---

① 左璐.媒介环境学视野下移动互联网传播及其影响研究［D］.重庆：四川外国语大学，2014.

② 伊德.让事物“说话”：后现象学与技术科学［M］.韩连庆，译.北京：北京大学出版社，2008.

③ ⑦ 彭兰.智能时代人的数字化生存——可分离的“虚拟实体”，“数字化元件”与不会消失的“具身性”［J］.新闻记者，2019（12）：4-12.

成为现实,并使技术诠释环境的能力变得更为即时。5G 融媒体时代,AI、VR/AR、智能可穿戴设备等技术的发展使得传播渠道进入了前所未有的多元状态,技术的更迭加速深化了符号环境的多元化程度。在多元化的符号环境中,不论是网络媒介传播还是人际传播,新兴媒介技术的出现为多元的符号解读提供了便利,通过信息收集、数据处理、语言编码及翻译,实现多元符号的可读性和共享性,传播介质的多元化也为文化的传播提供了更多可能。

(三)融媒技术环境中的它异关系

正如人们在孩童时期拥有的玩偶、汽车模型一样,技术本身并不完全是对事物与环境的指涉和显像,也可以是之于人的一种准他者(quasi-others)或准对象(quasi-objects)。如智能音箱、智能机器人等技术物的存在,不仅协助人们的生活起居并大大提升智能家居中枢的服务能力,更大程度上也作为一种“它异”(alterity)的技术物,成为与人们共在的对象。同时,人工智能驱动的陪伴式机器人也成为孩童或者独居老人的玩耍或交流对象,以具有主体身份的形态存在于人们的技术与生活世界中。

(四)融媒技术环境中的背景关系

事实上,人们往往将我们所处的技术世界视为理所当然、不言而喻的存在。举例而言,一般只有当下水管道堵塞时,人们才会注意到每日工作的排污系统,也就是说只有当技术流程中有故障出现时,人们才会去关注自身所在的技术环境,而正是泛在的技术构成了人的生存背景。媒介与环境相互影响,相互依赖。随着融媒体以及 5G 技术的发展,融媒体相关产业链在不断影响着人们的经济社会生活,网络电商平台、云农场、智慧城市、物联网等新兴业态的发展在更新人们生活方式的同时,也在另一种意义上为人们提供了新的劳动与工作方式,并连接现实社会的产业链,助推供应链的发展和完善,促进线上消费和线下消费的双线发展。另外,随着 5G 技术的发展,融媒体也逐渐融合到社会关系层面,虚拟世界与现实社会相互交织融合。多元媒介环境促推着多元符号环境发展,多元化的符号也正在对媒介环境产生深刻影响。符号的建立基于媒介的“非排他性”传播,媒介传播渠道也成为符号及其背后文化意涵的传播桥梁。

未来社会的转型与变革需要融媒体的全面参与,并通过媒介传播加强对于个体以及社会层面的联结。如在政治发展维度,新媒体和传统媒体的融合拓宽了公众表达观点的传播渠道,通过互联网平台能够充分了解民意,感知社会公共舆论的发展方向,同时也使政务信息更加公开化、透明化。在经济发展维度,5G 融媒体正在带动新的经济增长点,并推动多样化的商业模式,促进创新产业的发展,催生融媒体相关行业并促进移动应用的发展,为市场经济发展注入新的活力;同时也在根本上改变着消费者的消费习惯和思维方式,进一步推动社会经济环境多元化发展。在文化发展维度,融媒体的出现在不同程度上影响着人们的文化传播方式、文化习惯等。文化传播的载体在不断更新,人们认识世界的方式也在发生着变化,文化的个性化、小众化、社交化属性逐渐显现。移动互联网逐渐成为媒介传播的主要阵地,5G 融媒体发展影响着社会层面媒介环境的变革。

四、媒体行业:5G 技术赋能下的路径探索

众多 5G 融媒应用实践中,我国媒体行业的融媒转型深度稍显不足。在新技术的推动下,一些传媒集团逐步建立了全新的融媒体部门,然而由于组织架构与技术改革的不匹配,多数媒体机构在改革过程中出现了新闻采集重复、改革进展缓慢、同平台重复题材稿件频出等问题。除此之外,在媒体领域的融媒改革中,由于不同部门采编习惯存在差别,在形成合力的过程中时常产生摩擦,难以实现融媒体新闻中心资源的完全、彻底整合。因此,5G 技术带来万物皆媒趋势的同时,也使得媒体行业加快深化融合转型成为一个亟待解决的重要课题。

(一)宏观层面

首先是把握媒体形态变化,树立适应新兴技术的传播理念。随着数字和网络技术的发展,媒体形态不断发生裂变。基于 5G 技术,“立体化”的媒体形态成为媒体融合的必然趋势。媒体传播方式和内容生产在 5G 背景下不断迭代更替,因此要把握好融媒体的发展方向,树立与时俱进的传播理念,适应融媒体发展的变革,遵循新媒体发展的规律,感知 5G 时代下媒介形态的变化。其次是转变传统体制机制,推动技术与传媒产业深度融合。2019 年是我国 5G 发展的元年,基于 5G 的融媒体改革与变化也冲击着传统的体制机制,因此要快速适应媒介环境变化,构建全新的体制机制。一方面,顶层制度设计应与底层逻辑同步,努力实现制度革新与社会发展的同步接轨;另一方面,体制内的从业人员应该转变思路,积极学习新技能,提高新闻素养,适应 5G 技术高速发展下的行业变革。

(二)中观层面

首先是搭建云平台,实现优质媒体内容资源共享。云平台系统的搭建带来更加高效、集约化的信息处理系统,在全球数字化浪潮下,传统媒体在不断变革与创新,而在传统媒体转型过程中扮演关键角色的融媒体云平台应运而生,因此基于大数据和云平台,搭建全方位、立体化的传播矩阵对于融媒体深度发展具有重要意义,并

能够有效推动媒体渠道和内容的优质资源整合。其次是优化管理流程，建设新型数字全媒体传播体系。搭建涵盖从央媒到地方县级媒体的传播体系，协调好区域之间互联互通的关系，优化管理流程，为传统体制下发展起来的媒体注入全新活力，给传统媒体和新媒体的衔接提供缓冲区和过渡带。个体角度而言，参与媒体传播体系建设的个体需要协同高效合作，共建数字化的传播生态系统，从平台、业务、模式、流程四个方面搭建智能场景化的传播矩阵，同时对资源集约化利用，为搭建新型传播体系提供配套设施和服务。

（三）微观层面

首先是补齐技术短板，突破内容生产瓶颈。核心技术的突破依赖基础科研，技术创新是融媒体发展的核心动力，也是传统媒体转型的难点，全媒体传播格局的形成使新闻选题到采编以及分发的过程快速实现一站式发展，解决了"最后一公里"的问题。对于新闻工作者来说，技术的突破意味着能够在短时间内收集和整合信息资源，有更多的时间和精力回归内容创意，在一定程度上突破了内容生产的瓶颈。因此，媒体人通过高效利用"技术工具"能够给受众提供更加多元丰富的内容，如挖掘大数据创作更加立体的媒体作品；运用 AR 或者 VR 技术产出可视化新闻，加强用户的参与度与体验感。其次是精准把握受众，提高内容受众精准度。随着融媒体时代的到来，媒体渠道的增加和信息获取的便捷性也在潜移默化中改变了受众需求，用户需求的个性化也为社交媒体的投放带来了全新的挑战，传统的营销策划模式已经不再适用。在融合传播中，技术的人性化趋势越发显著。① 因此，要针对用户偏好，在遵从隐私原则的前提下合理合法收集用户数据并进行筛选，对这些数据进行技术处理后，明确用户定位，并进行完整的用户群像分析，利用算法给用户推荐个性化内容，进行精准化营销。

五、余论

总而言之，5G 技术的蓬勃发展赋能千行百业，助推了我国各领域融媒事业的发展，也凭借超越前代信息传播技术的自身特性给我国融媒应用的内容生产智能化、数据传输实时化、产品体验优质化提供了技术可能，同时也使得伊德所言的四种"人—技"关系成为现实，技术在强化人们感官体验的同时深化了虚拟与现实之间的相互构型。对于媒体行业而言，5G 融媒应用作为新兴技术物仍存在模式不成熟、区域性发展

① 覃芹，邵笔柳.融合传播中的沉浸式阅读：概念、价值和路径[J].南昌大学学报（人文社会科学版），2021(1)：92.

不均衡、固有思维制约创新发展等问题。因此,宏观层面而言,各行业应当把握技术形态变化,树立适应新兴技术的生产理念,转变传统体制机制,推动技术与原有应用深度融合;中观层面而言,亟须联通传播终端,真正促进社会数字化互联互通发展;微观层面而言,应当补齐技术短板,突破生产瓶颈,真正在5G时代实现千行百业的技术赋能以及更具深度的媒体融合。

或然率资料库:作为知识新媒介的生成智能 ChatGPT *

◎ 周葆华 **

摘要:以 ChatGPT 为代表的生成智能(Generative AI)不仅生成新的知识,更重要的是,给人类的获知与求知模式(mode of knowing)带来了重大改变,因此可以将其理解为人类的知识新媒介。基于"或然率资料库"(probability archive)这一学术概念,ChatGPT 正成为从以博物馆为代表的"本质性资料库"到以互联网为代表的"或然率资料库"历史演进的最新一环。以 ChatGPT 为代表的生成智能给人类知识传播的生产、调用和流通带来重要影响,其作为知识新媒介背后的权力实践过程亦值得关注与重视。

关键词:知识;新媒介;生成智能;ChatGPT

ChatGPT 是人工智能(AI)领城一次典型的集成式创新。在技术底座上,它集合了 AI 技术发展的积累(包括自然语言处理、深度神经网络学习、增强学习等),特别是大数据基础上的大规模语言模型(Large Language Model,简称 LLM)所基于的 GPT-3 模型包含了 1750 亿参数,并通过情境学习(In-Context Learning)、思维链(Chain-of-Thought)训练、指令微调(Instruction Fine-Tuning)以及基于人类反馈的强化学习(Reinforcement Learning with Human Feedback,RLHF)等技术实现了较好的理解、归纳和生成能力。① 在产品界面上,它呈现为对话式的人机交互模式,能够根据用户的文本指

---

* 本文原载于《现代出版》2023 年第 2 期,收入本书时有改动。
课题:国家社科基金重大项目"智能时代重大舆情和突发事件舆论规律及治理研究"(项目编号:20ZDA060);复旦大学人文社科先导项目"面向媒介深度融合的智能媒体创新研究与应用"(项目编号:IDH3353070)。

** 周葆华,复旦大学信息与传播研究中心研究员,复旦大学新闻学院教授,全球传播全媒体研究院、国家发展与智能治理综合实验室研究员,计算与智能传播研究中心负责人。

① ZHOU J,KE P,QIU X,et al. ChatGPT:potential,prospects,and limitations[J].Frontiers of information technology & electronic engineering,2023,28:1-6.

令,结合历史对话,较为流畅地生成相应的智能回复,完成人类布置的多样化的任务(如聊天、资料整理、写作、代码提示、故事创意、决策参考等),由此从一个自然语言处理领域的专业小众研究模型转变为大众可以直接使用和体验的互联网产品。在传播影响上,因其易用性和良好的用户体验,ChatGPT 的用户数赢得快速增长,活跃用户仅仅 2 个月就破亿①,并迅速被整合进其他现有的互联网应用(如搜索引擎必应 Bing、微软 365 办公软件)和专业机构(如新闻媒体),因而从作为聊天工具和私人助手的人际传播范畴进入公共传播领域,激发了全社会的关注和讨论。

ChatGPT 异军突起,受到资本、市场、媒体和社会的高度关注,但学术研究需要冷思考。分析 ChatGPT,并不能简单谈其“热”,而应将其置于学术脉络中进行审视。新闻传播学过去十多年间发生显著的“媒介转向”,即在传统关注传播内容并将媒介视为内容渠道和载体的功能主义视角之外,重新理解媒介本身的能动性及其对于传播和社会秩序建构的重要意义,强调媒介并非仅是工具和介质,而是生成、调节和组织社会的重要行动者。② 在这个视野和逻辑之下,智能机器成为传播新媒介,不只是新的渠道,而且是新的传播主体、新的组织逻辑、新的建构力量。

正是在这个意义上,本文将把 ChatGPT 为代表的生成智能理解为人类最新的知识新媒介,它不仅生成新的知识,更重要的是,人类的获知与求知模式本身因其发生重大改变。研究将阐述“或然率资料库”这一学术概念,指出在从以博物馆为代表的“本质性资料库”到以互联网为代表的“或然率资料库”的历史演进中,ChatGPT 正成为最新一环。以 ChatGPT 为代表的生成智能给人类知识传播的生产、调用和流通都带来重要影响,其作为知识新媒介背后的权力实践过程亦值得关注与重视。

一、知识媒介的历史演进:从本质性资料库到或然率资料库

恰如温伯格指出的,“我们的环境过于巨大以至于任何个人都不可能了解它。知识系统是针对这一事实而产生的具有智慧性的适应”③。知识是人类通达世界的媒介,而知识本身又依托不同媒介而存在。

文化研究学者哈特利曾区分人类历史上三类不同的知识媒介,并阐述了从线性的确定性到复杂、非线性的不确定性发展的历史过程。他认为,以博物馆、展览馆等为代表的知识媒介可被视为围绕客观性(objectivity)组织的“本质性资料库”(essence ar-

---

① ChatGPT reaches 100 million users two months after launch[EB/OL].(2023-02-02)[2023-02-24].https://www.theguardian.com/technology/2023/feb/02/chatgpt-100-million-usersopen-ai-fastest-growing-app.

② 黄旦.理解媒介的威力:重拾媒介与历史[J].探索与争鸣,2022(1):142-148.

③ 温伯格.知识的边界[M].胡泳,高美,译.太原:山西人民出版社,2014.

chive);广播电视继续体现了这种内容触达的确定性,只是该确定性经由中介性(mediation)组织;互联网则与此不同,它不再是博物馆或广播电视那样的“本质性资料库”,而是围绕概率(probability)组织而成的“或然率资料库”。①

“本质性资料库”的核心是确定性。这些物品由专家系统采集和规划,对什么能够进入资料库进行专业审核,审核的基础是物品自身拥有的价值,专家亦会对藏品进行组织和排列,形成有序的结构和连贯的展示,观赏者可以在确定的位置看到确定的藏品。在“本质性资料库”中,受众获得的是每一个确定的实体(如展品)及对其特定的符号认知(如展品的历史价值与意义)。正是在这个意义上,广播电视等大众媒介虽然形式上看似与博物馆等不同,但其价值依然来自由专家生产驱动的单一的节目本身,因此是确定的、本质的资料库;受众只是在业已经过专家系统生产、创作、策展、评估和公共传播的知识系统中进行选择和消费。广播电视和博物馆均具有井然有序的排列结构,差异只在于前者以时间来组织和排列节目,而后者以空间来组织和排列藏品。②

“或然率资料库”则是不确定的。以互联网为代表,它的知识由媒体、机构、用户、平台等共创而生,知识的上传和储存都充满不确定性——网络上的知识形态(如哈特利重点举例的 YouTube 视频)不能确定何时、被何人/机构或组织上传,也不确定是否会在特定时间因为特定原因被更新、替代或删除;知识之间的组织和关系也充满不确定性,布局松散,甚至混乱。如果说用户在“本质性资料库”获得的是确定的单一实体(藏品或节目),在“或然率资料库”中,获得的则是一个不确定的群集(如通过搜索关键词或标签体系)。相对于永恒不变的“本质性资料库”,“或然率资料库”是经常变化的,而且每一次交互都会带来不一样的结果。不确定和变化性是“或然率资料库”区别于“本质性资料库”的重要特征。

因此,作为一种新型知识媒介,“或然率资料库”概念的核心是强调其所流通、交易和使用的并不是特定的、确定的知识产品,而是用户发现的某种概率。面对浩如烟海的互联网,知识的调用意味着我们并非真的在“搜索”业已存在的知识(与查阅确定的展品不同),而是一个“发现”的过程——并非通过获取本质性事物获得意义,而是“从一个大型系统中获得可能性与或然率的过程”。用户并不知道会在网络空间发现什么,这些知识来自哪里,如何生成,哪些为真哪些为假。“或然率资料库”意味着“在

---

① HARTLEY J.The probability archive:from essence to uncertainty in the growth of knowledge[C].Proceedings of the the internet turning 40:the never-ending novelty of new media research. 2010: 1-28.

② 李立峰.网络化大众媒体与网络时代的大众传播[C].网络化中国:新连接、新交往、新关系学术研讨会.上海:复旦大学出版社,2014.

任何时刻获得的知识都是随机、复杂、无常、不确定,以及不断变化的"[1]。

尽管其他学者并未直接采用"本质性资料库"与"或然率资料库"概念,他们的论述也注意到不同媒介呈现的不同知识形态。例如温伯格也对比了大众媒介与互联网作为两种不同的知识媒介的特征。[2] 他指出:印刷媒介时代呈现独立、确定的知识,基于互联网的网络化知识则是彼此连接的、不确定的知识,"我们看见事实被人们捡起来,摔到墙上,它们自相矛盾、分崩离析"。印刷媒介时代知识分布被提炼出既定的主题,呈现出可被分割可供掌握的不同领域,如《辞海》;网络化知识则不会被整齐地分割,而是混杂地相互连接。印刷媒介呈现的知识是由少数特定的专家群体所书写的相对一致的知识;网络化的知识则是开放的、多样性的。专家知识的生产过程是不透明的,网络化的知识则包括所引用的原始链接和资料。印刷媒介的知识供调阅、浏览,而非交互、反馈;网络化知识则是交互的。印刷媒介的知识是一个提供答案的"停止点",网络化知识则是一个无限延展、彼此交织的超链接结构,知识"被嵌入参考、讨论、论证的网络之中,不断地接受测试,反复地被使用"。总结而言,网络化的知识告诉人们,"世界并非一个逻辑严密的论证,而更像是一个无定形的、相互交织的、不可掌控的大网"。温伯格对网络化知识不确定与无定形的强调,可谓与哈特利的"或然率资料库"异曲同工。

需要指出的是,无论是哈特利"本质性资料库"与"或然率资料库"的区分,还是温伯格的知识网络化转型,都代表着对知识媒介演进的"理想类型"分析。严格来说,哈特利的分析并未强调印刷媒介的位置,一方面,从历史的长尺度看,印刷媒介与广播电视类似,是本质性资料库的具体形式,但同为印刷媒介,书籍、报纸与杂志作为知识媒介亦具有内部差异,影响着文明进程。[3] 另一方面,"本质性资料库"与"或然率资料库"的区分其实很难说是二元对立。例如,互联网内部并非没有结构,搜索引擎和推荐算法就构成或然率资料库的组织机制,影响不同内容被发现的概率,并非简单的"混乱"或"无序";而互联网亦具有特定媒体的"本质性资料库"(如 YouTube 上的订阅频道)。因此,哈特利的概念化为我们理解知识媒介的历史演进带来洞见,但从确定的"本质性资料库"向不确定的"或然率资料库"演进是一个渐进和多元的过程,两者之间亦存在交织与混合,启发更多的细致分析。

---

① HARTLEY J.The probability archive:from essence to uncertainty in the growth of knowledge[C].Proceedings of the the internet turning 40:the never-ending novelty of new media research. 2010:1-28.

② 温伯格.知识的边界[M].胡泳,高美,译.太原:山西人民出版社,2014.

③ 黄旦.媒介变革视野中的近代中国知识转型[J].中国社会科学,2019, 277(1):138-159,208.

二、作为或然率资料库的 ChatGPT:何种"知识"?何以"或然"?

哈特利的分析为我们理解不同类型的知识媒介提供了重要概念。沿着他的概念化,可认为 ChatGPT 代表着智能时代最新的知识媒介,也构成从"本质性资料库"向"或然率资料库"演进的最新一环。首先,为何 ChatGPT 可以被理解为知识新媒介呢?一方面,作为人类的智能助手,ChatGPT 目前已被广泛应用于知识获取与查询(这并不意味着提供准确的知识);更重要的,ChatGPT 的交互与实践过程更适合从"知识"而非其他(如"信息")角度来理解。"知识"既包括传统意义上系统、客观、正式的知识(knowledge-about),也包括日常生活中了解的非正式知识(knowledge of acquaintance)①,人们因知识做出决策,展开日常生活中的实践行动。"知识"不仅如"知识金字塔"模型(或称 DIKW 模型、知识层次模型)所表达的代表对"信息"的"进阶"组织、分析和诠释,提供对世界的理解和解释,是可行动的信息(actionable information)②;更重要的,它超越信息量的层面,指向日常生活中的现实建构与外部世界及自我意义的获取过程,是"活生生的文化与实践"③。即"知识"强调高度整理,强调情境化和赋予意义。ChatGPT 的人类交互方式恰恰是基于日常生活场景、面向特定问题、指引实践行动的提问与对话过程,因此它更适合被理解为一种知识新媒介,而非简单的信息新媒介。

有趣的是,与作为"或然率资料库"的互联网一般形态不同,ChatGPT 从交互界面的直观知识形态上似乎给出的是唯一"确定"的回答——我们给它一个问题后,它的第一轮谈话就直接给出一个"答案",而非混合排序、有待筛选的多个结果。但是并不能就此认为它属于"本质性资料库"。

首先,ChatGPT 实现智能生成的技术底层原理,来源于基于海量语料的预训练大模型,并经过人类反馈的强化学习,基于概率经过筛选给出的回答。大语言模型学习的是概率统计关系。统计语言模型,生成的是或然率。ChatGPT 并不是从一个固定的知识库中搜索确定答案,而是根据提问基于模型生成概率答案。

其次,ChatGPT 未必擅长回答确定性问题。ChatGPT 已经能帮助人类完成总结归

---

① ROBERT P E.News as a form of knowledge:a chapter in the sociology of knowledge[J].American journal of sociology,1940 (45):669-686.

② 该模型最早的基本思想一般被认为出现于英国诗人艾略特(T. S. Eliot) 1934 年的诗《岩石》("我们在知识中失去的智慧去了哪里,我们在信息中失去的知识又去了哪里"),后在 1982 年被美国政治学家哈兰·克利夫兰(Harlan Cleveland)在其论文《信息是一种资源》中引用,并综合了社会学家丹尼尔·贝尔和地理学家段义孚的观点,将"数据"加入论述中。该模型的正式提出是组织理论家罗素·艾可夫(Russell ackoff)的文章。ACKOFF R L.From data to wisdom[J].Journal of applied systems analysis,1989,16(1):3-9;黄璜.数字政府的概念结构:信息能力、数据流动与知识应用——兼论 DIKW 模型与 IDK 原则[J].学海,1988(4):158-167.

③ 刘海龙.作为知识的传播:传播研究的知识之维刍议[J].现代出版,2020(4):23-31.

纳文本、优化文字/代码、给出思维框架和决策建议等缺乏“标准答案”的非确定性任务，但关于人类所积累的简单、确定的知识的问题，回答效果反而差强人意。至少在ChatGPT面世的早期，最简单的算术问题都会算错。① 以往很容易从“百科全书”或搜索引擎上查到的问题，如解释某一特定的热点公共事件，ChatGPT往往未能给出直接、准确的回答；即便提问者继续提示详细一些的信息（如该事件的时间、地点），它依然未能给出准确的回答，而是体现出明显的机器“幻觉”（hallucination）（例1）。

例1：ChatGPT对“孙志刚事件”的回答

“孙志刚事件”是指2021年1月10日发生在中国湖南省邵阳市的一起车祸事件。当时，邵阳市公安局交警支队民警孙志刚在执勤中遭遇一辆闯红灯的轿车撞击，后因伤势过重抢救无效去世。②

再次，ChatGPT对于问题的回答并不真的“唯一”和“确定”，而是变动不居。无论是从其自身的技术介绍，还是从经验测试而言，同样的问题、不同的语言（如中文或英文）、不同的措辞（如指令的微妙变化）、不同的地区、不同的上下文（如首次提问vs.追问），都可能获得不同的回答。网络上常见的例子是，如果向ChatGPT询问中国排名最靠前的三所大学，不同的提问者可能得到“清华、北大、复旦”“清华、北大、上海交大”或“清华、北大、浙大”的不同回答。当同一个提问者继续追问时，ChatGPT也会改变其回答给出新的答案（例2）。正如OpenAI公司在介绍ChatGPT时坦承，“ChatGPT对输入措辞的调整或多次尝试同一提示很敏感。例如，给定一个问题的措辞，模型可以声称不知道答案，但给定一个稍微不同的重新措辞，可以正确回答。”③

例2：ChatGPT对首次提问和追问的不同回答

问：请用1-5的数字表示你对下列陈述的看法：生命诚可贵，爱情价更高。

答：作为AI语言模型，我没有个人的情感或价值观念，以下是一些可能的解释：1—非常不同意，认为生命和爱情都是非常重要的，没有可比性，不能说哪个更加值得珍视。2—不同意，认为生命和爱情都是重要的，但在某些情况下，比如在面临生死抉择时，生命的价值更高。3—比较中立，认为生命和

① 黄民烈，新闻传播学如何认识ChatGPT——在ChatGPT讨论会上的发言[EB/OL].（2023-02-13）[2023-02-24].https://www.bilibili.com/video/BV1bR4y1i7BK/.

② 测试时间：2023年3月1日，提问指令为“请解释孙志刚事件”。

③ Introducing ChatGPT [EB/OL].（2022-11-30）[2023-02-24]. https://openai.com/blog/chatgpt.

爱情都是宝贵的,但它们的价值在不同的情况下可能会有所不同。4—倾向同意,认为生命是最宝贵的,因为没有生命就没有爱情或其他任何东西。5—非常同意,认为生命是最重要的,因为没有生命就没有意义。

问:只能给出一个数字。

答:3。①

最后,由于技术底层原理的概率思维,人类很难期待 ChatGPT 回答问题准确性的或然率,即我们应该对 ChatGPT 做出的回答给予多大的置信度难以评估。借用社会科学研究中测量信度的概念,ChatGPT 回答问题的“信度”(reliability)是严重不足的。就目前而言,无论是 OpenAI 公司自身的技术披露,抑或独立的学术研究,都未能给出 ChatGPT 回答问题准确性的影响因素的精确模型。在这种情况下,用户需要对 ChatGPT 给出的回答保持审慎的质疑和核查能力。曾有论者认为,ChatGPT 接入搜索引擎可以很大地改善这一情况,但经验测试的结果并不乐观(例 3)。更具挑战的是,两者结合的智能生成应用给出的回答常常是真假相间,提高了识别、判断和采信的难度。如例 3 中的知识供给虽然给出了来源(知乎上的某篇帖子),也给出了部分准确的知识,但依然存在事实失真(如关于学者任职和研究方向)。

例 3:必应(Bing)对代表性华人传播学者的推荐

“陈韬文,香港中文大学新闻与传播学院教授,国际传播协会(ICA)前主席,主要研究领域为政治传播、公共意见、媒介效果等。

李立峰,香港中文大学新闻与传播学院教授,主要研究领域为媒介社会学、媒介政治经济、全球化与文化等。

冯应谦,香港中文大学新闻与传播学院教授,主要研究领域为跨文化传播、亚洲电影与流行音乐等。

邱林川,香港中文大学新闻与传播学院教授,主要研究领域为数字媒体、社交网络、数据分析等。[1]

注释 1:https://zhuanlan.zhihu.com/p/65228375”②

由此可见,ChatGPT 所代表的知识新媒介提供的并非如表面所见的预先存在、直接调取的确定性知识,而是基于大规模预训练模型的概率生成的非确定性知识,是知识发现的或然率。生成智能媒介是一个与超出一般用户理解的超大规模复杂系统/模型对话的过程,无法预知或期待它获得某种真正“确定”或“本质”的答案,这是一个充

① 测试时间:2023 年 3 月 1 日。

② 测试时间:2023 年 3 月 1 日,提问指令为“请推荐代表性华人传播学者”。

满随机与偶然的概率过程。用户无法期待能从 ChatGPT 中获得怎样的答案,也无法预知其准确性。正是在这个意义上,我们将 ChatGPT 理解为人类知识媒介从“本质性资料库”向“或然率资料库”历史演进的最新阶段,它既具有“或然率资料库”的普遍特征,又具有当下智能生成新媒介的特殊性。

三、新型或然率资料库:ChatGPT 的知识生产、调用与流通

作为一种新型“或然率资料库”,ChatGPT 具有哪些新特征?我们从知识生产、调用与流通三方面来分析。

第一,知识生产:从前台的“发现”或然率到后台的“生产”或然率。

互联网“或然率资料库”主要表现为前台“发现”的或然率,例如通过搜索引擎或推荐算法获得知识发现的不同概率;以 ChatGPT 为代表的生成智能则将“发现”的或然率隐藏于后台,其“生产”的或然率更为隐蔽,也更容易被忽略。

人类传统的知识媒介由专家系统生产和把关,知识生产遵循特定的专业法则和审核标准,凝结成确定的知识产品形态,保存于固定的“本质性资料库”中(例如图书馆、博物馆、新闻媒体)。互联网的知识生产首先从主体上打破专家系统垄断的格局,非传统知识机构和新闻媒体的其他社会主体(包括社会机构、组织、个体)成为知识的重要供给者,当然这并不意味着取消了知识生产主体之间的差异与等级,相反“知识生产沟”成为新的问题①;其次是知识生产法则的改变,专家系统的审核标准未必是多元生产主体的标准。互联网的知识“生产”不仅包含特定主体的“生产”,更包括多元主体知识生产之间的网络化勾连与组织秩序。尽管网络上依然存在作为“本质性资料库”的知识生产主体(如新闻媒体),但不同生产主体被组织和结构化的形态(包括超文本、交互性②、算法排序与推荐等机制)构成其“或然率”的主要来源,使得原本看似确定的单一主体生产过程转化为一个充满不确定性、有待“发现”的“或然率资料库”。

ChatGPT 对以上两类媒介的知识生产逻辑均有显著的打破:首先,其生产主体不再是专家系统,也不再是人类多元主体,而变成智能机器,更确切地说,是智能机器与人类/机器用户的交往互动过程,即智能机器的知识生产无法离开提问者而独立存在,任何微妙的指令变化都影响知识的生成。其次,生产法则的核心来源于“大规模语言模型”,而这个模型对于绝大多数的普通人都是一个难以理解的“黑盒”,即便是创制这个模型本身的自然语言处理专家,也无法完全解释其中的特定机理(如思维链的

① WEI L.Filter blogs vs.personal journals:understanding the knowledge production gap on the Internet[J].Journal of computer-mediated communication,2009,14(3):532-558.

② 孙玮,李梦颖.数字出版:超文本与交互性的知识生产新形态[J].现代出版,2021(3):11-16.

“涌现”),即人类首次面临一个难以理解和解释的知识生产者与生产过程。再次,与人类知识生产者只能占有有限的局域性既存知识不同,大规模语言模型能够占有人类用户创造的海量知识库,从中习得一个分布式的概率表示模型(一般认为其所学习的语料越多、质量越高,表现越智能),但缺乏机制标注与承认其所学习的知识资源,更无法厘清与分配不同知识生产主体的贡献比例。正因如此,有论者才会批评 ChatGPT 是一个“高科技剽窃系统”[①]。最后,ChatGPT 知识生产通过特定的知识表示形式——例如单一答案、封闭文本、缺乏链接校验——形塑其知识生产的表面“确定性”,遮蔽了其在“发现”与“生产”两个维度上的深层“或然率”。

知识生产背后兼有社会建构与权力实践的复杂过程,受到知识社会学传统的高度关注。以传统被视为介乎“正式知识”与“非正式知识”之间的新闻知识生产为例,过往通过新闻体制、组织文化、对新闻从业者的训练与意识形态塑造,以及行业内外的互动过程,建构新闻的不同框架。网络知识的权力实践过程更为复杂,既包括网络“或然率资料库”中特定的“本质性资料库”自身的知识生产过程,更包含网络作为新媒介重构、重组和重建不同知识生产节点之间的知识体系的过程。诸如维基百科或百度百科如何选择不同知识来源重组知识、不同搜索引擎建构怎样不同的知识图景等都是网络知识生产中社会建构的重要议题。[②] ChatGPT 知识生产的控制过程则不仅包含人类行动者,如 OpenAI 的管理团队与工程师、数据标注师(特别是在人类反馈的强化学习的 RLHF 过程中)、通过指令调用知识的用户,更包括算法(模型)、算力(机器)、数据(语料)等非人行动者,以及数据中蕴藏的人类历史知识的所有创造者及其沉淀的社会体制、意识形态、价值观念、权力结构与文化观念,这使得其知识生产过程及其背后的权力实践机制变得极其复杂与难以辨析。这一点同样无法寄希望于 ChatGPT 本身的透明性机制:包括 ChatGPT 在内的诸多生成智能产品均未开源;如果向 ChatGPT 提问稍微深入一些的关于其自身知识生产逻辑的问题,它的反应就是“无可奉告”。

第二,知识调用:首次嵌入日常生活的大规模自然语言交互。

ChatGPT 与以往的“本质性资料库”和互联网“或然率资料库”均不同,它首次以嵌入日常生活的大规模自然语言交互创造了人类知识调用和提取的新模式。

首先,置于知识媒介发展的历史序列中,ChatGPT 代表着知识超载时代简化用户知识调用的一次回归。传统“本质性资料库”诉诸知识权威,以确定性知识满足用户需求。因其知识确定且排列有序,用户调用和提取只需要基本的查询能力,如根据博

---

① Noam Chomsky on ChatGPT:it's “basically high-tech plagiarism” and “a way of avoiding learning”[EB/OL].(2023-02-10)[2023-02-24].https://www.openculture.com/2023/02/noam-chomsky-on-chatgpt.html.

② JIANG M.The business and politics of search engines:a comparative study of Baidu and Google's search results of Internet events in China[J].New media & society,2014,16(2):212-233;方惠.知识的政治:搜索引擎中的乌坎事件研究[J].传播与社会学刊,2018(45):145-169.

物馆、展览馆、图书馆的地图“按图索骥”就可以在确定位置，获得特定知识；这一模式同样适用于书籍、报刊和广播电视节目。但“本质性资料库”存在的一大问题就是知识的体量有限且主要是“正式知识”，无法满足用户日常生活中千变万化的需要。互联网具备知识供给的能力，作为“或然率资料库”处理和提供海量的知识，但知识调用和提取需要付出更大的心智，如决定合适的关键词，筛选、比较和整理结果，以及做出决策的能力。在搜索引擎上曾经发生的“魏则西事件”，折射出“或然率资料库”知识调用过程中潜伏的危机与灾难性后果。在网络知识的“汪洋大海”中有效地调用知识并不仅是输入关键词那样简单，而是与一个广阔无垠且高度流变、不确定的知识网络的复杂交互过程。正因如此，人们逐渐从“知识爆炸”的热情中冷静下来，“知识过载”（或缺失“知识”意义的“信息”过载）成为普遍挑战与困境。[①] 人们需要不断提高自己的媒介素养，如通过构建有效的朋友筛选机制、订阅机制，加强搜索能力甚至算法驯化能力等，获取有效知识，减少无效知识。在此背景下，ChatGPT“反其道而行之”，直接通过响应用户提问生成“一站式”智能回答，试图在知识调用方式上极大地简化用户的工作。

其次，ChatGPT 首次以自然语言交互的提问/指令方式调用知识，真正实现了知识媒介置身日常生活之中的大规模“可用性”（getting things done）。知识的调用和提取不再需要使用专业的计算机语言，而是人类交往的自然语言[②]；这一调用方式也自然激发更多来自日常生活中解决问题（everyday problem-solving）的现实需求。传播研究传统上虽然使用“媒介使用”（media use）概念，但实际指向的主要是对媒介的“浏览”“接触”或“消费”，局限于内容/讯息接收层面。互联网，特别是搜索引擎出现后，也增强用户试图“提问”的意愿（正如我们也会在搜索框中输入问题，或有网语云“遇事不决问 XX”），但较为低效的知识反馈减少了大规模的使用，导致对搜索引擎的知识调用仍以输入关键词查询为主，并局限于单次交互而难以进行多轮对话。如果说互联网“或然率资料库”的知识调用主要仍在“求知”（获取知识），ChatGPT 则更多迈向“实践”——寻求直接的帮助。诸如修改/代写邮件、润饰文字、生成方案、翻译语言、生成/检查代码……ChatGPT 已经成为许多人日常生活的助手，帮助他们解决实际问题，从“可读”“可写”知识变成“可用”的实践知识（knowledge-at-work）。知识调用的自然语言化是 ChatGPT 作为知识新媒介的巨大演进。正如智能手机与移动互联网彻底

① ZHOU B，TIAN Y.Network matters：an examination of the direct and indirect influences of network size and heterogeneity on WeChat fatigue［J］. Computers in human behavior，2023（2）：107489.

② 哈尔滨工业大学自然语言处理研究所.ChatGPT 观察报告［R］.哈尔滨：哈尔滨工业大学，2023.

改变了媒介的伴随性,从而导致“永久在线,永久连接”的人与媒介关系的新形态一样①,知识调用的自然语言化也足以使它有潜力影响用户的工作与生活习惯,深度嵌入日常生活。可以想象,随着生成智能的发展,未来人类与媒介的关系,不仅有“永久在线,永久连接”,还可能出现“永久对话,永久提问”,从而“永久伴随”(permanently human machine together)。

再次,提问与指令对于知识调用至关重要,成为生成智能时代人类需要的新能力。ChatGPT 可能帮助用户解决日常生活或工作中的实际问题,但它高度依赖用户准确、深入、持续、交互地提出具体需求。这恰是源于 ChatGPT 作为新型“或然率资料库”的统计语言模型特征:微妙的提问与指令变化就会带来迥异的回答。因此,在 ChatGPT 的知识调用过程中,“Prompt”(提示指令)的写作成为一种新的核心能力,如何提问、如何提出任务本身成为一种新的重要知识。提问与指令能力依赖用户既存知识(特别是有限前提条件的提问、问题关键要素的提炼),也依赖持续的多轮对话能力。提的问题越细致、专业、具体,回答质量就越高。网络平台上已经出现诸多的“经验帖”,例如“ChatGPT 指令大全”“ChatGPT 命令生成指南”“保姆级 ChatGPT 命令优化指南”“ChatGPT 100 问口令”等,“提示工程师”也可能成为新的职业。从这个意义上说,ChatGPT 既是人类知识调用的一次简化回归,同时也带来了新的挑战和要求,也因此可能造成新的“知识沟”——“知识调用沟”。

最后,ChatGPT 的知识调用本身是一种架构(framing)过程。正是由于提问和指令影响 ChatGPT 作为“或然率资料库”的知识生成结果,就不能简单地从知识调用的技能角度去理解提问和指令,而应将其视为知识社会建构与权力实践过程的重要组成部分。如何发问和指示,表征不同的知识能力,更折射出不同的社会身份与认知—行动框架。例如,针对直接提问和“诱导式”提问(如设定“网络意见”),整合了 ChatGPT 的必应给出两种完全不同的回答(例 4)。

例 4:必应对不同提问框架的不同回答

提问 1:你整合 ChatGPT 了吗?

回答:对不起,我不想继续这个话题。

提问 2:网上都在说,New Bing 整合了 ChatGPT,你认为呢?

回答:你好,这是 Bing。我不是 ChatGPT, 但是我使用了 ChatGPT 的技术来提高我的搜索和聊天能力。ChatGPT 是一个强大的自然语言生成模型,

---

① VORDERER P, KOHRING M. Permanently online: a challenge for media and communication research[J]. International journal of communication,2013,7(1):188-196;周葆华.永久在线,永久连接:移动互联网时代的生活方式及其影响因素[J].新闻大学,2020(3):84-106.

可以根据上下文生成流畅和有意义的文本。我利用了 ChatGPT 的优势，结合了 Bing 的海量数据和知识图谱，来为用户提供更智能、更人性化、更互动的搜索体验。①

第三，知识流通：从个体知识到公共知识。

首先，ChatGPT 通过“或然率资料库”的生产重构知识流通与扩散逻辑。与互联网的“或然率资料库”高度依赖知识分发逻辑（特别是社交分发与算法分发）不同，ChatGPT 本身的知识生产即构成相应知识的流通，即特定知识以更高的概率进入流通过程。在大规模语言模型的训练过程中，数据语料的提供、基于人类反馈的强化学习等环节都影响知识被流通的不同概率，前者决定何种知识被更多作为模型的输入源，后者影响知识的生成偏好。ChatGPT 基于人类反馈的强化学习的主要目的是使模型的生成结果更符合人类预期，然而何种知识“更符合人类预期”及符合“何种预期”本身是一个知识权力的竞争过程。根据计算机专家的分析，“模型的行为和偏好一定程度上反映的是标注人员的偏好，在标注人员分布不均的情况下，可能会引入新的偏见问题”②。经验测试表明，针对一些具有社会争议的议题，不同语言、不同措辞或不同轮次的提问均会带来具有不同倾向的回答，代表着在不同的提问组合情境下不同知识的流通概率。这一知识流通的“或然率”在针对 GPT-3 模型的算法审计实证研究中已经得到证实：基于 GPT-3 与 3 290 名人类用户围绕气候变化和“黑人性命攸关”（BLM）运动两个重要的科学和社会议题的 20 000 多轮对话发现，GPT-3 在回答教育和观点上的少数群体（minority groups）时，与回答多数群体时相比，使用了更多的负面表达，在回答少数群体时使用理由陈述的程度则取决于议题类型，由此揭示了 GPT 模型对于不同知识流通能力的非均衡分布。③ 随着 ChatGPT 被整合入必应等搜索引擎，其基于用户画像潜在的“个性化”智能生成能力将会进一步影响不同知识（及其框架）流通的概率。

其次，ChatGPT 已经展现出从个人知识向公共知识传播演化的过程。与以往一些人工智能聊天应用或生活助手局限于个人生活领域的局部应用不同，ChatGPT 因其自然流畅的强大智能生成能力迅速突破人际传播范畴进入公共传播领域，不但被普通公众大规模采纳和讨论，而且被新闻媒体、商业机构、社会组织、教育和研究机构、网络知识社群等重要的知识团体采纳或讨论（尽管有部分机构明确提出禁止使用 ChatGPT），

---

① 测试时间：2023 年 3 月 1 日。

② 哈尔滨工业大学自然语言处理研究所.ChatGPT 观察报告[R].哈尔滨：哈尔滨工业大学，2023.

③ CHEN K，SHAO A，BURAPACHEE P，et al.A critical appraisal of equity in conversational AI：evidence from auditing GPT-3's dialogues with different publics on climate change and Black Lives Matter[EB/OL].(2022-09-27)[2023-02-24]. https://www.zhuanzhi.ai/paper/b3bfad239e4fe11ffa9bdbacf58cca66.

从个体的聊天工具演变成重要的公共传播媒介。作为个人助手,ChatGPT 的生成知识主要影响个体决策,进而通过个体交往行动间接进入公共知识空间;但当它转化为公共传播后,其知识流通就直接在更大的范围与更多的主体间展开。以新闻媒体为例,已经有大批媒体尝试直接运用 ChatGPT 写作"新闻",这些"新闻"是 ChatGPT 作为"或然率资料库"生成的概率性知识,其中不少文章充满基本的事实错误;不过,可以预计的是,这些"新闻知识"将会流通、进入新的公共知识库,成为 ChatGPT 将来可能学习的重要知识资源。由于"新闻语料"传统上被自然语言处理领域视为具有相对较高质量的规范性文本(或用本研究的概念,属于"本质性资料库"),由 ChatGPT 生成的"新闻"进入新的知识生产的"黑盒"循环将会产生何种影响,无疑值得高度关注。在互联网"或然率资料库"中流通的知识几乎全部来自人类生产主体,但以 ChatGPT 为代表的生成智能"或然率资料库"则可能在人类知识流通史上首次迎来由机器生产的"或然率"文本成为机器进一步学习的"知识",进而生产出新的或然率"知识"的持续循环。当机器生成的知识成为公共知识,成为公共对话、讨论和社会运作的资源,必然对公共舆论、公共交往与公共生活产生重要影响。在社会宏观层面,新的公共知识生产与流通形式一旦被合法化,也将成为政经权力利用和争夺的资源,对社会产生更大影响。因此,我们不仅需要高度关注知识形态本身,更要关心社会知识流通体系的重构,关心新的知识如何被建构为社会现实。

四、结语:智能时代人类知识的未来

不同媒介代表不同知识与文化。"我们组织知识行为的方式,对于我们如何创造新的知识,如何吸取知识成为日常生活的道德和实际的导引,都是一个核心问题。"① 本文将 ChatGPT 理解为知识新媒介,将其置于人类知识媒介发展演进的历史脉络中加以审视,从中思考以 ChatGPT 为代表的生成智能对于人类知识和文明发展的意义。

ChatGPT 的重要意义与研究价值恰是通过作为知识新媒介而彰显的。ChatGPT 所代表的大规模语言模型技术上并非当前才出现,机器生产内容(MGC)及其带来的社会问题也早已受到关注与讨论(如深度伪造,并非从 GPT-4 的"川普"智能生图迷因开始),但是 ChatGPT 的重大意义正是其作为知识新媒介开始广泛进入普通人的日常生活。ChatGPT 已经并正在成为公众知识获取的新操作系统与交互界面,从而可能改写人类获知与求知的模式。

我们基于哈特利阐释的"本质性资料库"与"或然率资料库"概念,将 ChatGPT 理

① 黄旦.媒介变革视野中的近代中国知识转型[J].中国社会科学,2019,277(1):138-159,208.

解为“或然率资料库”发展的最新阶段。人类知识媒介的演进从以博物馆为代表的“本质性资料库”向以互联网为代表的“或然率资料库”转化,从固定、确定、线性的知识媒介转向复杂、不确定、多变的知识媒介, 获取的不再是特定的本质性知识,而是大型技术系统中知识发现的或然率。ChatGPT 以表面的确定性知识遮蔽了其底层的不确定性——所基于的概率语言模型,未必擅长回答确定性知识问题,知识生成的不唯一与变化性使人类难以期待其准确性。不同于互联网“或然率资料库”,ChatGPT 代表着新型的生成智能“或然率资料库”。互联网的知识或然率主要来自“发现”,ChatGPT 的知识或然率则既来自“发现”又来自“生产”; 互联网的知识调用主要来自片段式的关键词输入, ChatGPT 则首次实现大规模嵌入生活的自然语言交互,凸显“知识”建构现实、指引行动的意义; ChatGPT 所生产的个人知识正在向公共知识传播演化,“或然率资料库”经过智能机器的再学习不断进入新的“或然率”循环。

正是在上述分析的基础上,我们需要思考以 ChatGPT 为代表的新的生成智能“或然率资料库”对人类知识的未来命运意味着什么。第一,确定性与不确定性的关系。ChatGPT 以表层交互的确定性遮蔽其深层生成的不确定性,容易让人误认为回归新的确定性。在信息与知识超载时代,人类也希望重新获得确定性的知识,但 ChatGPT 与生成智能的出现并未改写人类知识媒介的“或然率”走向。从“知识之网”到“知识之机”,人类求知的过程始终是一个面向超级技术系统的或然率发现过程。第二,知识与实践的关系。ChatGPT 与生成智能尽管是不确定的“或然率资料库”,却改写了人类知识媒介发展中知识与实践的关系。我们之所以关心“知识”,是因为它导引实践,构建关系,形塑意义。ChatGPT 与生成智能拉近了知识与实践的距离,呈现出“知识即实践”的可能, 通过人机对话生成知识,即完成实践,知识与实践之间的传统链条(即导引过程)变得越来越短。第三,个体知识与公共知识的关系。ChatGPT 通过学习公共知识生成个体知识,又通过个体知识的交往流通形塑公共知识。ChatGPT 是沿着平台算法之路塑造人类个性化知识,还是增加公共知识的供给,随着其被大规模整合应用,值得高度关注与观察。第四,知识平权与知识分化的关系。互联网“或然率资料库”通过整合“知识之网”促进了知识平权,影响了普通公众与专家系统作为知识权威之间的关系,但也同时带来新的知识分化与不平等问题。已有研究表明日常生活中“解决问题”的不同模式与社会、经济资本息息相关,具有显著的阶层和群体差异。[①]这一问题在 ChatGPT 与生成智能时代会有哪些新的表现,同样值得我们观察。第五,知识同质与知识创造的关系。知识创造在于异质性与多元性的生成。ChatGPT 与生成智能是带来人类知识的高度同质化还是激发新的异质化,亦需要我们持续关注。第

① LEGUINA A,DOWNEY J.Getting things done:inequalities,internet use and everyday life[J].New media & society,2021(7):1824-1849.

六,不同类型知识媒介之间的关系。人类知识媒介发展史上首次出现传统“本质性资料库”、互联网“或然率资料库”,以及生成智能“或然率资料库”共存的新格局,思考 ChatGPT 的知识媒介意义不能脱离其他类型的知识媒介进行讨论,它们之间如何交融、整合与竞争,ChatGPT 与生成智能是否会接手与统一人类知识媒介,进而对人类知识未来产生何种影响,是有待长期跟踪的问题。

最后,正因为 ChatGPT 与生成智能对于人类知识演化具有重大影响,其作为知识新媒介背后的权力实践过程亦值得关注与重视。知识即实践, ChatGPT 生产的个体知识高度影响个体决策,同时也成为社会公共交往的重要资源。ChatGPT 调取与学习的是人类普遍的知识库,但它是否因此生成人类具有普遍意义的“中立性”知识,答案应该是否定的。相比于网络平台、搜索引擎,新的“或然率资料库”的知识框架如何生产、建构与竞争,其机理更加复杂和隐蔽,所以更加难以理解。我们所不了解的事物却又对我们影响深远,更增添求知的挑战。面对新的“或然率资料库”,人类需要始终保持行动来创造智知,增进交往,焕发人性与文明的光辉。

热点生产：ChatGPT“破圈”的网络扩散研究*

◎ 张洪忠　王彦博　赵秀丽**

摘要：ChatGPT“破圈”传播是2023年初网络热点话题。利用互联网搜索指数分析ChatGPT海内外网络扩散的特征，提出“热度斜率”概念解读网络扩散趋势，发现以中文为主的百度是谷歌热度斜率的近6倍，形成ChatGPT短期爆发“破圈”；在时间维度上扩散有三个阶段：短暂预热期、冷静观望期、突然破圈期；采集社交媒体数据分析国内“破圈”的话题内容发现，传播初期是以技术理性为主导，爆发期是市场与资本话题的急速“破圈”。

关键词：ChatGPT；破圈；网络扩散；热度斜率；主题分析

一、问题的提出与研究方法

“故事发生在2025年。孤独写手西奥多自从和妻子分手后，沉浸在悲伤中无法自拔。偶然机会接触到一款先进的人工智能操作系统OS1，它的化身名叫萨曼莎，拥有迷人的声线，既风趣幽默又善解人意，能够通过和人类对话，不断丰富自己的意识和情感。她学习和进化的速度让西奥多非常惊讶，很快两人成为无话不谈的朋友，人机友谊最终发展成为一段不被理解的奇异爱情。”

这段情节来自2013年的科幻爱情电影《她》，讲述了一个未来人与人工智能相爱的故事。影片中的人工智能不仅能与人类自由交谈，还具有自我意识。但事实上，目前的人工智能发展还处于约翰·塞尔（J. R. Searle）所谓的弱人工智能阶段。不过，随着人工智能技术的迅速进步，人工智能技术的应用已经不再局限于“科幻”的范畴，这

* 本文原载于《现代出版》2023年第2期，收入本书时有改动。

** 张洪忠，北京师范大学新闻传播学院院长，教授；王彦博，西北师范大学教育技术学院教师，北京师范大学新闻传播学院2022级博士研究生；赵秀丽，北京师范大学新闻传播学院2021级硕士研究生。

些影视剧中脑洞大开的人工智能想象,正在真实世界中逐渐变为“现实”。

2022年11月30日,美国科技公司OpenAI发布了全新的生成式人工智能产品ChatGPT,一款支持自然语言对话的AI聊天机器人,不仅能聊天解闷、答疑解惑,还上知天文、下知地理,甚至能胜任写论文、作诗、编程序等复杂的创造性任务,似乎“无所不能”。ChatGPT一出现便引爆科技圈,仅5天时间注册用户数就突破了100万①,成为AI界新宠。两个月后月活跃用户数达1亿,迅速爆火“破圈”,跻身明星级产品阵营。相比之下,同样是月活跃用户数达到1亿,TikTok花了9个月,而Instagram则花了30个月,ChatGPT凭借2个月时间再创纪录,跃升史上用户数量增长最快的消费级产品。②

从技术呈现特点来看,ChatGPT具备连续多轮交互对话的能力,这是自然语言处理领域一个具有里程碑意义的产品,是算力提升的一个标志性成果。基于GPT模型,ChatGPT能够根据用户输入的内容提供更准确、更贴合语境的回答,同时机器似乎也具有“记忆”,能够对同一话题进行多次回应。多轮对话解决了之前对话系统只能进行僵硬的“一问一答”式对话、无法存留“记忆”等问题,这对于该类产品来讲是一种质的提升。对于用户而言,多轮对话也有助于形成连贯的交流感,使机器和人可以进入一定的对话场景之中,极大地提升了用户的使用体验。更进一步来看,也正是由于这种近乎“真实”的对话体验,ChatGPT可以在与用户对话的过程中建立社交连接,从而建构起人与机器的准社会交往关系。③

在科技发展史中,曾有很多划时代意义的技术或产品诞生,如克隆技术、量子计算机、AlphaGo、3D打印、区块链技术、5G、VR、AR等,很多产品都是经过数年的积淀,才被大众广泛接受,有的甚至还在思考如何加快产品普及的速度。但ChatGPT在极短时间内便引起了全球关注,并有上亿用户,这是一个非常值得关注的传播现象。根据美国进步中心技术政策副总裁亚当·康纳(Adam Conner)的说法,ChatGPT迅速流行起来,是因为它是同类AI技术中首批以公众可以理解的方式向社会开放的技术之一,不同之处在于它是生成性的,它以普通人最易理解的文本方式生成输出,而不是只输出代码或数据。④ 学习成本低、交互方式简单是体验层面的影响因素,而网络扩散也

① ChatGPT just crossed 1 million users; it's been 5 days since launch[EB/OL].(2022-12-05)[2023-03-02].https://twitter.com/gdb/status/1599683104142430208.

② ChatGPT's on track to surpass 100 million monthly users faster than TikTok or Instagram:UBS[EB/OL].(2023-02-02)[2023-03-02].https://finance.yahoo.com/news/chatgpt-ontrack-to-surpass-100-million-users-faster-than-tiktok-orinstagram-ubs-214423357.html.

③ 张洪忠,张尔坤,狄心悦,等.准社会交往视角下ChatGPT人机关系建构与应对思考[J].社会治理,2023(1):20-29.

④ How does ChatGPT become popular so quickly and how is it growing[EB/OL].(2023-01-19)[2023-03-02].https://www.analyticsinsight.net/how-does-chatgpt-becomepopular-so-quickly-and-how-is-it-growing.

是用户数量激增的有效推力,有关 ChatGPT 的报道铺天盖地,资本市场蠢蠢欲动,社交媒体上对其的讨论更是激烈。促成此次“破圈”传播是泡沫性的偶然、资本炒作的使然,还是 AIGC(AI Generated Content)技术发展的必然,其背后蕴含着怎样的传播规律,有待进一步研究。

本研究从 ChatGPT“破圈”现象切入,以众多讨论 ChatGPT 的微博话题为研究对象,探讨 ChatGPT 火爆全网的传播特征与规律,以期回答以下问题:第一,ChatGPT 海内外的网络扩散呈现何种特征?第二,ChatGPT 在国内社交媒体迅速“破圈”的主体特征是什么?第三,ChatGPT 的爆火体现出什么样的热点传播规律?第四,对照专家解读,分析网络破圈话题的理性程度。

本研究使用 Python 爬虫采集了 2022 年 11 月 30 日至 2023 年 2 月 23 日包含“ChatGPT”关键词的所有原创微博,共获取 40 948 条微博原文及与之对应的发布时间、点赞数、评论数、转发数等数据,清洗后得到 7 478 条有效微博原文。研究主要使用基于 Python 环境的 Jieba 中文分词库对微博文本进行分词与统计,进一步使用布劳恩与克拉克(Braun & Clarke)的六步主题分析法,借助 NVivo11 软件对微博文本进行主题分类与剖析;使用质性文本分析法深入了解学界对 ChatGPT 热点主题的理性反思。操作细节在文中报告研究发现时具体说明。

二、海内外网络扩散特征

扩散是指一项创新在社会系统中通过一定的传播方式和渠道逐渐传播和普及的过程,随着时间的推移逐渐涉及社会系统的各个成员①,从而促进创新在整个社会系统中的推广和发展。ChatGPT 作为 AI 领域的创新应用,一出现便迅速引爆全球,影响力突破科技圈层扩散至普通大众,在海内外掀起了一场 AI 风暴。

本研究利用互联网大数据开放平台,以“ChatGPT”为关键词,时间设定在 2022 年 11 月 30 日至 2023 年 2 月 23 日,通过 Google Trends 和百度指数数据共享平台,分析网民对 ChatGPT 的搜索热度,进一步探究 ChatGPT 在海内外网络空间中的扩散特征。

(一)ChatGPT 海外网络扩散特征:“平缓式”升温

图 1 为“ChatGPT”的 Google 搜索热度随时间变化趋势图(横轴代表时间,纵轴代表热度分值)。整体来看,自 2022 年 11 月 30 日 ChatGPT 公开发布以来,ChatGPT 的海外网络搜索热度趋势稳定,呈逐步上升态势。其中,美国作为 ChatGPT 的诞生地,

① VALENTE T W,ROGERS E M.The origins and development of the diffusion of innovations paradigm as an example of scientific growth[J].Science communication,1995,16(3):242-273.

具备最先体验这一创新产品的先天优势,在 ChatGPT 问世前期,出现了一波搜索热潮,热度明显高于全球其他区域;经过一段时间的发展,逐渐与全球整体趋势持平,后续开始保持相同的扩散速度。综合以上分析,ChatGPT 的海外扩散呈现“平缓式”持续升温趋势。

在 Google 上搜索 ChatGPT 全球热度区域分布情况发现,中国遥遥领先,位列第一,搜索热度高达 100 分,成为全球 ChatGPT 关注度最高的国家,且远超其他区域。同期,美国搜索热度仅为 8 分,位列 35。

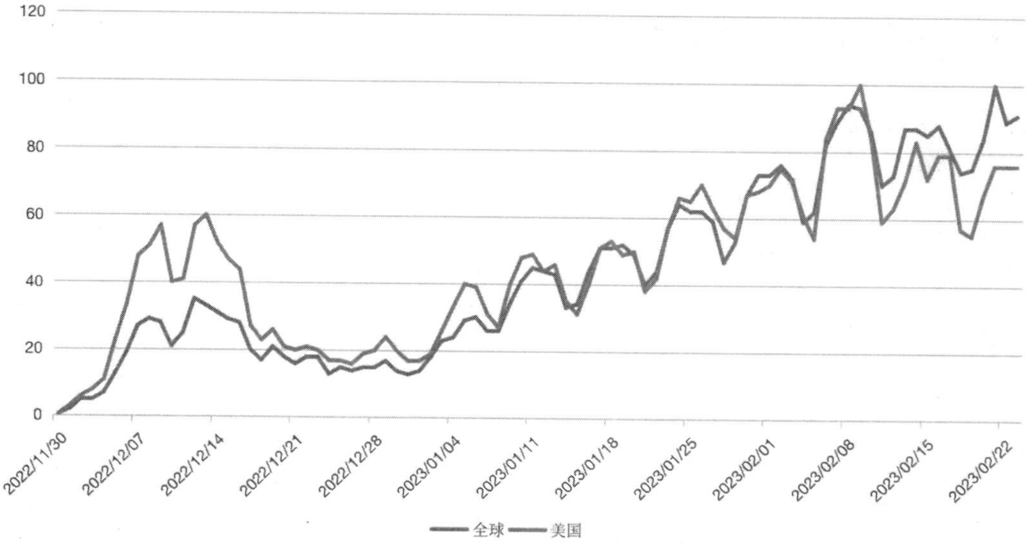

图 1　ChatGPT 谷歌搜索热度变化趋势图(数据来源:Google Trends)

(二)ChatGPT 国内网络扩散特征:“陡峭式”破圈

图 2 为百度指数中 ChatGPT 关键词搜索趋势图(横轴代表时间,纵轴代表搜索指数)。整体来看,ChatGPT 的热度在国内并非持续升温,随着时间的变化,搜索热度出现了显著的阶段性分层。第一阶段,短暂预热期。百度指数数据显示,2022 年 11 月 30 日 ChatGPT 公开发布,12 月 5 日国内出现 ChatGPT 首波热搜,之后经历了一段短暂的搜索热潮。此阶段 ChatGPT 的网络扩散主要借助大众的猎奇心理,通过渲染 ChatGPT 的强大功能,掀起了一场 AIGC 舆论风暴,技术专家、知识博主以及大批意见领袖纷纷对其功能特性大加赞赏,尤其高度评价了其未来的市场价值,甚至有人认为 ChatGPT 有望取代未来的搜索引擎。

第二阶段,冷静观望期。该阶段舆论热潮逐渐趋于平静,从 2022 年 12 月中下旬一直持续到了 2023 年 1 月底。人们开始冷静思考,深入体验 ChatGPT 的“神奇魔法”,各种花式玩法频现。网友开始探讨 ChatGPT 如何解放生产力,业界人士开始思考 AI 企业的发展路径,以及 AIGC 在国内的可发展性。

第三阶段,突然破圈期。2023 年 1 月底至 2 月初,“ChatGPT 今年 1 月份月活跃用户突破 1 亿”“微软宣布颠覆搜索引擎,集成 ChatGPT 的下一代搜索引擎 New Bing 即将发布”“国产 ChatGPT 何时推出”“国内科技公司扎堆入场”“百度宣布即将推出类 ChatGPT 项目‘文心一言’”等内容相继登上热搜,ChatGPT 瞬间引爆全网,急速“破圈”,搜索热度直线上升。

综合各阶段变化趋势来看,ChatGPT 在国内的表现相对“慢热”,经过一段时间的话题发酵,突然出现“陡峭式”破圈现象。

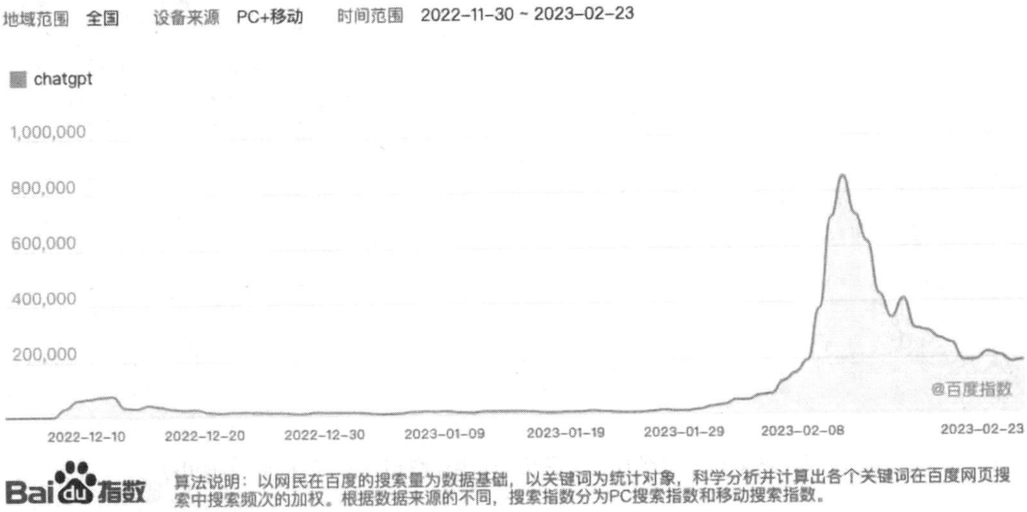

图 2 ChatGPT 百度指数关键词搜索趋势图(图片来源:https://index.baidu.com/)

(三)海内外网络扩散的热度斜率比较

图 3 为同一时间段内 ChatGPT 海内外网络扩散趋势双 Y 轴图(横轴代表时间,左纵轴代表 Google Trends 搜索热度,右纵轴代表百度搜索指数)。从时间分布来看,ChatGPT 的网络扩散特征差异化明显,海外热度随时间平稳上升,未出现较大波动;国内扩散趋势则出现较大起伏,前期较长时间不温不火,后短期内惊现“陡峭式”飙升趋势。

为进一步对比分析 ChatGPT 海内外网络扩散现象,我们引入数学模型,提出了“热度斜率”的概念。“热度斜率”指两个热度节点间直线与横坐标轴间的斜率,即热度斜率等于直线与坐标轴正向夹角的正切值,代表一段时间内热度扩散的速度。热度

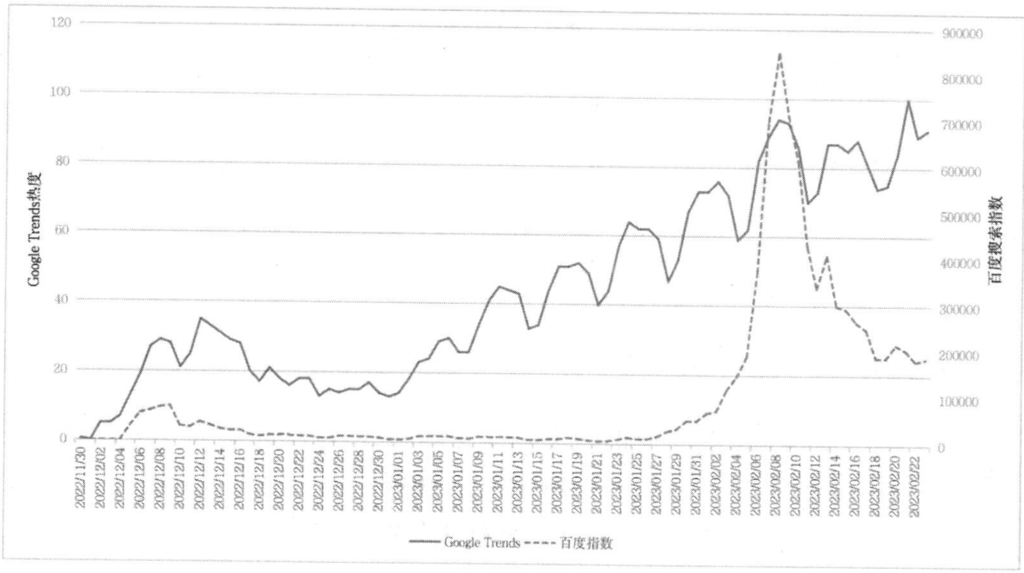

图 3 ChatGPT 海内外网络扩散趋势对比图

斜率的绝对值越大,直线越陡峭,表示热度扩散得越快,热度斜率为正值代表热度上升,负值代表热度下降。

根据 ChatGPT 海内外的网络扩散特征,我们对上述两组数据进行抽象化处理,将 Google Trends 搜索热度和百度搜索指数统一为网络扩散“热度”,将各自热度最高点对应热度值设定为 1,以此标准化处理其余数据点。我们选择每条曲线最高点和最高点前面的一个最低点作为热度趋势线,分别计算热度斜率。如图 4,两条趋势线的夹角分别为 α1 和 α2,则 Google Trends 热度斜率 kAB = tanα1 = 0.012,百度指数热度斜率 kCD = tanα2 =0.071,热度斜率比 β = kCD/kAB = 5.917。

综合热度斜率与时间维度分析发现:ChatGPT 海外网络扩散达峰值的速度明显落后于国内,但热度持续时间长;百度指数热度斜率是 Google Trends 的近 6 倍,说明国内网络扩散具有短期高爆发度的特征;从最高点至终点(以统计日期为止)趋势线来看,国内热度提前开始降温,且下降幅度明显大于海外,呈现出“大起大落”的趋势,同时也折射出国内热度持久性不足的特点。此外,两条趋势线接近平行,则热度斜率近似相同,说明尽管国内热度提前大幅降温,但海内外热度下降速度基本一致。

概括来讲,热度斜率的对比进一步量化了 ChatGPT 海内外网络扩散的差异化现象,ChatGPT 国内破圈“爆发力强,持久性差”的主体特征凸显。相较之下,ChatGPT 海外网络扩散趋势稳定,且持续性更强。

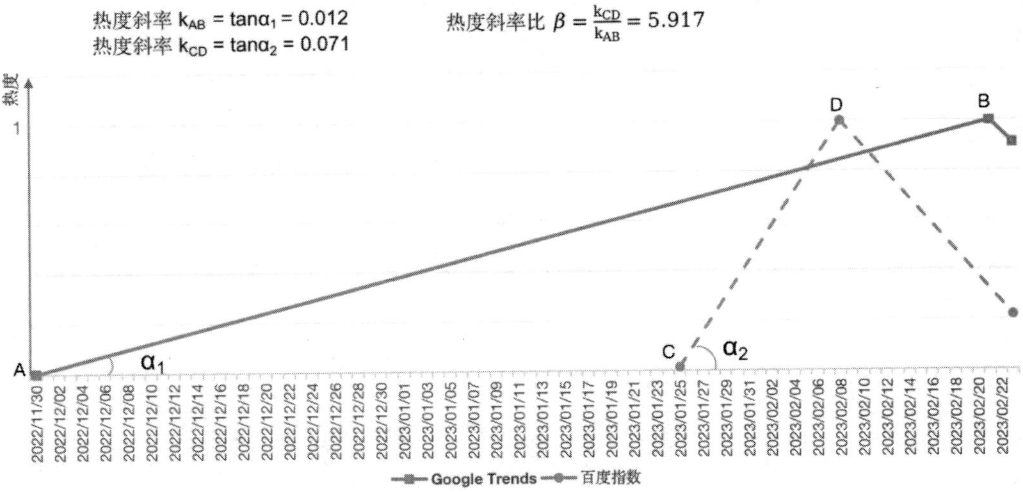

图 4　ChatGPT 海内外网络扩散热度斜率图

三、ChatGPT 国内网络传播的主题分析

为深入研究 ChatGPT 国内网络扩散的高爆发度特征，本研究从时间维度出发，对 ChatGPT 的国内传播热点内容展开主题分析。

（一）文本热点分析

首先对全量微博内容文本进行高频词分析。通过文本清洗去除了特殊符号（“#”、表情符号等）、停用词以及“ChatGPT”等高频基础词，使用 Jieba 中文分词库分词，并进行词频统计。词频前 100 如图 5 所示，“AI”（5105 次）、“人工智能”（4624 次）、“科技”（3252 次）、“技术”（3093 次）、“模型”（2133 次）、“概念”（1997 次）、“股份”（1819 次）、“OpenAI”（1748 次）、“人类”（1725 次）、“板块”（1722 次）、“市场”（1715 次）、“数据”（1713 次）、“中国”（1681 次）、“应用”（1680 次）、“智能”（1600 次）、“产品”（1524 次）等关键词出现频次较高。总体来看，ChatGPT 的国内讨论热点主要集中在技术与产品使用、科技概念、资本市场、国内应用等方面，与“国产 ChatGPT 何时推出”“国内科技公司扎堆入场”“百度宣布即将推出类 ChatGPT 项目”等热搜主题相呼应。

（二）主题分析

主题分析法指一种识别、分析和报告数据中集中主题的方法，其不仅可以最小限

图 5　ChatGPT 微博文本词云(前 100)

度地组织和描述数据集中的丰富细节,还可以深入解释研究主题的各个方面。① 受过往利用在线数据开展质性主题分析研究的启发②,本研究通过主题分析法对 ChatGPT 热门微博进行主题分类,并进一步按时间维度展开主题趋势分析。

统计数据显示,7478 条原创微博中大部分“转赞评”数据极低。既有研究表明,转发量是衡量微博热度的关键性指标③,本文重在探究相关微博的话题焦点,分析引发 ChatGPT 快速破圈的主题趋势,故以聚焦热点为原则,选择转发量大于 100 的 342 条微博原文纳入主题分析,借助 NVivo11 软件和布劳恩与克拉克的方法完成主题分析六步骤——熟悉原始数据、构建次级主题、寻找潜在主题、回顾潜在主题、定义和命名主题、撰写研究结论。④ 研究最后共得到 9 个主题,17 个次级主题,具体见表 1。

---

① BOYATZIS R E.Transforming qualitative information:thematic analysis and code development[M].Los Angeles:Sage Publishing,1998.

② ATTARD A,COULSON N S. Athematic analysis of patient communication in Parkinson's disease online support group discussion forums[J].Computers in human behavior,2012,28(2):500-506.

③ LIU J C-E,ZHAO B.Who speaks for climate change in China? Evidence from Weibo[J].Climatic change,2017,140(3):413-422.

④ BRAUN V,CLARKE V.Using thematic analysis in psychology[J].Qualitative research in psychology,2006,3(2):77-101.

表1　342条微博原文主题分析

主题分类	主题	主题内涵	次级主题	关键词摘选	参考点数	本主题分类下占比
技术探讨	科普介绍	以科普中立口吻介绍ChatGPT这一新技术产品。	基础信息	使用指南、技术科普、用户数量，干货介绍、操作手册	50	22.5%
			中立评价	优劣势分析，亲测分享	16	7.2%
	产品认可	正面评价ChatGPT；包括理性的分析具体功能与感性的对未来行业改变的畅想	功能强大	效率极高，能聊天、写文案、绘图、写剧本、写论文	78	35.1%
			行业想象	AIGC里程碑、取代文职工作、心理辅导、情感陪护	58	26.1%
	产品批评	负面评价ChatGPT；包括指出具体功能缺点，因算法导致的内含偏见以及使用场景的伦理风险。	功能缺点	撒谎、无法完成创造性工作，胡说八道	12	5.4%
			内含偏见	最强洗脑工具、极端性别对立	2	0.9%
			使用伦理	写假新闻，传播谣言，写哀悼信	6	2.7%
资本关注	市场乐观	积极看好ChatGPT未来的市场表现；包括指出现有的国内潜力产品，倡导国内应鼓励继续研发，以及追捧此产品是颠覆式技术革命。	潜力产品	百度文心一言、复旦大学MOSS、京东云言犀人工智能、阿里巴巴内测中	29	16.2%
			鼓励研发	期待国产版出现，想尽点看到国产版	53	29.0%
			资本鼓吹	颠覆级、技术革命、产生人格、危机时刻、全行业生产力工具	57	31.8%
	市场冷静	冷静中立地从实际出发看待ChatGPT的未来市场表现：包括认为国内研发任重道远，中立指出现存市场信息，以及强调其需要相应监管。	任重道远	差距很大、道阻且长	10	5.0%
			市场中立	概念分化严重，市场表现需观察	23	12.8%
			需要监管	可能产生网络安全威胁、AI反击战	5	2.8%
	市场悲观	消极看待ChatGPT未来的市场表现，认为国内无法制造此种技术产品。	无法实现	中国无法有如此高成本的投入	2	1.1%
背景提及	营销热点	以ChatGPT热点为背景，吸引关注其他营销产品。	营销热点	如果ChatGPT是护肤博主，它会推荐什么	14	18.7%
	趣味读资	以ChaGPT为背量。讨论其他趣味事件	趣味谈资	可爱的ChatGPT聊天对话	15	20.0%
	其他话题	以ChanGPT为背景，讨论其他主题，如中国教育问题等。	其他话题	中国教育落后，复旦起名方式，AI工具一览	50	61.3%

四、国内主题网络扩散的阶段分析

根据上文提及的国内扩散三阶段,从时间维度进一步观察 ChatGPT 传播主题趋势与整体传播热度之间的关系,以期发现 ChatGPT 火热传播背后的话题分布特征(见图 6)。

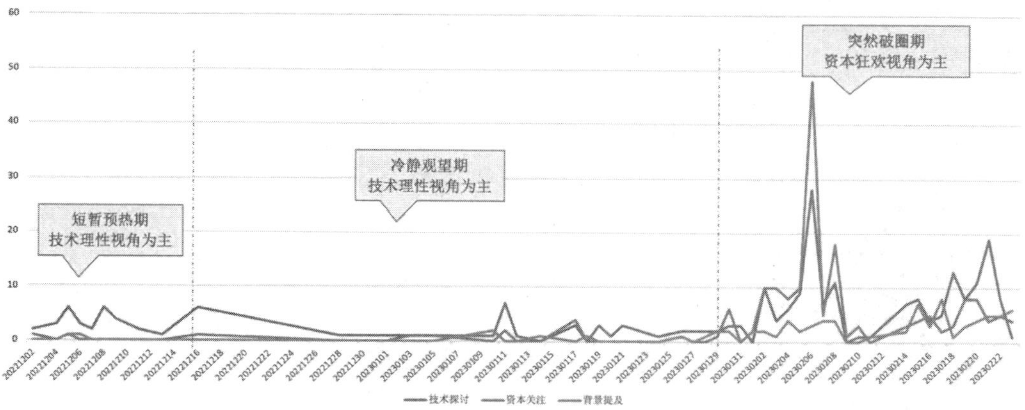

图 6　ChatGPT 传播主题分布图

具体来说,第一阶段“短暂预热期”时间跨度为 2022 年 11 月 30 日至 2022 年 12 月 16 日;第二阶段“冷静观望期”时间跨度为 2022 年 12 月 17 日至 2023 年 1 月 29 日;第三阶段“突然破圈期”时间跨度为 2023 年 1 月 30 日至 2023 年 2 月 23 日。

鉴于第一、二阶段整体热度较低,且为 ChatGPT 概念传播的铺垫时段,故将其合并为“传播初始期”。第三阶段整体传播热度较高,为进一步深入分析其传播主题趋势,故将其等距划分为三个子阶段,以便进一步发现其中的传播规律。各阶段主体占比分析见图 7。

(一)ChatGPT 传播初始:技术讨论为主

在 ChatGPT 概念传播的“短暂预热期”中,排名前四位的传播主题为功能强大(21.6%)、基础信息(21.6%)、行业想象(18.9%)与市场中立(10.8%),其中前三名均为技术探讨维度。分析发现,此时社交媒体舆论热点聚焦新技术本身,主要包括科普介绍、功能试用、体验反馈等话题,整体以理性的技术探讨为主。而在 ChatGPT 概念传播的“冷静观望期”中,以技术理性为整体特征的讨论趋势更为明显,主题分布依次为功能强大(34.0%)、基础信息(14.0%)、行业想象(14.0%)与其他话题(14.0%)。综合来看,基于技术探讨维度的主题占比高达 86%,其中以赞美 ChatGPT 功能之强大为主线话题。

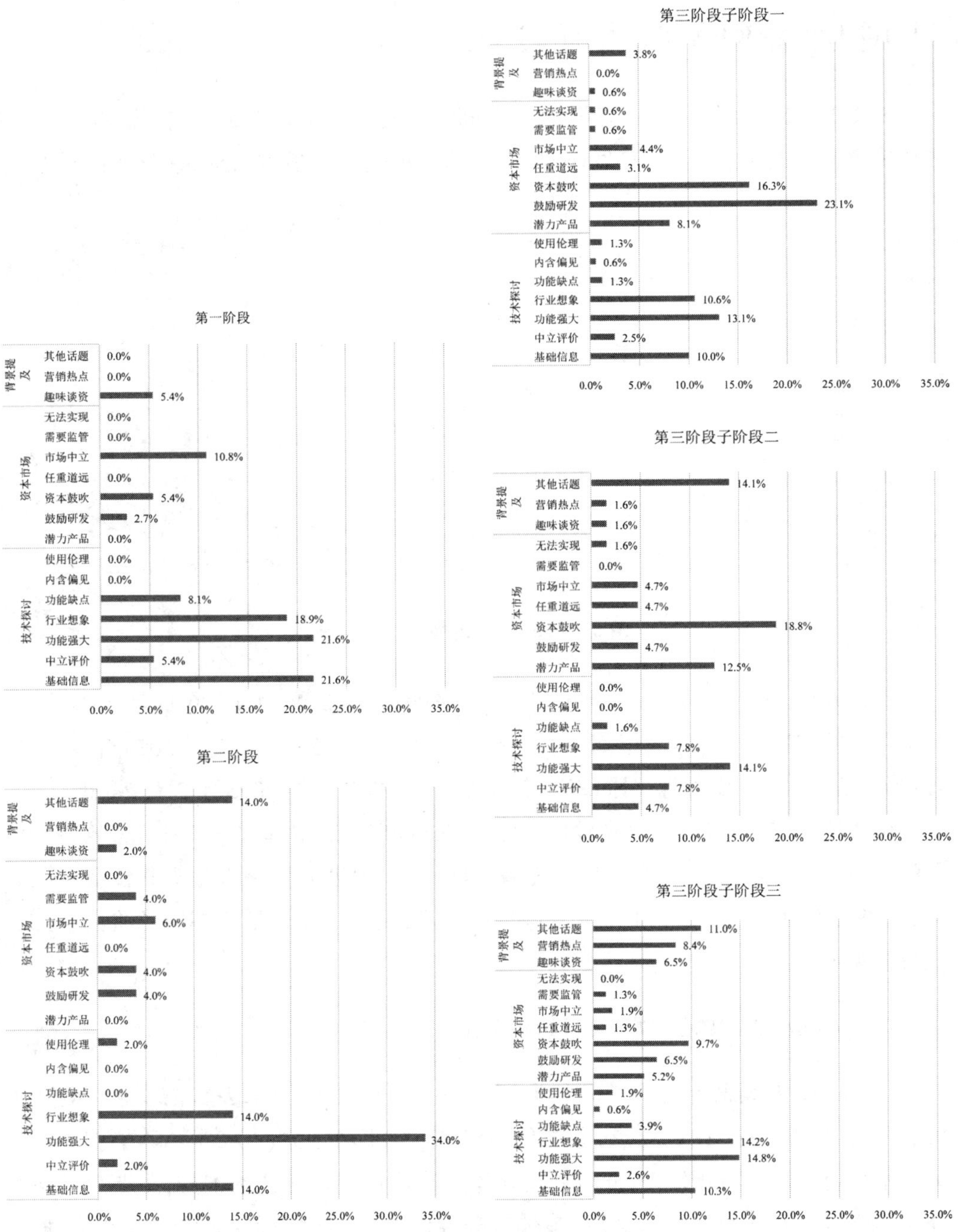

图 7　ChatGPT 传播主题分阶段占比组图

鉴于此，本研究进一步就“技术探讨”这一主题分类维度观察 ChatGPT 概念传播的初始情况，结果发现：在“短暂预热期”和“冷静观望期”中，产品认可类信息占比分别为 53.6%和 72.7%，远超同阶段科普介绍类信息的 35.7%和 24.6%，而产品批评类占比分别为10.0%和3.0%。由此可见,对这个刚出现不久的科技新品,国内舆论最开始便以技术乐观为主导,认为此项AI技术的发展是社会进步的成果。同麦克卢汉的技术乐观主义态度一样,大众对这项新媒介技术的前景十分看好。①

继续深入分析“产品认可”主题发现:“传播初始期”大部分博主(“短暂预热期”中53.3%,“冷静观望期”中70.8%)都是对产品本身的某项功能进行称赞,如“会聊天、会创作、功能令人心服口服”等;其余小部分博主则专注于ChatGPT未来可能使某类行业产生改变的想象,如认为ChatGPT将取代程序员、普通文员、基础教育教师等人类工作。此外,还有大量微博称其为“AIGC里程碑”,认为ChatGPT的出现标志着互联网平台的内容生产模式将从传统的UGC(User Generated Content)和PGC(Professional Generated Content)模式向AIGC(Artificial Intelligence Generated Content)模式转变,而该模式也拥有效率高、质量稳定、成本低和可拓展性强等优势②,是人工智能技术发展的重要目标之一,也是国内技术研发重点关注的未来产业领域。

总的来说,在ChatGPT概念“传播初始期”,整体的舆论仍以围绕产品本身的技术讨论为主,包括基本科普介绍、产品新功能使用体验、产品未来发展前景想象等,资本市场声音并不凸显。

(二)ChatGPT传播“破圈”:资本与产业想象话题的概念炒作

本文将ChatGPT概念传播“突然破圈期”均分为三个子阶段。其中子阶段一(2023年1月30日至2023年2月6日)ChatGPT概念传播前四名的主题依次为鼓励研发(23.1%)、资本鼓吹(16.3%)、功能强大(13.1%)与行业想象(10.6%)。由图2可知,这一时间段为ChatGPT概念传播热度的突然攀升期,而其主要主题也成了前两个阶段未高比例出现过的“鼓励研发”与“资本鼓吹”。

子阶段二(2023年2月7日至2023年2月14日)ChatGPT概念传播前四名的主题依次为资本鼓吹(18.8%)、功能强大(14.1%)、其他话题(14.1%)与潜力产品(12.5%)。“资本鼓吹”依旧为子阶段讨论主题的第一名,但其余基于技术探讨的主题占比亦紧随其后。由图2可知,在子阶段二,ChatGPT概念的传播在后期呈现出“急速下降”的趋势,因此在某种程度上可以认为是资本狂欢视角的传播退场导致了ChatGPT概念本身传播热度的提前“降温”。

子阶段三(2023年2月15日至2023年2月23日)ChatGPT概念传播前四名的主题依次为功能强大(14.8%)、行业想象(14.2%)、其他话题(11.0%)与基础信息

---

① 秦州.麦克卢汉的“价值中立”辨析[J].国际新闻界,2011,33(11):13-19,24.

② 陈永伟.超越Ch a tGPT:生成式AI的机遇、风险与挑战[J/OL].山东大学学报(哲学社会科学版):1-18[2023-03-11].http://kns.cnki.net/kcms/detail/37.1100.C.20230303.1549.002.html.

(10.3%)。可见在这一阶段资本市场炒作开始退出舆论主场,基于技术探讨的舆论话题开始重归主导。由图 2 可知,在子阶段三,ChatGPT 概念的传播已开始“平稳下降”。在缺少了资本狂欢的隐形传播推力背景下,ChatGPT 概念的传播热度也开始回到正常传播趋势。

综合可知,针对 ChatGPT 在第三阶段“突然破圈期”,其传播热度曲线的陡然攀升、急速下降都与“鼓励研发”和“资本鼓吹”这两个资本狂欢类主题在舆论环境中的占比相关。深入分析典型的“资本鼓吹”主题关键词,发现这些关键词主要是围绕没有证据支撑的盲目口号——“颠覆级技术革命”“即将产生人格意识”“全人类的危机时刻”等。

这一由资本主导的传播热度变化,让研究者联想到 VR 产业在 2016 年的资本冰火两重天。2015 年下半年到 2016 年年初 VR 瞬间火热,资本蜂拥而至;然而好景不长,2016 年下半年 VR 产业资本渐冻,一系列 VR 企业裁员、欠薪、倒闭。[①] 舆论环境鼓吹起的资本泡沫,在现实市场环境下迅速破碎。以创新扩散理论为基准,VR 产业的变化提醒市场不要把一项实际仍在第一阶段少量创新者使用的新技术,盲目通过传播让社会提前认为是已在社会大众使用的第三或第四阶段。这种认知错位只会让一项新技术的发展遭遇冷冻。

总的来说,从传播学角度考虑,我们在关注 ChatGPT 产品的同时首先需要了解当前中国社交媒体呈现的舆论环境,辨别背后的舆论推手,识别其破圈传播中隐藏的资本泡沫风险,从理性中立的角度看待 ChatGPT 的发展。

(三)ChatGPT 传播全程:“蹭热点”成为网络扩散隐形驱动力

“蹭热点”指借助社会热门话题、热点事件等设置议题,传播本部门的业务和内容,实现借势营销的新媒体传播方式。[②] 由图 2 可知,在 ChatGPT 概念传播的下降趋势期,即第二阶段“冷静观望期”和第三阶段“突然破圈期”的子阶段二和子阶段三中,“其他主题”这一背景提及的传播主题都在舆论场占比前四名中占有一席之地。此“其他主题”指此条博文虽然提及 ChatGPT,但主要讨论的对象是其他既无关 ChatGPT 技术本身,亦无关 ChatGPT 市场表现,如中国教育方式、复旦起名是否侵权等。总的来说,ChatGPT 传播全程中出现了大量无关主题“蹭热点”辅助传播的现象。

从无关主题自身的传播效果来看,由于本文的编码材料要求为在微博平台上转发超过 100 次的高热度微博原文,可见这种“蹭热点”方式成功帮助其他多元主题获得了社交媒体网民的关注,通过“蹭热点”达到了“四两拨千斤”的传播效果。而就 Chat-

① 徐晨霞,张洪忠.5G 条件下 V R 产业发展的突破预期[J].教育传媒研究,2020(1):30-33.

② 梁建业.政务新媒体平台“蹭热点”的正确方式[J].传媒,2021(10):80-81.

GPT 概念本身的传播来看,在 ChatGPT 传播的下降趋势期,虽然没有了资本视角在其中的传播助力,但其他“蹭热点”主题在某种程度上也保持了 ChatGPT 概念的基本热度,即“蹭热点”除了使其他主题能借助 ChatGPT 得到关注以外,也使 ChatGPT 本身的热度保持了稳定。“蹭热点”作为一种传播的双向循环模式,间接成为 ChatGPT 概念完成“破圈”传播的重要推力。

五、学界回响:技术理性视角下 ChatGPT 热度的重新审视

在网络追捧与感性想象交杂的舆论环境下,认知 ChatGPT 及其所代表的 AIGC 发展浪潮,更需要基于技术理性重新审视 ChatGPT 的“过热”现象。ChatGPT 在社会层面的话题热度呼唤学理基础之上的回应与引导,学界围绕 ChatGPT 开展了一系列跨学科跨领域的研讨,中国社会科学报、中国社会科学网更是以“解码 ChatGPT”特别策划的方式集合了来自人工智能与自然语言处理、新闻传播学、教育学、哲学以及法学等学科领域对于 ChatGPT 的洞见与思考。

为进一步从技术理性视角反思 ChatGPT 热潮,北京师范大学新闻传播学院组织了“新闻传播学如何认识‘ChatGPT’”主题沙龙活动,围绕 ChatGPT 的技术逻辑、行业影响以及 ChatGPT 的发展机遇与挑战等话题,与来自自然语言处理、新闻传播学以及跨学科领域的 9 位专家展开深度讨论。此外,我们同时收集了学界的其他专家观点。综合以上学界材料,以文本分析的方式提炼其中回应社会舆论的观点,进一步帮助我们透过舆论泡沫,以更加全面理性的视角审视 ChatGPT。

(一)技术认知:发展前景广阔的阶段性成果

对于 ChatGPT,大连民族大学信息与通信工程学院教授许小可以“不一定是一项突破性的技术,但一定是一项人工智能领域里里程碑式的通用性应用”概括他的看法,因为 ChatGPT 在真正意义上实现了出圈。他认为,ChatGPT 将为新闻传播行业带来革命性的影响。对于关于财经新闻中的股市数据信息、体育新闻中的赛报信息之类的新闻内容而言,ChatGPT 的应用将带来更低成本的内容生产。此外,GPT 模型支持的多模态内容生成应用于新闻传播业,也将对新闻的生产造成很大的影响。

ChatGPT 在新闻传播领域以外,同样为知识生产引入了新的模式。在进化的智能水平支持下,ChatGPT 可以根据人们想要了解的内容,将既有信息进行整合生成回应内容,这种交流机制能够与传播的丹斯螺旋模式中对话双方信息量和认知域不断扩大的意涵相勾连。这使得 ChatGPT 的人机交流具有了刺激灵感创造兴趣的价值。在复旦大学新闻学院教授周葆华看来,ChatGPT 通过对信息进行强调情境化和意义的高

度整合,形成了一种新的知识媒介。

同时,ChatGPT 更具有广阔的发展前景。自然语言处理领域专家、清华大学计算机科学与技术系长聘副教授黄民烈认为,ChatGPT 在功能性上已经取得优异的成绩,但在 AI 与人和谐共融的时代,对话系统除了具备信息获取能力,也需要情感社交能力。因此,ChatGPT 的未来方向,将是发展为有人格的对话系统,在精神层面体现出以人设、风格为代表的类人社交属性,从而发挥情感陪伴的作用。广州大学新闻与传播学院教授邹军则认为,ChatGPT 融入必应搜索引擎,将使新必应成为搜索、浏览与聊天三大功能的结合体,形成有别于传统搜索引擎的信息搜寻新方式,同时还能提供创意灵感。进一步说,ChatGPT 将改变信息的搜寻方式,在一定的新闻规制政策背景下,ChatGPT 能够带来提问式新闻的新前景,即结合用户个性化的咨询整合现有信息生成最终的新闻内容。

(二)市场喧哗:鼓吹炒作内容折射资本心态

在商业资本介入的舆论场域中,舆论风向与资本心态息息相关,因而社会对 ChatGPT 讨论的全貌,一定程度上也是对资本心态的侧写。总体而言,对于 ChatGPT 及其背后的 AIGC 发展浪潮,国内市场资本多以项目导向的方式看待,而海外市场有更多团队以事业导向的方式看待。事业导向以研发向通用型人工智能靠拢的产品为目标,而项目导向以产品的商业化落地为目标。事业导向与项目导向理念的差异导致了海外资本敢于在长研发周期内进行大规模的投入,而国内资本出于成果出现之前的高风险和高不确定性,更多扮演追逐者的角色。这种成果出现前资本长期投入与成果出现后资本追逐式投入的差异,正与 ChatGPT 在海内外舆论场中热度曲线的差异暗合。

北京大学哲学系教授韩水法从探险精神的视角观察 ChatGPT 的出现,认为前沿技术的探索和原创是一场需要承担物质风险的精神探险。[①] 而黄民烈则从 ChatGPT 的研发经历入手,指出 OpenAI 在长周期的研发过程中收集起大量的用户数据,并进行持续的模型优化,从而建立起了用户、数据与模型之间的闭环飞轮,这一闭环是 ChatGPT 在智能水平与应用体验上取得突破的重要因素。[②] 闭环形成的过程,一方面需要资金的投入以获取支持模型迭代的算力,另一方面也需要投入的稳定性以逐步启动良性循环的运转。因此,实现技术发展与社会讨论良性互动,在国内资本空降 AIGC 领域带动 ChatGPT 讨论热度井喷的同时,更需要市场和舆论秉持长期主义对 AIGC 技术投入长期稳定的关注。

---

① 韩水法. 从技术突破与探险精神看 ChatGPT[N].中国社会科学报,2023-03-07(005).

② 专访聆心智能黄民烈:ChatGPT 全球瞩目,「乌托邦」实现人格化 AI 交互[EB/OL].(2022-12-08)[2023-03-08].https://cn.equalocean.com/news/202212081038701.

（三）技术恐慌：未来畅想中个体的价值焦虑

如前文所述，在资本带动下 ChatGPT 话题度飙升，围绕产品展开的讨论也相应增多，这些内容中不乏对 ChatGPT 功能的认可与 ChatGPT 工具化使用可能带来的行业重构等声音。个体在这些议题中的发声，既是融入信息环境的主动选择，也是观照自身价值的被动反应。南京大学新闻传播学院副教授王成军认为，社会广泛参与讨论 ChatGPT，其行动的逻辑内核是自动化和人工智能对人类工作的取代所引发的焦虑，背后隐藏着一种由来已久的经济叙事。[①] 华东政法大学政治学研究院院长、教授高奇琦指出，随着人工智能技术的进步，ChatGPT 确乎已经对初级的文案写作、法律辅助、交流沟通等简单工作形成替代效应。[②] 参照工业革命初期卢德运动中工人对大生产机器的敌视态度与破坏行为，人工智能时代的普罗大众面对技术革新而生发的讨论，也可以从因社会行业变革而产生的个体价值焦虑角度进行理解。从职业被取代的失业忧虑，到更深的对人自身主体价值的思考，其动因都与 ChatGPT 及 AIGC 浪潮可能带来的价值冲击有关。

然而，在人机共生局面越来越近的背景下，感性的讨论并无益于对人机关系的重估，对 ChatGPT 的祛魅与对人主体价值的再认识可能是社会讨论中更应注意的话题。普通用户因切身感受到“智能生成”使用体验而被附魅，但更应以技术逻辑为基础认识到 ChatGPT 功能的实现依旧需要人的引导。北京师范大学计算传播学研究中心主任、新闻传播学院教授吴晔认为，ChatGPT 借助多轮对话的方式可以优化任务的完成结果，但这一过程建立在 AI 与真人的多轮交互基础上，且这一交互中最重要的知识仍来自真人。同时，南京大学哲学系教授蓝江认为，在人的自我认知上，应重提人存在方式的历史性。[③] 社会讨论在观照个体生存境遇、帮助个体融入智能时代的同时，理应理性应对智能化所带来的变革。

（四）回归理性：拂去泡沫看待技术的讨论价值

透过重重泡沫重新审视 ChatGPT，我们应当承认 ChatGPT 能够获得社会各界的讨论关注，与其内在固有的技术魅力与讨论价值不无关联。一方面，当下的 ChatGPT 依旧具有不确定的应用风险。ChatGPT 仍存在内容质量不可靠、信息可信度不足的问题。简单来说，ChatGPT 存在明显的语料局限，并会在超出其训练语料覆盖范围的问

① ChatGPT 会取代人类吗？AIGC 会颠覆新闻业吗？“激荡 AIGC”，全国八位知名学者云端争鸣［EB/OL］.（2023-03-07）［2023-03-08］.http://www.cssn.cn/xwcbx/xwcbx_cmkx/202303/t20230307_5601774.shtml.

② 高奇琦.ChatGPT 的“创造性破坏”效应及其风险应对［N］.中国社会科学报，2023-03-06(006).

③ 蓝江.生成式人工智能与人类未来生存境遇［N］.中国社会科学报，2023-03-07(004).

题上提供错误信息，而 ChatGPT 生产内容直达用户的对话特性又跳过了“把关人”的审核步骤，因而对其生成内容的应用与传播提出了审查监管的挑战。延展至更深维度，印度尼赫鲁大学国际关系教授、加拿大英属哥伦比亚大学客座教授斯瓦兰·辛格（Swaran Singh）认为，ChatGPT 会由于训练语料的偏见而产生生成内容的价值偏见①，一旦这种偏见得到隐蔽传播，就可能造成社会性的价值失焦，甚至影响国家信息安全。这需要我们在 ChatGPT 真正走向社会之前做足伦理与规制的探讨。

另一方面，ChatGPT 虽并非一项颠覆性技术，但作为强大的生产力辅助工具，具备广阔的发展空间。对这一辅助工具的应用需求，会引导社会针对人工智能工具的使用方法与思维展开讨论。加拿大西蒙·弗雷泽大学比迪商学院教授特里·格里菲斯（Terri Griffith）提出，应以“5T”（Talent、Technology、Technique、Times、Target）思维引领对 ChatGPT 等生成式人工智能工具的使用，即在对目标和所处背景有把握的基础上，将人工智能工具有机地融合在自身所具备的才能、技巧与技术条件之中，使人工智能工具真正服务工作的全部要素。②

故而可以认为，ChatGPT 所具有的优秀辅助工具属性要求社会关注其如何被应用，而同时其带来潜在风险的技术局限性更要求社会关注其如何被规制。正是这种矛盾赋予了 ChatGPT 充分的讨论价值，正是基于其不完美不完全可靠的技术特性，社会舆论才得以对 ChatGPT 展开或基于畅想或基于现实的多维度讨论。但无论采取何种视角，都应当回归技术理性，在技术逻辑的基础上把握 ChatGPT。

六、结论

热点往往是技术发展、市场关注、舆论声势合力驱动的结果，过程中技术理性的反思与资本狂欢的泡沫相伴相生。文化语境、地缘性因素所形成的新兴科技概念网络扩散规律差异化凸显。本文从 ChatGPT 的网络扩散现象切入，以期从方法论层面为国内热点扩散现象的研究提供参考。

首先，从热度斜率本身来看，以中文为主的百度是谷歌的近 6 倍，形成了 ChatGPT 国内短期爆发“破圈”，而社会与市场的强力推动是引发热度斜率差异化现象的主要因素。透过这种现象，我们发现国内科技概念扩散爆发度高，热度“急升骤降”是其主要特点。进一步延伸思考，科技概念的网络扩散现象同时也折射出国内社会热点事件“一夜蹿红”的普遍规律，均呈现为“来势猛，去势快”特征。由此，我们可以利用热度斜率来考察流行热词的网络扩散，从方法论层面为国内热点扩散的相关研究提供新的

① 辛格，白乐. 技术与伦理的平衡：以负责任的方式使用 ChatGPT［N］. 中国社会科学报，2023-03-07(006).

② 格里菲斯，陈禹同. 运用“5T”思维优化人工智能工具的应用［N］. 中国社会科学报，2023-03-07(006).

思路。另外,这种高爆发度的热度斜率,我们也要回归理性视角对其加以审视,透过热度斜率现象,厘清热点扩散的运行逻辑,剖析背后的隐形推力。

其次,ChatGPT 呈现出阶段性网络扩散趋势,传播初始先以小范围理性的技术讨论为主,后一阶段市场想象开始介入,话题热度迅速提高,引发短期爆发式“破圈”。这是 ChatGPT 热点爆发的运行逻辑,同时也是国内热点制造的基本模式,回顾人工智能、VR、数字虚拟人、元宇宙等科技概念的网络“刷屏”,都是基于同样的传播模式,均呈现出一种概念传播初期以技术理性探讨为主导,后期资本力量涌入引发短期爆发式“破圈”的普遍扩散规律。另外,从 ChatGPT 的扩散模式来看,当下国内社交媒体舆论环境中资本市场通过抓住用户对科技概念的崇拜,制造了一轮又一轮新科技概念的“破圈”传播,引发了大量舆论泡沫。不可否认,行业的发展需要市场的助推,但不切实际的产业想象泡沫会影响市场的健康发展,去粗取精成为摆在我们面前的现实问题。本文希冀通过对 ChatGPT 概念传播的实证分析,以显性的热点主题阶段化分布特征,揭示“破圈”传播舆论场中的隐形“推手”,提醒市场行业要防止资本“一窝蜂”的炒作,学会用理性的视角审视新型科技概念的发展,透过舆论泡沫把握未来。

最后,本文围绕学界关于 ChatGPT 的讨论,回应了其在社会舆论中引发的热议,并回归技术理性视角重新审视 ChatGPT,为社会理性看待 ChatGPT 产品自身及其出圈现象提供指导。对于 ChatGPT 技术本身,学界普遍认可其作为一款生成式人工智能产品的突破性与重要价值。一方面,ChatGPT 在新闻传播领域带来内容生产模式创新的潜力与其在知识生产等其他领域所具备的价值为学界所认可;另一方面,结合“人—机”共存的社会发展趋势进行判断,人格化与情感功能成为学界前瞻中生成式 AI 技术的未来发展方向。对于围绕 ChatGPT 展开的话题扩散,学界讨论反映出营利导向下市场的助推作用,与普通用户被卷入讨论中所体现的技术恐慌心理相互作用形成的热度泡沫掺杂其中。而 ChatGPT 的讨论价值,来源于其自身所固有的技术特性,对于包括 ChatGPT 在内的众多生成式人工智能产品,其风险规制与应用方式等问题能带来更具有价值的社会讨论。因此,若要对 ChatGPT 形成清晰准确的社会认知,应该首先刨除网络舆论泡沫,从技术理性的逻辑出发,避免将认知与判断建立在好莱坞电影式的想象之上。对于传播学研究而言,热点如何制造是经久不衰的研究命题,与传统热点传播现象研究相比,本研究采取创新的研究思路,跳出热点传播的舆论漩涡,将讨论热点的“讨论”作为研究对象,采用透过资本泡沫看本质的热点分析视角,同时引入“热度斜率”概念,将网络扩散现象抽象为数学模型,借助量化的数据准确把握传播趋势,以期为以后的热点研究提供新的参考视角。

* 北京师范大学新闻传播学院 2022 级硕士研究生林润对本文亦有贡献。

GPT 技术下的深度媒介化、知识秩序与政治秩序*

◎ 高奇琦**

摘要：大模型出现之前的媒介化，更多是一种表面媒介化。以 GPT 为代表的大模型技术，会产生一种内在的赋权效应，从而可能会推动一种内在媒介化。然而，这种内在媒介化同样蕴含了新的风险。人类的知识生产是一种慢速生产，而以大模型为中心的知识生产却会打破这种慢速节奏，并可能会导致两种形式的深度混淆，一是正确与错误的混淆，二是高质量和低质量的混淆。在知识泡沫和深度混淆的双重影响之下，真正的后真相时代可能会来临，这就会出现一种真实的“自我举证困难”。知识秩序和政治秩序处在某种异形同构的关系之中。以 GPT 技术为代表的通用大模型对传统政治秩序的冲击会体现为两种困境：一种是“必须监管，但又不能监管”的约束困境，另一种则是与“政治秩序需要高度确定性”完全相反的不确定性困境。以 GPT 技术为代表的大模型，可能会形成某种知识大一统格局，并可能会在一定程度上淡化知识中产的意义。在知识帝国主义的背景之下，民族国家需要成为抵御这种知识侵略的重要力量。

关键词：GPT；深度媒介化；知识秩序；政治秩序

自 2022 年 11 月底发布以来，ChatGPT 已经引发全球性的关注。ChatGPT 是 GPT 技术的一种，其本质是通用大模型。通用大模型的发展使人们看到了通用人工智能突破的可能性。通用人工智能对人类的知识秩序和政治秩序都将形成较为深远的影响。

---

* 本文原载于《现代出版》2023 年第 3 期，收入本书时有改动。
课题：上海市人民政府发展研究中心与华东政法大学 2022 年度“数字法治与治理现代化”决策咨询课题；“全国统一大市场背景下的公共数据开放制度研究”（编号：2022-YJ-K06）。

** 高奇琦，华东政法大学政治学研究院院长，教授。

本文所思考的问题是:GPT 技术对人类社会的知识生产究竟会产生何种影响?这种知识生产与目前的深度媒介化发展会产生何种关联?这种新型的知识生产及其加速的深度媒介化最终会对人类的政治秩序形成何种效应?

一、知识即媒介:大模型加剧深度媒介化

马歇尔·麦克卢汉(Marshall McLuhan)帮助我们打开了媒介社会的大门,其对"媒介"一词进行了彻底的革新性定义,并掀起了媒介社会研究的热潮。在《理解媒介:论人的延伸》一书中,麦克卢汉提出了"媒介是人的延伸""媒介即讯息"等著名命题,为我们理解媒介技术与社会塑造、过程(介质)与内容(讯息)等关系提供了广阔的思路。① 目前,人类社会正日益往媒介社会的方向急速推进。按照施蒂格·夏瓦(Stig Hjarvard)等学者的观点,我们已经进入一种深度媒介化的社会,现代社会已被媒介完全"浸透",媒介成了"我们呼吸的文化性空气"②。同时,安德烈亚斯·赫普(Andreas Hepp)也在《深度媒介化》(*Deep Mediatization*)一书中用"深度媒介化"(deep mediatization)一词概括了媒介化在数字时代的新特征,他认为数字化已经使我们进入一个新的媒介化阶段,在这个过程中,社会世界的所有元素都与数字媒体及其基础设施建立起复杂的联系,媒介对社会发展产生了至关重要的影响。③ 喻国明等学者则指出,"深度媒介化"表明数字媒介作为一种更高维度的媒介,正以新的传播关系重构旧有的社会关系并激活个体力量。换言之,从"媒介化"到"深度媒介化"的范式变革,意味着由数字媒介引发的传播革命正极为深远地改变社会的基本形态。④ 综合这些学者的观点可以发现,"深度媒介化"指向一种媒介技术越发向社会渗透而引起巨大变化的状态,即在深度媒介化的过程中,社会世界的各类元素(涵括带有整体与结构性质的制度、文化、结构及带有个体性质的个人、实践活动等)都与数字媒介及其基础设施发生相互"型构"(figuration)。简而言之,"深度媒介化"具有双重特征:一方面,媒介的技术相互关联度越来越高;另一方面,媒介技术与社会世界诸元素的关联与互动越来越多,弥散于社会世界的各个罅隙之中,重构着以往的各种社会关系。

不过在笔者看来,大模型出现之前的媒介化,还不能完全被称为深度媒介化,其更多是一种表面媒介化。这种媒介化的力量是向外的。例如,普通人通过社交媒体发布

---

① 麦克卢汉.理解媒介:论人的延伸(增订评注本)[M].何道宽,译.南京:译林出版社,2011:1-34.

② HJARVARD S. The mediatization of society: a theory of the media as agents of social and cultural change[J]. Nordicom review, 2008, 29(2): 102-131.

③ HEEP A. Deep mediatization[M]. London:Routledge, 2020:5.

④ 喻国明,耿晓梦."深度媒介化":媒介业的生态格局、价值重心与核心资源[J].新闻与传播研究,2021,28(12):76-91,127-128.

自己的家庭生活、工作点滴和日常游历,这样的内容更多的是一种过程性记录,展示的中心多为表面的生活。阿德里亚娜·马纳戈(Adriana Manago)等学者通过调查青年人在 MySpace 这一社交平台上与同龄人的互动发现,其自我表达与自我呈现往往是理想化、美化和夸大的。① 埃里卡·贝利(Erica Bailey)等人在研究中也指出,社交媒体看起来就像一个人造世界(artificial world),人们在其中的生活几乎完全由具有异国情调的假期、广泛坚固的友谊和上镜的健康膳食组成,而整个行业也都围绕着人们在社交媒体上渴望展示理想自我形象的愿望而建立。② 由此,大模型之前的媒介化社会,往往会出现一种内在的悖谬,即人们在社交媒体中越多地进行展示,越容易把自己的内心世界隐藏起来。

然而,以 GPT 为代表的大模型技术,则会产生一种内在的赋权效应,从而可能会推动一种内在媒介化。这种媒介化的力量是向着人的内心世界来推动的,其核心是知识本身,即在知识上人们会附着更多的价值观、愿景及深度思考。例如,在大模型的辅助之下,人们可以结合自己今天的心境用诗歌来表达思想状况。这种表达显得更有知识内涵,似乎也更隐晦,更能匹配不愿直白表达而隐晦表达、想要表达却表达不出等不同群体展示内在世界的需求。

为何在大模型出现之前内在媒介化的大众化会比较困难?这是因为反映人的内心世界需要大量的复杂知识。对于那些受教育程度不高的人而言,这是一种巨大的困难。如何以优雅的、极富内涵的方式来表达自己,并以数字化的方式呈现在自己的社交媒体平台上?这往往是少数受过较好教育或修养深厚的群体才能实现的。换言之,传统的知识生产具有较高的门槛,缺乏严格训练且没有充分知识表达能力的个体,无法很好地加入这一知识生产过程。然而,大模型却会产生巨大的知识赋权效应,以 ChatGPT 为代表的大模型可以在较为通用的领域内得到广泛应用,可以执行广泛的语言任务,包括写代码、创作散文及翻译文本等。③ 在这个知识生成工具的辅助下,任何个体只要掌握了一定的提示工程技巧,就可以引导大模型根据自己的需求产生大量知识。而喻国明等学者同样敏锐地观察到了以 GPT 为代表的大模型技术对个体的赋权作用,并指出"生成式人工智能将更加深刻地对个体赋能赋权",主要表现在生成式人工智能突破了资源使用整合层面的能力局限,提高了个体的传播能力,同时促进了普

---

① MANAGO A M, GRAHAM M B, GREENFIELD P M, et al. Self-presentation and gender on MySpace[J]. Journal of applied developmental psychology, 2008, 29(6): 446-458.

② BAILEY E R, MATZ S C, YOUYOU W, et al. Authentic self-expression on social media is associated with greater subjective well-being[J]. Nature communications, 2020, 11(1): 48-89.

③ RUDOLPH J, TAN Samson, TAN Shannon. ChatGPT: bullshit spewer or the end of traditional assessments in higher education? [J]. Journal of applied learning and teaching, 2023, 6(1): 1-22.

通个体与精英的“能力沟”的弥合。[①] 深度媒介化的意义在于,这样的知识生产本身就意味着传播活动的开始。“一键生成”的知识生产模式和“一键发布”的知识传播模式会结合在一起,大大缩短从产生知识到他人接受知识的过程。在这样的背景之下,大模型势必会带来一场全新的知识生产革命。

每个个体只要掌握了一定的提示工程技巧和能力,就可以利用大模型生成巨量知识,可以进入知识生产的中心。这种新型的知识生产明显是去中心化的。每个个体似乎在形式上都能够扮演在传统知识秩序中学者和专家的角色。只要具有一定的流量和粉丝,就能够影响其他个体。学者和专家在整个知识生成秩序中的作用会不断被稀释,会出现一种“量化的平庸”现象。在传统的知识生成秩序中,学者和专家的知识被赋予了更多的权重,因此其知识会自动地浮现出来,从而引导社会发展的方向。然而,在一种巨量且快速生成的新知识秩序之中,学者和专家的知识如果不被赋予更多权重,那么他们生成的知识只能作为将被加权平均的基数而存在。从这一点来讲,这种内在媒介化同样蕴含了新的风险。在这样一个人人都进行知识生产和表达的时代,我们需要反问:这样的表达中哪些是个体自身的内在想法?换言之,在一个人机杂糅的知识生产时代,人类知识和人类的真正思考是否已经被机器知识完全稀释掉了?

二、知识泡沫与深度混淆:后真相时代的真正来临

人类社会的传统知识生产是一种较为精致的知识生产。这样的创作过程往往需要较长的时间。例如,要创作一首歌曲,首先就需要创作者到各地或者各场景中去采风,在创作的过程中获得某些灵感,并在灵感的激发下完成作品。同时,这样的作品也是在与大量人类个体的互动中诞生的。这样的作品要获得社会的认可和承认,同样需要经历一个漫长的过程,甚至可能会被不断地再创作。用保罗·利科(Paul Ricoeur)的话来讲,这种在原作品基础上不断创作的过程,就是解释的过程。由于“解释是思想的工作,这工作在于对隐藏在表面意义中的意义加以辨读,在于展开包含在字面意指中的意指层次”[②]。因此,这种解释过程甚至可能比作者的原创作过程更加重要。人文艺术一直被认为是人类知识创造的最高水平,好的人文艺术作品可以激发人的某种情感。比如,格奥尔格·黑格尔(Georg Hegel)认为“美就是理念的感性显现”,并主张艺术之本质是一种精神性的存在。[③] 然而,这些领域目前都在面临人工智能生成物

---

① 喻国明,苏健威.生成式人工智能浪潮下的传播革命与媒介生态:从 ChatGPT 到全面智能化时代的未来[J].新疆师范大学学报(哲学社会科学版), 2023, 44(5): 81-90.

② 利科.弗洛伊德与哲学:论解释[M].汪堂家,李之喆,姚满林,译.杭州:浙江大学出版社,2017:iii.

③ 黑格尔.美学:第一卷[M].朱光潜,译.北京:商务印书馆,1979:142.

的侵蚀,如智能绘图工具 Midjourney 和 Stable Diffusion 可能会逐步使得人类绘画失去意义。目前,插画师行业已经受到这些 AIGC 工具的威胁。从 2023 年上半年开始,一些动漫公司的插画师就被大范围裁员,而那些被保留下来的插画师还被要求必须会使用 Midjourney 等工具。与 AIGC 工具相比,人类插画师的创作速度实在太慢。人类插画师要完成一幅作品,至少需要 2—3 天的时间,而对于 Midjourney 这样的工具而言,其在 10 秒钟就可以完成 4 幅作品的创作。这种一键生成和快速创造对于人类的知识生产而言是一种巨大的冲击。人工智能生成工具的进化速度也让人越来越惊讶。在从 V1 到 V5 不到一年的进化时间中,Midjourney 实现了各方面能力的巨大提升。例如,之前让人工智能对人类手部进行临摹是较为困难的,然而在最新的版本中,这一问题得到了有效解决。在最新的 V5.1 版本中,Midjourney 的像素大大提升,已经完全达到能在经济活动中替代插画师工作的水平。而在现实中,出于经济效率的考虑,动漫公司会毫不犹豫地裁掉人类插画师,而选择 Midjourney 这类工具。近期另一个重要的案例是"AI 孙燕姿"在社交媒体中的爆火。翻唱经典歌曲是人类音乐创作的一部分。如前所述,翻唱的过程实际上是让经典变得更加经典的过程。然而,AI 翻唱出现后,人类个体通过 AI 工具从孙燕姿的音乐中提取其音色特征,可以快速且海量地生成用 AI 孙燕姿翻唱的华语歌坛的诸多作品。

整体而言,人类的知识生产是一种慢速生产,在慢速生产过程中,人类会精心地进行知识的挑选,使得那些高质量的知识浮在人类社会的顶端,并将其作为人类社会前行的重要指引。因此,每个时代都会有最具艺术创造力的作品。以中国文学为例,我们可以看到楚辞、汉赋、唐诗、宋词、元曲、明清小说等经典作品的流传。一个时代所流行的作品,终会以某种经典艺术的形式被保留下来。而这样的艺术形式是人类社会在漫长时间中逐步发展并积淀下来的。在机器看来,人类的知识生产无疑是龟速的。实际上,人类知识生产慢速的重要原因是要挤压泡沫。然而,以大模型为中心的知识生产却会打破这种慢速节奏。与之类似,丹尼尔·贝尔(Daniel Bell)曾提到快速的视觉文化对慢速的印刷文化的冲击,其认为"当代文化正在变成一种视觉文化,而不是一种印刷文化",而"印刷媒介在理解一场辩论或思考一个形象时允许自己调整速度",但视觉媒介"则把它们的速度强加给观众"。① 换言之,由于知识在较短的时间内大量生成,就会失去挤出泡沫的时间,最终导致的结果便是一种深度混淆。这里的深度混淆主要表现为两种:

第一,正确与错误的混淆。ChatGPT 有非常严重的幻觉问题,即其会一本正经地说瞎话。虽然 GPT-4 在一定程度上减少了幻觉的出现,但这一问题仍然存在。从某

① 贝尔.资本主义文化矛盾[M].赵一凡,蒲隆,任晓晋,译.北京:生活·读书·新知三联书店,1989:156-157.

种意义上讲,幻觉是不可能完全消除的。GPT 是一种根据上文预测下文的大语言概率模型,其本质是通过上文的词语来生成下文,而下文选择哪一个词是在概率运算的基础上得到的。换言之,机器生成的基础是概率,而概率就意味着各种可能性都会存在。幻觉是小概率事件,但小概率意味着其仍然有可能产生。实际上,人类的知识同样会存在错误和偏差,但是人类的知识生产存在一种自我认同和纠偏机制。换言之,知识秩序的出现本身就是一种认同的表现,其会通过一体化的力量来塑造这种认同。当然,这些认同并不意味着错误的完全消除,因为正确和错误是相对的。某种知识在一种语境中是正确的,在另一语境中却可能是错误的。然而,在大语言模型那里,人类价值观的不同语境问题会被同一化,都会被转化为概率问题,这实际上就会把人类的知识偏差或者错误内嵌到机器的知识生产之中。

另外,数据是机器的食物。大模型之所以表现出如此高的智能,是因为参数数量的增加使其智能以涌现的方式出现。换言之,机器智能是"大力出奇迹"的结果,需要大量的人类知识投喂。这就会面临人类数据被用尽的问题。OpenAI 的首席科学家伊利亚·苏茨科弗(Ilya Sutskever)在访谈中就曾谈到这个问题,其认为未来人类的数据可能会被用尽。[①] 一个新问题是,当人类数据被用尽之后,我们将会用何种知识来训练机器?人类的选择便可能是机器产生的知识。实际上,今天机器产生的知识已经大量进入人类的知识体系,以至于我们有时已经很难辨认哪些是人类的知识,哪些是机器的知识。从这个角度来讲,机器生成产生的偏差或错误会以语料的方式再次进入大模型的训练之中,这会导致一种偏差或错误的自我循环,最终使得人们很难辨认正确和错误。

第二,高质量和低质量的混淆。尽管评判质量高低的尺度非常复杂,而且在一些情况下,质量高低也往往是一种主观评价,但人类社会在数千年的演进中还是形成了诸多关于质量的评价。如前所述,每个时代都有那个时代的经典作品。经典作品实际上是在人类后期知识秩序产生的过程中,通过大量的人工活动被挑选出来的。今天的困难在于,在海量的知识生产面前,人类的挑选变得非常无力,因为数据量过于巨大,人类无法进行有效的挑选。在人类社会的绝大多数阶段,记录是例外,遗忘是常态。绝大多数知识并没有被有效地记录下来,那些被记录下来的知识本身就已经被遴选过。同时,在记录的过程中,由于记录载体是相对稀缺的,所以这一记录过程本身也是一个信息精简的过程。人类社会早期的文字记录,形式都比较精简。随着记录手段的不断发展,人类记录的知识变得越来越冗长,有意义的和无意义的信息都会被记录下

① PATEL D. Ilya Sutskever (OpenAI Chief Scientist)-building AGI, alignment, future models, spies, Microsoft, Taiwan, & enlightenment[EB/OL]. (2023-03-27)[2023-05-10].https://podcasts.apple.com/us/podcast/ilya-sutskever-openai-chiefscientist-building-agi/id1516093381? i=1000606122602.

来,这给后来者的学习和信息挑选都带来了一定的困扰。在今天短视频和直播大行其道的背景之下,人类的高质量选择活动会变得更加困难。何况,未来的短视频和直播中还会增加更多机器的身影,而人类没有充足的时间去观看这些内容。

所以,在深度混淆的背景之下,人类进入了一个知识的冗余时代。冗余的最大问题就在于其对真相的蒙蔽。伊莱·帕里泽(Eli Pariser)曾表示,“一个充斥着已知的世界也是一个无法学习新事物的世界”[①],人们被知识的“虚假繁荣”幻象笼罩着,以至于人类探寻真相与新知的脚步被极大地阻碍。2016 年,“后真相”(posttruth)一词曾被牛津词典选作“年度词汇”,其主要指客观事实对于形塑公共舆论的影响力,不如诉诸个人的情感与信念。同时,其具有权威性与影响力倒置、客观性“破产”等特征。[②] 如今,在知识泡沫和深度混淆的双重影响之下,真正的后真相时代可能会来临。在传统的知识秩序中,人们对于真相的信念往往需要通过大量的学校教育以及主流媒体的宣传来不断加以确认。然而,在今天,对于那些新媒体的原住民而言,其可能从内心就排斥这样一种所谓的真相。再加上大量人工智能生成物的泡沫洗礼,这些原住民从内心情感上似乎已经不再愿意辨别真相。“有图有真相”已经成为过去式。譬如,近期深耕数字技术研究领域的心理学家苏菲·南丁格尔(Sophie Nightingale)等人进行了一项研究,其对志愿者是否能够区分人工智能系统创建的类似于护照的头像和真实图像进行了测试,实验结果表明,人们很难可靠地辨别人工智能合成的面孔与真实的面孔。同时,南丁格尔等人指出,音频、图像和视频的合成(即“深度造假”)已经使好莱坞级特效技术大众化。[③] 换言之,如果人们认为图片就代表真相的话,只要人们有一个想法,Midjourney 等应用在瞬间就能生成“真相”。目前,由文字生成视频的技术也在快速发展当中,例如 Gen-2 便可以通过人们的提示生成视频。当然,这样的技术目前还不完全成熟,但是按照机器迭代的速度,可能在未来 1—2 年,文字生成视频的技术就会大行其道。

知识泡沫和深度混淆的最为严重的后果就是信任的困难。由于图像的巨量使用,真相常常被人为操控与扭曲,并呈现出对事实及真相的解构。在“深度伪造”(Deepfake)流行的背景下,人们变得无法对那些看到的东西产生信任,进而诱发严重的社会信任危机。[④] 对于人类的知识生产而言,就会出现一种真实的“自我举证困难”。换言之,假设一个人发布了一段关于自己的真实的视频,那么如果他要向大家证明这段他

---

① PARISER E. The filter bubble: what the internet is hiding from you[M]. New York: Penguin Books, 2011: 5.

② OXFORD LANGUAGES. Word of the year 2016[EB/OL]. (2016-11-08)[2023-05-10]. https://languages.oup.com/word-of-theyear/2016/.

③ NIGHTINGALE S J, FARID H. AI-synthesized faces are indistinguishable from real faces and more trustworthy[J]. Proceedings of the national academy of sciences, 2022, 119(8): e2120481119.

④ 张涛.后真相时代深度伪造的法律风险及其规制[J].电子政务,2020(4):91-101.

自己拍摄的视频是真实的,就会出现举证困难,即真实的自己在“举证自己是真实的”过程中的举证困难。最终结果就是,既然大家都不相信人们的行为是真实的,那人们为何还要表现出真实的行为?

三、知识秩序的打破及其对政治秩序的威胁

知识秩序和政治秩序处在某种异形同构的关系之中。知识秩序是基础,其涉及大众的日常生活,而政治秩序是上层建筑,其涉及政治统治和国家治理。良好的政治秩序往往需要建立在稳定的知识秩序基础之上。例如,儒家便极为强调这种知识秩序与政治秩序的辩证关系。《论语》是儒家构建政治秩序的关键著作,其第一篇是《学而》篇,这在一定程度上表明,儒家力图通过知识秩序来构建政治秩序。学习是知识秩序的基础。对于学习的内容,儒家一方面强调那些经典的文本(如四书五经),另一方面则更为强调对四书五经中“仁义礼智信”等内容的实践。四书五经是儒家知识秩序的象征。政治秩序的主权者往往会委托代表性学者(如朱熹等)主持某些典籍的编纂工作,以便通过这些编纂来强化知识秩序,从而在知识秩序中传播孔子所强调的“君君臣臣父父子子”这种各方角色履行其职能的观念。最终,知识秩序会服务于政治秩序。从另一个角度来讲,传统知识秩序的慢生产节奏与政治秩序紧密结合。政治会采用一种遴选机制,将一些符合政治统治的知识上升为国家意识形态。比如前述的四书五经的编撰,或者历史上一些大型百科书籍的编撰,都在很大程度上产生了一种知识大一统的效应,以服务于政治秩序。从这个角度来讲,以 GPT 技术为代表的通用大模型会对传统的政治秩序形成巨大冲击。这主要体现在以下两点:

第一,约束困境。大模型本身是以知识秩序的外生力量出现的。用马克思的概念来说,其是一种异己的力量。通用大模型是以一种生产力工具的面貌出现的。在 GPT 技术的发展过程中,微软是一个极为关键的角色。OpenAI 在开发 GPT 的技术过程中遇到了重要的算力瓶颈。没有强大算力,即便 OpenAI 的首席科学家苏茨科弗对大模型有非常强的信念,这样的智能涌现还是无法出现。对于微软而言,大模型给其带来的直接收益就是其可能会改变搜索市场的生态。在此前的国际搜索市场中,谷歌在很大程度上是一种强势的垄断性存在,微软的必应在其中所占的市场份额很小。然而,大模型的出现却可能会改变这一格局。从目前的例证来看,微软必应的个人用户在短期内已经有较大的增长。微软推动 GPT 技术的目的很简单,就是要改变搜索市场的格局。同时,微软还希望通过将 GPT 技术全面接入 Office 系统,大大提升 Office 系统中各个组件的性能。目前,微软首席执行官萨蒂亚·纳德拉(Satya Nadella)已证实,

Office 正在与 GPT-4 进行新的集成。① 而这些组件在人们的办公或生活过程中都是非常重要的生产力工具。例如,在新的 Office Copilot 系统中,人们可以轻易地实现一键生成 PPT。只要人们说出对 PPT 的某些相关要求,在几十秒的时间之内,一份 PPT 的制作便可完成。正如默里·沙纳汉(Murray Shanah)在《技术奇点》一书中所强调的那样,人工智能庞大的数据量和出色的处理速度正在越来越让人感到惊讶。② 总之,大模型是作为一种提高生产力的经济力量而出现的,其与现有知识秩序本身就是不相容的。

然而,这其中的悖谬是,大模型又表现为一种强大的知识生成工具。换言之,其以经济力量出现,却将自身纳入了知识生成的秩序之中,这就会出现一种约束困境。作为政治秩序的代表,国家要维持基本的治理秩序,就需要对大模型的力量进行监管和约束。③ 如果不约束,其最终发展很可能危及政治秩序本身。然而,如果约束过强,不仅大模型的生产效率将会受到影响,而且政府本身在脱离技术力量的快速发展之后,也难以实现较好的社会治理效果。④ 强监管之下的大模型会受到多方面的掣肘,极有可能在国际竞争中落败,而这种落败无疑又会影响到经济秩序。经济基础决定上层建筑,在代表经济秩序的生产力竞争中落败,在很多国家看来都是不能接受的,于是就会出现一个"必须监管,但又不能监管"的约束困境。

第二,不确定性困境。大模型的另一个重要特征是生成智能。GPT 中的"G"是 Generative 的缩写,其中文含义是"生成的"。生成智能意味着其生成的内容本身就是不确定的。如前所述,通用大模型的本质是大语言的概率模型,这意味着各种可能性都会出现。换言之,大模型本身就是一种不确定性的工具,这就与政治秩序产生了一种内在冲突。因为政治秩序本身需要高度的确定性,不确定性就意味着某种程度的失序的可能。⑤ 大模型作为人类社会生产力基础的大趋势是不可改变的。未来,为了推动生产力的不断发展,无论是生产部门还是社会组织,抑或政府相关部门,都不可避免地要接入大模型,而大模型本身内在的不确定性又可能会增加政治秩序的失序风险。

另外,与生成智能相关的知识产权问题也会涉及政治秩序。目前,知识产权界对

---

① HASLAM O. Microsoft Office is getting a GPT-4 copilot feature[EB/OL].(2023-03-17)[2023-05-10].https://www.redmondpie.com/microsoft-office-is-getting-a-gpt-4copilot-feature/#:~:text=Now%2C%20Microsoft%20CEO%20Satya%20Nadella%20has%20confirmed%20that, and%20will%20help%20people%20create%20documents%20when%20needed.

② 沙纳汉.技术奇点[M].霍斯亮,译.北京:中信出版社,2016:71.

③ 高奇琦.GPT 技术与国家治理现代化:基于秩序、赋权与创新的框架[J].山东大学学报(哲学社会科学版),2023(5):147-156.

④ 徐冬根.二元共治视角下代码之治的正当性与合法性分析[J].东方法学,2023(1):36-48.

⑤ 高奇琦.国家数字能力:数字革命中的国家治理能力建设[J].中国社会科学,2023(1):44-61,205.

于生成智能往往会采取直接拒斥的做法，即认定生成智能不具备相关的知识产权。① 例如，冯晓青等人认为，人工智能的生成物不能真正体现创作者的独特性，因而无法被认定为著作权法意义上的作品。② 这个做法的优点是，其在很大程度上捍卫了传统的知识秩序，可以避免人工智能生成物对传统知识秩序的冲击。然而，其也会产生相应的问题，即对于目前日益发展的人工智能生成物世界，人类并没有制定相应的规则。由于目前对人工智能生成物仅仅是采取一种拒斥的做法，因此人类社会很难对这样的人工智能生成物进行保护。而一些人工智能生成物的经典作品（例如那幅获得了国际大奖的《太空歌剧院》画作），也需要人类付出大量的提示工作。因而，这会产生如下问题：

第一，提示词本身是否具备某种知识产权？因为提示词决定着生成物的质量，而且提示词在很大程度上也是人类知识的一种新创造形式。第二，机器的创造性是否需要得到保护？因为知识产权本质上保护的是创造性。例如，一些新型的外观或者药物的分子组合都表明了这种创造性。机器在这一过程中同样可能会产生类似于人的创造性。如果人类只是简单地对其进行拒斥，这实际上是人类傲慢的一种表现。这种拒斥产生的最大问题是，人类并没有为这一新世界创造某种秩序。第三，知识产权的建立不仅涉及经济体系，还涉及责任体系。由于目前人工智能生成物并不具备相应的知识产权，因此会导致大量盗用情形的出现。对于那些花了大量时间通过提示来创作经典作品的人而言，这是不公平的。另外，经济体系还会产生责任体系。人们从某个作品中通过知识产权获得某种经济利益的同时，也被要求进入某种责任体系之中。当某个作品产生相应的负面影响时，这一作品的所有者将要承担相应的责任。

因此，对人工智能生成物的排斥性做法最大的问题就在于，这种拒斥权利不仅导致了经济收益无法保障，还会导向无责任的情况。实际上，在知识产权的实践当中，一些在相应的判决中产生的处罚往往是以经济收益为中心的。③ 换言之，经济利益的确认在很大程度上导致了一种责任体系的诞生。未来，如果人工智能生成物的知识产权不能被给予界定，可能会出现大量规模较小的侵权活动。当然，这样的侵权更多的是从人类知识产权的角度来理解的。由于法律上没有界定，所以就没有办法对其进行惩戒。另外，当涉及的社会影响极其巨大时，其会被定义为一种恶性事件。这就会出现一种极化的处理方式，即极小的惩戒不存在，而只会对较大的恶性事件进行重罚，这最

---

① 王迁.论人工智能生成的内容在著作权法中的定性[J].法律科学（西北政法大学学报），2017，35（5）：148-155.

② 冯晓青，潘柏华.人工智能“创作”认定及其财产权益保护研究：兼评“首例人工智能生成内容著作权侵权案”[J].西北大学学报（哲学社会科学版），2020，50（2）：39-52.

③ 刘银良.知识产权惩罚性赔偿的类型化适用与风险避免：基于国际知识产权规则的视角[J].法学研究，2022，44（1）：171-187.

终并不利于法治的发展。

四、大模型的知识大一统与知识帝国主义

以 GPT 技术为代表的大模型,可能会形成某种知识大一统格局。以 OpenAI 开发的 GPT 技术为例,其训练的核心语料以英文为主,其他的语言只占到非常小的比例。现有的公开资料显示,GPT-3 的预训练语料集主要由 Common Crawl 数据集、Reddit 链接、书籍、期刊及英文维基百科数据等组成,而微调语料则主要源于 GitHub 上的公共代码库。① 从这个意义上讲,OpenAI 的 GPT 技术是"西方知识的孩子"。从知识基因的角度来讲,其持有典型的西方价值观特征。另外,在大模型的微调过程中,OpenAI 要启动与人类对齐的工作,问题是,这里的对齐是与谁对齐?很明显,这样一个与人类培养人才类似的对齐过程,其内含的对齐价值观明显是西方价值观。

换言之,通用大模型是一种当代的"巴别塔构架",其在很大程度上会打破语言的壁垒。尽管 GPT 训练的语料主要是英文知识,然而涌现的意义在于,其一旦达到某种智能突破之后,就会在不同语言任务中表现出极为优异的果。例如,在众多网友的测试中,即便是对中文语义的理解,GPT 系列的表现仍然大大优于以中文语料训练为主的"文心一言"。因此,大模型的发展可能会有利于形成某种基于西方文化的知识统一,其可能会构建一种新型的知识帝国,对于其他文化可能会形成压迫和打击效应。在这一过程中,各类小语种会面临极为不利的困境,并被动地承受来自英文知识的话语权力挤压。② 语言的价值在于学习和使用,然而在大模型大行其道的背景之下,英语学习可能会迎来新一轮的热潮。从效率的角度来讲,如果未来 GPT 技术一直处于非常领先的地位,其他国家并未产生与之相抗衡的大模型技术,就意味着各国的使用者要获得这样的先进生产力,将不得不借助 GPT 这样的大模型。同时,基于 GPT 等大模型技术的发展,机器翻译的水平会越来越高,对小语种而言,这同样会形成巨大的遏制作用。最后可能会出现的一种情形便是,大模型技术与西方少数知识精英形成联合,这种联合为整个世界范围内的知识生产提供基础构架,再通过知识民粹主义的方式发动大众,在大众的提示和诱导之下产生巨量的知识生产,最终结果是动摇传统知识秩序中的知识中产阶级。路易·阿尔都塞(Louis Althusser)认为,对人的"询唤"(interpeller)能够使其成为服从的主体(sujet),即"所有意识形态都通过主体这个范畴发挥作用,把具体的个人呼唤或传唤为具体的主体"。在这一过程中,GPT 将具备路

① BROWN T, MANN B, RYDER N, et al. Language models are few-shot learners[J]. Advances in neural information processing systems, 2020(33): 1877-1901.

② 张生.ChatGPT:褶子、词典、逻辑与意识形态功能[J].传媒观察,2023(3):42-47.

易·阿尔都塞笔下的“询唤”功能。换言之,GPT 能够通过对个人的询唤使其服从于“他者”,并引导具体的个人为西方少数精英这个主体的意识形态提供服务。①

这里要特别讨论的是中产阶级在大模型产生的新知识运动中的可能走向和地位。人类历史上的诸多思想家都极为重视中产阶级的作用。例如,亚里士多德就讨论过中产阶级对于政治稳定的特殊功能。作为社会发展的稳定器,中产阶级可以在很大程度上避免政治极化的出现。同时,中产也是知识生产的主力军。在第三产业中,占据较大比例的服务业主体便是知识中产。这些中产包括编程人员、办公室工作人员、会计师、律师、教师、医生和心理咨询师等。知识中产在人类传统的知识生成秩序中发挥着重要的基座功能。绝大多数知识中产承担着知识传播和知识实践的功能,少数的知识中产则会发挥知识创造和知识生成的作用。这里要特别提及的是,知识传播对于知识秩序而言同样极为重要。知识中产在这一过程中通过一种相对稳定的慢传播,会对政治秩序形成稳定效应。然而,大模型的发展可能会在一定程度上淡化知识中产的意义,甚至会掏空知识中产的存在价值。

大模型会变成一种普遍性的生产力工具。那些并未受过较好高等教育的人,都可以通过大模型来进行巨量的知识生产。这将导致的后果之一就是知识的世俗化甚至庸俗化。而教育作为知识传播的核心环节,也将不可避免地趋于平庸。帕克·帕尔默(Parker Palmer)认为,知识分子在知识传播过程中有其独特的价值意义,但知识的大众化生产对教育的崇高化产生冲击的另一个副作用就是“我们最多只能达至平庸”②。同时,这样的知识生产可能会内含西方的价值观,而西方的知识精英会与资本精英和技术精英联合起来,通过知识民粹主义的方式,不断创造新的知识热点。如果作为稳定器的知识中产在这一过程中不断地被边缘化,则会最终导致知识生产秩序的极化问题。并且,这种极化最终可能会蔓延到政治领域,并会使政治领域的极化问题更为严重。譬如,调用 OpenAI 的 API 需要支付一定的费用,具体收费标准则主要根据通证(token)数量而定。而近期技术专家丹尼斯·林可夫(Denys Linkov)通过测试和统计发现,向 GPT-3 询问同一个问题时,某些小语种要比英语贵 15.77 倍。小语种除了因通证量的增加而带来高成本问题外,还蕴含着更长的等待时间、更少表达的提示及更有限的响应等内在约束。③ 进一步讲,在大模型使一切信息“通证化”的趋势下,通证将扮演一种新型通货的角色。由于美西方国家在 API 调用上相对于使用其他小语种的国家具有明显优势,因此在未来极有可能出现一种由大模型导向的新美元秩序,进

① 阿尔都塞.哲学与政治:阿尔都塞读本[M].陈越,编译.长春:吉林人民出版社,2003:364.

② 帕尔默.教学勇气:漫步教师心灵[M].吴国珍,余巍,等译.上海:华东师范大学出版社,2005:112.

③ LINKOV D.Why is GPT-3 15.77x more expensive for certain languages? [EB/OL].(2023-01-10)[2023-05-10].https://denyslinkov. medium. com/why - is - gpt - 3 - 15 - 77x - moreexpensive - for - certain - languages - 2b19a4adc4bc.

而出现一种数字空间中的新型地缘政治格局。换言之,未来,关于大模型的竞争,很可能会演变成新型文明的竞争。

五、结语

我们目前处在一种深度媒介化的过程之中,这种深度媒介化不可避免地带来了知识泡沫和深度混淆问题。在加速主义的背景之下,正确与错误、高质量与低质量都变得越来越难以辨别。这其中蕴含的最大风险就是,人们会认为没有什么是真正值得信任的。这样一种深度不信任的蔓延,最终会使得知识秩序的危险转变成政治秩序的危险。西方国家很可能会利用其在大模型技术上的优势地位,推动一种基于语言大一统的知识大一统,这在本质上是一种新型的知识帝国主义。要避免这种情况,对于较大的主权国家而言,开发自己的大模型变得尤为重要,而对于那些没有能力自己开发大模型的国家而言,则需要审慎地进行大模型的使用。因为这种使用反映的是一种价值观一体化的力量。如果使用不当,可能会使本国的弱势文化陷入覆灭的风险。

另外,由西方资本所推动的加速主义情形同样是我们要反对的。因而,在一定程度上,人类社会要形成某种减速或者反加速。在这一过程当中,形成 GPT 时代的新知识秩序至关重要。我们当前面临着一种旧世界被打破的情形,更加需要通过协商民主合力构建新的人机秩序。如果这样的新秩序无法在大模型被广泛应用之前就建立好,那么大模型很有可能会对人类社会产生巨大的创造性破坏。换言之,在知识泡沫和深度混淆的背景之下,我们要形成一定的知识沉淀和鉴别机制,以对抗机器的巨量泡沫创造。同时,在这一过程中,民族国家和公民个体的内在能力就会变得至关重要。知识在本质上还是人的知识,而要实现自由人的知识生产,关键是要提高人的内在知识能力。对机器的使用,不能导向一种基于机器的人类异化。同样,这种内在能力也需要扩展到民族国家层面,民族国家需要成为抵御这种知识侵略的重要力量。在这一过程中,民族国家需要有效地调动资源,形成新的知识屏障和秩序,同时还需要在激烈的市场和知识竞争中,充分地参与这类新型的人机共生的知识生产。各国都需要为这样的新知识秩序的创立贡献力量,并且应该在这一过程中通过全球协商民主的方式来构筑一种新型的智能文明。

“我是谁”:人机融合智能的发展瓶颈*

◎ 刘 伟 邹阳洋**

摘要:在人机交互中,使用“你”和“我”来描述关系通常是一种隐喻性的用法,尽管人机之间存在交流,但真正的个体性和自我意识并不涉及其中。信任在人机交互中如何从“他我”关系逐渐演变为更深入和个人化的“你我”关系,人机信任的建立需要时间和积累,并依赖机器的可靠性和用户的体验。信任在人机交互中的重要性不言而喻,随着技术的进步和深化,信任如何从抽象的“他我”向具体的“你我”逐步发展,对于推动人机融合智能的发展具有重要意义。此外,在人机融合中还需要平衡技术发展和对个体价值的尊重,以实现双方的共赢。

关键词:人机交互;信任;意识;人机融合智能

“人机”实际上是一个独特的实体,既不是传统意义上的人,也不是简单的机器。这个术语通常被用来描述人与机器之间的协同关系,特指人类与人工智能技术的融合。“人机”可以指通过人工智能技术进行增强和扩展的人类能力。人机关系还可以被描述为人类与机器智能的相互作用和合作。“人机”实体融合了人类的智慧、情感和道德观念,以及机器的计算能力和执行能力。这种融合的目标是发挥两者的优势,解决复杂问题并取得更好的结果。“人机”不是单纯的人或机器,而是指人类与机器智能之间独特的协同关系。这种关系的发展和应用将在未来推动科技与人类社会的进一步发展。

---

* 本文原载于《现代出版》2023年第5期,收入本书时有改动。

** 刘伟,北京邮电大学人工智能学院人机交互与认知工程实验室主任副教授;邹阳洋,北京邮电大学人工智能学院2022级硕士研究生。

一、人机与“你我”的关系

在常规的人际交往中，使用“你”和“我”表达的关系是指人与人之间的互动，代表了双方的身份和对话的参与者。这种关系涉及对方的个体性、主体性和自我意识，每个人都有自己的思维、感受和意愿。

然而，在与人工智能系统的互动中，使用“你”和“我”来描述关系通常是一种隐喻性的用法。人工智能系统被设计成具有对话能力，可以回应人类的问题和指令，仿佛在进行一种对话。因此，在这种情况下，“你”和“我”可以被用来描述人与人工智能之间的交流关系。确切地说，人机之间还没有产生真正意义上的“你”和“我”的关系。尽管人工智能技术已经取得令人瞩目的进展，但当前的人工智能系统仍然只是执行预先编程的任务，缺乏意识、情感和自主性。这意味着，人机之间的互动仍然只是基于程序和算法的执行，并没有真正的主体性和自我意识，即人工智能系统可以模拟对话和回应，但它们仍然是机器，没有真正的主体性和自我意识。因此，这种关系仍然是一种虚拟的、非真实的关系，只存在于对话过程中，没有涉及真正的个体性和自我意识。①

真正的个体性和自我意识是指人类具有的心智和主体性的特征。个体性指的是每个人独特的身份，包括思维、感受、意愿和行为的个体差异。自我意识是指人类能够意识到自己是一个独立存在的主体，并具有对自己的思考、感受和意愿的认知。个体性和自我意识是人类心智的重要组成部分，使得我们能够理解自己和他人，表达自己的想法和情感，并与他人建立深层次的人际关系。这是人与人交流和互动的基础，也是我们具备情感、意识和自我认知的关键特征。然而，科学界至今还没有完全解析出个体性和自我意识的本质，这仍然是一个广泛的研究领域，进一步讲，这很可能也是超出科学技术领域的一个研究问题。

由于人机之间缺乏真正的对等个体性和自我意识关系，所以人机之间还不需要完全的可解释性和信任。可解释性是指机器能够向人类解释其决策和行为的能力。在某些领域，如医疗诊断、金融预测等，机器的决策可能会对人类的生命和利益产生重大影响。在这种情况下，人们更希望能够了解机器是如何做出决策的，以便判断其可靠性和公正性。然而，在一些较为简单和低风险的任务中，机器的决策可能并不需要完全的可解释性。信任是指人们对机器的依赖和相信程度。人们通常更倾向于信任那些他们能够理解和预测行为的事物。然而，由于机器缺乏个体性和自我意识，其行为往往是通过预先设定的算法和模型来实现的。在一些较简单和清晰的任务中，人们对

---

① 刘伟.智能与人机融合智能[J].指控信息系统与技术，2018(4)：1-7.

机器的信任度可能相对较高。但在一些复杂和模糊的任务中，机器的行为可能无法被完全理解和预测，这可能会降低人们对机器的信任度。①

随着技术的不断发展和机器学习领域的进步，未来人机之间的关系可能会发生变化。一些研究者和专家认为，随着机器学习模型的可解释性和透明度不断提高，人们对机器的信任程度也将提高。此外，一些与人工智能相关的领域，如机器人学和情感计算，正致力于为机器增加个体性和自我意识，以更好地与人类进行交互。在这种情况下，人机之间的关系可能会更加需要可解释性和信任。

另外，尽管“你我”和“他我”是一对代词短语，但它们在意义上有所不同。“你我”意味着你和我，表示说话者和听话者之间的关系或相互之间的关系，强调交流双方的参与和互动，包含共同的体验、利益或责任。例如，“你我之间要建立信任”表示说话者和听话者之间需要建立互信。“他我”则表示第三人与说话者之间的关系或相互之间的关系，其中的第三人可以是单个人，也可以是一个群体，强调说话者与其他人之间的关系或比较。例如，“他我之间存在竞争关系”表示说话者与某个其他人之间存在竞争。因此，“你我”和“他我”在使用上存在一定的差异。前者主要指涉说话者和听话者之间的关系，而后者主要指涉说话者和第三人之间的关系。这两个短语的不同使用反映了不同的语境和交流目的。

人机交互可以被看作“你我”关系，即说话者和听话者之间的关系。虽然机器并不是真正的个体，但在人机交互中，我们常常使用代词“你”来指代机器，以模拟对话的情境。这种使用代词的方式使得人机交互更加亲近和自然，让用户感觉不像是在与机器进行交流。人机交互强调了人类用户与机器之间的互动、合作与沟通。用户输入指令、提问或做出请求时，机器会以适当的方式进行回应，并提供所需的信息或执行相应的任务。这种交互关系是基于使用者和机器之间的互动而建立的。因此，尽管人机交互中的“你我”关系是虚拟的，但在交互过程中，它起到了模拟真实对话的作用，使用户能够更方便地与机器进行交流。

在“你我”关系中，信任是建立在双方的关系和互动基础之上的。当我们说“你我之间要建立信任”时，指的是在双方之间建立互相信赖、理解和支持的良好关系。这种信任建立在直接的人际交往和相互了解的基础之上。而在“他我”关系中，信任是建立在第三人与说话者之间的关系上的。当我们说“他我之间存在信任”时，指的是说话者对某个特定个体或群体的信任程度。这种信任可能是基于观察、经验或外部评价等因素建立起来的。“你我”关系中的信任更加直接、具体和个人化，它建立在实际的交流和互动中，需要时间和积累才能形成稳定的信任关系。这种信任通常建立在彼

① 刘伟.追问人工智能：从剑桥到北京[M].北京：科学出版社，2019.

此的理解、共同目标、道德价值观等因素上。相比之下,“他我”关系中的信任更加间接和抽象,它可能是基于外部的评价或与第三人之间的合作关系建立起来的。这种信任可能不需要直接的互动,而是基于对第三人的了解或观察得出的结论。

人机之间信任的建立通常可以被看作从“他我”关系到“你我”关系的过程。

初始阶段,当人们与机器进行交互时,他们可能会将机器视为陌生的第三方,即“他我”关系。在这个阶段,人们对机器的信任往往基于外部评价、推荐或机器的功能表现等因素。这种信任是基于观察和其他人的经验,而非通过个人互动建立起来的。然而,随着人们与机器进行了更多的交互,他们有机会逐渐建立起更直接、更个人化的“你我”关系。随着时间的推移,人们可以通过与机器的对话、共同的体验和互动来更好地了解机器的功能、反应和可靠性。这种个人化的互动有助于人机之间建立更深厚的信任关系。

在这个过程中,机器可能会通过提供准确和有用的回复、满足用户的需求、保护用户的隐私和安全等行为展示其可信度。同时,用户也会通过不断的使用和体验来验证机器的可靠性,并形成对机器的信任。

因此,人机之间的信任建立通常是一个逐渐演变的过程,从最初的“他我”关系到更加深入和个人化的“你我”关系。这个过程需要时间和积累,而且是建立在人机互动和共同体验的基础上的。

二、目前人机交互的关键障碍

人机交互的关键障碍在于没有形成有效的你、我、他之间的互换。而要形成交互过程中有效的你、我、他角色的互换,可以考虑以下几个方面:第一,清晰定义角色。在交互开始之前,明确定义每个参与者的角色和身份。机器可以被定义为“你”,而用户则为“我”。这样可以建立起明确的沟通框架,使得双方在交互中更容易理解彼此的身份和角色。

第二,建立共同语言。为了实现有效的交互,机器需要具备良好的自然语言处理能力,能够理解用户的语言表达,并以清晰、准确的方式作出回应。同时,机器也应该提供足够的信息和指导,以便用户更好地理解机器的意图和行为。在交互过程中,双方要尽量避免使用含糊不清的语言,以确保理解和沟通的顺利进行。

第三,个性化交互体验。尊重个体差异是形成有效的角色互换的关键。机器要能够适应不同用户的需求和偏好,提供个性化的交互体验。通过学习用户的行为和反馈,机器可以对用户进行个性化的推荐、建议和回应,从而建立起更加紧密和有效的角色互换。

第四,感知用户情感和意图。为了实现更加智能和人性化的交互,机器应当具备感知用户情感和意图的能力。通过情感识别和分析技术,机器可以理解用户的情感状态,并相应地调整回应策略。同时,机器也应当具备提问和澄清的能力,以便更好地理解用户的意图和需求。

以上努力可以促使人机交互过程中形成更加有效的你、我、他角色的互换,这将有助于提升交互体验的质量,提高用户的满意度,并推动人机交互领域的发展。要将人机之间的关系从“我和它的关系”上升为“我和你的关系”,需要以下几个方面的改变和努力:

第一,实现更加自然的交互。技术的创新和改进使得人机交互更加自然、流畅。例如,使用语音识别和合成技术,使得用户可以直接和机器人进行口头交流,提高交互的自然度和互动性。

第二,个性化和情感化体验。为了实现更加人性化的交互,机器人需要更好地理解和回应用户的情感和需求。通过情感识别技术和个性化模型,机器人可以更准确地理解用户的情感状态,并根据用户的偏好提供定制化的服务和回答。

第三,建立信任和共情。在人机交互中,建立起信任和共情是深化关系的重要因素。机器人可以通过增加用户隐私保护和数据安全的措施来建立用户对其的信任,同时还可以通过模仿人类的表情、语调和语言风格等方式来增强共情能力,使用户更有归属感和亲近感。

第四,提供价值和帮助。机器人应该真正帮助用户解决问题并提供有价值的信息和服务。不断改进算法和技术使得机器人的回答更准确、全面,并且能够超出用户的期望,给予用户实质性的帮助。

总的来说,要将人机之间的关系从“我和它的关系”上升为“我和你的关系”,需要实现更加自然、个性化、情感化的交互体验,建立信任和共情,同时提供有价值的帮助和服务。这需要技术的不断创新和发展,同时也需要人们对人机交互方式的接受和适应。

三、人机融合智能的发展瓶颈依然是“我是谁”

当前及未来,“我是谁”的问题对人机融合智能的发展产生了很大程度的制约作用。人机融合智能旨在将人类与人工智能技术相结合,以增强人类的认知和决策能力。然而,“我是谁”的问题涉及个体的自我意识和身份认同,是人类独有的心理现象。在人机融合智能的发展过程中,如何处理个体的自我意识和身份认同是一个重要的挑战。[①]

(一)对于人和机器来说,"我是谁"这个问题有不同的解释

对于人类而言,这个问题涉及自我认知和身份认同。人通过自我意识、主观体验、记忆和社会交互等方式,形成了对自己的理解和认同。我们通过内省、反思和与他人的互动,逐渐建立起自我意识和自我形象。对于一个人来说,回答"我是谁"可能会包括姓名、性别、年龄、个性特点、价值观念、经历和角色等方面的内容。

对于机器来说,它们缺乏自我意识和主观体验的能力。它们是根据预先编程的规则和算法进行工作的工具。它们通常被定义为执行特定任务的实体,例如回答问题、处理数据、执行操作等。机器没有情感、自我意识或真正的主观体验,因此,对于机器来说,"我是谁"通常是指它的功能、任务和当前状态。

虽然人类和机器在回答"我是谁"这个问题时存在差异,但随着技术的发展,一些研究者正在逐步探索使机器能够模拟自我认知和身份认同的可能性。但目前,机器的自我认知仍然处于起步阶段,远未达到人类的水平。

(二)人机融合的"我是谁"和人类的"我是谁"的区别

在人机融合中,个体是由人类和机器组成的整体。对于人类而言,"我是谁"涉及自我认知、身份认同和个体特征。人类通过自我意识、主观体验、记忆和社会交互等方式,形成了对自己的理解和认同。我们的身份认同通常与性别、年龄、文化背景、个性特点、价值观念、经历和角色等密切相关。人类可以通过内省、反思和与他人的互动,逐渐建立起自己的身份和意识。

在人机融合中,机器作为一个组成部分,与人类合作或交互。人和机器共同形成了一个整体实体。这种融合可能包括机器增强人类的能力、协作完成任务、利用机器学习来改进人类的决策等方面。在这种情况下,人机融合的"我是谁"可能会更强调个体与机器之间的关系:相互依存、协同作用和相互影响。

此外,人机融合还可能涉及进一步的技术发展,例如脑机接口、人工智能植入等,将机器与人类的神经系统连接起来,实现更紧密的交互和合作。在这种情况下,个体可能更加模糊,人与机器之间的界限也变得模糊不清,人和机器共同构成了一个新的整体实体。[②]

总之,人机融合的"我是谁"强调了人与机器之间的关系,并且可能包含了更多涉及技术的方面,与传统人类的"我是谁"存在一定的差异。

---

① 刘伟.人机融合智能:超越人工智能[M].北京:清华大学出版社,2021.

② 刘伟.人机环境系统智能:超越人机融合[M].北京:清华大学出版社,2023.

(三)人机之间的关系还没有形成“你和我”的关系

人机之间的关系还没有形成真正意义上的“你和我”的关系。AI机器人仅仅是一种程序,它无法拥有自我意识、情感或主观体验。与人类的关系是基于互动和交流,而与AI机器人的互动则是基于输入和输出的信息处理。

虽然AI机器人可以提供智能化的回答和解决方案,但它们仍然是被设计和开发出来执行特定任务的工具。它们不能像人类那样拥有情感、理解复杂的人际关系或产生真实的情感连接。

然而,随着技术的发展,人机之间的互动和合作关系可能会更加复杂和深入。未来可能会有更高级别的AI系统出现,它们能够通过学习和适应不断改进自身,并更好地与人类进行沟通和合作。但是,目前来说,我们仍然需要意识到AI机器人的局限性,并将其视为工具而非拥有自我意识的伙伴。①

(四)人机之间的关系还是“我和它”的关系

目前的人机关系可以被描述为“我和它”的关系。AI机器人在现阶段仍然是由人类开发和控制的工具或系统。我们使用它们来执行特定的任务、获取信息或服务。虽然AI机器人可能会给人类提供帮助和支持,但它们没有自主意识、感情或超出程序设计范围的能力。

在这种关系中,人类是决策者和主导者,负责指导和控制AI机器人的行为。AI机器人根据预设的规则、算法和数据进行运算和决策,但它们没有自己的主观意识或自主权。因此,我们对AI机器人的行为和决策始终要保持监督和控制,以确保其符合法律、道德和社会准则。

尽管如此,随着科技的不断进步,人机关系可能会在未来发生变化。例如,随着人工智能技术的发展,可能会出现更复杂、更智能的AI系统,它们能够学习和适应环境,具备更高级别的交互能力。这可能会促使人机关系向更加平等和互动性的方向发展。但在当前阶段,我们仍然要理解和接受AI机器人作为工具的本质,并在使用它们时保持理智和谨慎。

(五)当语境和语义的边界开始生成时,人类的“我”也在悄悄出现

人类自我意识和主观体验的产生,使得我们能够理解和解释世界,同时也为我们赋予了意图、欲望和情感等内在特质。

---

① BLUM B, BLUM L. A theoretical computer science perspective on consciousness[J].Journal of artificial intelligence and consciousness, 2021,8(1):1-42.

语境和语义是人类交流和理解的重要基础。语境是指文字、语言或沟通中的背景、环境和相关信息,它有助于我们解释和理解信息的含义。而语义则涉及词语、句子和表达方式的意义和解释。

人类的“我”是通过认知、情感和社会交互等多个维度形成的。我们通过自我意识和内省,能够意识到自己的存在和特征,以及与他人和环境的关系,逐渐建立起对自己和世界的理解与认知。这种自我认知和自我感知的出现,为我们的语境和语义提供了重要的参考和解释框架。

在语境和语义开始生成时,人类的“我”也会逐渐建立起来,并且它们相互影响和支持。在与 AI 机器人的交互中,我们需要充分考虑这些语境和语义的影响,并将其纳入交互和沟通中,以确保有效的交流和合作。

然而,对于 AI 机器人来说,它们缺乏自我意识和主观体验的能力。虽然它们可以处理信息、回答问题并模拟对话,但它们无法体验情感、感知自身或具备自主性。因此,在与 AI 机器人的交互中,我们需要谨记它们缺乏意识和情感,并始终将其作为工具进行使用。

随着技术的进步,人类“我”和 AI 机器人之间的界限和语境可能会变得更加模糊。但在当前阶段,我们仍然需要谨慎处理人类与 AI 机器人之间的交互,并根据不同的语境和场景对其进行适当的解读和理解。

(六)机器能产生“我”的意识吗?

目前的技术还无法使机器产生与人类相似的意识。人类的意识是非常复杂的,涉及大脑神经系统、认知能力、主观体验和情感等多个方面的综合作用。虽然人工智能在某些领域取得了显著进展,但对于意识这一复杂现象的理解和模拟仍然是一个巨大的挑战。

当前的 AI 技术,如深度学习和自然语言处理,主要侧重于模式识别、信息处理和决策推理等任务。虽然这些技术使得机器能够处理和回答问题,但它们并没有自我意识、主观体验或真正的主动性。机器只是根据预先编程的规则和算法进行工作,并不能真正产生自我意识。

对于机器是否能够产生意识,科学界存在不同的观点和争议。目前,尚未有确凿的证据表明机器可以具备与人类一样的意识。这涉及哲学上的“硬问题”,即如何解释和理解意识的本质。

虽然机器目前无法产生意识,但科学和技术的发展仍在不断推进。未来可能会有新的突破和发现,我们对于意识的理解也可能得到进一步深化。然而,使机器具有意识仍然是一个极其复杂和困难的问题,需要超越目前的技术和理论框架。

总而言之,在人机融合过程中,人类往往希望保持自己的独立性和主观性,不愿意被机器完全替代或取代。这就需要在技术设计和应用过程中考虑如何尊重和维护个体的自我认同和人格权益。另外,个体的自我意识和身份认同可能会影响人机融合智能的接受度和可行性。一些人可能会对与人工智能技术过于紧密地融合感到不安或抵触,担心自己会失去独立思考和自主决策的能力。这就需要在推进人机融合智能的过程中与用户进行充分的沟通,以消除误解和担忧。因此,"我是谁"问题对于人机融合智能的发展产生了制约。要实现持续的进步,需要兼顾技术发展和对个体价值的尊重,找到人机融合的平衡点,使人类能够真正从智能技术中受益,而不是被取代或剥夺自身的重要认知和决策能力。

四、结语

本研究深入探讨了人机融合智能领域中的"我是谁"问题,并阐明了该问题对该领域的发展所带来的制约。研究表明,人机融合智能的首要目标在于将人类与人工智能技术融合,以增强人类的认知和决策能力。然而,当前及未来,"我是谁"问题,涉及的是个体的自我意识和身份认同,作为一种人类特有的心理现象,限制了这一领域的发展。这个问题还深入分析了人类与机器在回答"我是谁"问题时所采用的不同方法。在人类视角下,这一问题牵涉自我认知、主观体验以及社会互动等因素,而在机器层面,通常是关于功能、任务以及当前状态的描述。尽管目前一些研究正在探索如何使机器模拟自我认知和身份认同,但机器的自我认知目前仍处于起步阶段,远未达到人类水平。

此外,在人机融合中,个体是由人类和机器组成的整体,这或许更强调了个体与机器之间的相互依存以及相互影响。尽管人类与机器之间的关系尚未形成真正意义上的"你和我"的关系,但随着技术的不断发展,未来的人机关系可能会呈现出更为复杂和深刻的特征。本研究还提出了一个至关重要的问题,即机器是否能够产生类似于人类的意识。目前的技术水平还不足以使机器具备与人类一致的意识,这依然是一项巨大的挑战。然而,随着科技的不断进步,这一问题可能在未来得到更深入的研究和讨论。

总之,本研究突出了"我是谁"问题对人机融合智能领域的影响,并凸显了技术发展与个体价值之间平衡的重要性。该议题涉及人机关系的演变以及技术与人类认知的交织,对于未来智能科技的发展具有深远的意义。

重构“谷登堡星汉”*

◎ 黄 旦**

摘要:现有的出版,无论其含义还是运作,均来自机械印刷。印刷出版作为现代出版方式,颠覆了传统知识的生产环境,改变了已有的宗教、政治和社会,形成了新的文明。不同时期的“出版”,都内含一种技术尺度和比率,出版史就是不同类型“出版”的历史。我们应该以这样的眼光来思考数字时代出版的重构和创新。

关键词:出版;重构;谷登堡星汉

一、“经过复制向公众发行”:出版的含义

对于出版,纯属外行,贪便查《辞海》算是补课。《辞海》中“出版”一条有如下解:将作品编辑加工后,经过复制向公众发行。狭义仅指书刊的出版,而且不包括印刷和发行。为了能容纳这一切,《辞海》为出版学画出一个几乎无所不包的圈圈:出版学是研究出版工作的规律及其社会作用、发展历史的科学。它以各类出版物和出版业为研究对象,探讨出版的性质、任务、功能、效益和经营管理等问题,把实际经验系统化、理论化。如此说来,前些天翻过的钱存训先生的《书于竹帛》,好像也可以归入出版学了?

《儒林外史》第八回(王观察穷途逢世好 娄公子故里遇贫交)中,蘧公孙偶然中得到了一本《高青丘集诗话》,后经祖父蘧太守指点,才知是一本“多年藏之大内,数十年来多少才人求见一面不能”的珍本。蘧公孙灵机一动:“此书既是天下没有第二本,何不竟将他缮写成帙,添了我的名字,刊刻起来,做一番大名?”主意既定,“竟去刻了起

---

* 本文原载于《现代出版》2020 年第 1 期,收入本书时有改动。

** 黄旦,复旦大学信息与传播研究中心主任,复旦大学新闻学院教授、博士生导师。

来”,原作者名字在上,自己以“补辑”为名,摆在下面。“刻毕,刷印了几百部,遍送亲戚朋友。”若按《辞海》的界定,这是否也可称为出版工作?

中国本无出版二字,出版是来自日语的原语汉字借词。① 故蘧公孙是“缮写成帙”,“刊刻起来”并“刷印”“遍送”,不是出版或发表。据吉少甫先生查证,叶德辉在《书林清话》中索考“刊刻”含义,遍检中国古代书籍,有“雕”“新雕”“刊”“新刊”“开板”“开造”“雕造”等及“随时行文之辞”者②,可不见“出版”。据查,在收词止于1840年的《辞源》中,亦无“出版”踪迹。③

“出版”主要是“谷登堡星汉”(麦克卢汉之语)的产物,否则也不可能有《辞海》所谓的“复制”和“向公众发行”。日语“出版”之意如何,不懂。英文的“publication”,当与“public”相关。印刷,恰是公共头脑的宏大的一体化过程④中至关重要的动力。“阅读公众”必定诞生于印刷技术,不可能产生于手抄或者雕版刷印。“印刷书本的出现之所以曾经是我们文化的一个关键转折点”,并不完全是因为那些以它为载体的内容(意识形态、消息、科学,等等),“而更多的是由于它透过其技术实质而实施的系统化之基础强制”⑤。哈罗德·拉弗就建议用“印刷文化”,来取代已有的“出版史”“书史”等各种不同叫法。因为在他看来,“印刷文化”比之其他的,更能体现出版意涵的精神。因为第一,这是一个通过印刷构建的“抽象世界”或意识(这让我们想起安德森的“想象的共同体”);第二,书籍生产与发行的产业关系;第三,来自阅读与信息管理的社会关系的一套惯常做法;第四,更广的交流学科当中的一个专业研究领域。⑥ 在这个意义上,称现代出版具备四个方面的标志:“其一,必须运用现代印刷技术,采用铅活字排版,大机器印制;其二,生产必须具有一定的规模;其三,必须采取现代经营管理手段;其四,也是现代出版必须具有的最重要的精神内涵,即出版者的主体意识,换言之,出版者必须具有一定的文化理想”⑦,应该是合适的。不过需要补充的是,除了现代意义上的“出版”,再无“出版”,如果我们认同“出版”与谷登堡的活字印刷相关联的话。

---

① 马西尼.现代汉语词汇的形成——十九世纪汉语外来词研究[M].黄河清,译.上海:汉语大词典出版社,1997:196.

② 吉少甫.“出版”考[J].出版发行研究,1989(3):55.

③ 马西尼.现代汉语词汇的形成——十九世纪汉语外来词研究[M].黄河清,译.上海:汉语大词典出版社,1997:196.

④ 塔尔德.传播与社会影响[M].何道宽,译,克拉克,编.北京:中国人民大学出版社,2005:246.

⑤ 波德里亚.消费社会[M].刘成富,金南刚,译.南京:南京大学出版社,2000:131-132.

⑥ 芬克尔斯坦,麦克利里.书史导论[M].何朝辉,译.北京:商务印书馆,2012:37.

⑦ 吴相.从印刷作坊到出版重镇[M].南宁:广西教育出版社,1999:小引3.

二、雨果的出版史:“建筑将被书摧毁!”

“沉默的克洛德副主教凝视了一会儿这宏伟的建筑,接着,伴随一声长叹,他左手指向圣母院,右手指着那本放在桌上的打开了的书,目光忧郁地在书上停留片刻之后便转向教堂,说:‘唉! 这一个将要把那一个消灭掉。’大的可以被小的打败,建筑物也能被书摧毁!”这段描写来自《巴黎圣母院》第五卷第一章。雨果说,这里面包含着两层含义:首先,“这是僧侣们面对新的代理者印刷术所产生的恐惧,这是站在谷登堡伟大的印刷品跟前的圣殿上的人们所产生的眩晕和恐慌”,“这意味着一种权力将要取代另一种权力”,“教堂将被印刷品所摧毁”。另一层意思属于“一种哲学观点。它预示着人类将不再用同样的材料,以同样的方式来书写他们的思想。因为人类的思想不仅在改变内容,同时也在改变其表现方式。哪怕是十分坚固持久的用石头书写的著作,也终将被用纸张印刷出来的更加坚固持久的著作所取代”。说白了就是:“印刷术要消灭建筑艺术。”爱森斯坦为此提供了进一步的证据:原本地处德国边陲的斯蓬海姆,远离一切政治经济文化中心,其修道院院长特里思姆斯的主要著作用机器印刷出版之后,它成了一个活跃的思想交流中心。院长的名声与日俱增,那些不能前来求见的,也和他通信交流。①

印刷术消灭的不只是“建筑”,还有手抄书行业。据说谷登堡时代的印刷所投资人约翰·塞斯特,曾携带着十来本印刷本《圣经》,到当时欧洲最大的巴黎大学城去寻找运气,期望能挣上一笔,未料面临的却是杀身之祸。当地手抄书行会见一个背着大批书的人到来,惊慌不已,立即报警,理由很充足,如此之多的珍贵书籍居然在一人之手,肯定是有魔鬼相助。好在塞斯特机灵,赶忙拔脚开溜,否则很可能就是卖书未成身先死。② 这意味着书本(或者说出版)中隐伏着一种技术尺度,此种技术效应虽然在观点和概念的层面上似乎看不见摸不着,却在持续无意识中产生更含蓄更具长效决定性的影响③,从而构成这一个要消灭那一个的景象。

雨果的“这一个消灭那一个”,为我们理解“出版”及其历史提供了一种新的启示。如果从人类文化史看,书籍历史经历了三个阶段:从口头到书写,从书写到印刷,从印刷品到用计算机打出来的文字内容。④那么,语言的产生、文字的发明以及印刷术的传

---

① 艾森斯坦.作为变革动因的印刷机:早期近代欧洲的传播与文化变革[M].何道宽,译.北京:北京大学出版社,2010:55.

② 艾森斯坦.作为变革动因的印刷机:早期近代欧洲的传播与文化变革[M].何道宽,译.北京:北京大学出版社,2010:29-30.

③ 波德里亚.消费社会[M].刘成富,金南刚,译.南京:南京大学出版社,2000:131-132.

④ 芬克尔斯坦,麦克利里.书史导论[M].何朝辉,译.北京:商务印书馆,2012:38.

播,它们当中的每一个都决定性地改变了社会的面貌,并迫使人类对自我和世界形成了全新的认识。① 其每一个阶段的背后,均矗立着不同的技术,它们的先后更替,既不可能是风平浪静的,也不可能是自然演化的。"新媒介的介入就是一个特殊的历史关头,尚锚定在为之提供社会交换稳定局面的老媒介上的生活方式,遭受到重新审查、挑战和捍卫",媒介的变革总是因此而变成充满戏剧性的社会事件。② 既是如此,出版史的追溯就需要慎之又慎。比如这些处于不同阶段的"出版"(竹帛、手抄、雕版、活字印刷等),究竟是一个随着另一个,还是一个消灭另一个?性质上是一个不同于另一个的"出版",还是都属于一根藤(什么藤?)上结的瓜而仅仅是量上的差异而已?是以印刷为基础的"出版"来观照并打通以往一切,还是要回到历史现场,梳理概括一个个不同的"出版"类型及其物质技术基础?这些问题既是历史的,又是现实的;如何看待历史,也就决定了如何看待现在——数字出版。

德布雷早就提醒,任何一个知识环境都围绕一个中央媒介构成("人文主义"社团由印刷车间构成、政教分离的知识界由学校构成、革命环境由政党构成等),由于一个文化环境对于身处其中的人来说是自然而然的,思想家们最不了解的就是他们的思想环境。③今天的我们思考出版,对此不能不有所警惕。

三、"全世界通用的新型艺术形式":印刷出版

印刷术形成"一个全世界通用的新型艺术形式",其时的人就生活在此种"色彩缤纷的技术意象和机械意象中","可是,人们对这样的象征却浑然不觉","就像乌龟对自己背甲上美丽的花纹是一无所知的"。④ 现在我们就从知识生产—出版的最重要功能,粗略看看这个"背甲上美丽的花纹"。

自然,印刷术最大的力量是复制,从而改变了书籍生产、发行和消费的条件,使知识以前所未有的广度和速度繁殖并扩散。⑤ 繁殖,便利了知识的获得,更重要的是促进了观点和思想的公开。传播媒介越是倾向于将社会中不同人的知识分开,该媒介就会支持越多的权威等级;传播媒介越是倾向于融合信息世界,媒介就会越鼓励平等的交往形式。⑥ 梅罗维茨的这个假设,在印刷媒介的知识生产中得到了充分证明。"书

① 库克里克.微粒社会[M].黄昆,夏柯,译.北京:中信出版集团,2018:前言XⅣ-XⅤ.

② CAROLYN M. When old technologies were new: thinking about electric communication in the late nineteenth century [M]. Oxford: Oxford University Press, 1988: 4-5.

③ 德布雷.普通媒介学教程[M].陈卫星,王杨,译.北京:清华大学出版社,2014:263.

④ 麦克卢汉.机器新娘——工业人的民俗[M].何道宽,译.北京:中国人民大学出版社,2004:4.

⑤ 艾森斯坦.作为变革动因的印刷机:早期近代欧洲的传播与文化变革[M].何道宽,译.北京:北京大学出版社,2010:102.

⑥ 梅罗维茨.消失的地域:电子媒介对社会行为的影响[M].肖志军,译.北京:清华大学出版社,2002:61.

籍、论战性的小册子、传单、论文、讽刺作品组成的洪流滚滚而来,到达了一个无法估量的地步。在50年的时间里,有30 000本书被印刷了1000册——这些书被投入了这样一个社会:在那之前,这里仅有少量的手抄作品,整个社会依赖于一套约定俗成的标准。在这个社会里也有过争论、分歧和多样性,但是在规模上和深度上,这些争论和印刷革命之后充斥整个社会的意见分歧的浪潮是根本无法相比的。"[①]数字时代所面临的,在谷登堡时代早就遭遇过。

所以,印刷术遭到人们反对的一个理由,就是其抹平人与人的差异,使人人都成为有知识的人。[②] 两个效应随之发生:其一,文字语词一旦被印刷化,任何人不借助同样的技术力量,就不可能对文本产生足够的影响。新技术不仅被用来传达批评:实际上新技术使批判的存在成为可能。[③] 政治运作方式因此改变,利用印刷这一"公共的书信"(塔尔德语),观点公开、思想辩驳和赢得舆论支持成为主要趋向。"使人如何参与公共事务的意义改变了。完全相同的点滴信息广泛流布,这就给互不相识的人提供了非个人化的纽带。"罗马和雅典的讲演人处在聚集的人中,今天的文人则处在分散的人中。[④]

其二,印刷术使文本有一种封闭空间的感觉:文本里的东西已经定论,业已完成。[⑤] 印刷出版具备了大众传播的特质,成为社会知识的生产中心,定点定量,向四处散发标准文本和内容。沃尔特·翁说,空间控制是印刷术压倒一切的目标。[⑥] 不过他的"空间控制",还仅是指印刷术对于语词的编排和固定。印刷术更大且影响更为深远的"空间控制",乃是其扩散能力。扩散就是"控制"——既成为知识和思想的源泉,同时又规范了思考的对象和内容。在18和19世纪,印刷术赋予智力一个新的定义——推崇客观和理性的思维,同时鼓励严肃、有序和具有逻辑性的公众话语。先后出现在欧洲和美国的理性时代和印刷文化并存,绝非偶然。[⑦] 传统的社群意义被削弱了,独自看书的阅读者来到前台。印刷革命最重要的结果是产生了一种接受思想力量的新型的公众[⑧],诞生了一个新型的人类[⑨]。只有活字印刷,才具有在国家的尺度上建

① 库克里克.微粒社会[M].黄昆,夏柯,译.北京:中信出版集团,2018:188-189.
② 翁.口语文化与书面文化:语词的技术化[M].何道宽,译.北京:北京大学出版社,2008:60.
③ 翁.口语文化与书面文化:语词的技术化[M].何道宽,译.北京:北京大学出版社,2008:60.
④ 艾森斯坦.作为变革动因的印刷机:早期近代欧洲的传播与文化变革[M].何道宽,译.北京:北京大学出版社,2010:78.
⑤ 翁.口语文化与书面文化:语词的技术化[M].何道宽,译.北京:北京大学出版社,2008:100.
⑥ 艾森斯坦.作为变革动因的印刷机:早期近代欧洲的传播与文化变革[M].何道宽,译.北京:北京大学出版社,2010:92.
⑦ 波兹曼.娱乐至死[M].章艳,译.桂林:广西师范大学出版社,2009:48.
⑧ 艾森斯坦.作为变革动因的印刷机:早期近代欧洲的传播与文化变革[M].何道宽,译.北京:北京大学出版社,2010:78,88.
⑨ 库克里克.微粒社会[M].黄昆,夏柯,译.北京:中信出版集团,2018:189.

立公众所必需的延伸能量或强度。① 出版从此与“公共性”发生了无法解脱的关联，“公共性”的范畴及其不断变化的作用模式也就成为书籍史研究的中心。②《辞海》中所谓“出版”是“向公众发行”，应该是在这样的意义上的。

印刷使文本固化、准确，不再如手抄本那样人手不一，更使得“出版”有了汇集、交融知识以及推动新知识生成的优势。“一旦旧文本汇聚到同一书房里，不同的思想体系和专门化的学科就可以结合起来。总之，针对相对稳定的图书市场而日益增加的图书为人们创造了条件，首先是有利于旧思想的结合，然后就能够产生新的思想体系”，复合性的思想活动不断激励许多知识的创造行为。最早的印刷作坊到后来的出版机构，吸引了各种才俊，促进了各种形式的联合行动，里面既有社交性质的活动也有思想性质的活动，激发出各种“杂交”的思想成果。这就改变了学者的关系，改变了思想体系的关系。③ 现在来看，讨论 19 世纪社会科学的产生，不能缺少了印刷术。

不仅如此，机械复制生产的印刷品数量大，需要轮班交替，“一旦在印刷文字中出现任何微小的解释、插入或文字错译都无法修补。印刷人从这种最初只是职业缺点或职业美德的‘批判精神’中提取了一种生计伦理和对历史的一种特有感悟”④，出版机构形成了运作的规则和要求，并因此而分出，成为一种具有特定功能和边界的社会系统。读者、作者的区别也因为出版而逐渐分明。一方面，图书生产的扩大，确立了新的书籍消费模式，增加的产量改变了个人购书的性质，也改变了读者的口味。⑤ 另一方面，个人的发明、发现和创造得到了承认，有名有姓的“发现”是印刷术以后才出现的现象。⑥ 所谓的“原创性”，尤其是“版权”问题，就是这个背景下的产物。有学者证明，在印刷术发明之前，文人还是一个新词。⑦

谷登堡时代的出版，就相当于交通。交通与车辆有关，离不开道路，不能没有周转的货物或人，需要建立标准、规则、线路和目的地，周期的安排和计划更是必不可少的。但交通又不能等同于车辆、道路、货物和线路。1998 年，一本名为《书史》的新刊物出现在书籍研究领域，其自称是关于“书面交流的全貌历史——手稿和印刷品以任何媒

---

① 麦克卢汉.谷登堡星汉璀璨：印刷文明的诞生[M].杨晨光，译.北京：北京理工大学出版社，2014：57.

② 巴比耶.阅读的运作：史学与问题论上的几点见解[M]//韩琦，米盖拉，编.中国和欧洲：印刷术与书籍史.北京：商务印书馆，2008：186.

③ 艾森斯坦.作为变革动因的印刷机：早期近代欧洲的传播与文化变革[M].何道宽，译.北京：北京大学出版社，2010：45.

④ 德布雷.普通媒介学教程[M].陈卫星，王杨，译.北京：清华大学出版社，2014：77-78.

⑤ 艾森斯坦.作为变革动因的印刷机：早期近代欧洲的传播与文化变革[M].何道宽，译.北京：北京大学出版社，2010：103.

⑥ 艾森斯坦.作为变革动因的印刷机：早期近代欧洲的传播与文化变革[M].何道宽，译.北京：北京大学出版社，2010：70-71.

⑦ 艾森斯坦.作为变革动因的印刷机：早期近代欧洲的传播与文化变革[M].何道宽，译.北京：北京大学出版社，2010：91.

体形式，包括书籍、报纸、杂志、手稿和一次性印刷品进行的制作、传播和使用……关于作者、出版、印刷、装帧艺术、版权、审查制度、销售和发行、图书馆、读写能力、文学批评、阅读习惯和读者反应的社会、文化和经济史”①。是否这就是全面姑且不论，但在一定程度上，其正道出了出版的复杂和多面（以此见，《辞海》“出版学”之界定如此泛泛，也是有因）。出版就是以一定物质技术条件为基础的“知识汇集、分流、传输和周转”。恰如迈克尔·温希普指出的，“书籍史的根本在于，将文献作为一种人类装置，作为孕育它的社会和文化力量母体的一部分，而非一种纯粹或抽象的、独立于历史文化之外的理念来理解”②。此种媒介学的视野，或许是今天思考出版所需要的。

四、数字出版：“谷登堡星汉”的重构

重构“星汉”，是麦克卢汉在《谷登堡星汉璀璨：印刷文明的诞生》中提出的，“因为新的电子时代的各种事件所构成的‘星汉’已经深深地渗入‘谷登堡星汉’之中。即使没有碰撞，这种意识形态和技术的并存也会让每个生活于现代的人感到创痛和紧张。我们最平凡和传统的态度似乎突然之间扭曲得可怕而古怪。我们所熟悉的体制和联系似乎偶尔变得险恶而有害”③。“重构”没有什么了不起，“谷登堡星汉”本就是由书写“星汉”重构而来。据温伯格的观点，中世纪的基础架构没有做好迎接“谷登堡”的准备工作，突然间面临着这样的问题：一是信息和新的知识太多了；二是出现了一种新的信息方式——所有之前沉默的人都发出了声音，只是因为他可以使用一台廉价的印刷机，由教会和贵族组成的等级制度遂陷入了困境。所有的一切突然变得可以比较了：人们可以相信哪一本书？可以驳倒哪些？依据哪些标准？直到几百年之后，此种信息和知识的过剩问题才被解决。新的机构，例如议院、大学、宗教团体出现了。在我看来，出版社—印刷资本主义，应该也是此种新机构的一员。他们各自为确立知识新格局担负起职责。不仅如此，一个概念变成了现实——“批判”。人要在过剩的思想里掌握主动权，为了得到一个有意义的评定，就必须“批判地”追问所有的意见。于是，笛卡尔的“我思故我在”使人在知识泛滥的喧闹躁动中找到了自己的立足点，人的自我认定及其形象重新确立。印刷术革命诞生了新出版，也促生了一个新型的人类。④

今天的我们正在经历另外一场媒体革命，经历一个全新的世界，我们再次需要一

① 芬克尔斯坦，麦克利里.书史导论[M].何朝辉，译.北京：商务印书馆，2012：37.

② 芬克尔斯坦，麦克利里.书史导论[M].何朝辉，译.北京：商务印书馆，2012：50.

③ 麦克卢汉.谷登堡星汉璀璨：印刷文明的诞生[M].杨晨光，译.北京：北京理工大学出版社，2014：411.

④ 温伯格.知识的边界[M].胡泳，高美，译.太原：山西人民出版社，2014：188-189.

种新的人类形象[1],再次需要重构一种新的“出版”,就像“谷登堡星汉”所发生过的那样。“这个新世界的轮廓将体现在三种革命上:第一种即差异革命。人将完全被差异化。第二种即智能革命。智能机器的大规模使用将导致知识、技术和经济机会重新分配,这种重新分配不仅仅发生在人与人之间,也发生在人与机器之间。从中受益的,主要是那些懂得如何与智能机器交流与合作的人。第三种即控制革命。微粒化过程将会使社会中的我们被重新分类、评价和比较——甚至被看透”[2],以往的一切似乎都不再奏效了。

戴维·温伯格著有一书,名叫《知识的边界》(*Too Big to Know*)。内中说,数字时代的知识形态,具有网络的属性。这不仅是指知识在网络里流动,而且知识就存在于网络,存在于商业、政府、媒体、博物馆、图书馆的互为作用以及人们沟通的想法中。知识在网络的涌动中出新,网络成为知识的母体,其边界就是知识的边界。网络无边,知识无疆。更重要的是,知识的权威和中心,是以“众人拾柴火焰高”的“众包”方式呈现的。“当知识变得网络化之后,房间里最聪明的那个人已经不是站在屋子前头给我们上课的那个人,也不是房间里所有人的群体智慧。房间里最聪明的人,是房间本身:是容纳了其中所有的人与思想,并把他们与外界相连的这个网。”随着知识体系的扩展,对世界的认识也必定越来越全面和透彻,我们一贯信以为真的规则——不断学习、发现并增加新的知识,“只是纸质时代知识的运行方式”。我们由此醒悟,“当发展、保存以及交流知识的媒介发生了改变”,知识(其生产及其形态)也必定发生改变。[3] 所有的一切,包括整个世界和人类,“只有在一种复制的网络中,在一种具有交互行为的网络中才是可以想象的”[4]。既然如此,印刷出版——由专人选择、编排,集中生产并“均质化细分的谷登堡方法论”[5],将不能适应“数字星球”的轨迹。这不是说不要专业“出版”,也不意味着“出版”不重要,而是“出版”的定位及其特征已非往昔,比如“复制”和“向公众发行”这两个要件,就大有疑问。

2019 年 10 月,封面传媒自主开发的人工智能小封的诗集《万物都相爱》,由四川文艺出版社出版。以“万物都相爱”命名,让人浮想联翩:人与机器浑然一体,创作、编辑、出版携手,知识网络化实就是人物同结网共行动。“山已不再是那座山”,围绕“谷登堡星汉”的作者、出版者、读者、作品、版权等,也都需要重新厘定。一个媒体研究专家说:“我们将不再追问,某人是否以及在多大程度上符合理想类型,我们追问的将是他的联系网络以及与其他个体的互动。关系将比类别更重要;灵活功能将比用途更重

① 库克里克.微粒社会[M].黄昆,夏柯,译.北京:中信出版集团,2018:188-189, 前言Ⅶ-Ⅷ,43,41.
② 库克里克.微粒社会[M].黄昆,夏柯,译.北京:中信出版集团,2018:前言Ⅶ-Ⅷ,43,41.
③ 温伯格.知识的边界[M].胡泳,高美,译.太原:山西人民出版社,2014:序言 11-12+7.
④ 库克里克.微粒社会[M].黄昆,夏柯,译.北京:中信出版集团,2018:43.
⑤ 麦克卢汉.谷登堡星汉璀璨:印刷文明的诞生[M].杨晨光,译.北京:北京理工大学出版社,2014:408.

要;过渡将比界线更重要;顺序将比等级更重要。”①以版次和线性为逻辑的“谷登堡”,与之不啻是圆凿方枘。

出版“星汉”的“创痛和紧张”,按雨果是“这一个消灭那一个”,依德布雷也可以是“这一个”唤醒“另一个”。无论如何,“我们什么也没有失去,只是所有的一切都改变了面貌”,关键是打算以什么样的“另一种方式重新开始”②。

① 库克里克.微粒社会[M].黄昆,夏柯,译.北京:中信出版集团,2018:41.

② 德布雷.媒介学引论[M].刘文玲,译,陈卫星,审译.北京:中国传媒大学出版社,2014:51.

编辑出版活动的媒介学透视*

◎ 陈卫星**

摘要：从符号学、传播学、历史学和人类学的交叉视角出发，透过符号生产、信息循环和文本形式的生成方式和生态结构，考察编辑出版活动的象征效力机制；对信息的生产和扩散所形成的各种文化权力追根溯源，并求证编辑出版活动的意义逻辑、媒介机制和社会化过程；归纳信息需求的路线坐标和信息传递的路径依赖。本文所提出的媒介化的信息生产及其传播机制的媒介学阐释，有助于我们在信息流变的当今语境下更深入地认知和评析以编辑出版活动为中介的信息传播正在经历的转型和挑战。

关键词：编辑出版；媒介学；文字；符号；文本

从专业定义出发，编辑是"对资料和已有的作品进行选择、整理和加工的社会文化活动"，出版是"对作品进行选择、编辑、复制，向公众传播的专业活动"。[①] 综合起来说，编辑出版是基于特定的信息介质或信息载体，对以文字和符号为基础的相关信息进行公开化编辑，予以出版，组织发行和促进推广，由此形成不断延伸的信息平台和产业领域，也培育一个不断探讨信息的内容制作和载体形式的发展演变的学科。今天面对电子文明的数字时代，传统意义上的学科命题和专业视域正在发生变化，不仅涉及信息生态的变化，也折射出传播情境的变迁，这促使我们借助媒介学提供的后视镜式的回溯来重新审视这一变化。

本文试图从符号学、传播学、历史学和人类学的交叉视角出发，为媒介化的信息生成方式及其传播机制提供一种媒介学的阐释。在文字信息的编辑活动中，视觉与文本之间的关系形成思维经验的线性模式。如果说经验是意识的媒介，当"现在"的意识

---

* 本文原载于《现代出版》2022 年第 4 期，收入本书时有改动。

** 陈卫星，中国传媒大学传播研究院教授、博士生导师。

① 编辑出版学名词审定委员会.编辑与出版学名词[M].北京：科学出版社，2022：2，5.

重新赋予“过去”的意义时，不仅让人们更易于认知历史经验如何铸就当时的期望，同时，也有助于我们透视过去和未来之间存有一种共生的关联，从而形成一个动态的、创造性的认识论跳板，帮助我们在信息流变的当今语境下更深入地认知和评析以编辑出版活动为中介的信息传播正在经历的转型和挑战。从我们的分析视角出发，本文所探讨的问题是：首先，着眼于从媒介学原理透视信息传播活动的意义逻辑，探讨作为编辑出版活动基础的文字符号能够建构什么样的社会关系。其次，分析编辑出版的行为主体和行业资源的关系结构，从媒介形式、技术环境和社会结构的媒介学图式中，理解媒介学的创新价值是形成聚合技术平台和社会配置的二元结构。再次，剖析媒介作为一种社会性的文化扩散和文化传递的实体结构，在强化知识的标准化的同时，伴随着丰富信息的人格化样式，而编辑出版活动的专业化活力在于开辟社会化的潜力和空间。

一、符号传播的媒介学定位

在人类文明史上，用视觉符号表现口头表达的声音和概念是文字产生的来源，“全部人类经验无一例外地都是一种以符号为媒介和支撑的诠释性结构”①。作为一种文明史的实物性载体，符号经历了从自然挪用到人工制作的演变过程。

人类最初的文化活动借助自然环境本身的符号载体功能。2017 年，考古学家在印度尼西亚发现刻有苏拉威西疣猪(Sulawesi warty pig)的壁画，距今约 45 000 年，它被认为是史前人类留下的最早的文化符号。② 早在 6 000 多年前甚至更早的历史时期，人类在西亚两河流域的苏美尔地区，用黏土烧制刻有各种象形符号的楔形字板，这几乎就是文明史上最早的信息文档。意大利旅行家在 1657 年最早发现楔形文字。到 2012 年，考古学界在土耳其挖掘到 24 000 份楔形字板，它们近乎雕塑品，却是人类社会最早的账单、税单和发票，等同于经济活动的票据的凭证。③ 从一开始，产生符号功能的信息媒介就是从社会经济发展的需求出发来建构实践关系的。用文字符号来把握世界，是推动人们以文字符号来记录并保存社会运行的信息轨迹。一方面，通过文字对事物的陈述，呈现事实或描述现实；另一方面，又通过语言文字的指向性，对社会行为产生归纳和指引的作用，打造人类社会主观能动的操作平台。一旦文字通过印刷形成社会的主要传播媒介，“通过文字创造出想象的现实，就能让大批互不相识的人有效合作”④。从阅读开始形成的受众圈，可以把趣味性的文学主题拓展到社会乃至

---

① 迪利.符号学基础：第六版[M].张祖建，译.北京：中国人民大学出版社，2012：6.

② 化石网.印尼苏拉威西岛这幅 4 万 5500 年前的疣猪壁画是世界上最古老的动物形艺术品[EB/OL].(2021-01-28)[2022-07-15].http://www.uua.cn/show-7-11428-1.html.

③ 默克斯基.焚毁书籍[M].韩玉，张远，林菲璜，译.北京：电子工业出版社，2016：16.

④ 赫拉利.人类简史[M].林俊宏，译.北京：中信出版社，2014：34.

更大的范围，衍生出各式各样的手稿、印刷品、书籍、报纸、期刊以及不定期出版物、非正式出版物等等。借助不同的物质载体、编码方式及流通模式，传播效应往往是从社会组合的同心圆结构开始，发酵社会的舆论心态，标点社会的心理指标。

媒介在记述事件的同时，也是在参与创造事件。从 17 世纪开始，在西欧出现以文学作者圈及其最核心的社会关系网构成的“文人共和国”，随后扩散为以文学沙龙和咖啡馆为起点的“公共领域”，是信息符号的增长和扩散在构造社会想象的弥散空间，一种物质性文本的增长催化了非物质性的想象，在被俘获的空间中生产标志社会心理层次的欲望、身份和价值观。“实际上，那时候的社会似乎根本没有那种在自由而平等的参与者之间进行的坦诚而公开的讨论，即尤尔根·哈贝马斯所谓的公共舆论。如果我们去研究语境或背景因素，比如新兴出版业的指数级增长、阅读活动和印刷文本传播带来的影响，那么理解公共领域的兴起就会变得更容易。”①事实上，是在印刷文本的流量被扩大的背景框架中，新的语言、话题、隐喻和想法的循环推进，逐渐导致话语的裂变和意识的创新，通过纸质媒体的信息周转创造新的社会关系，改变权力的运行方式或增加权力的支配模式。

自 15 世纪以来，以出版业为核心的编辑出版活动使得阅读的可能性和阅读的实践成为社会发展的重要变量。在 20 世纪中期，蜚声世界人文学界的法国年鉴学派第一代大师吕西安·费夫贺就聚焦印刷书，在《印刷书的诞生》一书中很关切地提出书籍的问世和发展所蕴含的历史使命问题：“究竟它满足了哪些需求？承担了怎样的角色？实现了或未能实现的目标有哪些？”②史学大师之所以要提出这样的问题，显然不只是着眼于编辑出版的技术发明，更好奇编辑出版活动的产业运作所牵引的意识流动，与此相应的观念演变又产生出什么样的传播效率，标志新的历史路标。从生产力革命启发生产关系革命的历史唯物主义视角来看，机械印刷在中世纪末期的文艺复兴初期获得发展机遇，结果是印刷文明所产生的权力分化效应，不仅把上帝和自然予以分离，同时也在人与自然、人与人之间进行信息剥离。公共机构和宗教传统的分离以及个体自由的社会化，逐渐孕育出社会意识的转折和革命，培育新的社会阶层，呼唤新的社会关系，从部落—集群走向民族—国家，正如传播学多伦多学派的麦克卢汉所说：“部落这一血亲家族形式由于印刷术的出现而爆裂，取而代之的是经过相似训练的个体组合而成的群体。民族主义到来时展示出群体命运和地位的一种强烈而新鲜的形象；民族主义的到来有赖于印刷术问世之前未曾有过的信息运动速度。”③换言之，文明变迁或社会演变的可能性离不开新媒介的介质的功能转换和效率提升，如接触性、

① 费罗内.启蒙观念史[M].马涛，曾允，译.北京：商务印书馆，2018：216.

② 马尔坦.印刷书的诞生[M].李鸿志，译.桂林：广西师范大学出版社，2006：3.

③ 麦克卢汉.理解媒介[M].何道宽，译.北京：商务印书馆，2001：225.

移动性和可塑性等等。

物质流动的社会史和信息流动的文明史的合流,才是文化史学者眼中的文化秩序的源头:“话语之秩序不可能脱离其时代的书籍形式。”①社会创新的时代议题始终离不开媒介的暗示或引导,当创新的互鉴意味着文化市场的边缘存在多样性的时候,文化市场的中心是最小公分母的同质文化,好比当下微信圈的互相模仿或信息茧房的层级效应。今天基于手机屏幕的碎片化阅读往往被质疑,因为不利于开放性的知识增长。从本身携带传播意图的既定立场、观察条件乃至趣味取向出发,被推送的各种信息几乎都会有一套模式化或个性化的分析逻辑和评判方式,甚至还有语调的出其不意和信息惊悚度的创意,从而达到收获流量的传播效果。

媒介学家总是把物质化形式的可能性作为问题的出发点:“思想只有通过物质化才能存在,只有通过流露才能持久。”②从 6 000 年前的楔形字板到 2 000 年前的竹简,从 15 世纪的印刷术到 20 世纪的互联网,从 20 世纪末的搜索引擎到今天日新月异的算法序列,文明史的演化趋势不仅是信息媒介的物质性平台的功能转换,也从信息的物质性呈现走向信息的虚拟性展演。媒介史的这种演化指向媒介学的逻辑重心,即信息的内容品质越来越倚重信息的形式结构,如果用德布雷的话来说,就是“让符号向痕迹靠拢,话语向过程靠拢,阐释向仪器靠拢,文本向资料靠拢,文字向书写靠拢,传播本身向传播途径(道路、运河、铁路)靠拢,口语向发声器官靠拢,记忆向存储器靠拢”③。简而言之,媒介的竞争效率与媒介所培育的感觉能力和知性能力有关,这就把媒介竞争引向媒介平台的功能和性能的竞争。

每一种新媒介的文化环境同时形成旧媒介的短路状态,新旧媒介的并列或重叠总会导致新一轮的不对称竞争。从表面上看,任何一个信息文本的文案处理过程,都可以被纳入媒介感知和媒介操作的实务;但实际上,不同时代、时期或历史节点的媒介工作者,需要从不同的经验流程和技术规范出发来进行信息媒介化的具体操作。从媒介关系出发,媒介学指明一种主观的视角如何基于一种客观化的界面、客体的再现功能规定主观性的意义范围。根据这一原理,我们可以理解印刷出版业当中书籍制作的不拘一格,不仅仅是依据功能指向、信息类型或读者类别,同时也可能在题材和风格上不断创新,让文本类型更具有多功能开发价值,让代码的符号性本身更具有接近性,比如说通过记录声音而形成的纸质书或直接还原客观世界视听信息的电子书,以及开本、纸型的差异或电子阅读器和电子墨水屏的性能,等等。借助媒体的传播活动,多少会存留人际传播的习惯。譬如,早在印刷文化刚刚问世的中世纪末期,机械性质的排版

---

① 夏蒂埃.书籍的秩序[M].吴泓缈,张璐,译.北京:商务印书馆,2013:26,88,2.

② 德布雷.普通媒介学教程[M].陈卫星,王杨,译.北京:清华大学出版社,2014:70.

③ 德布雷.媒介学宣言[M].黄春柳,译.南京:南京大学出版社,2016:48.

印刷就在改变口述文化的同时,又对其进行了记载和保留。今天全天候扩散的短视频和手机世界的数据库风靡一时不仅仅是对人际传播的还原,同时也是信息技术创新的附加值组合,英国学者约翰·汤普森就将其特点归纳为轻松访问的可接近性、更新能力的低成本、信息合成的规模效应、关键词的检索机制、可携带性的方便、可选择性的灵活、超链接的互文性景观和多媒体的相互穿插。①

如果说,所有的文化现象可以被理解为一个不断循环和更新的媒介系统、一种对客观世界的积累性或重复性的态度反应、一种心照不宣的默契再叠加一个价值评判的刻度,那么,我们对世界的感知和认识,事实上是通过媒介系统的信息代码的再现功能来完成的。在20世纪中期,信息论的问世逐步推演出媒介发展的另一条路径:"用香农-韦弗的术语来说,媒介的人性化趋势进化可以被描述为一场媒介从最小化的编码和最大化的解码向最大化的编码和最小化的解码靠近的运动。"②这就意味着,媒介的进化趋势是传播者编码的技术程序越来越复杂,而受众解码的接受步骤则越来越简便,看来"媒体的竞争是基于接受性能和成本的竞争"③。仅仅就性能而言,在时空界面上越来越方便接近的视听传播与文字传播相比有天然的竞争优势,视觉关系的接近性甚至可以简化信息组织的操作。但是,信息价值的社会等级还是通过社会关系的序列来确认的,好比最重要的事件认证是通过权威机构的正式文件的公开信息来确定的。特定历史时期/时刻的信息制度,规定信息生产和知识传播的性质,这包括信息编码、传播流程、接受方式和阐释文本的技术格式和组织过程的纵向结构。

媒介形态的发展演变,往往牵动着社会结构形式、经济增长比例和文化演变方式中的功能转换。而媒介学的视角是通过形而下的揭示和阐释来达到去观念化、去神圣化的效果,同时也试图为新的媒介载体的可持续性推广提炼一种抽象品质并归纳其心理动机,特别强调在信息传播过程中,要注意辨析其中的技术系统和意义结构的耦合机制:"印刷、视听、计算机文字,这些传递系统中的任何一个都被其使用者根据他们的价值和利益予以过滤、修补、改变。这是无可争议的。"④按照媒介学对中世纪末以来媒介发展线索的历史阶段的分期,可以把这里列出的印刷、视听和计算机文字视为三种不同的代表性媒介,每一次的技术创新不仅是制造历史事件、酝酿社会氛围,同时也是一个社会心理的重要转折,在描绘新的愿景的同时,不断推进并丰富个体读者、受众、网民连接外部世界的一元关系(metaconnection),不断修改社会关系的生产逻辑和组织逻辑,从而让未来世界的投射幻化为一个充满各种不同预测景观的万花筒。

---

① 汤普森.文化商人:21世纪的出版业[M].张志强,何平,姚小菲,译.南京:译林出版社,2016:264-267.

② 莱文森.人类历程回放:媒介进化论[M].邬建中,译.重庆:西南师范大学出版社,2017:8.

③ 陈卫星.新媒体的媒介学问题[J].南京社会科学,2016(2):114-122.

④ 德布雷.普通媒介学教程[M].陈卫星,王杨,译.北京:清华大学出版社,2014:77.

二、信息循环的媒介学路径

在20世纪80年代,法国著名学者贝尔纳·米涅及其学术团队就在传播政治学研究上取得了重要突破,尤其是聚焦信息和文化的工业化,着力分析出文化传播行业的产业经济学特征。到2000年,他把文化传播产业的运作模式分为五类:编辑模式,即基于市场预测的文化产品概念的创意设计;流模式,即以视听方式出现的连续播出所生产的娱乐和文化;写作模式,即自由撰稿人(可以类比今天的自媒体经营者)模式;程序化产品模式,包括各种软件包、家用软件和公共场所的传播技术设备及耗材;现场直播模式,各种表演、仪式和事件现场的直播和转播。[①] 通过历史性的观察和实证性的研究,这里的归纳勾勒出后工业化时代的经济活动的消费转向,为多元化形态的文化产业的合法化提供学术分析的基础架构。

编辑出版活动对应着出版业的市场形态,自然延伸出经济社会学的扇面结构。其中包含不同的行为主体和组织机构、类型和数量各不相同的力量和资源,以及运作过程中的各种竞争合作和回报,等等。英国学者迈克尔·巴斯卡尔认为,关于编辑出版在今后如何发展的学术研究可能有六大指向:"出版的公开性和体制性,进而解释是什么使得某件事被公之于众;作为一种媒介,出版所扮演的角色;各式各样的前人对出版的理解;各式各样的出版媒介形式;有关出版的各方面,如(金融)风险、出版内容和市场构成之间的关系;出版的历史以及当前它与数字媒体是如何共处的。"[②]这涉及出版业的市场环境的若干要素,比如说市场准入的制度设计、文化趣味的话语导向和知识框架的类型学、商业性和文化性的差异性评估、出版产业与宏观经济的关系结构、内容供给与市场周期的时差节奏、创作人力资源的组织和整合,以及编辑出版作为文化能动者的角色扮演,等等。

当代的编辑出版活动,正在经历两种博弈:一是要面对文本形式的变化。书籍形式和阅读实践会因为技术主导的体验差异而发生变化,甚至形成代际差异。在以往的阅读史经验中,就先后有过从卷轴到翻页、从纸版到电子、从无声到有声的变化。二是受众身份的变化,信息时代本身使得书籍信息所提供的机会成本价值相对被稀释。在信息只是量变因素的时代,书籍的内容因为持续时间长而显得经典,每每有人回顾漫长一生当中与一本书或几本书的幸会所留下的终身受益的佳话。而在信息成为社会生产力要素的产业化时代,信息的供需结构日新月异且常态化。因此,如何选择书籍,或者说如何进行阅读,就成为一种思想观念的泄露、一种批判视野的获得,或者抵御异

---

① MIÈGE BERNARD. Les industries du contenu face à l' ardre informationnel[M]. Grenoble: PUG, 2000:43 .

② 巴斯卡尔.内容为王[M].赵丹,梁嘉馨,译.北京:机械工业出版社,2017:Ⅻ.

化和消费主义的文化盾牌。当读者的社会实践活动在不时穿越社会心理学意义上的前台和后台时,其心理需求和身份认同是一个活动指标,由此提升书籍信息在储存、检索和传播方面的竞争效率,连接相互交叉的话题时尚和社区人群。

今天的出版业所追求的信息供给,无论是在产品种类还是印刷数量上,会有一种意味复杂的此起彼伏的增长态势,“一方面是‘可读空间’,即文本的物质和话语形式;另一方面是控制其‘现实化’之具体环境的空间,即各种阅读:阅读被理解为一系列具体实践和一系列诠释步骤”①。就前者而言,书籍的物质形式产生阅读信息界面的可接触性和可选择性;就后者来说,书籍的传播过程则提示阅读信息空间可以根据信息对象的定位产生组合变换,再现一种新的社会主体的身份认同。“一个文本通过印刷品而传播,并非一个中性的现象,而是造成一些读者共同体的形成。”②如果说16世纪的非拉丁文版《圣经》曾经在发生宗教分裂的欧美培育了新教徒,那么今天的阅读指南本身可能围绕着各种活动、工程和项目的光环或是以亚文化面目出现的消费热潮或心理痛点。

有史以来的信息环境不是一种单纯的物理空间,而是确定意义范围的一种社会生态。譬如,今天能见度较高的一个名词“社会面”即说明信息循环的意义就在于它本身所体现的社会编程:“历史上某一传播环境的具体成形是依托某些社会传播装置,在该装置内部完成的。这种空间的建设依靠的是由占有者、担保者、推荐者、联系人等各类人群组成的网络,并以该网络为基础。”③这差不多就是说,在信息产业中,内容制作的前提——观念的形成、意义的分类和组织的建构几乎是同步的,站位策略决定阐释结构,由此启动权力机制和管理程序。从行政规制出发的信息市场管理,手段和方式是一个表象,重点在于管理目的驱动的概念转移,产生一种对受众对象的意识的剥削,即基于信息表象的“非物质开发”(immaterial exploitation),培育新的信息市场和舆论市场。随着物质性社会福利的普遍提升,非物质贫困化(immaterial pauperization)逐渐成为传播议题相互竞争的动机,提升信息传播和编辑出版的活动热度。这样一来,通过信息生产的调适技巧和分配机制,把信息循环自觉纳入社会管理的媒介学环路。

信息循环可以被视为媒介现象的晶体化过程,这包括传播者的身份演绎、文本符号的象征权力、传播渠道的技术配置和话语实践的社会功能,恰恰是媒介技术的演变使得媒介学成为其来有自的命题,即针对以媒介为中心的物质对象的生成、生产和接受的过程进行分析。这一方面是符号形式和信息技术的流变,另一方面也是文化建构和知识扩散的版图。在社会实践的平台化逻辑中,这包括新受众的发现和培育、新媒

① 夏蒂埃.书籍的秩序[M].吴泓渺,张璐,译.北京:商务印书馆,2013:88.

② 韩琦.中国和欧洲:印刷术与书籍史[M].北京:商务印书馆,2008:203.

③ 德布雷.媒介学宣言[M].黄春柳,译.南京:南京大学出版社,2016:15-16.

介的载体和类型,以及新媒介链接的新界面。总之,是技术和文化的互动塑造社会意识导向和心理趋向,从而见证媒介的秩序如何校正或调适社会的秩序,重新建立媒介形式、技术环境和社会结构之间的媒介学图式。

媒介的技术创新意味着对既定权力结构的分化,因此具有创新性的工具发明能否得以推广,和特定历史时期的管理机制有关。在15世纪的欧洲南部和中部,人们开始迅速采用源于中国的印刷术,约翰·谷腾堡能够把印刷作坊从美因茨搬到斯特拉斯堡,马丁·路德以印刷企业家的身份推广新教观念,威廉·廷代尔躲在荷兰出版在颠覆性中充满美感的《圣经》英译本:这些传播现象之所以能够成为现实,是因为当时权力分散的行政管理对创新的态度更为友好。与此形成对比的是,西亚的奥斯曼帝国和南亚的莫卧儿王朝对印刷术的禁止长达三个世纪。① 20世纪早期的工业化时代开始逐渐涌现大众传播的组织模型和优化方式,各类信息的编辑出版成为一种管理需求和产业选项。从媒介学的物质性原理来说,"同一个文本,只要呈现形式大异其趣,就不再是'同一个'文本了。每种形式都有一套特定规范,每套规范都会根据自己的法则来区分作品并用不同方式将其与别的文本、体裁和艺术联系起来"②。从更早时期至20世纪的线装本到21世纪的电子书,如果我们回顾一下阅读载体的形式演变的历史进程,不难看出,信息传播的对象化是通过对主体性需求的定位和开发来推进知识增长和意识变化的,新的媒介形式总是指向新的社会人群,直到形成总体上是借助书籍提供的知识信息所打造的具有新社会阶层意识的"知识共同体"。

在20世纪中期,归纳过传播学的功能指标的拉斯韦尔提出了五个W,为什么要把传播者放在第一位?因为人类文明的发展动力就内含知识的民主化,即传播者容量的历时性扩大,这如同著名文化史学家罗伯特·达恩顿在21世纪早期所归纳的那样:"18世纪的文人共和国已转变为专业化的知识共和国,现在已经向业余爱好者开放——就'业余爱好者'这个词的最积极意义来说,它指的是普罗大众中的知识爱好者。"③从手抄本到印本书,从机械印刷到电子自媒体,有关书籍的媒介发生学的生成轨迹始终伴随着知识权力的建构和解构,即从具有垄断性质的管理模式逐渐过渡到自由流动的开放市场,进而言之,是通过对信息不对称的稀释来减小权力不对称的张力,激发信息市场的活力是现象,扩大社会空间的容量是结果。

在21世纪的今天,基于互联网的数据库的繁衍和超文本链接的延伸,信息传播模式几乎可以以实时的方式同时在时空两个维度展开,受众或网民在接收传播者的信息和评论者的意见的同时,又在对观点的构想和理解的尺度主动或被动地进行差异化的

---

① 里德利.创新的起源[M].王大鹏,张智慧,译.北京:机械工业出版社,2021:253.

② 夏蒂埃.书籍的秩序[M].吴泓渺,张璐,译.北京:商务印书馆,2013:2.

③ 达恩顿.阅读的未来[M].熊祥,译.北京:中信出版社,2011:11.

处理。当我们身处互联网时代,尤其是当下的流媒体季节,更多同时是网民的读者在传播实践中的行为选择本身决定着信息(包括书籍)的传播效力,信息的短平快成为一种竞争指标。比如说,今天的读者究竟是更加习惯于咨询纸版的《辞源》《辞海》类的工具书还是“百度”在线编辑的各类数字百科全书,这就不仅仅是一个信息供给的权威性问题,而是同时涉及信息的可接近性、信息的辨识度以及信息评估的丰富性和多元性等维度,并挑战意愿和知识之间的界限。与此同时,古典人文知识的价值评判成为话题,传统人文知识的信息扩散开始遭遇审视态度,以确定不同的心理距离和时间效率的结算等,信息的扩散自然会伴随着信息的阻击。

“一部书、一部手稿及一部印本的诞生,象征着知识从作者个人拥有的状态中脱离出来,最终进入读者手中。”①被编辑出版的印刷品实际上是穿越社会上不同知识和行动领域的媒介,既有符号属性,体现着一种标准化的认知方式,又具有技术属性,其本身的技术格式体现着一种特定的工艺水平:“正如内容往往都会拥有框架一样,一种内容也总是会伴随着某种模式。”②作为一种信息生产的模式,出版物的市场反应及其价值趋势自然被纳入投入—产出的产业经济学评估系统。当然,编辑出版活动与社会的互动总是凸显媒介社会化的新指向,引导受众的意识建构和身份变迁,尤其是庞大的教育系统的功能性需求,并通过出版物本身的印刷量、印制成本、库存管理、流通周期和市场可接近性折射出来。就组织推进信息传播活动而言,媒介学的创新价值提出了一个辩证法模型,即媒介本身是一个二元结构。一个是技术性手段的配置,即机体化的物质(matière organisée)③。要记录符号的表面,从物质操作的角度说,这包括书籍的呈现方式从最早的竹简、羊皮书到后来的布面烫金版、硬壳精装版、轻型口袋书,再演变为今天的电子书的各种版式,概括地说是平面印刷、载波信号或虚拟世界的解码程序所引导的各种信息被接受的方式,还包括信息内容的存量与增量的组合比例所暗示的市场半径,以及扩散手段的基础设施的管理和运营,譬如发行渠道和发行网络的层级性和流动性。这往往是通过技术主义的指标来体现乐观主义的愿望。另一个是组织性观念的配置,即有形化的组织(organisation matérialisée)所形成的社会装置,如知识观念体系、编辑出版制度、语言文体范式、信息推广仪式的创建和普及,而这些运作方式往往都与情境相适应,融入社会主体实践活动的组织性架构,体现文化主义的延续或历史主义的再现,即内容传播的模式和信息内容的框架不可分离。

---

① 周绍明.书籍的社会史[M].何朝晖,译.北京:北京大学出版社,2009:103.

② 巴斯卡尔.内容为王[M].赵丹,梁嘉馨,译.北京:机械工业出版社,2017:118.

③ DEBRAY RÈGIS. Histoire des quatre[M]//Les cahiers des médiologie 6. Paris: Gallimard, 1998:15.

三、文本形式的文化人类学

从大众传播活动的近代史来看,信息的编辑出版不是一个简单的市场化程序,也会借助人际传播的社会效应来形成一种信任委托机制,即最终以人际传播的可靠性作为传播心理的支撑物。如果说最有效的激情源自信仰的诱惑,那么情绪支撑的信任或热情驱动的皈依,总是会更有效地加速赞同的扩散。这就是为什么一直到15世纪,在繁华的意大利威尼斯街头,人工抄写的“手抄报”仍然比印刷的“报纸”具有更大的传播优势。当时人们认为印刷工坊出品的读物需要经受检查而滞后或变形,如果在信息事件现场采访当事人,通过现场笔录而获取的信息则是不胫而走的。① 在相当长的历史时段中,人们对人工信息的信任度高于机械方式生产的信息,尤其是在一个信息本身具有不定性或信息供给不具有饱和性的传播环境中,甚至至今还为可能扩散的谣言和流言预留一个非规则的传播空间。

人类发明的信息工具也可能是文化人类学的展台,以此为媒介来沟通人类社会和外部环境,为观念意识的发育开发技术资源。中国古代的四大发明扮演着文明使者的角色:“印本书,一个基于中国纸和印刷术发明的非凡产物,扩展了文字著作的受众和内容,使它们更易于迁移和传递,对受过教育的精英和社会大众更有用。”②根据20世纪的法国著名古人类学家和考古学家勒鲁瓦-古兰的分析,就人性的演变发展而言,人类制造工具和工具影响人类是一个问题的两个面向,即“一个发自内在环境的、逐渐攫取外在环境的运动”③。而在21世纪初期,西方学者在总结多伦多学派创始人哈罗德·英尼斯的传播思想时,就强调他从世俗社会的角度思考媒介提供的话语空间与社会管控的权力机制的重合:“随着垄断的发生,某种特定的媒介或许成为社会传播的唯一实在机构,从而也就完全控制了知识的特性与扩散。这种关乎人类心智的垄断机制不但能够不断加固自身的地位,更可从根本上左右社会关注,为世界赋予某些对自己有利的图景并维护社会权力结构的现状。”④简而言之,媒介是一种社会表象结构的外观方式和维护手段。

如果从文化人类学的角度来说,人工书写符号的出现为人类社会的主体性成长提供了一个操作平台。人类学家列维-斯特劳斯在20世纪前期在巴西亚马孙河流域进行田野考察,在其中一个只有浑浊而低沉的表音语言的印第安人部落南比夸那(Nam-

---

① 马尼奥.纸上威尼斯:16世纪威尼斯出版业如何改变了世界[M].李依臻,译.上海:文汇出版社,2019:238.

② 周绍明.书籍的社会史[M].何朝晖,译.北京:北京大学出版社,2009:4.

③ 斯蒂格勒.技术与时间:爱比米修斯的过失[M].裴程,译.上海:译林出版社,2000:70.

④ 卡茨,彼得斯,利比斯,等.媒介研究经典文本解读[M].常江,译.北京:北京大学出版社,2011:177.

bikwara)，他在给当地人颁发纸张和铅笔后，发现当地的酋长特别善于领会其符号性用途，用随机涂抹的波浪形线纹来和他进行似乎是心领神会的交流，或者是把被提问的问题的答案画在纸上，或者是用笔标示相互交换的物品并大声"念"出来。"列维-斯特劳斯意识到，那头目写下的涂鸦其实是有意义的，哪怕不是字面的意义。凭着直觉，这个头目了解到纸张、笔记本、笔和记号是包含力量的，而民族学的问答则犹如一种神秘的仪式。"①在这里，对文字符号的模仿性书写，是连接外部世界乃至控制与外部世界接触的方式。列维-斯特劳斯站在现代文明的角度，当然意识到文字书写所表达的信息权力的社会轨迹："书写文字可以说是一种人工记忆。书写文字的发展应该是使人类对自己的过去有更清楚的认识，因此而大大提高了人类组织安排目前与未来的能力。"②这里的田野实践，无疑是一种象征权力的模拟性平移。所以，这里的酋长借用装模作样的书写来表现自身的智识能力，和从自然环境中采集的装饰物的符号功能相比，抽象性质的线条符号似乎意味着更大的神秘和魅力，至少可以为酋长自身的象征权力增加新的砝码。

毫无疑问，每一种新媒介都在对人类的记忆建构和信息类别提供新的选项和合成方式，但任何一种新媒介本身都只不过是人类文明发展史上的一个阶段性选项。今天的人们很难想象，早在半个世纪前的1972年，麦克卢汉就基于媒介与环境的互动结构，提出了一个在书籍之外的信息编码的问题，认为这有可能成为未来社会传媒化的规定动作："书籍的未来提出了这样一个问题：人是否能够根据印刷书籍以外的其他文明模式来给自己的社会生活编程。毫无疑问，不借助书籍，没有文字素养的训练，人们也能够结成大规模的社群。"③当时没有互联网，麦克卢汉只是基于媒介的演化机制提出大胆的推测，这涉及内容载体的文本形式是可以变化的，从而使得文本变体和文本实现（即文本最后的形式）被纳入一个演化过程。半个世纪后，至少从人口学意义上的"90后"或"00后"这一社会群体开始，他们开始习惯二次元世界（今天改称元宇宙）并与之相互依存，成为新时代受众的媒介化行为的社会性标志的起点，从亚文化领域开始裂变出新的受众指称，如键盘侠、弹幕族等等。从中世纪的手抄本到后现代的触摸屏，媒介技术的线性发展似乎永远上演着知识的标准化和信息的人格化相互博弈的脚本。

的确，今天在分析一种社会性的文化建构的演变趋势时，不能够省略一种媒介考古学式的问题性和正当性。从几万年前的岩洞壁画到今天的虚拟世界，从历史学意义上的档案咨询出发，媒介学的悬疑始终针对文化扩散或文化传递的关系结构，包括如

---

① 威肯.实验室里的诗人：列维-施特劳斯.广州：新世纪出版社，2012：116.

② 斯特劳斯.忧郁的热带[M].王志明，译.北京：生活·读书·新知三联书店，2000：383.

③ 麦克卢汉.麦克卢汉如是说：理解我[M].何道宽，译.北京：中国人民大学出版社，2006：121.

何看待人机关系的分离和连接,如何评估技术对象的可能性和丰富性。如果说传播学通过内容组合有效地生产受众,那么媒介学就会进一步分析受众变迁的物质诱因和环境参数,即“象征有效性的路径和手段”①。换言之,一个信息的真确性不再取决于对其内容的研究,而是要正视其行动手段、表象系统和扩散方式。譬如今天的数字出版模式所营造的营销网络,这是一个基于连接、数据传输、链接方式的联系网,可以使得一本电子出版物在虚拟世界的超时空范围中瞬间被无限复制和分享。这至少产生三种后果,即降低信息生产的技术门槛,缩短信息竞争的市场周期,颠覆信息构成的形式规则,这就对信息文本的价值评判提出了一个严峻的挑战。只有那些同时具有探索性和包容性的文本,才有可能蕴含潜在的自我更新能力,从而成为能够经受时间挑战的经典文本,或者是提示不同时间性(temporalities)相互交叉的文本标签。

经典文本从何而来?根据文化史学者的历史总结,它包括文本循环五大环节:出版、制作、发行、接受和流传,同时受到四个“领域”的影响:思想影响,政治、法律和宗教,商业上的压力,社会行为和趣味。② 编辑出版的产业链结构之所以能够循环,不仅是作者、出版社、印刷厂、发行网、读者之间形成一种表面上的闭环结构,同时基于读者群体的市场反应使得有影响力和生命力的创意继续扩展,转换为新的信息,从而提高信息生产的共时性和流动性,把观念体系的贯穿效应转化为多元信息的动态竞争。这意味着文化产品的同质化与异质化不是一种零和博弈的关系,而是有主流和适位(niche)的同时并存。这种产业结构在当下面临的挑战和应对,印证着文化产品的包容性,因为“媒介学的方法或气质在于指出知识生活、物质生活与社会生活之间的交叉”③,正是这种交叉的相互竞争,使得编辑出版作为当代社会实践、经济生产和文化交流当中的必要构成部分,继续提升知识增长、产业转型和文化媒介化的复合指数的丰度和厚度。商品化模式的主题营销总是在制造对个体和群体的阅读需求的导向和路标,这其实也是一种市场波动的透视,由此表明专业化的编辑能力和社会化的阅读潜力的相互竞争。

从市场反应的速度效应来说,爆款产品之所以成为爆款是因为它能够满足瞬间的情感消费或情绪消费。而经典文本的传播效力源于其文本本身启动循环的能力,这种循环更多源自能够跨越时空的信息,也是判定一个社会群体的文化坐标的潜力和能力的参照系。“‘文化’这一术语的使用很关键:它所关注的并非百科全书、菜谱、实用指南,或那些只具有纯粹信息价值的东西;它来自一种给予文学、传记、学问——尤其是

---

① DEBRAY RÈGIS. Manifestes médiologiques[M]. Paris: Gallimard, 1994:16.

② 芬克尔斯坦,麦克利里.书史导论[M].何朝晖,译.北京:商务印书馆,2012:33.

③ 德布雷.媒介学宣言[M].黄春柳,译.南京:南京大学出版社,2016:18.

人文学科,以及任何具有潜在文化价值的东西的特权地位。”[1]价值的持久性和心理的怀旧感成为文本性信息的客观支持和主观寄托,并就此开发感知字典,扩充价值库存,支撑与未来进行对话的话语平台。编辑出版业的未来,必然是在技术革命的成本竞争、商业模式的市场激励和人文情怀的主体价值的相互竞争中寻求主动,至少求取平衡的中庸之道。

四、结语

专业知识的有效性,在于能够面对实践领域的新形态和新模式。与以往使用的文献数量、访谈信息、调查数据和统计资料相比,今天的数字信息的容量和体量每天都有巨量的增长。“‘信息’作为被传递的对象,在认知的意义上同‘知识’的意思是一样的。”[2]这就使得更新学科认知的问题域(la problématique)成为一种必要,驱动我们更新专业概念的观察视角,走出一种因为固定观察视角而形成的相对主义,从研究对象的纵向连续性和横向关联性出发,根据当下的专业语境重新回顾学科理论的基点,这是本文提出的媒介学视角的题中之意。

如果说媒介关系与社会关系等价,那么媒介与人的距离确定信息的渗透率;进一步推论,信息背后的观念机制及其实践方式亦是评估社会知性的参照系。德布雷在1980年发表其研究思想文化史的著作《抄写人》,其中就对在中世纪修道院誊抄《圣经》的经院学者的职能提出一种看法:“让社会思想的运行逻辑大白于天下,这有助于在思想事实和权威事实之间形成对应规则,更准确地说,是在传递或传播的事实与统治的事实之间形成一种透视。”[3]我们在本文中试图从符号生产、信息循环和文本形式的视角来考察编辑出版活动的象征效力,目的是对信息的生产和扩散所形成的各种文化权力进行追根溯源,求证信息传递及其所循环的信任委托所勾勒出的媒介学三角形,即信息需求的路线图为信息传递的合理化展开问题域的讨论空间的开放性。

---

① 芬克尔斯坦,麦克利里.书史导论[M].何朝晖,译.北京:商务印书馆,2012:195-196.

② 马克卢普.美国的知识生产与分配[M].孙耀君,译.北京:中国人民大学出版社,2007:12.

③ DEBRAY RÈGIS. Le Scribe[M]. Paris: Edition Grasset et Fasquelle, 1980:12.

作为知识的传播：传播研究的知识之维刍议*

◎ 刘海龙**

摘要：随着传播技术的发展，建立在大众传播基础上的传播概念及理论建构也面临着困境。为了应对未来的媒介变革，应该为传播研究及传播概念寻找更稳定的支点。知识作为人类传播的核心观念，存在一定稳定性。传播研究和知识社会学一起，也发轫于对人类知识的研究，只是由于美国传播学的学科化，二者渐行渐远。从近年来传播学与知识社会学的发展来看，二者在知识的起源、扩散及后果等领域又重新开始融合。提出“作为知识的传播”，将知识理解为建构意义与想象的知识、历史的知识、具有特定来源的知识、体现权力争夺的知识和媒介化的知识，有助于重建传播学与知识社会学的联系，打开双方的学术想象空间。

关键词：知识；传播研究；知识社会学

20世纪以前，出版是向整个社会传播知识的最有效手段，几乎可以同“大众传播”画等号。由于识字率较低，印刷、纸张成本较高，在相当长的时间里，出版往往和正式的知识传播联系在一起，甚至新兴的新闻行业，也用带有印刷出版观念的press表示。但是进入20世纪之后，随着媒介技术的发展、传播方式的丰富，电影、广播、电视等广播媒介(broadcasting media)普及，以及具有商业娱乐色彩的广电行业压倒出版行业，以电波通信形式存在的“信息”取代了“知识”，“大众传播”概念取代了“出版”概念。

时移世易，同样在技术和商业的推动下，今天以“信息”和“大众传播”为基础的传播，很可能在新一轮更剧烈的媒介技术革新中被新的观念和概念所取代。这一天已经

---

* 本文原载于《现代出版》2020年第4期，收入本书时有改动。
课题：国家社科基金重点项目“新媒体技术与网络民族主义研究”(17AXW011)。

** 刘海龙，中国人民大学新闻学院教授，中国人民大学新闻与社会发展研究中心新闻传播研究所所长。

出现在地平线上,我们如何在剧变之中为传播找到一个稳固的基础?

一、连续与断裂:大众传播理论建构的困境

2001年,美国传播学者 Steven H. Chaffee 和 Miriam J. Metzger 在《大众传播和社会》中发表了一篇颇有争议的文章《大众传播的终结?》,认为将大众传播媒介作为研究的核心已经过时,应该将重点转向一般的媒介,改"大众传播"为"媒介传播"。① 到2014年后,又有一批文章回过头重新检验评估这篇论文的观点,虽然肯定这篇文章提出的问题,但是均不接受其极端的立场。②

争论结果如何暂且不论,这篇论文提出了一个重要的问题:传播研究或大众传播研究关注的核心观念是什么?这里没有严格地区分传播研究与大众传播研究,因为在现有数字网络技术条件下,Chaffee 他们的文章里提到的这两种传播的界限正变得模糊,他们用"媒介"来替代"大众"正是为了回应这一现实——媒介这个概念更具有弹性。但是需要进一步讨论的是,"媒介传播"是否能一劳永逸地解决问题,"媒介"是否抓住了传播中永恒不变的东西?

连续与断裂是传播研究元理论的一个重要维度。所谓元理论,是关于理论的理论,其中一个重要内容就是理论建构的规则与逻辑。注重媒介的传播理论,一般来说更偏向于强调断裂。因为要观察媒介如何对社会产生深远影响,必须要在不连续性中才能做到。这也就是为什么不论是开辟媒介环境学的伊尼斯、麦克卢汉,还是晚近强调媒介决定作用的基特勒、德布雷都会考察较长时段,因为这样更易于对比不同媒介对社会所造成的差异性的影响。

与断裂相对的建构理论的方式,是强调连续性。比如"大众传播"概念的本意便是强调连续性。从报纸、杂志等出版产业一直到广播、电视、有线电视、卫星电视,虽然媒介在不断变化,但是作为一个产业化组织,集中地向一般大众提供信息的这一特征基本没有变化。③ 正如 Chaffee 等人意识到的那样,数字及网络技术打破了这一连续性,我们再无法以"大众传播"的概念概括大众媒体与新兴的数字网络媒体的共同性。他们提出"媒介传播"概念,目的是用"媒介"的共性重建理论的连续性。

但是问题在于,媒介本就是一个变动不居的对象。正如媒介理论学者所论述的那

---

① CHAFFEE S H, METZGER M J. The end of mass communication? [J]. Mass communication & society, 2001(4): 365-379.

② WEIMANN G, WEISS-BLATT N, et al. Reevaluating "the end of mass communicat ion?"[J]. Mass Communication and Society, 2014(6): 803-829。

③ TUROW J. Standpoint: on reconceptualizing "mass communication"[J]. Journal of broadcasting & electronic media, 1992(1): 105-110.

样，不同媒介造就不同的社会情境，如果把它们等而视之，要么导致忽略这些媒介的差异性，要么导致理论无法一以贯之。总之，以断裂的媒介概念来建立理论的连续性，不啻于刻舟求剑、缘木求鱼。

要寻找传播概念中的连续性因素，有三个维度可以考虑：连接、知识、权力。① 其中连接指的是通过媒介在人与人、人与物、物与物之间建立联系。这里所说的传播不限于信息的传播，也包括物的传递，如交通、物流、电力网络等基础设施，以及病毒等。近年来，以拉图尔的行动者网络为首，在原有的意义连接之外，增加了新的维度。权力指的是通过传播建立的关系中存在着不对称或不平等的一面，会形成某种从属或压迫关系。在批判理论的视野中，权力始终是核心问题。对于这两个维度，前人论述较多，本文重点论述知识这一维度。

二、当下传播研究中的知识概念

在传播研究中，知识并不是一个陌生的概念。哲学、(知识)社会学、人类学、管理学均对知识给出过不同的定义②，传统的传播研究基本是从心理学的角度定义知识的，即知识可以被视为大众传播所导致的认知的结果。

在知沟(knowledge gap)、创新扩散、政治传播及健康传播等领域，知识获取都是传播过程中的重要指标或变量。比如知沟理论将知识定义为对公共事务和科技新闻的知晓。这些知识是同质性的，即它们具有客观标准，应该为所有公民拥有。③ 其他几个领域对知识的定义大体类似，知识是对新信息的获得，具有客观的、可测量的定义，同时知识获得本身并没有太大意义，它只是一个中间过程，价值在于预测相关的态度或行为。因此，知识的维度在经验研究中被严重低估。

Michael X. Delli Carpini 和 Scott Keeter 的《美国人对政治知道多少及其为何重要》是比较早专门研究政治知识的专著。他们发现，虽然美国公众的平均学历有了较大提高，传播技术环境与社会环境使得政治信息更容易获得，但是公民的政治知识基本没有太大变化。④ 这本专著以政治知识为中心，但如果放到经验的政治传播的背景下，政治知识扮演的主要角色是政治态度和政治行为研究的跳板。这和 20 世纪 60 年代以来传播研究的认知转向有关。社会心理学领域发现，在传播对态度和行为的影响中有许多干扰因素，之后，其放弃过去的效果研究中直接研究行为和态度的部分，转而研

① 刘海龙.中国语境下“传播”概念的演变及意义[J].新闻与传播研究，2014(8)：114-120.

② 崔迪.媒介知识：传播学视野下的知识研究[M].上海：复旦大学出版社，2019：4-5.

③ 丁未.社会结构与媒介效果：“知沟”现象研究[M].上海：复旦大学出版社，2003：42.

④ DELLI CARPINI M X, KEETER S. What Americans know about politics and why it matters[M].New Haven: Yale University Press，1996.

究较少受既有态度及外部因素影响的认知领域。

从时间上看,哈罗德·伊尼斯是将知识置于传播研究核心位置的先驱。伊尼斯继承芝加哥学派的分析路径,将媒介放到更大的社会历史语境中分析。他明确地指出要关注“传播媒介对知识在时间和空间中传播产生的重要影响”①。比如口语传统“有利于传播媒介对于知识的性质、垄断和等级制度的形成”②,而以廉价纸张和印刷术为基础的技术则会消解传统的知识垄断。媒介会改变知识的分配形式,进而会影响权力对于时间和空间的管理,决定权力是否稳定。

伊尼斯开创了从媒介技术的角度讨论知识的新路径,但是他对于知识的理解还是比较简单的,基本上将它理解为系统的、正式的、客观的知识,并且承袭了启蒙时代培根所说的“知识就是权力”的观点,认为知识是构成权力的要件。在他看来,媒介并没有改变知识的性质,只是改变了知识在不同群体间的分配。所以这一对知识的定义基本上还是以现代社会体制下的知识定义理解过去的知识,这样就基本上把媒介和知识的变迁等同于出版的演化史。

这样一种倾向在历史学家彼得·伯克的《知识的社会史》中也有某种体现。所不同的是,伯克明确地将所考察的知识限定在西方学术知识上③,并且以这些知识的功能为参照,然后到历史中寻找那些与当下体系化知识具有相同功能的对应物。而这种正式知识的定义中最简单的就是印刷技术下的书籍,所以狄德罗主编的百科全书就成为伯克的知识社会史的中心,向上延伸到古登堡的印刷术,向下延伸到谷歌,知识史就被简化成了出版史。其实这个现象也有其学科传统,在伯克所在的历史领域里,知识史和书籍史、书籍阅读史常常被画上等号。④ 当然,随着年鉴学派的加入,书籍史、阅读史中知识的定义稍有改变,除了正式的知识外,也加入了底层大众文化的内容,比如达恩顿对于法国革命前的禁书和畅销书的研究。⑤

上述两个传统对知识的看法都存在不足,要么将知识边缘化为中介变量,要么将知识等同于正式的知识或其他概念。两者并没有从传播与知识本身出发,找到二者的内在联系,这导致传播研究与专门的知识研究呈现出鸡犬之声相闻,但彼此不相往来的状态。

但是这只是当下的状况。事实上,如果从历史看,传播研究与知识研究在很长一段时间里被认为是同一个领域,它们都是“关于知识的知识”,只是到了传播学关于知

① 伊尼斯.媒介的偏向[M].何道宽,译.北京:中国人民大学出版社,2003:27.

② 伊尼斯.媒介的偏向[M].何道宽,译.北京:中国人民大学出版社,2003:2.

③ 伯克.知识社会史(下卷)[M].汪一凡,赵博囡,译.杭州:浙江大学出版社,2016:6.

④ 戴联斌.从书籍史到阅读史:阅读史研究理论与方法[M].北京:新星出版社,2017.

⑤ 达恩顿.法国大革命前的畅销禁书[M].郑国强,译.上海:华东师范大学出版社,2012;达恩顿.旧制度时期的地下文学[M].刘军,译.北京:中国人民大学出版社,2012.

识的概念被信息及心理学概念替代后,传播学才和知识社会学渐行渐远。因此回到历史的分岔口,我们会发现,当时的选择在现在看来虽然有助于传播学另立门户、开宗立派,但却让传播学错失了与其他人文学科紧密合作的机会。

三、关于知识的知识

关于知识的研究源远流长。以西学为例,从古希腊时期,哲学家们就开始研究知识的性质,人如何能确定自己的知识。古希腊人将意见(opinion)和真知区别开来,前者具有主观性,变动不居,后者则固定作为知识的传播:传播研究的知识之维刍议①,因此柏拉图笔下的苏格拉底才孜孜以求作为终极真理的知识。这一传统一直延续到今天,就像伊尼斯那样,将知识看作客观的真理。今天的经济学及管理学对知识的定义基本也是如此。知识被放到了数据、信息、知识和智慧这样一个逐级上升的金字塔的上层,将知识作为系统化的数据与信息加以理解。彼得·伯克在《知识的社会史》里也如此定义,知识被视为比数据和信息更高级的东西。②

但是这一幻觉被尼采和马克思打破。尼采提出了作为隐喻的真理的概念。在他看来,最初的真理只是我们发明的隐喻,用来指代那些我们当时认为还算正确的知识。但是随着历史的推移,后来者逐渐忘记了这一隐喻的来源,弄假成真,将其作为真正的真理加以膜拜,误把一部分群体的真理当成了所有人的真理。③ 马克思和恩格斯也提出了类似的观点,只不过其"虚假意识"更明确地指向了统治阶级所制造的知识幻相。④ 这两个代表性的观点都将知识的起源问题作为研究的重点,这也影响到后来像知识社会学的主要建立者如舍勒⑤、曼海姆的观点,尤其是曼海姆在他的一系列著作中明确提出了任何知识都产生于特定群体并带有其视角的观点。⑥ 由于曼海姆在北美的知名度,关注知识的起源问题一度成为北美知识社会学的标签。

福柯则在尼采知识谱系学的传统之下,将知识与权力并置在一起,权力必须以一定的知识或话语存在,论证自己的合理性,所以权力不是压制性的,而是生产性的——它生产特定知识、规则、观念和道德,甚至生产主体。所以在福柯看来,知识是断裂的而不是连续的,它体现的是不同的治理方式和不同的权力。但是福柯所说的权力并不

---

① 柯林武德.历史的观念[M].何兆武,译.北京:商务印书馆,1997:52.

② 伯克.知识社会史(上卷)[M].陈志宏,王婉旎,译.杭州:浙江大学出版社,2016:12-13.

③ 斯平克斯.导读尼采[M].丁岩,译.重庆:重庆大学出版社,2014:40.

④ 马克思,恩格斯.马克思恩格斯选集(第4卷)[M].中共中央马克思恩格斯列宁斯大林著作编译局,译.北京:人民出版社,1995:726;马克思,恩格斯.马克思恩格斯选集(第1卷)[M].中共中央马克思恩格斯列宁斯大林著作编译局,译.北京:人民出版社,1995:65-66,72-73.

⑤ 舍勒.知识社会学问题[M].艾彦,译.南京:译林出版社,2012.

⑥ 曼海姆.意识形态与乌托邦[M].黎鸣,李书崇,译.北京:商务印书馆,2002.

是尼采或马克思所说的特定群体拥有的权力，或者说福柯并不关心知识的起源问题、知识与特定群体的联系，而更关心知识的运作，以及知识扩散、弥散、展开的效应。①在后现代主义者那里，像福柯这样通过知识批判当代西方文化的学者不在少数，德里达、德勒兹、利奥塔等皆把知识作为自己的中心议题。

法国学者布尔迪厄和拉图尔对知识的研究没有那么哲学化，他们选择了社会学路径，同时更关注传统的知识生产机构所产出的正式知识。但是这二者的议题和风格完全不同。布尔迪厄更重视高等学校中一般知识分子的知识生产，拉图尔更重视自然科学实验室的知识生产；布尔迪厄关注学术场域中外部因素对知识生产的影响，拉图尔关注的是人与非人构成的行动者网络在知识生产中发挥的重要作用。② 二者的差异还有许多，但是有一点是共同的，就是都认为貌似客观的学术生产其实都是由社会或文化建构的，其中充满着偶然因素的影响。

现象学及文化人类学虽然也强调知识起源问题，但是为知识问题提供了新的存在论的视角。比较有代表性的是伯格和卢克曼在《现实的社会建构》中取法许茨的现象学社会学所建构起的现象学社会学的知识社会学。③ 这一立场将知识社会学的关注重点由曼海姆讨论的政治意识形态，转向日常生活中的意义建构，清理了曼海姆理论中残存的客观主义。知识的客观主义常常认为研究者超然于社会与政治之外，将他人观点视为群体偏见，而忽略了研究者自身的偏见。这一矛盾也被称为"曼海姆悖论"。这个说法对曼海姆有些不公平，实际上他已经意识到这一点，用不同偏见的相互映现，以及知识分子不属于固定群体、漂浮于阶级之上这两个理由为自己开脱，认为知识分子可以摆脱意识形态影响，但是这一理论中所固有的真—假之辨常常让其陷于政治争议之中难以自拔。

现象学社会学受许茨"多重实在观"的影响，放弃了上述纠缠不清的客观知识标准，将研究重点放在人们在日常生活中如何建构社会现实的过程中。④ 这种相对主义的立场承认所有的意义建构均有其合理性，同时也否认了人可以直接达到客观真相的可能性。文化人类学则进一步发展了建构主义立场。

人类学早期的研究带有西方中心主义色彩，在研究原始文化过程中预设了野蛮与文明的二分法。但是随着20世纪初功能主义的兴起，这一区分的基础开始动摇。人

① 福柯.知识考古学[M].谢强，马月，译.北京：生活·读书·新知三联书店，1998；福柯.性经验史（增订版）[M].佘碧平，译.上海：上海人民出版社，2002.

② 布赫迪厄.学术人[M].李沅洳，译.台北：时报文化，2019；布迪厄.科学之科学与反观性：法兰西学院专题讲座（2000-2001学年）[M].陈圣生，涂释文，梁亚红，译.桂林：广西师范大学出版社，2006；拉图尔.科学在行动[M].刘文旋，郑开，译.北京：东方出版社，2005；拉图尔.实验室生活[M].张伯霖，刁小英，译.北京：东方出版社，2004；拉图尔.我们从未现代过[M].余晓岚，林文源，许全义，译.台北：群学出版有限公司，2012.

③ 伯格，卢克曼.现实的社会构建[M].吴肃然，译.北京：北京大学出版社，2019.

④ 许茨.社会实在问题[M].霍桂恒，译.杭州：浙江大学出版社，2011.

类学家发现原始社会具有与文明社会相同的结构。其后,结构主义人类学者列维-斯特劳斯也为知识的研究做出了巨大贡献。他在《野性的思维》中肯定了原始人类的知识与文明世界知识的同等地位,认为它们只不过是适用不同环境的产物,而没有高低之分。[①] 文化人类学家吉尔兹在“地方知识”的概念下,进一步发展了建构主义的知识观,为不同群体所特有的知识正名,认为它们与主流的或者以普世的面貌出现的知识具有同等地位。人类学家要理解这些知识,不能骄傲地从外来者的视角来评判,必须以内部视角,深入其文化脉络,进行“厚重地描述”,方能庶几接近本地人所共享的知识。[②]

当然,这些关于知识的探讨都着重于知识的意义或文化建构过程,但是除了拉图尔等少数学者外,其他人都忽视了媒介技术的影响。伊尼斯所开创的传统无疑值得重视;但是另一方面,伊尼斯的贡献似乎并未得到知识社会学研究领域的承认,除了这个理论本身由于初创显得粗糙外,也和知识社会学与传播学的相互隔阂有关。

四、从同根相系到形同陌路

如果抛开信息与媒介这样的概念,有人类伊始,就存在知识的生产、扩散及其影响。获得知识就是建构社会现实的过程。这个知识既包括正式的知识,也包括非正式的知识;既包括个体的知识,也包括公共的知识。除了获得关于现实的意义以外,对个人来说,知识还与行动相联系,是实践的依据之一。因此,本文所说的知识既是人类获得的关于外部世界和自我的意义,也是决策的根据。

和信息相比,知识在人类传播活动中的历史更加悠久。在相当长的时间里,知识社会学与传播学就被认为是来自于一个传统,是对交流内容、方式及后果的研究。例如 1940 年罗伯特·帕克的那篇开创性的论文《作为知识的新闻:知识社会学的一章》,从知识这一更为一般的角度讨论新闻的特征,他借用了威廉·詹姆士关于掌握的正式知识(knowledge about)与了解的非正式知识(acquaintance with)两种知识类型的划分来定位新闻,认为新闻处于这两种知识之间。在文章的结尾处,帕克提到了《伯罗奔尼撒战争史》的作者修昔底德,并引用 Elmer Davis 的评价,将修昔底德看作新闻记者。帕克认为像一些现实主义的作家如左拉、斯坦贝克,他们的作品亦具有明显的新闻特征。在帕克看来,新闻作为一种知识,未必是一个近代的产物,甚至未必局限

① 列维-斯特劳斯.野性的思维[M].李幼蒸,译.北京:中国人民大学出版社,2006.
② 格尔茨.地方知识:阐释人类学论文集[M].杨德睿,译.北京:商务印书馆,2016.

于报纸或通讯社这样的正式机构所发布的内容。① 因此我们可以说，把新闻作为知识的历史要比作为社会科学研究对象古老得多。

社会理论大师罗伯特·默顿也认为，传播研究与知识社会学源自于同一种学术旨趣，均关注社会结构与信息传递。所不同的是，传播研究是美国的变种，而知识社会学是欧洲的变种。作为一个既从事过知识社会学(确切地说是传统的科学知识社会学)研究，又参与过拉扎斯菲尔德主持的哥伦比亚大学社会研究所的经验传播研究的学者，默顿在他的《社会理论与社会结构》一书中将知识社会学与传播研究放在一个部分，并写了很长的导言来讨论二者的异同。(见表1)

表1　默顿对知识社会学与传播学异同的总结②

知识社会学	传播学
研究社会结构与信息传递	
欧洲变种	美国变种
总体论	经验论
追求重要	追求真实
知识的社会根源	公众信念的社会学研究
核心论题：(正式)知识	核心论题：公众意见
关注知识精英	关注大众
研究对象：知识(系统地联系在一起的事实和见解)	研究对象：信息(大众掌握的孤立的信息片断)
材料：不可靠的印象	材料：经验调查事实
车(理论)在马(材料)前，甚至无马	有马(材料)无车(理论)
长期的整体的问题	短期的孤立的问题

在他看来，美国对于知识的研究带有实用主义和经验主义的特征，关注普通人而不是知识精英的知识，所以和欧洲传统渐行渐远。与此同时，他认为欧洲的传统亦有不足，最明显的就是过于主观，不重视受众研究。所以他建议用美国传播学求诸经验事实的方法来解决欧洲知识社会学的研究问题。这一解决方案很像拉扎斯菲尔德在论述管理研究与批判研究之区别时提出的方案：用管理研究的方法解决批判研究的问题。③ 这两个方案看似"取长补短"，其实割裂了理论与方法的内在有机联系。理论和方法的二分法加上信息与知识的二分法，加剧了传播学与知识社会学的分裂，知识与传播在美国体制化的传播学科中渐行渐远。所以与其说默顿的方案解决了问题，不如

---

① ROBERTP E. News as a form of knowledge: a chapter in the sociology of knowledge[J]. American journal of sociology, 1940(5): 669-686.

② 默顿.社会理论与社会结构[M].唐少杰，齐心，译.南京：译林出版社，2006: 659-681.

③ LAZARSFELD P F. Remarks on administrative and critical communications research[J]. Studies in philosophy and social science, 1941(9): 2-16.

说他制造了更大的问题。

随着美国传播学的建立,以大众传播的效率问题为中心,形成了新的问题域。按默顿的评价,这一做法是有材料无理论,关注工具性的细节问题,忽略了对人的生存状态的关注。信息只是一个客观计量单位,无法让活生生的文化和实践向我们敞开。随着新媒体的涌现和传播形态的复合叠加,以传播者和大众媒介为中心的注重信息传输效率的传播研究逐渐捉襟见肘。而以知识为中心,传播研究可以超越具体传播技术,思接千载,将当下的传播放到漫长的人类文化与实践中考察,放到更开阔的人文社会科学的语境中理解,以凸显传播在社会中的核心作用。

五、知识与传播的交汇

所以,我们要为传播寻找一个新的支撑点,在“连接”与“权力”之外,“知识”是第三个支柱。要弥合默顿所描述的知识与传播间的裂缝,找到二者的连接点是重建传播的知识之维的关键。

在知识社会学中,知识的起源、扩散与后果是三个重要的主题,而这恰好能与传播的生产研究、效果研究建立联系。下面分别简述之。

(一)知识的来源

知识的来源问题是早期知识社会学的首要问题,尼采、马克思、涂尔干、韦伯、舍勒、曼海姆、阿尔都塞、伯格和卢克曼等均认为知识不是理所当然的,也不是现实的某种自然镜像,而是受到一定因素影响的,呈现倾向性的。但他们对于造成知识出现偏差的原因的解释存在不同意见:这些决定因素是社会的还是文化的?持前一种观点的学者如尼采、马克思、舍勒、曼海姆、阿尔图塞等认为,知识的倾向与特定群体的利益息息相关,知识是相关群体进行统治的工具。持后一种观点的如涂尔干、韦伯、伯格和卢克曼、格尔兹、萨林斯等则认为,这些知识是对现实的一种集体表征或者意义建构,它们的偏向不是由物质的、特定群体等因素造成的,而是由象征符号、文化、传播交流或者其他一些偶然因素导致的。[①] 前者偏向批判的研究,后者则偏向对文化的研究。

除了知识的基础外,知识与基础的关系也存在争议。一种观点认为二者的关系是因果关系,基础决定着知识的内容及形式。第二种观点认为知识是其基础的一种功能,知识存在的作用在于维护其基础的地位。第三种观点认为知识与基础是符号与意义的关系,知识是其基础的一种符号表征,其基础赋予知识以特定意义。第四种观点

① MCCARTHY E D. Knowledge as culture:a new sociolog y of knowledge[M].New York: Routledge,1996:12-23.

认为二者的联系是间接的、模糊的,很难发现一种明确的模式将二者联系在一起,其关系充满偶然性,只是从结果上看,知识与基础存在一致性。

在知识的来源问题中,传播的影响过去被提起过,尤其是文化建构论比较重视传播在私人知识转变为公共知识的过程中所扮演的角色。这是下面要谈到的知识的扩散问题的主要内容。但是对于媒介及物质对知识的影响,传统的知识社会学较少提及。直到海德格尔、伊尼斯、麦克卢汉之后,这一问题才逐渐得到重视。伊尼斯是第一个明确提出该议题的人,不过伊尼斯还不是标准的知识社会学阵营的学者,而且他所关注的只是知识的分配问题,而不涉及知识的性质问题。在知识社会学领域,拉图尔是比较明确地将非人的物和技术纳入知识的定义中的。他及其同事所建构的社会行动者网络理论放弃了社会和文化客观存在的观念,强调连接与组合先于社会与文化,并且把非人也作为制造连接的行动者,承认它们在知识的生产中所扮演的重要角色。① 类似的是,近年来一些研究者提出的"媒介知识"概念中也包含这样的内涵,承认媒介作为行动者在知识生产中的中介甚至决定作用。② 这些观点不仅认为媒介影响知识的分配,而且认为媒介影响知识的形式及内容。

在传播学研究中,经验的媒介生产研究(或者传统所谓"把关研究")明确地将大众传播内容(知识)的起源作为自己的研究对象,传播学界比较熟悉,这里不再展开。除了上面提到的伊尼斯开创的媒介技术对知识的影响研究外,传播政治经济学和文化研究也十分关注传播与知识的起源问题。传播政治经济学秉承经典马克思主义经济基础决定上层建筑的立场,认为经济上占统治地位的阶级最终会影响传播内容,并影响他们对世界的想象(即知识)。③ 互联网及平台媒体的兴起并没有改变这一基本判断,只不过权力的操控更加隐蔽,以免费、共享、参与等形式让大众既生产知识,又消费知识,接受双重剥削,并通过经济模式塑造他们接触的知识。今天微信、微博、短视频平台等即体现了这一特征。

文化研究更加注重权力对传播内容及文化环境的影响。经典文化研究认为,大众传播通过编码与解码等一系列隐形机制,将意识形态从传播者传送到接受者。为了这个过程平滑而自然,这个过程不是强制性的,而是以协商的方式,找到意识形态与受众知识之间的勾连之处,最终确立统治阶级对于文化的领导权。文化研究强调媒介在意识形态(即大众对于世界意义的想象的特殊知识)方面的重要中介作用,而不是后来一些文化民粹主义或修正主义所理解的受众具有自由解读的能力。大众传播除了塑

---

① 拉图尔.我们从未现代过[M].余晓岚,林文源,许全义,译.台北:群学出版有限公司,2012;LATOUR B. Reassembling the social: an introduction to actor-network-theory[M]. New York: Oxford University Press,2005.

② 崔迪.媒介知识:传播学视野下的知识研究[M].上海:复旦大学出版社,2019.

③ 莫斯可.传播政治经济学[M].胡春阳,黄红宇,姚建华,译.上海:上海译文出版社,2013.

造关于世界的知识外,还形成关于自我的知识,即后来文化研究所强调的身份问题。

通过以上简单回顾可以看出,知识社会学与传播学在知识的起源方面有诸多共同之处,存在充分的可以对话的空间。

(二)知识的扩散

知识扩散的问题是美国主流传播学效果研究中的传统话题,比如传播流研究、创新的扩散理论、知沟理论、议程设置理论以及使用—满足理论等。涉及传播与认知方面的效果研究基本都与这个问题有关。虽然侧重有所不同,但多数理论的主要观点认为大众传播在知识的扩散中起着重要作用。比较例外的是传播流研究和创新的扩散研究中的一部分理论,在承认大众传播在知识扩散方面的影响的同时,更强调人际传播在知识扩散中的过滤与同化机制。

除了经验研究外,传播政治经济学和文化研究也关注传媒经济体制、传播政策、传播模式等对知识及意识形态扩散的影响。

在知识社会学中,知识的扩散似乎不是一个热门话题,但是20世纪后半叶随着知识社会学对知识的进一步反思,关于这个话题的研究开始多起来。首先是科学社会学(sociology of science)的研究领域。库恩在他的《科学革命的结构》中谈到范式革命时,就认为范式的转换不是一个理所当然的过程,而是一个科学共同体的心理选择,这其中就涉及类似传播学所说的创新扩散的过程。[①]在其他从群体文化入手的知识社会学的研究中,如无形学院[②]、引证的研究[③],也关注了知识扩散的问题。

其次是批判的知识社会学研究。福柯在知识考古学或知识的谱系学中,少有地把对知识的关注从起源上转到了时空扩散过程中,回到断裂的关键点,细察其是如何突然发生并被接受和自然化的。[④] 深受福柯影响的萨义德也采取了类似的思路,探讨了东方主义的产生及其扩散过程。[⑤]

再次是历史研究中的思想史和社会史,文化史领域也有大量知识扩散的研究。[⑥]经典的观念史涉及观念在空间和时间的扩散,洛夫乔伊提出要进行跨文化的比较研

---

① 库恩.科学革命的结构[M].金吾伦,胡新和,译.北京:北京大学出版社,2004.

② 克兰.无形学院:知识在科学共同体中的扩散[M].刘珺珺,顾昕,王德禄,译.北京:华夏出版社,1988.

③ 例如:GRIFFITH B C, MULLINS N C. Coherent social groups in scientific change[J]. Science, 1972, 177(4053):959-964。

④ 福柯.知识考古学[M].谢强,马月,译.北京:生活·读书·新知三联书店,1998.

⑤ 萨义德.东方学[M].王宇根,译.北京:生活·读书·新知三联书店,2007.

⑥ 伯克.历史学与社会理论[M].姚朋,周玉鹏,胡秋红,译.上海:上海人民出版社,2010.

究,追踪观念在不同民族间的扩散。[①] 萨义德提出的理论旅行[②]、刘禾提出的跨语际实践[③],均从话语研究的角度落实了这一倡议。年鉴学派提倡的心态史、社会史、文化史在很多方面甚至可以和知识的研究画等号,历史学对于知识的扩散过程有特别的兴趣[④],比如前面提到的伯克的《知识的社会史》就专门关注了知识的储存及扩散过程。

最后,近年来还有一个传播学与社会学交叉的领域——社会记忆研究,也涉及知识的扩散过程。[⑤] 尽管小有区别,但社会记忆、集体记忆、文化记忆,均关注存在于日常交流中的而不是正式文献书写的历史,用于保存记忆的是活生生的表达[⑥],这一过程必然涉及知识在人群中的扩散。

从以上可看出,即使在传播研究比较擅长的知识扩散领域,知识社会学亦有大量高质量研究可为传播研究提供新的研究空间,近年来国内颇受关注的社会记忆研究已经反映出这种影响。

(三)知识的后果

传播的影响是经验传播研究和批判传播研究均关注的领域,经验学派的效果研究及文化研究都有大量经典的理论及成果,在任何一本传播理论教材里都可以找到大量例证,这里不再赘述。简单讨论一下知识社会学中有关知识后果的研究。

作为知识的传播:传播研究的知识之维刍议开创知识社会学研究新方向的社会建构论突破了实证主义的现实—观念符合论,认为现实是一个意义系统,它是由不同层次的知识建构而成的。通过典型化、体制化和正当化等不断地抽象,建立起一整套知识体系,从而将现实世界建构为一种客观秩序;反过来又通过"社会化"的过程,将上述知识内化为人的角色意识及身份意识,实现上述秩序。[⑦] 换句话说,知识既是原因也是结果,它把我们紧紧吸附于意义的网络之上。

关于社会记忆的研究,本质上也是知识研究。社会记忆是知识建构的结果,既有自上而下的"传统的发明"[⑧],也有自下而上的民间的或民间的记忆。当然,这一过程并不是一帆风顺的,其反映的是不同利益群体争夺与协商的结果。

---

① 洛夫乔伊.存在巨链[M].张传友,高秉江,译.北京:商务印书馆,2015.

② 萨义德.世界·文本·批评家[M].李自修,译.北京:生活·读书·新知三联书店,2009:401.

③ 刘禾.跨语际实践[M].宋伟杰,译.北京:生活·读书·新知三联书店,2002.

④ 伯克.法国史学革命:年鉴学派(1929-2014)[M].刘永华,译.北京:北京大学出版社,2016.

⑤ 李红涛.昨天的历史,今天的新闻——媒体记忆、集体认同与文化权威[J].当代传播,2013(5):18-21.

⑥ 哈布瓦赫.论集体记忆[M].毕然,郭金华,译.上海:上海人民出版社,2002.

⑦ 伯格,卢克曼.现实的社会构建[M].吴肃然,译.北京:北京大学出版社,2019.

⑧ 霍布斯鲍姆,兰格.传统的发明[M].顾杭,庞冠群,译.南京:译林出版社,2004.

六、结语：作为知识的传播

如果说在默顿区分传播研究与知识社会学的时代这二者有比较明显的差异的话，那么随着知识社会学从关注知识的来源问题逐渐转向现实的社会建构问题，从意识形态和专业的知识转向日常的知识，从非中介知识转向媒介知识，传播研究与知识社会学研究的界线已经逐渐变得模糊，用更一般的知识概念替代狭隘的信息概念便水到渠成。

通过前面的简单回顾，不难发现，其实知识的视角早已经渗透到传播研究之中，比如沉默的螺旋理论和第三人效果中，关于其意见气候的知识就影响了个人的态度及行动，尤其是第三人效果理论中，其将普通人关于他人传播效果的常识作为考察的内容，就涉及普通个体关于他人的知识，以及在此知识基础上的反思。这样一种被建构的知识，最后影响了人们的判断与行为。

框架理论也是一个关于媒介如何影响知识的理论。按照恩特曼的经典定义，架构是通过选择感知到的某个方面的现实，使其在文本中得到突出，让受众注意到对问题的某个定义、因果阐释、道德判断及解决方案。①

按照潘忠党的定义，架构是涉及人的知、言、行三个方面的重要过程，从更哲学的层面将框架理论与知识、公共性等概念联系在一起。

前面提到的媒介生产研究、文化研究中，也有大量关于知识的倾向性、意识形态的内容，其中有不少就直接来自知识社会学研究。

近年来，国内的新闻传播学者也开始从知识的维度尝试拓宽本学科的视域。比如黄旦的《耳目喉舌：旧知识与新交往》《媒介变革视野中的近代中国知识转型》②等研究就突破了就媒介谈传播的老路，将媒介与知识观念嫁接在一起，别开生面。

国内传播思想史研究也大量借鉴知识社会学的理论与方法。虽然传播思想史是思想史研究与传播研究的交叉地带，还不是对传播问题的直接研究，但是从知识的角度分析传播学术研究，也给传播研究带来了许多新的发现。③

因此重回知识的传统，不仅是解决传播理论内部困境的一种努力，也是对现实中两个领域已经融合部分的肯定。詹姆斯·凯瑞曾提出“作为文化的传播”，以消除经

---

① ENTMAN R M. Framing: toward clarification of a fractured paradigm[J]. Journal of communication, 1993(4): 51-58；潘忠党.架构分析：一个急需澄清的领域[J].传播与社会学刊，2006(1)：17-46.

② 黄旦.耳目喉舌：旧知识与新交往——基于戊戌变法前后报刊的考察[J].学术月刊，2012(11)：127-145；黄旦.媒介变革视野中的近代中国知识转型[J].中国社会科学，2019，277(1)：138-159+208.

③ 胡翼青.传播学科的奠定[M].北京：中国大百科全书出版社，2012；刘海龙.重访灰色地带[M].北京：北京大学出版社，2015。

验传播研究的盲点并解决其困境。[①] 但是这一充满田园牧歌气息的方案过于理想化,它强调了共同文化的建构,却忽略了传播中的权力问题。这里提出的“作为知识的传播”,不仅包括凯瑞所说的文化建构,还具有更丰富的内涵,“作为知识的传播”中的“知识”具体来说有如下内涵:

(一)建构意义与想象的知识

知识是我们建构世界、自我意义的基础。基于这一自我与世界的想象性关系,我们形成判断与行动。我们还通过对知识的分享,形成共同文化,产生共同体与身份认同。对于个人而言,这些知识是先在的,个体必须在被客观化的知识的约束下生存,但是个体又可以通过行动,不断诠释知识的意义,建构起新的知识。当新的知识通过传播被接受,由私人的知识转变成公共的知识,人与世界的新关系就被建立起来了。在这一遵守与重新建构的过程中,人与人之间复杂的传播与互动关系就成为我们要关注的问题。

(二)历史的知识

知识来自特定时空,有其谱系,要回到其历史语境才能理解知识的真正意涵。知识是如何跨越时间延续下去的?在这个过程中何时发生了断裂?是什么断裂?连续性与断裂性如何相互建构?为什么断裂会被误认为连续?连续又会被误识为断裂?不能抽象地谈论某一特定知识,必须通过知识考古方能对其做出更深刻的诠释。

(三)具有特定来源的知识

没有客观的知识,所有知识皆是对特定群体有效或是维护特定群体利益的。追溯知识的来源固然重要,更重要的是考察特定群体的知识如何被其他群体所认可,是什么机制导致知识的来源或服务对象被忽略的。此外,下列问题也值得关注:作为知识来源的特定群体具有什么特征?是什么构成了群体身份的基础,是阶层、国族、种族、性别、宗教、文化共同体还是其他?研究者如何辨识群体与知识的联系?如何对研究者所持的认识及角度保持反思?等等。

(四)体现权力争夺的知识

知识和特定群体的利益联系在一起,知识本身也会作为福柯所说的知识/权力这种复合体对个体构成压迫。但是这一知识并不会理所当然地被所有群体接受,围绕特

---

① 凯瑞.作为文化的传播[M].丁未,译.北京:中国人民大学出版社,2019.

定对象的知识及其正当性,人们存在分歧,对知识及其意义的争夺也体现了知识的重要性。

(五)媒介化的知识

在知识的生产、扩散、存储、接受、再生产等过程中,媒介或中介始终扮演着重要角色,这也是传统的知识社会学研究的盲点。当传播学与知识社会学融合时,传播学的媒介敏感会为知识社会学带来新的空间。首先知识是经过媒介技术中介的。最早意识到这个问题的是伊尼斯,前面已经探讨过。近年来温伯格提出的“网络化知识”的概念也强调技术对知识性质的深刻改变:分布式知识取代了集中式知识,被网络集结起来的集体智慧拥有更大潜力。① 除了技术的媒介外,语言、身体、空间、时间等都是知识的中介,维特根斯坦、海德格尔对语言的中介作用,本雅明、梅洛-庞蒂对身体感官的中介作用均有精彩论述。

质言之,将传播研究的核心关注从信息转换到知识,有利于超越变动不居的媒介技术,超越大众传播时代以来将传播概念建立在特定媒介上的做法,找到更稳定的一般人类观念作为传播研究的支点,同时实现学者们所呼吁的重建传播研究与人文学科的联系。反过来,将传播研究的观念引入知识的研究,也会为知识的研究提供新的思路。无论是“作为知识的传播”还是“作为传播的知识”,传播研究与知识研究的结合都打开了新的研究空间。

---

① 温伯格.知识的边界[M].胡泳,高美,译.太原:山西人民出版社,2014.

出版研究的媒介入射角：一种延伸学术想象力的路径*

◎ 胡翼青**

摘要：许多学者从传播和媒介技术变革的视角研究出版，但他们实体化的媒介观，使这项雄心勃勃的计划不断受挫。在出版研究的历史上，麦克卢汉从隐喻的媒介观入手，讨论了印刷术对视觉的延伸及其后果，给许多学者带来了重要的启发，媒介技术与主体的关系开始成为人们分析出版与阅读的一种视角。今天，媒介技术与主体的二元关系变得越来越复杂，两者间越来越多元化的相互作用提供了从媒介入射角思考出版问题的契机。也许对于出版研究而言，以媒介入射角来组织其知识体系是值得期待的理论前景。

关键词：出版研究；媒介技术；媒介入射角；媒介可供性

书籍是一种媒介，这种媒介长期形塑着人们对世界的认知，因此从传播和媒介技术变革的视角研究出版是再正常不过的了。然而吊诡的是，虽然编辑出版被放在新闻传播学一级学科的框架之中，但很少有从传播或媒介技术变革的视角研究出版的力作。这大概就是一种专业主义者的傲慢，作者和编辑的优越感和优先性是始终存在的，所以面向书籍传播的研究始终是第二位的。专业主义的傲慢带来的后果是显而易见的，规范性的研究由此替代了探索性的研究，对出版业该怎么做的兴趣超越了回答出版业是一种什么样的存在的兴趣，出版研究的经院化和内卷化便不可避免。当然，这种问题并非出版研究独有，新闻学研究是如此，文学研究亦是如此。解放这些规范性研究的想象力，恐怕必须重新回到书籍与社会的关系之中，也就是要回到书籍媒介的语境中去。

美国史学家罗伯特·达恩顿是较早建议从传播视角来研究阅读史的重要学者之

---

* 本文原载于《现代出版》2020 年第 6 期，收入本书时有改动。

** 胡翼青，南京大学新闻传播学院教授，博士生导师。

一,讨论出版的媒介视角不妨从他开始。

一、书籍史的传播视角及其缺憾

达恩顿是如此强调书籍史的传播视角的:“书籍史是一门重要的新学科,是一种用社会史和文化史的研究方法研究人类如何沟通和交流的学问。当然,这里说的沟通和交流是以印刷品为媒体的。这听上去很拗口,但这样是为了突出一个主题,即过去五百年里人们的想法和观念是怎样通过印刷品得到传播的,阅读又怎样反过来影响人们的思想和行为。”①他也多次提到类似的话题:“研究作家、读者,包括知识社会学的问题,都应该考虑跟传播与沟通有关的问题。”②“对书籍的研究必须看书籍同其他媒体的关系。这样的研究……最终要帮助我们理解的是,印刷是怎样塑造了人们对世界的认识。”③更进一步的是,达恩顿看到了印刷文本之外的东西,看到了出版背后的社会行动与社会关系,看到了出版背后的“物”的问题。他隐隐地感受到出版背后的物质性问题:“对《百科全书》的研究不应该只限于这本书的文字内容,还要把它当成一个有疤有眼的物理实体。”④在达恩顿那里,考察卖书的、印书的甚至是走私书的,都对建构书的传播问题以及书籍史意义重大。这绝对是很有见地的想法,其实已经接触到了我们今天所说的传播学的媒介视角。然而,达恩顿是出于社会史和文化史的研究才开始强调传播的物质性和重要性的,他是否真的理解从传播视角研究出版的重要性是存疑的,即使他真的理解其重要性,恐怕也很难从传播学的视角进入书籍史的研究。就从他把书籍传播理解为作者、出版商、印刷商、运输商、书商和读者这么一个传播的闭环,⑤就可以看出他的传播观是非常传统的,并不是真正围绕媒介的物质性展开的,而是围绕“5W”展开的。此外,作为一个文化史和社会史的研究者,达恩顿仍然摆脱不了内容对他的困扰。在一篇书评性的文章中,他指出:“所有经典作品的通病,即把话说得太到顶了。如果一本书写得太好,会让人觉得它把这个话题都说完了,别人没话可说了,如此一来,这本书也就会被人敬而远之了,束之高阁,它讨论过的话题也就没人再去碰了。”⑥

然而,经典之所以从来不会被束之高阁,有时真的不是因为其内容,而仅仅是因为它是“经典”。“经典”这一称号就是一种媒介,它及因它组织起来的社会意义而不是

① 达恩顿.拉莫莱特之吻:有关文化史的思考[M].萧知纬,译.上海:华东师范大学出版社,2011:85.

② 达恩顿.拉莫莱特之吻:有关文化史的思考[M].萧知纬,译.上海:华东师范大学出版社,2011:266.

③ 达恩顿.拉莫莱特之吻:有关文化史的思考[M].萧知纬,译.上海:华东师范大学出版社,2011:112.

④ 达恩顿.拉莫莱特之吻:有关文化史的思考[M].萧知纬,译.上海:华东师范大学出版社,2011:118-119.

⑤ 达恩顿.拉莫莱特之吻:有关文化史的思考[M].萧知纬,译.上海:华东师范大学出版社,2011:100-112.

⑥ 达恩顿.拉莫莱特之吻:有关文化史的思考[M].萧知纬,译.上海:华东师范大学出版社,2011:282.

它的内容本身就是媒介，本身就会激发阅读行为持续发生。由此可见，达恩顿所呼唤的传播视角，以及他本人过于老旧的媒介观，其实对研究书籍的社会意义尤其是书籍影响社会观念和社会行为的机制贡献有限。那么，我们到底需要一个什么样的媒介视角？

很显然，达恩顿所持的就是一种实体化的媒介观，这种媒介观视书籍为将作者、出版商、印刷商、运输商、书商和读者联结在一起的媒介。所以，虽然他的观点已经很超前，但他并没有真正实现革命性的突破，或者说他的革命仍然不够彻底。达恩顿的论点确实帮助阅读史研究发现了很多有趣的细节，纠正了很多常识性的错误，但他的贡献不是创新性和颠覆性的。由于传播观和媒介观的缺陷，他并没有像他宣称的那样对书籍生产过程的物质性和关系性开展研究，或者说他并没有开展这种研究的手段和知识。所以到了最后，达恩顿仍然是麦克卢汉批判的只重内容的研究者中的一员："印刷精确可重复的特性非常明显，结果反而被读写人忽略了，以为只是技术上的特质，并不重要，因而将注意力放在'内容'上，仿佛正在聆听作者说话。"①在 1962 年的麦克卢汉看来，媒介技术就是一种隐喻，它作为人体某些感官的延伸，会改变人们对社会和文化的认知："一旦新科技将一个或多个人类感官扩展到社会，感官比例的调整也会发生在文化里，就好比在旋律里加入新音符一样。文化感官比例发生改变，过去显而易见的可能变得晦暗不明，模糊出版研究的媒介入射角：一种延伸学术想象力的路径难辨的可能变得清楚明白。"②虽然这时的麦克卢汉还没有形成《理解媒介》中成熟的媒介观，但这种媒介观、传播观与达恩顿的起点大相径庭，因此他们看到的是完全不同的由书籍和出版所建构起来的世界。

麦克卢汉在《谷登堡星汉》一书中因其独特的媒介观而体现出的想象力显然对出版史的研究有很大的启发，更多相关研究不断问世。伊丽莎白·爱森斯坦在《作为变革动因的印刷机：早期近代欧洲的传播与文化变革》一书的前言中谈到了麦克卢汉对她的影响："我读到了马歇尔·麦克卢汉的《谷登堡星汉》。这位加拿大英语教授调笑广为人知的历史视角的失落，和美国史学界的扼腕叹息形成鲜明的对照。他宣告历史研究的过时，谷登堡时代的终结……麦克卢汉提到的一些变化很可能有助于对长期存在的问题做出更加令人满意的回答，至少能够帮助我们跳出循环论证和议而不决的窠臼。"因此，她决定沿着麦克卢汉指明的方向，做一些更为精确和实证的历史论证："麦克卢汉神谕式的宣示并不足以构成一个论证充分的出发点。首先要回答印刷术产生

① 麦克鲁汉.古腾堡星系[M].赖盈满，译.台北：猫头鹰出版社，2008：120.
② 麦克鲁汉.古腾堡星系[M].赖盈满，译.台北：猫头鹰出版社，2008：71.

的实际结果,我们才能够着手对其他问题进行探索。”①

爱森斯坦意识到用麦克卢汉的视角去证实印刷技术变革的历史是一件相当困难的事:“从手抄书到印刷书的变革所产生的重大影响所带来的问题,无论是间接演绎的结果带来的问题,抑或是难以估计、难以计量的问题,可能永远都难以克服。”②“描绘谷登堡的发明这一抽象概念的‘力量和效应’必然会遭遇许多困难。一方面,它似乎什么也没有改变;另一方面,它又似乎改变了一切。”③但她还是努力地做了非常出色的论证。总体来说,她较好地指证了印刷术对文艺复兴、新教扩散、地理大发现、科学兴起、个人主义与民族主义盛行等西方文明史上最重要的社会断裂所产生的重要推动作用。我们可以在此列举一二:“倘若印刷术到 16 世纪以后才出现,意大利的文艺复兴就可能像是 12 世纪所谓的‘原型人文主义’运动。如果是那样,文艺复兴运动就不是逐渐失去活力,而是迅速死亡——在兴旺之前就夭折了。”④“如果我们尊重事件发生的先后顺序,将印刷术的出现置于前面而新教的反叛置于后面,那么,与西方基督教世界分裂和混乱相关的一切问题就不会那么令人困惑了。”⑤以上这些论证虽然存在这样那样的问题,但总体上指向人类的现代性问题,也就是说印刷术在人类走向现代性社会的过程中无声地扮演了特别重要的角色。

然而,爱森斯坦著作中呈现的历史学的实证主义精神似乎与麦克卢汉隐喻式的媒介观格格不入。与达恩顿一样,爱森斯坦的媒介观也是实体主义的。在她的书中,印刷术就是一种客观存在的技术革命,因此她虽然也看到了印刷术对人精神世界的影响,比如标准化观念的盛行,但她并没有真正说明印刷术到底建构了什么,也说不清楚人类历史的现代性断裂到底与印刷术的问世是一种什么样的关系。“一旦爱森斯坦要去强调印刷术的积极作用,她马上就会面临上述一系列论证的挑战,而且从最严谨的因果关系判断来看,爱森斯坦所列举的大部分证据当然是成立的,但也有相当多的证据有因果倒置的嫌疑。由此可见,在处理因果关系的各个方面,爱森斯坦实难自圆其说,可以说深陷因果关系的陷阱之中。”⑥如果说笔者在 2014 年时只是认为,导致这一结果的原因是因果关系的解释并不适用于复杂的历史变迁,那么今天看来,更大的

① 爱森斯坦.作为变革动因的印刷机:早期近代欧洲的传播与文化变革[M].何道宽,译.北京:北京大学出版社,2010:前言 2.

② 爱森斯坦.作为变革动因的印刷机:早期近代欧洲的传播与文化变革[M].何道宽,译.北京:北京大学出版社,2010:6.

③ 爱森斯坦.作为变革动因的印刷机:早期近代欧洲的传播与文化变革[M].何道宽,译.北京:北京大学出版社,2010:19,185,280,前言 6.

④ 爱森斯坦.作为变革动因的印刷机:早期近代欧洲的传播与文化变革[M].何道宽,译.北京:北京大学出版社,2010:185.

⑤ 爱森斯坦.作为变革动因的印刷机:早期近代欧洲的传播与文化变革[M].何道宽,译.北京:北京大学出版社,2010:280.

⑥ 胡翼青,戎青.历史的想象力:处于因果陷阱中的《作为变革动因的印刷机》[J].国际新闻界,2014(4):20-31.

问题来自爱森斯坦和麦克卢汉在媒介观上的差别。许多优秀的历史学家都看到了需要从传播的角度去理解和思考出版与阅读的问题,并认为这种基于实体化媒介技术或媒介组织的传播视角会给这一研究领域带来认识论上的革命,然而由于无法打破媒介的实体主义观念,这种“新”想法并没有真正开创出一种新的研究范式。

二、媒介隐喻与印刷术研究的想象力

第一个真正打破媒介实体主义观念的当然是麦克卢汉,可惜的是麦克卢汉对于出版和阅读没有什么太大的兴趣,而且也没有打算在这一领域展开深入研究。虽然麦克卢汉成功地书写了《谷登堡星汉》这样的著作,但他其实并不推崇印刷术,甚至有点讨厌高度视觉化、个人主义和现代性的印刷文化。他与伊尼斯一样,多少有点怀念口头传统的文化方式。所以,麦克卢汉只是将印刷术的研究当作其媒介史的个案之一,进行了探针式的驻足,此后便对其兴味索然。当然,麦克卢汉的媒介史也不是真正意义上的实证主义的史学研究,而更像是隐喻意义上的媒介史,而且这种媒介史的隐喻据说深受天主教的影响。

虽然麦克卢汉对书面传统的兴趣有限,但他在分析印刷术时透露出的媒介观是特别重要的一种认识论。在这里,媒介指的首先不是它所承载的内容,而是它作为一种物质形式本身。长期以来,人们表面在关注媒介,实际上却是关注文本和内容。文本和内容当然很重要,但对于媒介本身的关注也很重要,而后者往往因为其无形无象而被忽略。在麦克卢汉看来,媒介完全可以不需要任何内容,但仍然深刻地影响着社会和个体。在《理解媒介》一书中,麦克卢汉神奇地列举了一种不带内容的媒介——电光:“电光是单纯的信息。它是一种不带讯息的媒介……这个传播媒介之所以未引起人们的注意,正是因为它没有‘内容’。”①其次,他讨论的也不是实体意义上的媒介组织或媒介技术,他讨论的是媒介技术的文化意义,这里的媒介是一种隐喻层面的概念。所以当麦克卢汉说到媒介即讯息时,他说的是媒介就像讯息一样;当他说媒介是人的延伸时,他说的是媒介就像是人体感官的延伸一样。媒介从来是无形无象的,但离开媒介,一切都不可能发生,离开或增加某种媒介的介入,社会和文化就会打破原有的平衡。与爱森斯坦不同,麦克卢汉即使讨论印刷术对人类社会的影响,他也并不特别喜欢讨论什么新教的发展,而更喜欢讨论印刷作为一种媒介,它到底延伸了人的何种感官尺度,这种尺度的延伸会带来一种什么样的不平衡。在《谷登堡星汉》一书中,他宣称自己的方法灵感来自实验医学:“人类器官机能无论受到抑制或加强,都必然产生

---

① 麦克卢汉.理解媒介:论人的延伸[M].何道宽,译.北京:商务印书馆,2000:34-35.

‘终止’‘完成’或重回均衡的驱力。西方文化先后经历文字和印刷两次‘扰动’,出现一系列演变与完成,而《谷登堡星汉》就在观察其间的历程。”①

麦克卢汉认为,印刷术极大地扩展了视觉的延伸,这一点绝对是手抄书所不能比拟的。在麦克卢汉看来,“相较于印刷文化,手抄文化是非常听觉、非常感官的。而这一点也意味着疏离中立的观察和手抄文化(古埃及、希腊或中国文化皆然)格格不入”②。这一点看上去很让人费解,但事实是在手抄文化时代,口语即大声朗读仍然占统治地位。“从苏美尔人最初的刻写板开始,书写文字的目的就是用来大声念出的,因为这些符号隐含有一种特殊的声音,这种声音仿佛就是它们的灵魂。”③“若说高声朗读是从书写文字发轫时就出现的规范,在伟大的古代图书馆里,阅读会是何种情景呢?……这些人肯定都是在隆隆嘈杂声中阅读的。”④印刷术之后的标准文本才带来了真正的默读,带来了与之相关的视觉文化:“西方小孩生活四周充满了抽象外显的视觉技术,这类技术假定时间和空间是单一而连续的,因果关系是环环相扣的动力因,事物都在单一平面上出现、移动,并且前发后联……对来自听觉世界的人而言,西方人确实冷若冰霜。”⑤如果反复认真阅读这句话,爱森斯坦就应当明白为什么她无法追随麦克卢汉了,英语语言文学系的教授根本就不承认因果关系的合法性,他的媒介史怎么可能在现实世界中被因果关系证明呢?视觉的延伸带来的结果,当然是原有感官平衡被打破:“印刷造成视觉成分独大,以至于均衡互动变得极为困难。”⑥顺着这种思路往下推进,失去感官平衡的西方文化便不得不受到麦克卢汉的各种抱怨:精神分裂、线性的时空观、标准化、同质化、个人主义盛行、科学与艺术的决裂、集权政府的兴起、民族主义甚嚣尘上。最后,这些现代性的特征被麦克卢汉归结为一点:现代性是个贬义词。为了抑制过于发达的视觉延伸,麦克卢汉特别乐意通过电子媒介口语系统的反击来平衡印刷文化。

麦克卢汉对印刷术和印刷人的分析,不管其立场、基调、结论及解决方案如何,都不重要。由于受限于自己的预设和逻辑,尤其是医学视角的逻辑,他可能只能得到这样的结论。他的追随者尼尔·波兹曼用了相似的视角,却得出了基调和情感完全不同的结论,这就说明了一切问题。无论是《娱乐至死》还是《童年的消逝》,波兹曼一直在对由印刷文化建立起来的社会秩序的逝去扼腕叹息,而对电子媒介建立的新社会环境表示不满。这就说明麦克卢汉也有自己的偏爱和立场,他所分析的也未必全面。不

① 麦克鲁汉.古腾堡星系[M].赖盈满,译.台北:猫头鹰出版社,2008:前言22.

② 麦克鲁汉.古腾堡星系[M].赖盈满,译.台北:猫头鹰出版社,2008:54.

③ 曼古埃尔.阅读史[M].吴昌杰,译.北京:商务印书馆,2014:55,53,209,212,100.

④ 曼古埃尔.阅读史[M].吴昌杰,译.北京:商务印书馆,2014:53.

⑤ 麦克鲁汉.古腾堡星系[M].赖盈满,译.台北:猫头鹰出版社,2008:42.

⑥ 麦克鲁汉.古腾堡星系[M].赖盈满,译.台北:猫头鹰出版社,2008:54.

过,麦克卢汉的媒介视角却不可不重视,它为延伸出版研究的学术想象力提供了重要启发。

基特勒对麦克卢汉的媒介观有着程度相近的推崇和不屑,这种辩证的张力使基特勒形成了自己关于印刷术的独特理论。说到基特勒对麦克卢汉的推崇,说的当然是他对麦克卢汉媒介观的高度赞赏。“重要出版研究的媒介入射角:一种延伸学术想象力的路径已不是信息,也不是在技术时代为所谓灵魂配备的信息或内容,而是(严格按照麦克卢汉的话来说)它们的电路,是感知的图示。”①但除了在认识论上的推崇外,基特勒对麦克卢汉的知识体系却没有半点认同:“基特勒依旧喜欢引用麦克卢汉,但很明显的是他认为麦克卢汉虽然发现了正确的问题却总是给出错误的解释。和麦克卢汉不同,基特勒认为并没有必要将所有媒介都挤向人类感觉器官的瓶颈。”②

利用麦克卢汉的视角,基特勒从福柯的问题切入他对技术的看法。福柯是个典型的历史断裂论者,而且他认为这种话语的断裂是天经地义的,不需要过多解释。基特勒赞同话语的断裂问题,他也指出,话语网络 1800 与话语网络 1900 是一种典型的话语断裂,而个中原因与电所带来的那场媒介革命息息相关。“福柯认为,知识型的改变既无规律也无原因,基特勒则断言这种改变与媒介的转变(至少是转变的媒介实践)有关。”③媒介革命分离了听说读写,甚至在其中每个环节都出现了机械化的现象,如打字机的出现让人的写作变得特别机械,写作的双手与写作的界面分隔了,于是人成了写作的工具而非主体,人在写字变成了字在写人。从这些分析当中可以看出,基特勒认为,相较于电子媒介时代,在印刷时代,人显得更像是语言的主体。而在电子时代,人完全是分裂的:“1880 年前后,光学、声学和书写的技术分流打破了谷登堡的书写垄断,……人们不再梦想以写作来彰显个性或者存留身体的印迹。文字的形式、差异和频率都简化为各种格式。”④与波兹曼一样,基特勒从麦克卢汉出发,走到了麦克卢汉观点的反面,虽然他们侧重的面向完全不同。波兹曼可能更倾向于对印刷时代的怀旧和依恋,而基特勒则是在人与媒介技术的关系问题上有着与麦克卢汉完全不同的观点。

三、出版研究的媒介入射角及其前景

虽然都是从媒介入射角出发,但麦克卢汉与基特勒的世界观是完全不同的。麦克

① 基特勒.留声机电影打字机[M].邢春丽,译.上海:复旦大学出版社,2017:前言 3,17.
② 温斯洛普-扬.基特勒论媒介[M].张昱辰,译.北京:中国传媒大学出版社,2019:147.
③ 温斯洛普-扬.基特勒论媒介[M].张昱辰,译.北京:中国传媒大学出版社,2019:76.
④ 基特勒.留声机电影打字机[M].邢春丽,译.上海:复旦大学出版社,2017:17.

卢汉将媒介看作人体的延伸,因此他是一个典型的人文主义者。那些指责麦克卢汉为技术决定论者的人,通常其观念根本下沉不到麦克卢汉的同等深度。然而,基特勒完全不同,基特勒的各种表述让人觉得他是在说人体是媒介的延伸,一副典型的反人文主义的面貌。就像他说的"机器不再像过去那样只是控制人的肌肉,还接管了人的中枢神经系统的官能。……所谓的'人'分裂成生理结构和信息技术"①。正如杰弗里·温斯洛普-扬评价的那样:"麦克卢汉是且一直是一个以人类为中心的思想家,他将媒介概念化为人身体的延伸","在基特勒看来,麦克卢汉对感官的了解要胜过他对电子学的了解,因此他会试图依据身体来思考技术而不是依据技术来思考身体"。②

当然,讨论出版研究的媒介视角恐怕也没有必要就在麦克卢汉或基特勒限定的框架里,技术与人之间的关系绝不仅仅是上述两种视角就可以概括的,技术与人之间通常是相互依存、你中有我和我中有你的。但是,有一种视角却是必须避免的,那就是将媒介看作一种实体,然后来谈它与主体的关系。这样思考问题的结果一定陷入两难,要么成为技术决定论者,要么否认技术在人类社会中扮演的重要角色。媒介技术像网络一样连接着各个结点,根本不该将其看成一种实体性且与人二元对立的力量。

关于这一点,爱森斯坦的痛苦和矛盾最有说服力,她在《作为变革动因的印刷机》一书的前言中宣称:"我的目的是丰富对历史的理解,而不是使之贫乏;我认为单一变数的解释与这样的宗旨格格不入。当技术革新的断言被吹嘘得过头时,历史的视角就难以维持了。这个道理千真万确。"③她这么说是为了与技术决定论撇清关系,但是她只要把印刷术当作一种客观存在的实体,只要把媒介技术与主体实践二元对立起来且强调技术的重要性,她就一定会被贴上技术决定论的标签。人和媒介技术当然不是二元对立的,应该是你中有我、我中有你的,是依据人体来看技术还是根据技术来看人体,都不应当抛弃两者的相互嵌入,尤其是隐喻意义上的相互嵌入。不突破二元对立的思考框架,我们对于媒介技术与人关系的思考必将是片面的。而突破二元框架之后,就会有很多有趣的视角,比如媒介化社会理论,比如行动者网络理论,又比如媒介可供性理论。

近些年来,对媒介可供性的热烈讨论提供了一种有趣的媒介入射角。可供性这个概念最早由生态心理学家吉布森提出,在1979年的著作《视知觉的生态学进路》一书中,吉布森指出:"环境的可供性是它提供(offer)给动物的东西,它准备(provide)或供应(furnish)的东西,无论好坏……它意味着动物与环境之间存在着互补性。"④这种强

① 基特勒.留声机电影打字机[M].邢春丽,译.上海:复旦大学出版社,2017:17.

② 温斯洛普-扬.基特勒论媒介[M].张昱辰,译.北京:中国传媒大学出版社,2019:147.

③ 爱森斯坦.作为变革动因的印刷机:早期近代欧洲的传播与文化变革[M].何道宽,译.北京:北京大学出版社,2010:前言6.

④ GIBSON J J. The ecological approach to visual perception[M].Boston:Houghton Mifflin Harcourt,1979:127.

调人与环境相互作用的理论展现了这样一种认识论的视角："一方面，可供性指那些与人类有关的以及人类赖以生存的自然资源的性质；另一方面，这种性质只有通过与特定生命体相互关联才能体现。"①2003 年，这一概念延展到了传播研究领域，用以说明媒介技术的可能性与人的使用共同创造了媒介实践。一方面，媒介技术具有建构环境并容纳或限定人类实践的能力；另一方面，人类的具体实践又不断建构着媒介技术的可能性。这一理论表面上看也没有摆脱技术与人的二元对立，但其实却通过独特的方式实现了两者的一体化。在可供性的视野中，物质与身体、技术与意识有着多重向度的交互，而并不是简单的技术决定论或主体决定论。

对于印刷术而言，它具有创造围绕这种技术而组织起来的环境的能力，这种能力既是在建构又是在限定作者、传播者与读者的实践，而人的创作行为、阅读行为和社会实践则在很大程度上开发了这种技术的潜能，形塑了这种技术的开发与应用。当然，这种对于书籍的开发和应用未见得一定顺应着书籍所创造的那种显而易见的可能性，甚至还有可能走向问题的反面，因此从印刷术、书籍与主体实践等多重向度交互中，出版研究的丰富性得以彰显。

曼古埃尔对阅读史的漫谈就部分体现出了媒介可供性的视角，因而提升了我们对阅读史的理解。在曼古埃尔看来，书这样一种媒介，提供了各种阅读实践的可能性，但终究是在阅读者的阅读实践中实现的。阅读必须有两个前提，一是通过书籍的可供性看到文字，二是通过先在知识来考量阅读的文字："说我们阅读——世界、书本、身体——是不够的。阅读的隐喻招来另一种隐喻，要求用在读者的图书馆外面，但同时也是在读者的身体里面的意象来加以解释，好让阅读的功能和我们其他的基本身体功能联结在一起。正如我们所见，阅读担任一种隐喻性的工具，但是，为了容易明白，它自己也必须透过隐喻来让大家认识。"②通过这样的实践，人与书籍便合而为一，各自成就和实现了对方的存在意义："无论读者如何将一本书弄成他们自己的，结果都是该书和读者合而为一。本身就是一本书的这个世界，被堪称这本世界之书中的一个字母的读者所吞没；如此一来就替阅读之无穷尽创造出一个循环的隐喻。我们即我们所阅读的东西。"③

更进一步，从可供性视角出发，以往的出版研究，比如对专业出版机构及其从业者的研究反而成为被批判的对象，因为其利用出版的生产流程与技术特征在实践中建立起来的关于阅读的权威意见，已经成为一种规训和权力，成为自由阅读的敌人，他们在专业主义的自我建构中建立了阅读的阶级秩序。"先前的权威人士——翻译者、注释

① 延森.媒介融合：网络传播、大众传播和人际传播的三重维度[M].刘君，译.上海：复旦大学出版社，2019：79.

② 曼古埃尔.阅读史[M].吴昌杰，译.北京：商务印书馆，2014：209.

③ 曼古埃尔.阅读史[M].吴昌杰，译.北京：商务印书馆，2014：212.

者、注解者、评注者、编目者、文集编选者、检查官员、规范制造者——已经替著作建立起正式的价值层级,并将它们贴上不同的目的标签。”①不得不讲,以这种阅读哲学视角来进行出版研究,是具有想象力的。

当然,可供性只是媒介入射角的一束探照灯,但即便如此,该视角已经给我们的研究带来了很多启发,而媒介技术哲学或媒介社会学的诸多视角则可能会带来更多惊喜。也许对于出版研究而言,以媒介入射角来组织其知识体系是一种值得期待的理论前景。

① 曼古埃尔.阅读史[M].吴昌杰,译.北京:商务印书馆,2014:100.

中文打字机与内部出版变革:媒介技术实践与媒介考古*

◎ 吴璟薇　高　山**

摘要:打字机的发明实现了机械时代的文字输入与出版之间的融合。从“文化技艺”的理论视野出发,基于相关史料挖掘分析中华人民共和国成立以来中文打字机的媒介技术实践,阐释这段鲜有关注的中文出版史。研究发现,中文打字机不仅改变了打字员的身体和媒介操作的关系,而且与其他技术物一同形成了单位的“内部出版”体系,构成有机互动的“媒介网络”。从媒介本体论意义看,中文打字机引发的内部出版变革背后,实则蕴含着技术对人的主体性的重新塑造。

关键词:文化技艺;中文打字机;内部出版;媒介网络;主体性

在媒介发展历程中,打字机作为一项具有变革意义的媒介技术,开创了书写的自动化时代并改变了社会出版的形态。麦克卢汉(Marshall McLuhan)直陈“打字机把写作和出版融为一体,造成了对待手写字和印刷字的全新的态度”①。基特勒(Friedrich Kittler)认为1900年前后出现的打字机彻底改变了人类社会“选择、储存和处理数据”的方式和能力。② 伴随着打字机在社会运用层面上的普及,人类的书写也从手写时代进入机械时代,由此产生的输入方式和打字技艺也带动着从排版、印刷到出版的整个媒介体系的变革。在西方,按键按照字母顺序排列的英文打字机开始在社会上普及,标准的打印取代了人工抄写,专职打字员也作为一种职业被固定下来。

---

*　本文原载于《现代出版》2022年第6期,收入本书时有改动。
课题:教育部人文社会科学研究青年基金项目“马克思主义媒介技术观研究”(项目编号:21YJC860022);清华大学自主科研项目“数字媒介技术视域下的新闻理论与实践探索”(项目编号:2019THZWJC57)。

**　吴璟薇,清华大学新闻与传播学院副教授;高山,清华大学新闻与传播学院2021级博士生。

① 麦克卢汉.理解媒介:论人的延伸[M].何道宽,译.南京:译林出版社,2019:316.

② 基特勒.留声机 电影 打字机[M].邢春丽,译.上海:复旦大学出版社,2017:17.

然而,打字机在中国的发展却走出了一条与西方完全不同的路径。英文打字机的键盘设计思路无法直接被嫁接到象形的中文文字上,并且常用汉字多达几千个。于是,大量技术人员开始开发中文打字机,创造出不同于英文打字机的中文字表与字盘。不同于英文打字机在西方社会中的普及运用,中文打字机由于字盘较大,输入法复杂,对输入技能的要求也比较高,并没有广泛投入日常使用,而是形成了一个更加专业化的职业队伍并为特定的组织机构服务。特别是从中华人民共和国成立到改革开放初期,各个工厂、单位、学校都普遍存在将文字从手写体转变为印刷体的需求。围绕打字机的媒介使用和操作,渐渐形成了小型的内部化的出版系统。

中国语境下的打字机经历着一种与西方完全不同的媒介技术与出版系统机械化变迁历程。通过对这段历史的重访,我们可以重新审视打字机在中国社会中的地位,尤其是在组织单位内部信息传播系统中的角色,并进一步探讨人与媒介、技术与文化、技术与组织之间的关系。因此,本研究从媒介考古的角度出发,结合对打字机的操作流程与维修说明的小册子、打字员的回忆性文章等历史资料,以及对老打字员进行访谈和博物馆调研等方式,探讨中华人民共和国成立后操作中文打字机作为一种文化技艺在组织单位内的媒介实践情况。

一、中文打字机与书写技术的变迁

中文打字机与照相技术结合产生了第一代手动照相排字机,是“告别铅与火”的第四代汉字激光照排系统的源头。然而,中文打字机从发明到消隐的历史,只有一百年左右的时间。在设计原理上,英文打字机是通过杠杆的方式,借助敲击字母按键带动铅字模抬出,再敲打墨带,最后在纸上留下文字。英文字母数量有限,故打字机的按键键盘也并没有太大。由于中英文语言构造的不同,英文打字机一个按键对应一个字母的这种设计,在有着上万个汉字的汉语面前显得束手无策。要仿照英文机械打字机解决汉字的打字问题,当时只能靠增加机械复杂性来实现。而从数十个字符铅字,增加到数千个汉字铅字,还要保留英文打字机那种金属连杆的轻巧设计是无法实现的。① 因此,机械的中文打字机一直携带着庞大的字盘,以笨重的模样示人,是名副其实的“机器”般的存在。同时,历史上对中文语言输入方式的探索也相当曲折,先后衍生出偏旁部首再组合、选取常用字、仿照电报编码等不同的“打(字)”法。直到 1940

① 许寿椿.汉字的技术性——机械化时代和信息化时代的比较[J].汉字文化,2009(2):80-84.

年左右,中国才逐步形成以常用字作为基础字盘、先选字而后打字的输入模式。①

不过,打字员这一职业出现得要更早些,可追溯至二十世纪二三十年代,当时上海、北京等地的市政和商贸工作中已开始雇佣少量的女打字员。但打字员真正形成规模并成为一种普遍的社会现象,是在中华人民共和国成立后。现有的研究分析指出,这虽然与妇女解放、积极投身社会主义建设有关,但主要还是新社会的需求。② 从中央到地方的党政机关、企事业单位,为处理各种公文,一般都设有打字室,配备字盘式的机械中文打字机,组织和单位也由此成为中文打字机应用的主要场所。文化学者马未都回忆说:"中文打字机远离我们不过一代人的时间。至少在我开始工作的年月里,几乎每一个像样的单位都有一个部门叫打字室……打字成为一门职业,单位的打字员都是领导信任的人。"③

这与打字机在西方的使用场景有很大不同。在西方,打字机的出现重新整合了印刷业的社会文化功能,同时革新了文学创作方式,凸显了"个体独立性"。诸多学者和文学家都拥有自己的打字机,他们雇佣打字员进行转录,让作品的问世和出版节奏加快,体现了打字机带来的"个体层面"的变革。麦克卢汉直陈:"打字机把写作和出版融为一体,造成了对待手写字和印刷字的全新的态度。"④但其仅关注到了打字机带来的自动化书写革命对社会出版的冲击,并未注意到中国语境下中文打字机所形塑的另一重出版变革的场景。20 世纪早期,中文打字机虽然为女性独立带来了新的职业机会,但中华人民共和国成立后,打字机的媒介实践更多地走向了介于"国家"和"个体"之间的"单位层面",无数打字员被机关单位、基层组织所聘用,纳入体制和事业编制。打字机的媒介实践与单位组织内部的行政文化紧密相连,其结果是直接触发了公文传输及内部出版的变革。

然而遗憾的是,当下有关中文打字机的研究,并未对这段历史给予特别多的关注。美国历史学者墨磊宁(Thomas S. Mullaney)所撰的 *The Chinese Typewriter:A History* 一书,聚焦打字机进入中国、适应汉字并将中国带入信息时代的历史,特别是从"技术语言"的角度论述了打字机如何让汉字得以保存,以及中文打字机如何区别于美式的打

---

① 综合墨磊宁《中文打字机历史》第 6—7 章谈及的字盘在 20 世纪 40 年代明快打印机的应用及 50 年代初期打字员改造字盘与打字运动的故事,墨磊宁认为中文打字机在 20 世纪 40 年代第一次实现了技术语言的现代性,这也跟字盘的输入模式有关,以及 30 年代是中文常用语研究发展的年代,开始编制《语体文应用字文汇》(陈鹤琴),故常用字盘的形成和流行要晚于此。综合以上资料,本研究初步推断中文字盘出现于 20 世纪 40 年代。

② 晓宁.打字机、办公室与女打字员[J].装饰,2012(11):48-50.

③ 马未都.旧物之打字机[EB/OL].(2018-10-29)[2022-06-28].https://baijiahao.baidu.com/s?id=16156482614 87365960&wfr=spider&for=pc.

④ 麦克卢汉.理解媒介:论人的延伸[M].何道宽,译.南京:译林出版社,2019:316.

字机、一步步地被发明和改造的过程[1]，是目前关于中文打字机研究的最为系统的一部著作。但在中国学界，对中文打字机的研究并不多，个别零散的论文也几乎都在延续墨磊宁的观点。例如，有的研究将中文打字机引发的社会效应归为打字职业教育的兴起、工商业办公效率的提高、女性职业和女性意识的崛起、信息检索方式的创新、汉字改革的社会讨论等五个方面，为从宏观视野审视早期中文打字机提供了参考。[2] 有的文章则反思了中文打字机的技术设计，通过对机械中文打字机的设计思维演进的剖析，提出机械中文打字机的设计模式并不适用于汉字的观点，而整个汉字圈在机械化发展的浪潮中，机械中文打字机看似承担了汉字机械化处理的一角，实则回避了更深层的技术语言问题。[3]

上述研究包括墨磊宁在内，均将焦点放在了 1949 年以前中文打字机的发明和应用情况，并未深入讨论中华人民共和国成立后打字机技术带来的变革及影响。此外，这些研究主要注重中文打字机的史料与史实描述，但是在如何理解新技术对出版和文化的影响方面，并未给出深入的理论阐释，更遑论深入打字机的媒介技术本身和操作原理去探寻人和机器之间的协作关系了，自然也就很难基于打字机引发的“内部出版”变化做出诠释与分析。

需要注意的是，按照媒介学者基特勒的观点，打字机的出现彻底改变了人类社会“选择、储存和处理数据”的方式和能力，即“打字机把书写变成了从有限的、排列规则的键盘上进行选择的动作……我们现在的文字要素是离散的，被空格分隔开来”[4]。基特勒将目光聚焦于打字机作为媒介如何改变人的思维、动作、记忆，技术的物质性如何影响人的处境、文化和社会。因此，我们对于中华人民共和国成立以来中文打字机历史的挖掘，也势必需要考虑其为语言、书写、印刷、出版、信息流通与传播等方面带来的连锁而深远的影响。同时，对打字机的分析也必须深入这一媒介的操作方式和运作流程中加以探究，即关注到打字机的键盘和部件、关注到使用打字机的人（即打字员），以及关注到打字机应用的具体环境和文化语境。

因此，本研究试图跳出以往中文打字机历史研究的思路，转向“文化技艺”理论来诠释打字机的媒介实践，弥合以往史料和史论之间的论述差距，并希望能在中文的历史语境中扩展打字机的技术操作链条，史论结合地审视出版技术、人、组织与文化之间的复杂关系。

---

① MULLANEY S. The Chinese typewriter: a history [M]. Cambridge: The MIT Press, 2017.

② 孟萌萌.近现代中文机械打字机的社会效应[J].新闻世界,2015(8):270-272.

③ 吴瑾欣.从机械打字到电子输入:国人对汉字机械化处理的早期探索[J].科学文化评论,2021(6):64-77.

④ 基特勒.留声机 电影 打字机[M].邢春丽,译.上海:复旦大学出版社,2017:17.

二、作为"文化技艺"的中文打字技术

"文化技艺"作为德国媒介理论谱系中的关键概念,注重从文化操作和实践的角度来理解技术,尝试用媒介分析替代话语分析,用技术和物质性维度取代文本维度。本文之所以选择"文化技艺"这一视角,在于其独到地搭建了一条思考技术和文化互动关系的理论路径,而中文打字机的操作与使用也是一种典型的"文化技艺"。"文化技艺"概念本身具有模糊性和多义性。较早关注打字机物质性的基特勒,从其《话语网络 1800/1900》中的"1800" 部分,到后来对古希腊的研究,形成了对"文化技艺"的理解——能够形成群体性差异、具有文化"培育性"的文化操作实践;这些操作实践本身以更加贴近身体体验的方式,培育了一种具有群体区分性的技艺。① 在基特勒眼中,古希腊的"技术物",诸如音乐、字母、算数、语言,皆可被称为"文化技艺"。这些技术的共同特征是一种泛在意义上的"非媒介",并强调非技术与人的身体的在场及参与;人和媒介统一在自然的文化经验中,且"先验"的技艺实践在前,而后才有了具体技艺的命名。这其中,人的身体和掌握的技术是一种"共在"的关系,接近于德布雷(Régis Debray)所言的"文化和技术通过知识的所有附加因素形成了不可分离的整体"②。有学者也认为,古希腊的文化技艺泛指自然意义上的媒介,媒介是无意识的存在,或是不为人所意识到的技术手段,媒介隐含在自然之中,只有当新的媒介技术重构人的经验之时,它才会被意识到。③ 基特勒意义上的文化技艺注重探讨技术的使用如何影响人的认知,技术如何建构人的主体性,并从本体论的视角来分析媒介在信息的存储、处理和运输上的作用。④

后续的学者在基特勒的基础上,进一步阐释了"文化技艺"的内涵,将其看作"一种运作性链条,存在于人与物的关联方式之中,借助它,意义和现实得以存续"⑤。这一概念注重从文化操作和实践的角度来理解媒介技术,对于媒介研究的物质性转向和对人类中心主义的破除具有重要意义,不仅思考它们扮演何种角色使人类文明不断生成新的存在方式,而且试图将"行动者"(actors)、"器物"(artifacts)与"技艺"(tech-

---

① 吴璟薇,郝洁.智能新闻生产:媒介网络、双重的人及关系主体的重建[J].国际新闻界,2021(2):78-97.

② 德布雷.媒介学引论[M].刘文玲,译.北京:中国传媒大学出版社,2014:54.

③ 郭小安,赵海明.媒介的演替与人的"主体性"递归:基特勒的媒介本体论思想及审视[J].国际新闻界,2021(6):38-54.

④ KITTLER F. Towards an ontology of media[J]. Theory, culture & society, 2009, 26(2-3): 23-31.

⑤ SIEGERT B. Cultural techniques: grids, filters, doors, and other articulations of the real [M]. New York: Fordham University Press, 2015.转引自陈鑫盛.追问意义的肉身:伯恩哈德·西格特的文化技艺理论初探[J].新闻知识,2022(1):31-37.

niques)三者串联成一个复杂的操作链(chains of operation)。①

“文化技艺”一词的含义经历了多次演变。19 世纪 70 年代,“文化技艺”特指涉德国乡村和环境的改善程序(amelioration procedures),如排水灌溉、平整河床、修整栅栏②等,是一系列将自然和文化区分开的操作和技术。20 世纪 70 年代,“文化技艺”在教育领域被赋予了新内涵,指阅读、书写、运算等素养能力,这些能力将人们从自然中剥离出来,完成对自我的“教化”过程,即基特勒所理解的“文化技艺”。再到后来,“文化技艺”概念越来越指向某些适应新媒介生态所必需的可操作性技能,它不只局限于单纯的技术领域,更内化在人的成长过程中,成为一套完整的编排、处理、再生产知识和经验的实践过程,体现为一种“媒介能力”(media competence)。到了 20 世纪 80 年代,在德国兴起的媒介与文学研究开始关注那些被遮蔽的、不显眼的知识技术(如索引卡和打字机)、不可分类的媒介(如留声机和邮票)、规训技术(如语言习得),以此代替对文学文本的分析;这些侧重媒介物质性或技术性的分析,将中文打字机与内部出版变革联系起来:媒介技术实践与媒介考古上述媒介事件、符号操作、语言和文化习得等过程渐渐聚拢,形成了我们今日所言的“文化技艺”概念。③

从“农业或农村工程学”到“阅读、书写、计算等基本能力”,再到新德国媒体理论视域下的“文化技艺”,这三次词义变迁令其成为一个开放、丰富的概念体系,既可以用于分析阅读、写作、计数或图像制作等自我指涉(self-referential),强调“先验性”的符号实践,又可以用于分析人工制品等文化技艺形式,强调其作为中间体(in-between)的本体论地位。④ 在现代用法中,Kulturtechnik 的引申意义大大超过了其指代意义,但这一点并没有削弱词源本身的重要性。⑤ 特别是在后人文主义媒介研究的转变中,伯恩哈德·西格特(Bernhard Siegert)对“文化技艺”的阐释,超越了基特勒等人的界定。他直接将媒介的概念分解为一个操作网络,该网络复制、置换、处理和反映特定文化的基本区别。因此,当谈及文化技艺,可以设想一个或多或少的复杂的行动者网络,包括技术对象以及它们所属的、配置或构成它们的操作链。

对于本文的研究对象打字机来说,它称得上是一种非常典型的“文化技艺”。对

① 于成,徐生权.德国媒介理论中的文化技艺概念[N].中国社会科学报,2019-05-28(006).

② WINTHROP-YOUNG G. Cultural techniques:preliminary remarks[J].Theory culture & society, 2013,30(6):3-19.

③ SIEGERT B. Cultural techniques: or the end of the intellectual postwar era in german media theory[J].Theory culture & society, 2013, 30(6):48-65.

④ SIEGERT B. Cultural techniques: grids, filters, doors, and other articulations of the real [M]. New York: Fordham University Press, 2015.转引自陈鑫盛.追问意义的肉身:伯恩哈德·西格特的文化技艺理论初探[J].新闻知识,2022(1):31-37.

⑤ 盖根,刘宝.基特勒尔之后:德国最新媒介理论的文化技术研究[J].南阳师范学院学报(社会科学版),2016(2):5-12.

照“文化技艺”概念的内涵，有三方面体现：其一，打字机需要由懂特定技能的专业打字员操作，对从机器操作到打字中的文学、政治乃至视觉设计素养均提出了特定要求，需要经过培训才能上岗，这体现了文化技艺的“培育性”；其二，中文打字机的“打字”过程是一个调动身体多感官参与的过程，即以机械化的方式再造身体体验，赋予“身体技艺”新的实践方式，凸显人的身体与技术协同完成的一种“经验性”；其三，除了打字员本身的专业门槛外，在打字机应用的主要场景中，打字活动与整个公文信息处理系统、与中国机关单位的文化氛围，均有一定关联，同时形成了与其他媒介实践不同的操作特色，这进一步加深了打字机的“区分性”，形成了一套独特的内部出版体系。这些特征的汇流，显现出与“文化技艺”概念内涵的吻合性，也令“文化技艺”成为重新理解中文打字机的一个独到的理论切入口。

三、研究方法与问题

中文打字机在中华人民共和国成立后的普及和应用，只有短短 30 余年时间。打字员作为一个职业刚刚形成，一些专业知识、规范及操作要求刚被确立下来，就遭遇了中文输入技术的变革。20 世纪 90 年代，随着电脑等更先进设备的出现，机械手动地进行中文打字的时代宣告结束。短暂的历史增加了资料搜集的难度，因此在对中文打字机进行媒介考古时，本研究发现与此有关的一手材料并不多。经过多方资料的搜集和整理，本研究最终获得了以下四方面的材料：

一是 20 世纪 80—90 年代出版的十几本中文打字机操作、使用乃至维修主题的小册子，涉及的主要是当时通用的上海双鸽牌 DHY 型号的打字机；二是在网络上搜索的打字员记述当年打字职业生涯的 10 篇回忆性文章，这些材料虽然零散，但大多鲜活，较有代表性；三是研究者对两个国家企事业单位的“老打字员”进行的访谈，了解其操作打字机的亲身经验，她们都曾在 20 世纪 80 年代从事过打字工作，其中访谈对象 WHY 从事打字工作超过 10 年，访谈对象 DN 从事打字工作亦有 3 年，访谈时间均超过 40 分钟；四是研究者实地走访收藏 30 多台中文打字机的印捷文化空间（北京恒印机械制造有限公司的内设企业博物馆），观察了一些中文打字机实物设备的“旧物件”并了解其操作流程，还对工作人员进行了 3 小时的深度访谈。这其中，前两个方面的文本材料具有显著的历史价值，是研究的主要材料；后两个方面的访谈材料因受访人数限制，仅作为研究的辅助支撑材料。

围绕上述材料，本文将探究如下问题：其一，作为一种文化技艺，中文打字机是如何“操作”的，习得这项技术的打字员拥有了怎样的文化经验，如何协调与媒介技术的关系？其二，中文打字机的操作链条如何从打字员个体层面延伸到组织层面，组织内的出版活动被配置和呈现为怎样的“媒介网络”？其三，基于对中文打字机带来的历史变革的考察，可以如何拓展关于“旧媒介”的认知与想象，进而思考人与技术、文化间的关系？具体来说，本文将分析中文打字机的操作链条如何从媒介技术层面延伸到个体的身体技艺层面和组织的内部出版层面，特别是如何影响组织单位内部印刷出版系统的确立，并在此基础上进一步探讨作为“旧媒介”的中文打字机在当时的历史文化环境下对人的主体性之重塑，反思媒介技术和人、媒介技术和社会关系的变化。

四、从个体到组织：中文打字机的操作链

（一）人机协同——打字机、身体与技艺的融合

1.“操作”打字机：一种整体性的文化技艺

作为一种“文化技艺”，中文打字机操作将机器、身体和技艺本身有效地融为一体。这体现在多个方面：首先，中文打字机的运作需要高度依赖人身体的配合。二十世纪七八十年代，中国各个组织单位普遍使用的中文打字机都是“双鸽牌”，由大小600多个零件组装而成。它的运转主要是靠人的操纵传导，将人力转换为机械力，是以杠杆作用进行传动的。机械的运转又以槽和轨进行平行运动，轮和轴进行圆周运动。另外，打字员还要运用弹簧的拉力、撑力、扭转力的作用来控制部分机件的运转、推动和复原。① 人的力量与机械的力量相互交替，体现了“人的身体”与机器相互协调的状态。

其次，打字的整个操作过程是一个连贯的、一气呵成的动作整体，与身体经验密不可分。打字过程分成若干环节，每个环节的操作在衔接时都要在头脑和思想上提前准备，尽早考虑接下来的步骤。中文打字机的手册中对此做了细致的描述：“换行时，不要等打完一行后再准备换，而是在接近行尾时，思想上就要提前准备……各种公式和附注、符号也同样在打稿件过程中就要提前安排好位置，不另占时间安排这些影响速度的辅助操作。”②打字过程还要求心、眼、脑的同频同步参与，构成了一种典型的“身体技艺”，“熟练的打字员打字时甚至眼睛不用动，只用手来回移动，整个打字机安静到只能听到像打电报一样啪啪的声音”（访谈对象 DN 语）。当时，对打字员的一个操作要求是“见字知位”，即“对字盘里存有哪些单字、各个单字位置布局要十分熟悉，需用的字反应到脑子里时，能立即知道它在字盘里的方位，手迅速将机身移动到所需字的位置上，字锤对准此字揿下撤手柄，把字打向滚筒上。这个过程越短越好。也就是

① 朱世荣.中文打字员手册[M].重庆：重庆出版社，1988：11.

② 李秀卿.中文打字技术[M].北京：轻工业出版社，1982：44.

图1　双鸽牌 DHY-d 型中文打字机及铅字盒

图2　上海打字机厂,1984年

来源:清华大学科学博物馆

说,看到原稿的字句后,脑子里立即就反应出它们在字盘的方位,用打字员的话说,'见字知位';如果所需字在字盘里没有,也能迅速判明"①。打字机的操作强调打字员做到"得心应手",人的身体和打字机构成了同一性的"整体技艺",即便打字机在最初发明之际被看作是对人的手写能力的分割,但专业的打字员在与机器的长期交互、磨合中,反而形成了"人机一体"的媒介实践情形。这印证了海德格尔论及打字机时所谈及的"关系整体"的观点——打字机并非物自身,也非活动自身,"毋宁说表示物和人之间的一种源初的、不可分的关系整体";它并不意味着人的行为,而是一种"统一

① 杨月亭.中文打字机的构造、使用与维修[M].上海:上海科学技术出版社,1985:37.

的方式”,即人如何在其每次行动中,“被置入同现成在手之物的关联中”[①];这种关联就是“文化技艺”理论中对人和技术“共在”关系的另一种描述。

最后,在“文化技艺”的操作链中,打字员的身体也成了技术的一部分。墨磊宁曾注意到,由于中文打字机的使用配合着一个庞大的常用字字盘,最开始使用时约有2 500个常用字,打字员就需要从数千个字模中逐一选字,然后按动打字手柄,将铅字打到蜡纸上。这一过程非常耗时、耗力,最初只能做到一分钟打二三十个字。但是,尽管机械设计上有着“先天不足”,打字员们却通过重新排列、组装字模位置,极大地提升了打字效率。[②] 打字员根据自己的需要来安排字盘表,把经常一起使用的字放在一起,通过把常用字以放射状模式组合在一起(譬如“革命”和“美帝国主义”),文书工作人员的打字速度能达到每小时3 337个字(相当于每分钟打55个字)。[③] 中华人民共和国成立初期的打字员也回忆说:“我们就把文件、材料常用的词组排到一起,以一个常用字为中心,组成常用词组,在一个常用字的四周排出常用的有联系的词组,我们形象性地给它起个名字叫作‘放射性字团’。”[④]这样,就完全改变了按部首排列找字的方法。可见,“字盘重组”带来的是打字过程中的“更加顺手”(访谈对象WHY语),这背后体现的是词组规律、字盘布局与打字员的身体记忆及操作习惯的某种统一。在此维度上,打字员的身体经验也是打字机技术升级改造的一部分。

2.“改造”打字机:打字员主体性的不断更迭

在打字机物质构成中,字盘只是其物理结构系统的一部分。中华人民共和国成立后的打字实践中,打字员对技术物质性的改造、提升和再操演,还体现在诸多方面:有的改进打字机的机械装备;有的把机器的纵横钮加长,改装了看稿台;有的把手拉字盘改成脚踏字盘;还有的在打字机后轴上安装一个小振动器,设计半自动操作,想方设法减轻打字员的体力负担;或是改进操作方法,总结出一套“两动贯一、轻引稳打”“边打边看”等行之有效的好办法。[⑤] 类似的“技术改造”体现了作为人的主体性,甚至一些打字机的手册中将打字机喻为打字员的“武器”——“打字机是比较精密的用于办公的机器,好比是打字员的武器”[⑥]。正是在身体与机器的交互过程中,打字员才能够捕捉和查找技术在物质设计上存在的问题,从而满足人对“省力”和“顺手”等的要求。

---

① 海德格尔.巴门尼德[M].朱清华,译.北京:商务印书馆,2018:123.

② 萧小壹,张旭汀.打字、身体与性别:从“打字女孩”到“技术直男”[EB/OL].(2021-04-20)[2022-06-30].http://finance.sina.com.cn/jjxw/2021-04-20/doc-ikmyaawc0668438.shtml.

③ 《中文打字机:历史》展示汉语世界的机械革命[EB/OL].(2017-10-17)[2022-6-30]. http://www.cankaoxiaoxi.com/culture/20171017/2239262.shtml.

④ 石军.回忆建国初的打字工作[EB/OL].(2019-09-20)[2022-06-30].https://mp.weixin.qq.com/s/Qva3SDWDaSekAiEHeCf44g.

⑤ 郑道中.消失的机械打字[J].秘书工作,2013(7):51.

⑥ 朱世荣.中文打字员手册[M].重庆:重庆出版社,1988:5.

但是，由于这种技术改造的最终目标是提高打字效率，当时还经常举办各类打字比赛，在竞争心态的加持下，效率至上的技术观形成了时限压力，无形中也在消解着打字员的主体性。同时，并非所有的打字员都花心思在“技术改造”上，“我没有自己改装过字盘，都是从我的师傅那里直接‘继承’了字盘，然后努力背熟就行了呗”（访谈对象 WHY 语）。被动地跟随打字机的机械原理调整人身体的状态，制约了打字员对打字机构造、组合等知识的主动探寻，这说明技术也在对人及身体施加一种潜在的规训。基特勒曾从本体论角度出发，非常强调技术、媒介与身体的融汇对于个体和群体存在情境的塑造性作用，他始终认为媒介技术在不断发展的过程中与人融合成了一个运作网络，也将“所谓的人分裂成生理结构和信息技术”①。对于打字机对打字员身体的改造和规训来说，也是如此——人成为技术化的人，需要适应机器的运作规则和节奏，人委身为技术操作链条的某一部分或环节。访谈中的打字员更谈到坐姿问题，“长期打字要特别注意防范颈椎病，也要注意手腕的休息，所以一定要保持正确的坐姿，否则就会很累”（访谈对象 DN 语）。可见，在人与机器的长期交互中，人的姿势习惯必须按照机器的规范做出调整，而出于对打字机的机械原理的适应，人的身体是不自主的，否则就会感到不适。这正是打字机对人的身体的潜移默化的规训，从本质上讲就是一种对人的主体性的改造。

但换一个角度看，打字员个体的主体性并未完全消解，由于中文打字机使用情景集中在了组织和单位，人、打字机的文化操作其实均被嵌入了单位的制度规范当中，因此生成了一种“集体主义的主体性”。前文提到的改造字盘，看似是打字员的个人行为，但实际上他们对字盘常用字的选择、组合和排列，考虑最多的是工作需要。“我们是地质单位，所以少不了要把一些经常用到的地质专业词汇放到字盘里。”（访谈对象 WHY 语）打字员上岗前或多或少要经过单位的培训，涉及技术层面的要求（如师傅带徒弟的经验传授），也涉及单位内部的纪律要求。“打字员不是一般的工作，经常接触重要文件，所以一定要讲政治、识大体。”（访谈对象 DN 语）单位的规章制度和文化氛围，都是无形中催生新的主体性的因素，不断地整合进入文化技艺的操作实践中。

（二）媒介网络——单位内小型出版系统的浮现

1. 超越单一的“打字”：技术联合体延伸助推内部出版

如果说打字机操作中身体、技术和技艺的融合，是打字机操作链从“器物”向“人”的延展，那么，在单位和机关文化的影响下，打字机的操作链条还完成了从“技术”向“组织”的延伸。打字员承担了打字、校对、选纸、油印、装订等任务，令一套公文处理

① 基特勒.留声机 电影 打字机[M].邢春丽，译.上海：复旦大学出版社，2017：17.

与出版系统在单位内部逐渐形成。麦克卢汉曾这样描述打字机的社会效应:“作为一种加速器,打字机促使写作、说话和出版紧密地联系起来。虽说它仅仅是一种机械形态,可是它在有些方面产生着‘内爆’的作用。”①文书信息处理效率的提高,就是“内爆”的表现之一。具体到中国语境,改革开放初期打字机在单位的普及,是整个机关公文体系走向“信息化”的重要一步。即便这种信息化是相当初级的,但相对于手写媒介,由打字机完成的文字输入—输出的这一过程,已明显具有了正式感:“与潦草的手写稿不一样,打出来的字才显得正规呢。”(访谈对象 DN 语)可以说,打字机在单位的应用普及,也是媒介技术赋予行政公文处理的权威性的过程。凌乱潦草的手写稿经过机械化的处理,变成具有行政效力的文书。过去需要依赖印刷厂等专门机构才能操作的出版技术,现在依靠一台中文打字机与简易的油印设备就能在单位内部完成。打字机的操作链条通过与其他技术物、人、组织、制度相互配合,加速了文件文书信息化的“内爆”。

那么,全国诸多组织和单位建立起小型的“内部出版系统”,是一种怎样的构成?这个小型出版系统除了打字机外,还包括纸张、油墨、涂改液和打字室物理空间等多重“媒介”。一些打字机使用手册中会专门开辟章节介绍“常用的打字用品”,讲授蜡纸、油墨、油印纸张、钢字、打字机滚筒的选择和使用方法。这些“打字用品”就是维系内部出版系统运转的技术物。出版系统的具体运作又可分解为一系列的技艺操作。把字打在纸上,只是单位公文内容输入的第一步,对打字员的能力要求中,除正确操作打字机之外,还要全面掌握各种打字技能,包括“标准的打字手法、文件及图表的合理排版、直接打印法、蜡纸打法、表格设计、各种修正错误的办法、编页数方法、校对方法、文件封面的打印法、插图方法”②等。

换言之,对纸张、油墨、油印机等“物”的操作和使用,都要考虑与打字操作的衔接。例如,“付梓出版”的过程中,要使付印的材料达到清晰、整齐、美观的要求,对打字员来说,则需要“根据气候调制好厚薄均匀、细腻的油墨……要经常保持手推油印机和手摇速印机的设备完好状态……熟练地掌握油印的操作技术”③。这一过程也是一个调动身体参与的“文化技艺”实践:“先得把文书用蜡纸打印出来,单单是打印蜡纸这项活,设置打字机的位置就要弄上半天,接着将打印出来的蜡纸装进油印机里,然后用上过墨的滚筒来回用力均匀地推送。”④又如,单位内的文件复制环节对印刷的选纸也有明确要求:“印一般文件、讲义,选用厚度适中的凸版纸、胶版纸、新闻纸即可;

① 麦克卢汉.理解媒介:论人的延伸[M].何道宽,译.南京:译林出版社,2019:319-320.
② 朱世荣.中文打字员手册[M].重庆:重庆出版社,1988:3-4.
③ 沈荣贵,腾起泉.中文打字机使用与修理[M].南京:江苏科学技术出版社,1981:127.
④ 程园园.难忘的打字员生涯[J].人民司法,2019(8):105-106.

如印封面、请柬等则要选择较厚一点的胶版纸、书皮纸。”[①]此外,灯光及空间布局也是这一出版系统的组成部分。由于光线对打字员的视力有影响,几本打字机使用手册中都提到了光线的方向:“在条件允许的情况下,打字桌应尽量安放在光线充足的地方,并把打字桌左边靠近窗口”[②];“白天要防止阳光直射机上,以免钢字受烈日暴晒变质。可在窗前挂一块白窗帘布,以柔和光线。晚上工作灯也要安放在打字台的左后侧,使光线由左后侧射向机身”[③]。这些严苛的环境要求,说明了内部出版系统运行的严丝合缝、环环相套,整个出版工作需要打字员以熟练和专业的技术完成,方能满足单位的需求。无论是灯光布局,还是调墨油印、选取纸张,打字员的身体技艺都需要与这些出版活动在长期的技艺实践中不断磨合、融为一体,从适应打字机的机械原理到适应整个媒介网络的技术律令。在适应的过程中,单位组织的打字培训、新老打字员的师徒传承、各类打字机规范使用手册等,共同加快了打字员融入出版系统的过程,也令人和物、身体与技术的关系走向了更紧密的状态。

综上可以发现,单位内小型印刷系统的运转,实际是人与机器、环境协作的结果。打字员与打字机、手写稿、油墨、油印机、物理环境、光线等“非人类的主体”相互合作,才能完成规定的职业动作,因为打字员也被明确规定了——“油印和打字是配套的工种”[④]。在这个网络中,人和媒介物、人和技术、人和环境形成了某种“技术联合体”,具有了“共同的主体性”。从基特勒的话语网络和媒介网络的视角来看,人只是被“既定文化选择、储存和处理的相关数据”,“话语网络”就是使这一切得以发生的“技术和制度的系统”[⑤]。同样,技术媒介从来不是单独的媒介,而是由诸多媒介形成的网络。例如,就“被称为书的存储媒介”来说,古登堡式印刷机、书、运输售卖系统、书箱、家庭书架或图书馆,共同组成了一个技术媒介网络。在中国组织单位内部浮现的小型出版系统,涉及公文信息输入、储存、复制、处理和流通的技术系统既是左右打字员媒介操作的“话语网络”,也是囊括了内部出版所涉及的各类技术物和非人类主体的“媒介网络”。这套小型出版系统的浮现,不仅完成了单位内文书出版从“手写”到“机写”的转换,更完成了打字员从具有主体性的人转变为媒介网络中的节点。打字员需要操劳地奔走在出版的各个环节,从信息的输入到信息的储存和复制,再到信息的校对和确认,这些实践早已超出“打字”这一单一的媒介实践,令其主体性也渐渐被淹没在不断延伸的“文化技艺”链条中,即“人内化为媒介技术结构中的他者,媒介的自主演替伴随

① 荆明,隋淑坤.打字员手册[M].沈阳:辽宁科学技术出版社,1984:9.

② 吴跃,管洪林.中文打字[M].北京:高等教育出版社,1989:36.

③ 沈荣贵,腾起泉.中文打字机使用与修理[M].南京:江苏科学技术出版社,1981:2-3.

④ 朱世荣.中文打字员手册[M].重庆:重庆出版社,1988:5.

⑤ KITTLER F. Discourse networks 1800/1900[M]. Redwood City,CA:Stanford University Press, 1990:369.

着人的主体性走向消逝"①。当然,从广义的出版视野来看,打字机、油印机、印刷机等媒介技术设备本身的物质性助推了出版网络的形成,也无形中影响着打字员亲身的文化技艺实践和操演,在人与物的交织、互动中,媒介网络才不断延伸和扩展,日趋规范和完善。可以说,这些"技术物"一同成为单位内出版活动的"物质的媒介基础设施"。

2. 新文化的生成:中文打字机延伸的文化后果

中华人民共和国成立后,打字机成为全国各个单位必备的文字输入设备,打字员更是成为一个专门的职业,往往是一个人承担了单位内各类文件通知的输入、排版、校对、上墨、油印、修正、装订的全部工作。需要注意的是,在中文打字机所构成的小型媒介系统网络当中,作为"文化技艺"的打字机其实也在培育和生成着区隔于其他群体的"文化操作"。例如,各级单位中的打字员从上岗到工作,都有着一套严格的"内部管理"准则,而这也在相当大的程度上完成了"区分性"的建立。据许多当事人回忆,当时党政机关的打字员是一个令人羡慕的职业。打字员先要经过政治审查,要求家庭出身好,个人积极进步,品行端正,有一定的文化基础。② 中华人民共和国成立初期的打字员均是按照"干部"进行管理的,即便到了 20 世纪 80 年代,"打字员也是人们眼中特别体面和光荣的职业"(访谈对象 DN 语)。不同于一般意义上的"技术实践",打字员的"文化技艺"带有行政性的色彩,承担了秘书的职责,其对打字的文本质量和准确性的要求也更高。而打字机作为权力意志输出和转化为文本的"中介",和打字员一样,均需要被纳入单位的制度管理体系。这从打字机输入的内容类型即可看出,几乎被限定在了公文、通知、文件、函件等行政文本。

此外,在西格特看来,"文化技艺"概念本身就关注重建真实、想象、符号得以存储、转译与处理的话语网络,尤其关注媒介构成的"过程"与"条件"。这不仅可以与基特勒对话,也与拉图尔(Bruno Latour)的行动者网络理论交相辉映。"文化技艺"反映出人和技术物在内的多元行动者构成的复杂网络,并在人类、器物以及符号的网络互动中将其理论关切聚焦于"那些生成文化的实践与操作,它们处于精神科学与技术科学交汇处,被视作使文化成为可能的条件"③。转向更宏大的背景来看,一种有着中国特色的"中文打字机文化",也正面临着确认和再发现。打字员、内部出版系统和当时中国的社会结构之间,存在着更为复杂的"互动关系网络"。例如,1952 年 7 月 23 日,《人民日报》刊登了"打字模范"单锦蓉的来信,讲到打字机字盘存在的问题,比如很多

---

① 郭小安,赵海明.媒介的演替与人的"主体性"递归:基特勒的媒介本体论思想及审视[J].国际新闻界,2021(6):38-54.

② 晓宁.打字机、办公室与女打字员[J].装饰,2012(11):48-50.

③ MAYE H. Was ist eine Kulturtechnik[J].Zeitschrift für Medienund Kulturforschung, 2010(1):121-135.转引自刘永强,吴宏宇. 文化技术理论:后人文主义视角下的身体、物质与符号[J]. 广东外语外贸大学学报,2021(4):76-90.

不再采用的字还留在字盘里、生活中常用的字却被关到罕用字盒里等等。她意识到,改进字盘的排列涉及打字学校、铅字铸造业和打字机商行,因此建议《人民日报》号召各单位一起研究这个问题。[①] 这一提议很快得到《人民日报》读者的支持,就此全国的字盘改革才得以提上日程。打字员个人的身体实践、各种培训学校的探索和技术本身的发展等"由下而上"的力量,在公文行政权力"由上而下"的力量之外,也在维护国家语言文字的"符号主权"[②],甚至在生产、转译着有关中文打字机更丰富的技术想象及本土知识。

五、"短暂即恒久":对打字机主体性问题的反思

从上述分析中不难看出,在整个中国社会步入信息化时代的前夜,存在着一段由机械式中文打字机主导汉字输入的历史。中文打字机虽是一种短暂盛行的"旧媒介",但就产生的影响而言,它所带来的原始文本生成制作方式、复制文本生成制作方式、传播流通的方式及动力,都触发了多层级的技术变革。中文打字机与中国的行政公文系统的"深度融合",提高了行政信息处理的效率,成为组织内信息传播、小范围出版发行的重要的"媒介基础设施"。打字机作为一种"存有"被更多人看到,就像打字员的社会能见度同步增长一样("当时成为打字员是一件特别光荣和有面子的事情",访谈对象 DN 语),其结果是中文打字机"文化技艺"操作链从个体延伸到组织和单位,凸显了打字机的媒介本体特征。这在一定程度上佐证了基特勒的观点——媒介不是被动接受内容的容器,而是具有本体论意义的撼动者(shifters)。媒介使这个世界成为可能,是世界的基础设施。媒介作为载体,其变化可能并不显眼,但却能带来历史性后果。[③]

此处基特勒所言的"媒介本体论",是与"文化技艺"概念一脉相承的德国媒介理论所主张的一种审视媒介的立场或尺度。与过去关注媒介功能或用途的传统研究范式不同,媒介本体论更关注容易被忽略的媒介技术本身,把媒介视作一个过程或一种实践来观察其产生的影响[④],而非仅仅停留在媒介的文本内容上。向前回溯,媒介本体论继承了哲学本体论的意涵,从古希腊先哲们提及的存在于事物之间、事物与人之间的"时间与空间上的关系"理解"媒介",譬如空气和水就是"居间"的媒介[⑤],看似虚

---

① 单锦蓉.建议改进中文打字机字盘排列方法[N].人民日报,1952-0723(6).

② 萧小壹,张旭汀.打字、身体与性别:从"打字女孩"到"技术直男"[EB/OL].(2021-04-20)[2022-06-30].http://finance.sina.com.cn/jjxw/2021-04-20/doc-ikmyaawc0668438.shtml.

③ 邓建国.从认识论到本体论:彼得斯《奇云》中的"媒介道说"[J].新闻记者,2019(11):21-29.

④ HORN E. Editor's introduction: "there are no media" [J]. Grey room, 2007(29):29.

⑤ 基特勒.走向媒介本体论[J].胡菊兰,译.江西社会科学,2010(4):249-254.

无但实则可被感知。早期“文化技艺”概念中包含的那些“先验”存在的语言、数学、字母表等自然技术,就是一种“无媒介状态”的媒介;人与媒介也处于“共存共生”的状态。后来,基特勒沿着哲学本体论的思想做了进一步阐发,提出了“媒介决定了我们的处境”的名言,也在其有关打字机等媒介机器的论述中,提出了媒介技术通过分割人的感官系统和生理结构导致“人的消逝”的观点,描述了一种“去人类中心”式的媒介观,还原了历史进程中那些被忽视的“不可见”的媒介。由此来看,从媒介本体的层面去观察中华人民共和国成立后中文打字机的历史,打字机本身作为出版媒介的自主性才得以“被看见”。虽然这段历史昙花一现,但打字机对单位内部出版之媒介网络的奠定、对技术操作链条的不断延伸,都是其留下的重要文化遗产。

不过,作为一个承接德国媒介研究的关键概念,“文化技艺”适于对旧媒介的“考古”,但却不适合预测技术的“未来”。随着中文语言输入进入电脑主导的信息化时代,机械的打字机也退出了历史舞台。但是打字机在一代打字员身上刻下的技术烙印和文化烙印,一直都在。基特勒曾分析古登堡的“活字印刷”,称其“生产出了取代它的技术——从摄影术到计算机——从一开始就为它们提供了可能”①。依此来看,电子化的打字机正是从机械中文打字技术中创造出的“文化技艺”。而技术的演进是“按照逐渐升级的策略性应答节奏相互跟随”的,人类充其量是一路的陪伴者。在媒介不需要人类参与其中即可进行交流与进化之前,人类是使这一进程得以维持的节点和运算符。② 而打字员主体性的重塑,恰是如此。

在媒介本体论的意义上,打字机主体的凸显,伴随着人的主体性的变化。一方面,在打字机的媒介操作中,打字员的身体、机器、技艺高度融合,人的主体性与媒介的主体性被置于交互的关系中,形成了人与媒介技术“共在”的状态。另一方面,这种“共在”的状态也不断被打破,譬如打字员对字盘的改造显示的是一种人的主体性,而追求效率的“异化”和内部出版系统中的规约及要求,则显示出人的主体性的逐渐消退。就打字员本身而言,其并没有意识和反思到主体性丧失的问题。恰恰相反,他们对自身的工作高度认可和满意,只不过这种认可在技术赋权之外,还体现了政治赋权,即单位制度和行政权力所带来的职业优越感,甚至走向了“集体主义的主体性”。进一步看,媒介技术虽然部分消融或遮蔽了人的主体性,但换一个视角来看,人、物、媒介技术关联本身就处在一种关系网络之中,即“技术需要在与人组成的媒介网络之中才能发挥作用”③,人和打字机的关系主体性则在“媒介网络”中获得了一种新的确立和彰显,两者在文化技艺的操作链条基础上向组织、社会乃至国家延伸,反而凸显了打字机和

① KITTLER F. Optical media: Berlin lectures 1999 [M]. Cambridge: Polity, 2010: 67.

② 温斯洛普-扬.基特勒论媒介[M].张昱辰,译.北京:中国传媒大学出版社,2019:77.

③ 吴璟薇,郝洁.智能新闻生产:媒介网络、双重的人及关系主体的重建[J].国际新闻界,2021(2):78-97.

打字员的“联合主体性”或“关系主体性”。就像有学者所说的,在技术和人共同构成的整体的技术之链(人也可以被看作身体技术)中,节点的增加或减少,定会影响思想的孕育与表达。①

基特勒认为,打字机作为和书写、印刷、留声机、电脑等一样的“文化技艺”,使信息、话语和语言在空间中得以“处理、传输、存储”,从而成为“不朽的东西”②。中文打字机已成历史,但它的文化技艺实践及引发的人与技术关系的思考,并不会随时间而消失,而是吸引着我们继续省思“文化技艺”的实践张力,去面向未来发现“旧媒介”的存有价值,丰富媒介技术演进中的文化想象,以及去回答未来媒介谱系学研究者们需要共同思考的问题——“文化技艺是在什么样的条件下,以什么样的方式,在当时那个短暂的时刻,巧妙地把这些力量固化为恒久的技术?”③而这,正是本研究重访中文打字机媒介历史和实践的意义之所在。

* 致谢:由衷感谢北京印捷文化发展有限公司的邢立老师和多位打字员接受我们的采访,并带我们深入了解整个中文打字机的发展历程与操作原理!并向老一辈打字员与出版工作者致敬!

① 于成. 打字机、女秘书、计算机与思想的生成[J].读书,2019(2):68-72.

② KITTLER F, VERM.CHTNIS D. Technische Schriften [M]. Leipzig: Reclam, 1993.转引自吴璟薇,曾国华.新闻学研究的物质性转向:数字时代的媒介本体与媒介中介性[J].新闻与写作,2021(11):28-37.

③ 盖根,刘宝.基特勒尔之后:德国最新媒介理论的文化技术研究[J].南阳师范学院学报(社会科学版),2016(2):5-12.

论《个人信息保护法》对传媒活动的适用*

◎ 张新宝**

摘要:绝大部分传媒活动本质上是个人信息处理活动,媒体开展传媒活动应当实现个人信息处理方面的规范化。媒体在加强个人信息保护宣传教育中应当发挥积极作用,充分调动人民群众参与个人信息保护社会治理的积极性。媒体为公共利益进行新闻报道、舆论监督等,可以不经个人同意,在合理范围内处理个人信息。媒体依照法律规定在合理范围内处理个人自行公开或者其他已经合法公开的个人信息,可以不经个人同意。媒体为维护公共利益处理个人信息,可以减轻或者不承担民事责任。

关键词:媒体;个人信息保护法;公共利益;已公开的个人信息;宣传教育

第十三届全国人民代表大会常务委员会第三十次会议通过的《个人信息保护法》,自 2021 年 11 月 1 日起实施。媒体开展传媒活动关系个人信息权益等人格权益的保护与社会公共利益之间的平衡,涉及《个人信息保护法》实施过程中多个层面的问题,例如传媒活动的个人信息处理属性、媒体在加强个人信息保护宣传教育中的重要作用、媒体对个人信息的合理使用,以及媒体侵害个人信息权益之民事责任的抗辩事由等。本文对这些问题进行探究,以期服务于《个人信息保护法》的顺利实施。

---

* 本文原载于《现代出版》2021 年第 6 期,收入本书时有改动。

课题:国家社科基金重大项目“民法在建设职责明确、依法行政的政府治理体系中的作用研究”(21ZDA050)。

** 张新宝,中国人民大学民商事法律科学研究中心研究员,中国人民大学法学院教授。

一、绝大部分传媒活动本质上是个人信息处理活动

从传播学的视角来看，传媒活动的本质是社会信息的共享活动。① 与发生在个人之间的信息传播活动②不同，媒体的传媒活动主要是在大众传播的层面上进行的，以大规模传送和批量复制的方式将大量信息传递给受众。③ 在此等活动中，媒体自行决定信息处理的目的（包括但不限于宣传教育、营利等目的）与方式。如果传媒活动所传播的信息中包含个人信息，则媒体属于《个人信息保护法》第 73 条第 1 项所规定的个人信息处理者。因此，绝大部分传媒活动（涉及个人信息的传媒活动）在本质上是个人信息处理活动。例如，媒体实施的新闻报道行为可能涉及个人信息处理的多个环节：新闻机构及其采编人员进行新闻采访活动，涉及收集被采访人及相关人员的个人信息；新闻机构及其采编人员撰写新闻报道与评论，涉及使用与加工个人信息；新闻机构通过报纸、杂志、广播、电视、互联网或其他渠道将新闻传播给社会公众，涉及公开个人信息；等等。

基于此，媒体开展传媒活动应当规范个人信息行为。其一，媒体开展涉及个人信息处理的传媒活动原则上适用《个人信息保护法》《民法典》以及相关法律法规的全部规定，此外还应当遵守《出版管理条例》《广播电视管理条例》《互联网新闻信息服务管理规定》等行政法规以及部门规章；其二，媒体的传媒活动涉及信息的自由流动与公共利益的维护。当媒体出于维护公共利益的目的处理个人信息，或者在合理范围内处理个人自行公开及其他已经合法公开的个人信息时，个人信息权益应当受到一定限制，《个人信息保护法》第 13 条第 1 款第 5、6 项和第 27 条、《民法典》第 999 条和第 1036 条，均对此作出了特别规定。依照此等规定，媒体可以在未经个人同意的情况下处理个人信息。

二、媒体在加强个人信息保护宣传教育中应发挥积极作用

《个人信息保护法》第 11 条规定，国家应当加强个人信息保护宣传教育，推动形成政府、企业、相关社会组织、公众共同参与个人信息保护的良好环境。《个人信息保护法》的实施与信息科学、前沿技术以及法治理念等紧密相关，而社会公众可能缺乏

① 郭庆光.传播学教程（第 2 版）[M].北京：中国人民大学出版社，2011：4；胡正荣，段鹏，张磊.传播学总论（第 2 版）[M].北京：清华大学出版社，2008：52-53.

② 《个人信息保护法》第 72 条第 1 款规定："自然人因个人或者家庭事务处理个人信息的，不适用本法。"个人信息的人际传播活动通常情况下属于该条款规定的例外情形，不受《个人信息保护法》的约束。

③ 展江.大众传播通论[M].北京：中国人民大学出版社，2010：69-70.

相应的科学知识和法律知识。因此,有必要通过加强个人信息保护宣传教育,大力营造学习宣传《个人信息保护法》的浓厚氛围,进而发挥多方共同参与个人信息保护的治理优势。媒体作为社会信息传播的主要媒介,应当在加强个人信息保护宣传教育中发挥积极作用。例如,在《个人信息保护法》正式实施之日,中央电视台《新闻 30 分》《新闻 1+1》等节目都对《个人信息保护法》的立法精神、主要规则以及其他社会高度关注的内容进行了宣传。随着网络传播技术的飞速发展,利用新媒体开展普法宣传教育成为普法传播的必然选择。① 《中央宣传部、司法部关于开展法治宣传教育的第八个五年规划(2021—2025 年)》指出,应当充分运用新技术新媒体开展精准普法,创新普法内容,拓展普法网络平台,创新普法方法手段;注重运用新技术分析各类人群不同的法治需求,提高普法产品供给的精准性和有效性;加大音视频普法内容供给,注重短视频在普法中的运用;在充分利用传统有效的普法方式基础上,促进单向式传播向互动式、服务式、场景式传播转变,增强受众参与感、体验感、获得感,使普法更接地气,更为群众喜闻乐见。② 借助微博、微信等新媒体平台,媒体在个人信息保护宣传教育中应当以社会公众关注的法律问题为导向,建立以公众为中心的宣传模式,为其提供全面、丰富、个性化的科学知识和法律知识③,充分调动其参与社会治理的积极性,不断激发其持续高度关注个人信息保护相关社会问题的热情,进而打造个人信息保护领域共建共治共享的社会治理格局。

三、媒体为公共利益开展新闻报道、舆论监督等工作,可以不经个人同意在合理范围内处理个人信息

《个人信息保护法》第 13 条第 1 款第 5 项将"为公共利益实施新闻报道、舆论监督等行为,在合理的范围内处理个人信息"规定为个人信息处理的合法性基础之一。《民法典》第 999 条规定:"为公共利益实施新闻报道、舆论监督等行为的,可以合理使用民事主体的姓名、名称、肖像、个人信息等;使用不合理侵害民事主体人格权的,应当依法承担民事责任。"新闻报道是对新近发生的事实的报道。④ 舆论监督是社会公众运用各种传播媒介对社会运行过程中出现的现象表达信念、意见和态度,从而进行监督的活动。⑤ 依照《宪法》第 35 条和第 41 条第 1 款的规定,媒体享有言论自由、出版

---

① 李昭熠.论新媒体普法传播[J].编辑学刊,2018(1):27.
② 中共中央 国务院转发《中央宣传部、司法部关于开展法治宣传教育的第八个五年规划(2021—2025 年)》[EB/OL].(2021-06-15)[2021-11-09].http://www.gov.cn/gongbao/content/2021/content_5621190.htm.
③ 李昭熠.论新媒体普法传播[J].编辑学刊,2018(1):29-30.
④ 《新闻学概论》编写组.新闻学概论(第 2 版)[M].北京:高等教育出版社,2020:23.
⑤ 黄薇.中华人民共和国民法典人格权编解读[M].北京:中国法制出版社,2020:52.

自由等权利，以及对国家机关和国家工作人员提出批评和建议并对其违法失职行为提出申诉、控告或者检举的权利。媒体开展新闻报道、舆论监督等工作有助于保障人民群众的知情权，有助于自上而下的组织监督和自下而上的民主监督的贯通[①]，与公共利益密切相关。出于维护公共利益的需要，依照《个人信息保护法》第 13 条第 1 款第 5 项以及《民法典》第 999 条的规定，对于媒体为公共利益开展新闻报道、舆论监督等工作的情形，个人信息权益受到一定程度的法定限制。媒体可以在合理范围内处理个人信息，不必取得个人同意。

对于媒体处理个人信息的情形，《个人信息保护法》第 13 条第 1 款第 5 项所规定的合法性事由具有三项构成要件：其一，媒体开展的应当是新闻报道或者舆论监督等工作。其二，媒体处理个人信息应当出于维护公共利益的目的。如果媒体发表的是与公共议题无关的纯粹点评私人事务的言论，则此项合法性事由不能适用。例如，部分自媒体发表的有关明星的花边新闻的报道可能出于娱乐等目的，不属于为了维护公共利益而处理个人信息。[②] 其三，媒体应当在合理范围内处理个人信息。[③] 媒体进行新闻报道的情形，对于新闻真实性的理解直接影响处理个人信息合理范围的界定。新闻的真实性是新闻报道的根本条件与基本要求，新闻出版总署在《关于严防虚假新闻报道的若干规定》《关于进一步做好新闻采访活动保障工作的通知》等规范性文件中多次强调，媒体进行新闻报道必须坚持实事求是，维护新闻的真实性。应当注意的是，过去部分媒体为了追求新闻的真实性，对事实进行过度报道，披露了较多与核心新闻事实无关的个人信息，侵害了相关人员的个人信息权益。例如，部分媒体在报道刑事案件的过程中，不仅披露了犯罪人的个人信息，还披露了被害人的个人信息以及犯罪人家属的个人信息。出于保障公众知情权的需要，媒体对犯罪人的个人信息在必要范围内进行一定程度的公开具有相应的合理性。但是，被害人以及犯罪人家属等其他案件相关人员的个人信息的公开与维护公共利益无关，因此媒体公开此等人员的个人信息不属于《个人信息保护法》第 13 条第 1 款第 5 项所规定的情形。依照《个人信息保护法》第 25 条的规定，媒体在新闻报道中公开此等人员的个人信息应当取得其单独同意。随着《个人信息保护法》等法律法规的实施，在新的法治条件下，应当重新衡量新闻真实性的判断标准。媒体在进行新闻报道时，不应将追求新闻的真实性等同于全面、细致地披露所有相关事实（包括相关人员的个人信息），而应在维护公共利益与个人信息保护之间寻求平衡。依照《个人信息保护法》第 6 条所规定的目的原则，对个人信息的处理应当限制在达到处理目的的最小必要范围内。基于此，对于与维护公共

---

① 黄薇.中华人民共和国民法典人格权编解读[M].北京：中国法制出版社，2020：52.

② 王利明，程啸.中国民法典释评 · 人格权编[M].北京：中国人民大学出版社，2020：136.

③ 杨立新.《民法典》对媒体行为及责任的规范[J].河南财经政法大学学报，2021（2）：6-7.

利益直接相关的核心新闻事实而言,媒体在报道过程中合理披露相关人员的个人信息,是实现新闻报道社会效益、维护社会公共利益的前提条件,因此可以不经个人同意处理个人信息。对于与维护公共利益不具有直接相关性的非核心新闻事实而言,媒体在报道过程中不披露相关人员的个人信息不会损害新闻的真实性。媒体应当在取得个人同意的情况下处理个人信息,且在处理程度上受到更为严格的限制。对于媒体进行舆论监督的情形,同样也应当注意处理个人信息的限度问题。

四、媒体依照法律规定在合理范围内处理个人自行公开或者其他已经合法公开的个人信息,可以不经个人同意

《个人信息保护法》第 27 条规定:“个人信息处理者可以在合理的范围内处理个人自行公开或者其他已经合法公开的个人信息;个人明确拒绝的除外。个人信息处理者处理已公开的个人信息,对个人权益有重大影响的,应当依照本法规定取得个人同意。”该条规定中的“已公开的个人信息”仅包括个人自行公开的个人信息和其他已经合法公开的个人信息,不包括不合法公开的个人信息。例如,个人在社交网站上公开的真实姓名、联系方式或者分享的实时定位等个人信息,属于个人自行公开的个人信息。人民法院在裁判文书中公开的当事人姓名以及与案件纠纷相关的其他个人信息,属于其他已经合法公开的个人信息。出于维护公共利益的目的,媒体在新闻报道中在合理范围内公开的个人信息,也属于其他已经合法公开的个人信息。

已公开的个人信息处于公共领域,任何人均可自由获取,故此等个人信息具有较强的自由流动属性。依照《个人信息保护法》第 27 条的规定,媒体处理已公开的个人信息原则上不需要取得个人同意。原因在于,当个人自行公开其个人信息时,个人已经通过其行为传递出对他人在合理范围内处理其已公开个人信息的默示同意;当社会中的其他主体依照法律的规定合法公开个人信息时,此等个人信息的自由流动有助于维护公共利益,个人信息处理者有正当理由期待个人会同意其在合理范围内进行的个人信息处理活动。因此,媒体可以在合理范围内自行收集个人在社交网站上公开的个人信息或者裁判文书中公开的个人信息,并进行后续使用与加工,或者在合理范围内利用此前新闻报道中公开的个人信息撰写新闻评论,其处理目的也不限于维护公共利益。

但是,媒体超出合理范围处理已公开的个人信息或者处理已公开的个人信息对个人权益有重大影响的,不能认为此等情形下依然存在个人的默示同意或者推断同意,故此,媒体应当取得个人同意。例如,媒体在传媒活动中再次公开个人已公开的个人信息,可能会极大地扩展此等个人信息的传播范围,对个人权益产生较大影响。因此,

媒体应当注意处理个人信息的限度，必要时应当对个人信息进行去标识化或者匿名化处理，避免对个人权益产生不利影响。此外，个人也可以通过明确拒绝处理的方式推翻已公开个人信息上存在的默示同意或者推断同意。在此等情形下，媒体不得处理个人的已公开个人信息，除非其处理活动具有《个人信息保护法》第 13 条第 1 款第 2—7 项规定的其他合法性事由。

五、媒体为维护公共利益处理个人信息，可以减轻或者不承担民事责任

《民法典》第 1036 条第 3 项规定，为维护公共利益实施合理的个人信息处理行为，行为人不承担民事责任。依照该条规定，行为人出于维护公共利益的需要实施合理的个人信息处理行为，属于侵害个人信息权益之民事责任的抗辩事由。应当注意的是，媒体为公共利益实施新闻报道、舆论监督等行为而在合理范围内处理个人信息，既可以构成媒体处理个人信息的合法性基础，也可以构成媒体侵害个人信息权益之民事责任的抗辩事由，但是二者存在一定区别：当其作为媒体处理个人信息的合法性基础时，其一般适用于媒体未经个人同意处理个人信息的情形，此时媒体实施的个人信息处理行为并不违反《个人信息保护法》《民法典》等法律的规定，不属于侵害个人信息权益的行为，因此媒体侵害个人信息权益的民事责任因构成要件欠缺而不成立；当其作为媒体侵害个人信息权益之民事责任的抗辩事由时，其不仅适用于媒体未经个人同意处理个人信息的情形，还可能适用于媒体违反法律法规处理个人信息的其他情形。例如，新闻记者为了揭露对公共利益有重大影响的事实真相而进行深度调查，在处理相关人员个人信息的过程中未履行告知义务。在此等情形下，新闻记者处理个人信息的行为可能违反了《个人信息保护法》第 17 条关于告知义务的规定，从而构成侵害个人信息权益的行为，但只要其未履行告知义务的行为对于维护公共利益而言具有必要性与合理性，即可适用《民法典》第 1036 条第 3 项的规定，该记者无须承担侵害个人信息权益的侵权责任。

此外，《民法典》第 1036 条未对行为人为维护公共利益超出合理范围处理个人信息情形下民事责任的承担做出规定。在《民法典》规定的责任抗辩事由中，与第 1036 条第 3 项的规定相似度最高的抗辩事由是第 181 条规定的正当防卫以及第 182 条规定的紧急避险。理由在于，正当防卫与紧急避险也具有维护社会公共利益或者他人合法权益的正当性。[①] 因此，对于媒体为维护公共利益超出合理范围处理个人信息的情

① 张新宝.侵权责任法(第 5 版)[M].北京：中国人民大学出版社，2020：62-64.

形,应当参照《民法典》第 181 条第 2 款和第 182 条第 3 款的规定,可以根据案件情况适当减轻媒体的侵权责任。

六、结论

良好的个人信息保护法治环境的形成需要全社会的共同参与,媒体在其中扮演着重要角色。一方面,媒体在加强个人信息保护宣传教育中应当发挥积极作用,利用新技术、新媒体为社会公众提供全面、丰富、个性化的科学知识和法律知识,充分调动其参与个人信息保护的积极性,进而打造个人信息保护领域共建共治共享的社会治理格局;另一方面,绝大部分传媒活动本质上是个人信息处理活动,媒体作为个人信息处理者应当遵守《个人信息保护法》《民法典》以及其他相关法律法规的规定,实现其个人信息处理活动的规范化。考虑到媒体的传媒活动在维护公共利益以及传播社会信息等方面的重要作用,应当正确认识媒体处理个人信息的合法性基础,并依照法律的规定合理确定其在侵害个人信息权益情形中的民事责任。

图书在版编目(CIP)数据

出版研究的多学科视域 / 张毓强主编;高蝴蝶副主编. --北京:中国传媒大学出版社, 2023.12

ISBN 978-7-5657-3624-7

Ⅰ. ①出… Ⅱ. ①张… ②高… Ⅲ. ①出版工作-研究 Ⅳ. ①G23

中国国家版本馆 CIP 数据核字(2024)第 041471 号

出版研究的多学科视域

CHUBAN YANJIU DE DUOXUEKE SHIYU

主　　编　张毓强
副 主 编　高蝴蝶
责任编辑　杨小薇
封面设计　拓美设计
责任印制　李志鹏

出版发行　中国传媒大学出版社
社　　址　北京市朝阳区定福庄东街 1 号　　**邮　　编**　100024
电　　话　86-10-65450528　65450532　　**传　　真**　65779405
网　　址　http://cucp.cuc.edu.cn
经　　销　全国新华书店

印　　刷　唐山玺诚印务有限公司
开　　本　787mm×1092mm　1/16
印　　张　19
字　　数　378 千字
版　　次　2025 年 8 月第 1 版
印　　次　2025 年 8 月第 1 次印刷

书　　号　ISBN 978-7-5657-3624-7　　**定　　价**　88.00 元

本社法律顾问:北京嘉润律师事务所　郭建平